KB071528

사회복지실천론

| 이원숙 · 임수정 공저 |

Social
Work
Practice

학지사

3판 머리말

4차 산업혁명, 인공지능이 앞으로의 삶을 어떻게 변화시킬지에 대한 사회적 논의가 활발해지고 있다. 그런가 하면 일상 속에서도 급격한 변화를 접하고 있다. 한 예로 얼마 전까지만 해도 대형마트에서의 쇼핑은 단단한 아성을 구축한 듯 보였다. 그런데 언제부터인가 온라인 쇼핑이 놀라운 속도로 영역을 넓혀 가고 있다. 전날 주문하면 새벽에 신선한 재료를 문 앞에 배송해 준다는 광고에서, "○○는 몰랐습니다. 이렇게 많은 분이 ○○의 뒤를 따라 오실지는 몰랐습니다."라는 도발적 멘트는 변화의 흐름을 체감하게 한다.

이런 빠른 변화 속에서 사회문제 역시 녹록지 않다. 21세기에 들어서서 저출산과 고령화 현상은 인구절벽의 위기를 도래시켰으며, 이에 따라 인구감소는 우려가 아니라 현실로 다가오고 있다. 저성장경제가 상당 기간 지속되면서, 청년 실업뿐 아니라 일자리 문제는 모든 연령층의 문제로 자리 잡고 있다. 최근에는 환경문제가 삶의 질을 크게 위협하고 있다. 한국 사회에서 미세먼지와 초미세먼지는 가장 시급하게 해결해야 할 환경문제의 하나라는 공감대가 형성되고 있다. 글로벌 차원에서의 환경문제는 곧 지역문제이기도 하다. 몰디브에서 잡힌 물고기(자이언트 트레발리, 전갱이과)의 배 속에서 나온 엄청난 양의 플라스틱과 쓰레기는 가히 충격적이었다. 유엔환경계획에 의하면 매년 800만 톤 이상의 쓰레기가 육지에서 바다로 흘러들어 가고 있다고 한다. 패스트 패션 등으로 대변

되는 과도한 소비문화는 환경오염이라는 부메랑으로 돌아와 인류의 생존을 위협할 수도 있다. 역사적으로 사회복지실천은 사회문제를 통해 표출되는 개인, 가족, 집단, 지역사회의 욕구를 충족시키는 전문직으로서 자리매김해 왔다. 오늘날 사회복지실천은 다양성과 인권을 옹호하고 사회적 및 경제적 정의뿐 아니라 환경적 정의까지 추구하고 있다.

이와 더불어 사회복지의 전문성 강화가 그 어느 때보다도 강조되고 있다. 조사기반의 실천과 실천기반의 조사를 확고히 하고 이를 실천에 통합시킬 것을 요구받고 있다. 근거기반실천은 바로 이런 흐름을 가장 잘 반영하고 있다. 1915년 플렉스너(Flexner)는 '사회사업은 전문직인가?'라는 강연에서 사회사업이 진정한 의미에서 전문직이 되려면 의학에서와 같이 과학에 기반을 두고 실무자가 조사연구자의 역할을 동시에 수행하는 모델을 갖추어야 한다고 하였다. 역량기반의 사회복지실천 교육을 중시하고 근거에 기반을 둔 실천을 뿌리내리고자 하는 오늘날의 사회복지실천은 100여 년 전 플렉스너가 사회복지전문직에 주문했던 패러다임 변화의 시기에 마침내 도달한 것처럼 보인다. 국내에서도 정신건강, 의료, 학교 등 특정 영역의 사회복지사 자격제도를 담은 「사회복지사업법」 개정안이 2018년 11월 23일에 국회를 통과하였다. 이를 계기로 전문성을 높이는 노력이 가속화될 전망이며, 이는 다시 사회복지교육에도 새로운 바람을 일으킬 것이다.

2판 머리말에서 사회복지실천의 이론적 경향은 확고한 방향이 정립되고 있다고 하였다. 즉, 강점관점이 실천에서 보다 탄탄하게 자리매김하고 있고, 다양성과 다문화관점도 이론적 및 실천적 측면에서 뿌리를 내리고 있다. 그리고 임파워먼트와 해결지향의 사회복지실천에 대한 관심도 강해지고 있다. 이런 사회복지실천의 경향은 다양성, 인권, 사회적·경제적·환경적 정의를 옹호하는 사명과 더불어 더욱 확고해지고 있다. 이에 따라 2판에 이어서 3판에서도 이런 이론적 경향을 보완하였다.

제1장 '사회복지실천의 개념'은 2판의 내용을 유지하되, 최근 내용으로 보완하였다.

　　제2장 '사회복지실천의 발달과정'에서는 특정 영역 사회복지사 자격제도의 도입과 확장되고 있는 사회복지실천 현장을 소개하면서 21세기 현대 사회에서 되새겨야 할 사회복지사의 사명을 돌이켜 보았다.

　　제3장 '사회복지실천의 가치와 윤리'에서는 2017년 개정된 NASW 윤리강령 내용을 보완하였다. 한국 사회복지사 윤리강령에는 변화가 없으나 실천현장에서 윤리적 이슈에 대한 민감성과 이에 대한 대응능력을 키우고자 하는 노력을 살펴보았다.

　　제4장 '제너럴리스트 실천'에서는 다양성에 관여하고 인권과 사회적·경제적·환경적 정의를 옹호하는 사회복지사의 미션을 토대로 강점관점과 임파워먼트의 실천 원칙, 조사기반의 실천의 통합 등 제너럴리스트 실천의 개념 틀을 최신 내용으로 보완하였다.

　　2판 개정 작업을 할 때 다문화관점을 최대한 반영하였다. 그럼에도 불구하고 다문화관점에 대한 이론적 연구와 실천이 활발하게 이루어지고 있어서, 제5장 '사회복지실천의 주요 이론 및 관점'에서는 이를 중점적으로 보충하였다.

　　제6장에서부터 제12장까지는 2판에서와 같이 사회복지실천의 강점관점을 기조로 하여 최신 내용을 담고자 하였다.

　　제13장 '사례관리'는 이번 개정 작업에서 가장 신경을 많이 쓴 부분이다. 이는 사례관리가 우리 사회의 거의 모든 실천 영역에 도입되고 있기 때문이다. 이 장에서는 사례관리 모델이 클라이언트와 전달체계 양 축에 관심을 가지고 있다는 특성을 이해하기 쉽게 설명하고자 노력하였다. 특히 우리 사회에서 사례관리의 운영체계에 대한 공·사 간의 협력체계 구축 등 다양한 시도가 있어 이를 소개하였다.

　　2008년 초판을 내고 2014년 2판 그리고 2020년 3판을 내면서 어느덧 12년의 세월이 흘렀다. 사회복지실천론은 가장 먼저 강의를 시작했던 과목이기에 유독 애착이 간다. 그리고 이 책은 왜 사회복지를 선택했느냐는 사회복지사로서의 정체성과 연결된다는 점에서 소중한 의미를 지닌다. 무엇보다도 항상 버팀목이 되어 주고 격려와 지지 그리고 사랑을 넘치게 주었던 가족, 친구, 동료교수, 제자들에게 깊은 감사를 드린다. 1판, 2판과는 달리, 3판 개정은 스승과 제자 두 사람이 함께 작업했기에 더욱 소중하다. 마지막으로 이 책의 출판을 허락해 주신 학지사의 김진환 사장님, 세심하게 출판을 도와주신 김진영 차장님, 망설이던 개정 작업에 용기를 주신 성스러움 대리님께 감사를 드린다.

2020년 5월
이원숙, 임수정

6·25 직후에 태어나서 어린 시절을 보냈던 나에게 아직도 생생하게 떠오르는 기억이 하나 있다. 우리 동네에 앉은뱅이 여자아이가 한 명 있었다. 오늘날에는 비하적 용어라 하여 앉은뱅이라는 말은 더 이상 사용하지 않지만, 그 당시에는 그게 우리가 아는 유일한 용어였다. 초창기 사회사업가(오늘날의 사회복지사)의 한 사람이었던 윤미혜 이모가 그 아이에게 다리를 펴는 수술을 받도록 연계해 주었던 것으로 기억한다. 대학 진학 후 전공을 정해야 하는 시점이 다가왔을 때 망설임 없이 사회사업전공을 선택한 것을 보면 어린 시절의 이 기억이 나에게 깊은 영향을 주었던 듯하다. 사회사업학과(오늘날의 사회복지학과)가 전국 10개 대학에 설립되어 있던 시절이니 오늘날과 비교하면 호랑이 담배 피우던 시절이었다. 개별사회사업시간에 배웠던 클라이언트, 라포, 관계의 7대 원칙 등의 용어들 그리고 리치먼드, 펄먼, 홀리스, 비에스텍 등 여러 학자의 이름은 아직도 친숙하게 다가온다. 그 당시에는 사회사업기관이 극히 적었기 때문에 학부와 대학원에서 여섯 차례 실습을 하고 나서, 이대사회복지관, 태화사회복지관, 홀트아동복지회, 세브란스 병원, 사회복지협의회 등 사회사업기관에서 실습을 하였다.

박사과정에 진학한 후 강의를 시작하였는데 처음 가르쳤던 과목 중 하나가 개별사회사업(케이스워크)이었다. 그때 이후 거의 20년간 이 과목을 공부하고 가르쳐 왔다. 그 사이에 개별사회사업은 사회사업방법론이라고 불렸고, 그 후 잠시 사회사업실천론이라는 용어가 사용되는 듯하더니 1998년부터는 사회복지실천론으로 자리 잡았다. 그동안 익히고 가르치면서, 또 실천현장과 연계를 가지면서 사회복지실천론을 집필하고자 하는 꿈을 꾸어 왔다. 하지만 너무 방대하게 여겨져 감히 도전할 수 없었다. 두 해 전에 사우스 캐롤라이나 대학교에서 연구년을 보냈다. 강점중심 접근, 임파워먼트 접근, 근거중심 실천 등 최근 사회복지실천의 이론적 동향뿐 아니라 플렉스너, 홀리스, 펄먼, 스몰리, 오스틴, 핀커스와 미나한, 리드 등 고전학자들의 많은 글을 폭넓게 접할 수 있었다. 그간 가르치면서 익혔던 것들, 연구년에 두루 섭렵한 이론들 그리고 실천현장과 직간접적으로 일하면서 얻은 경험을 사회복지실천론에 담아 보았다. 이 책을 집필하면서 앞에서 이야기한 내 삶의 경험들이 바로 사회사업 역사의 한 부분과 연결되어 있음을 느끼면서 새삼 뿌듯해졌다. 이 책이 사회복지 전공생들과 실천현장의 사회복지사들에게 사회복지실천을 학문적으로 이해하고, 사회복지실천에 대해 애정과 자부심을 가지고 실천하도록 돕는 작은 씨앗이 되기를 기원해 본다. 이 책의 구성은 다음과 같다.

우선 제1~5장은 사회복지실천의 토대를 설명하고 있다. 제1장에서는 사회복지실천의 개념을 고찰하였다. 100여 년이 넘는 역사를 지닌 사회복지전문직에서 아직도 개념에 대한 논의를 하는 것은 시간낭비라는 비판이 없는 것은 아니나, 초창기에 시작된 사회복지실천의 개념에 대한 논의는 21세기에도 지속될 만큼 사회복지실천의 핵심을 이루고 있다. 여기에서는 바틀릿(Bartlett)의 사회복지실천의 작업정의를 근간으로 하여, 이것이 오늘날에도 유용한지 그리고 21세기 사회복지실천의 작업정의는 어떤 방향으로 나아가야 하는지를 탐색하고 오늘날의 사회복지실천의 개념을 살펴보았다.

제2장에서는 사회복지실천의 발달과정을 살펴보았다. 지난 100여 년 동안 수많은 사회복지사가 생애를 바쳐 이론과 실천을 발달시켜 왔다. 이는 사회복지학도들과 사회복지사들에게 남겨진 풍요로운 유산이며, 앞으로 사회복지사들이 나아갈 방향에 대한 비전을 제시해 줄 것이다. 사회복지실천의 역사를 올바

르게 이해하려면 맥락을 이해해야 한다는 점에서 가능한 한 역사적 및 사회적 맥락을 충분히 설명하기 위해 노력하였다. 또한 보다 생생하게 전달하기 위하여, 메리 리치먼드와 제인 애덤스, 자선조직협회와 인보관 운동, 플렉스너, 밀포드 보고서, 진단주의와 기능주의 등을 원저 또는 고전을 그대로 인용하여 소개하였다. 그리고 한국의 사회복지실천의 발달과정을 간략하게 살펴보았다.

제3장은 사회복지실천의 가치와 윤리를 다루고 있다. 그 어느 전문직보다도 사회복지전문직은 가치에 기반을 두고 있으며, 가치는 사회복지실천의 임무(mission)를 결정하는 데 핵심적인 역할을 하고 있다. 오늘날 사회복지전문직에서는 서비스, 사회 정의, 인간의 존엄성과 가치, 인간관계의 중요성, 성실성 그리고 역량 등의 가치가 중요시되고 있다. 그리고 윤리는 사회복지사의 전문적 가치를 전문적 실천 활동으로 전환시키는 기반이 된다. 최근 자기결정, 고지된 동의, 전문적 경계, 비밀보장 등의 윤리적 원칙에 대한 관심이 증대되고 있다. 한국 사회복지 윤리강령의 주요 내용을 소개하였고, 윤리적 원칙과 윤리적 문제 그리고 윤리적 의사결정에 대해 살펴보았다.

제4장에서는 제너럴리스트 실천에 대해 살펴보았다. 사회복지실천은 내재적으로 제너럴리스트 실천이라고 할 수 있을 정도로 사회복지실천의 기반을 이루고 있다. 절충주의적 지식기반, 다차원적 접근, 제너럴리스트의 다양한 역할 등 제너럴리스트 실천의 구성요소를 살펴보았다. 오늘날 강점관점과 임파워먼트가 강조되고 있으며, 실천과 조사의 연계성 강화가 요구되고 있다.

제5장에서는 사회복지실천의 주요 이론 및 관점을 고찰해 보았다. 사회복지실천에서 활용될 수 있는 이론은 매우 많지만, 여기에서는 제너럴리스트 실천을 포함한 사회복지실천에서 기본적으로 요구되는 이론과 관점 그리고 최근 중요시되는 이론과 관점을 중심으로 제시하였다. 이를 위해 사회복지실천의 바탕이 되는 이론이라고 할 수 있는 체계이론, 생태학이론 및 생태체계관점을 소개하였다. 그리고 점차 그 중요성이 더해 가는 강점관점과 임파워먼트 접근에 대해서 살펴보았다. 나아가서 오늘날 다양성이 강조되면서 다문화적 접근에 대한 관심이 증가하고 있어서 이를 탐색해 보았다.

제6장 관계론과 제7장 면담론은 사회복지사와 클라이언트(체계)의 관계 그리고 이들 간의 상호작용을 다루고 있다. 관계론에서는 우선 비에스텍의 관계의 7대 원칙을 통해 사회복지사와의 관계에 있어서 클라이언트의 욕구는 무엇이며 이를 위해 사회복지사는 어떤 원칙을 준수해야 하는가를 살펴보았다. 다음에서는 무조건적인 긍정적 존중, 따뜻함, 기대, 감정이입, 진술성 등 효과적인 원조관계의 구성요소를 고찰해 보았다. 다음으로 효과적인 원조관계를 형성하기 위해 사회복지사가 갖추어야 하는 특성(자아인식 등)에 대해 알아보았다. 마지막으로 강점관점과 임파워먼트 접근이 강조되면서 사회복지사와 클라이언트 관계에 근본적인 변화가 일어나고 협동적인 파트너십 관계가 중요시되므로 이에 대해 살펴보았다.

사회복지실천에는 여러 과업이 있지만 사회복지사는 그 어떤 활동보다도 면담에 가장 많은 시간을 할애한다. 이런 점에서 면담은 가장 중요한 사회복지실천 기술이라고 할 수 있다. 제7장 면담론에서는 면담의 개념과 특성을 살펴보고 커뮤니케이션으로서의 면담, 비언어적 커뮤니케이션 등을 고찰하였다. 다음으로 면담의 일반적 지침과 면담기술에 대해서 소개하였다. 마지막으로 침묵, 직면, 자기개방 등 사회복지사들이 면담에서 직면하게 되는 도전들과 이를 효과적으로 대처할 수 있는 방법을 살펴보았다.

제8장에서부터 제12장까지는 과정론을 다루었다. 과정론은 관계형성, 사정, 계획, 개입 그리고 평가·종결·사후지도의 순으로 살펴보았다. 전통적 문제해결접근과 최근 부각되고 있는 임파워먼트 접근은 그 개념과 용어가 서로 달라 함께 살펴보기 어렵다. 이에 따라 이 책에서는 전통적인 문제해결접근과 임파워먼트 접근을 구분하여 설명하였다. 특히 제11장 개입에서는 사회복지실천 현장에서 널리 사용되고 있는 과제중심 개입, 위기개입, 인지재구조화 및 해결중심치료에 대하여 고찰하였다. 앞서 살펴보았던 체계이론, 생태학이론, 생태체계관점, 강점관점, 임파워먼트 접근 및 다문화 관점이 사회복지실천의 기본적인 이론적 틀을 제공한다면, 과제중심 개입, 위기개입, 인지재구조화 및 해결중심치료는 구체적인 실천을 위한 개입의 이론적 틀을 제시해 줄 것이다.

마지막으로 제13장에서는 오늘날 복합적 욕구를 가진 클라이언트 집단이 증가하면서 새로운 실천모델로서의 중요성이 강조되고 있는 사례관리에 대해서 살펴보았다. 사례관리의 성격, 의의, 목적, 원칙 등 사례관리에 대해 개괄적으로 고찰하고 사례관리의 과정에 대해서 살펴보았다.

이 책을 쓰면서 사회복지실천과 관련하여 내 삶을 돌아보는 소중한 시간을 가졌다. 무엇보다도 항상 버팀목이 되어 주고 격려와 지지와 사랑을 넘치게 주었던 가족, 친구, 동료교수에게 깊은 감사를 드린다. 그리고 이 책의 출판을 허락해 주신 학지사의 김진환 사장님 그리고 세심하게 출판을 도와주신 이지혜 차장님께 감사를 드린다.

2008년
저자

차례

제10장 ┃ 계획　　　　　　　　　　　281

제1장

사회복지실천의 개념

❖ ❖ ❖

사회복지실천에 대한 개념은 사회복지, 사회사업, 사회복지실천 등의 관련 용어와 함께 살펴볼 때 보다 분명하게 이해할 수 있다. 서구사회의 'social work'는 1950년대 '사회사업'이라는 용어로 도입되었고, 이를 전공하는 학과는 '사회사업학과'라고 불리었다. 그러나 최근 우리나라에서는 사회사업이라는 용어보다는 사회복지(social welfare)라는 보다 포괄적인 의미를 가진 용어를 널리 사용하고 있으며, 대다수 대학에서도 '사회사업학과' 대신 '사회복지학과'의 명칭을 사용하고 있다. 이와 같은 맥락에서 사회사업가(social worker) 또는 사회복지사업 종사자로 사용되던 명칭이 1985년에 「사회복지사업법」이 개정되면서 '사회복지사'로 규정되고 사회복지사 자격증이 교부되기 시작하였다(www.kasw.or.kr). 이후 사회사업이란 용어는 사회사업학의 학문적 체계에서 주로 사용되었다.

사회복지실천이란 용어는 영어로는 social work practice다. 원래 사회사업실천이라고 번역되어야 하나 우리나라 상황의 특수성을 반영하여 사회복지실천이라고 통용되고 있다. 사회사업교육의 역사를 살펴볼 때, 과거에는 개별사회사업(casework), 집단사회사업(group work), 지역사회조직(community organization) 등 방법론으로 나누어서 접근하였으나, 클라이언트의 복합적인 문제를 다루는 데 비효과적이라는 비판에 따라 통합방법론 또는 제너럴리스트 실천이 대두되었고, 사회사업실천은 방법론을 통칭하는 용어로 사용되었다. 우리나라에서도 이런 경향을 반영하여 사회사업방법론 또는 사회사업실천방법론, 사회사업실천론 등의 명칭이 혼용되었다(김융일, 조흥식, 김연옥, 1995; 문인숙 외, 1976/1997; 장인협, 1989).

사회복지실천론은 1998년 개정된 「사회복지사업법 시행령」에서 사회복지사의 자격기준을 규정하기 위한 필수교과목의 명칭으로 처음 사용된 이후 공식적으로 사용되어 왔다(이영분 외, 2001: 14). 사회복지사, 사회복지실천 등은 사회적 가치가 내재화되고 우리 상황의 특수성을 반영하기는 하나, 개념을 이해하는데 다소 혼동을 주기도 한다. 여기에서는 개념적 혼동을 분명히 하기 위해 우선

사회복지와 사회사업의 개념적 차이를 간략히 살펴보고자 한다.

다음으로 사회복지실천의 개념을 고찰해 보고자 한다. 이는 ① 사회복지 실천 이전 시기의 역사적 맥락과 대표적인 개념정의, ② 바틀릿(H. Bartlett)의 사회복지실천의 작업정의, ③ 바틀릿의 사회복지실천의 작업정의가 오늘날에도 유용한가, ④ 21세기 사회복지실천 작업정의의 방향, ⑤ 오늘날의 사회복지실천의 개념, ⑥ 우리나라의 사회복지실천에 대한 개념정의로 나누어 살펴보고자 한다.

마지막으로, 사회복지사는 사회복지서비스를 제공하는 가장 대표적인 전문직이지만, 사회복지에는 다른 많은 전문직도 관여하고 있다는 점에서 사회학, 정신의학, 상담 등의 관련 분야와 사회사업과의 차이점을 간략하게 규명해 보고자 한다.

제1절 사회복지와 사회사업

1. 사회복지

1) 사회복지의 개념

현대사회와 사회복지는 불가분의 관계에 있다고 할 만큼 오늘날 사회복지가 우리 사회와 우리의 삶에서 차지하는 비중은 매우 크다고 하겠다. 역사적으로 거슬러 올라가면, 사회복지의 철학적 기반은 대체적으로 가난한 자의 고통을 덜어 주고자 하는 종교적 유산에서 발견된다(Van Wormer, 1997: 111). 그리하여 종교적 계명을 배경으로 하여 자선과 이타심을 근간으로 하는 박애는 오늘날에도 중요한 민간 사회복지로 기능하고 있다(감정기, 최원규, 진재문, 2002: 59-60 참조). 현대적 의미에서 사회복지의 발달은 사회부조 제공에 대한 국가의 책임에서 비롯된다. 14세기부터 2세기에 걸친 빈민구호에 대한 조처들을 집대성한 1601년의 엘리자베스「구빈법」은 정부의 책임을 명확하게 규정하고 있다(De Schweinitz, 1943; Reid, 1995: 2207). 그 후 사회보험제도가 도입되고 확산되면서 복지국가가 탄생하고 발전되어 왔다(감정기 외, 2002: 155, 201).

이와 같이 수 세기에 걸쳐 발전한 사회복지의 용어를 한마디로 정의 내리기는 어렵다. 프리들랜더(W. A. Friedlander)의 사회복지에 대한 개념정의는 가장 고전적인 개념정의의 하나다. 그에 의하면, 사회복지는 "개인과 집단이 만족스러운 삶과 건강 수준을 유지하고, 그들의 최대한의 잠재력을 발달시키며, 가족과 지역사회의 욕구와 조화 속에서 안녕을 증진시키도록 허용하는 개인적 및 사회적 관계의 획득을 돕도록 고안된 사회복지서비스(social services)와 제도의 조직된 체계다"(Friedlander, 1961, 1980: Skidmore, Thackeray, Farley, Smith, & Boyle, 2000: 3에서 재인용). 그리고 리드(W. J. Reid)는 사회복지가 포괄적이고 부정확한 용어이기는 하지만 사회적으로 인정된 사회문제에 반응하기 위한 혹은 위기에 처한 사람들의 안녕을 증진시키기 위한 정책과 프로그램을 제시하는 "조직된 활동(organized activities)" "개입들(interventions)" 혹은 "다른 요소(some other element)의 용어로 가장 흔히 정의된다."라고 지적한다(Reid, 1995: 2206).

NASW(National Association of Social Workers, 미국사회사업가협회)에 따르면, 사회복지는 일반적으로 인정된 사회문제들을 예방하거나 경감시키고자 추구하거나 이들의 해결에 기여하고자 하는 혹은 개인, 집단 또는 지역사회의 안녕을 증진시키고자 하는 민간과 정부 기관의 모든 범주의 조직된 활동들을 의미한다. 이런 활동들은 의사, 간호사, 법률가, 교육자, 공학자, 목회자 그리고 사회복지사와 같은 광범위한 전문인력을 활용한다(Pumphrey, 1971: Dolgoff, Feldstein, & Skolnik, 1997: 112에서 재인용). 한편, 바커(R. L. Barker)는 『사회사업사전』에서 사회복지를 "사람들이 사회적, 경제적, 교육적 및 의료적 욕구를 충족하도록 돕는 국가의 프로그램, 급여 및 서비스 체계로서, 이는 사회 유지의 근간이 된다."(Barker, 2003: Zastrow, 2010: 4 재인용)라고 정의하고 있다.

이상에 따르면, 사회복지는 사회복지 서비스와 제도의 조직된 체계(활동) 또는 국가의 프로그램, 급여 및 서비스 체계라고 할 수 있다. 이들 조직된 활동은 크게는 사람들의 사회적, 경제적, 교육적, 의료적 욕구를 충족하기 위한 목적 혹은 사회문제들을 예방, 경감 또는 해결하기 위한 목적을 지닌다. 또한 이는 개인과 집단의 만족스러운 삶과 건강, 잠재력의 계발을 추구하며 지역사회의 안녕을 증진시키고자 한다. 사회복지에는 여러 전문가가 관여하고 있지만 사회복지사가 가장 대표적인 전문직이다.

2) 사회복지의 잔여적 개념과 제도적 개념

사회복지 프로그램에서 누가 서비스를 제공받고 언제 서비스가 주어질 것인가는 사회복지의 저변에 깔려 있는 철학에 따라 상이하게 수립될 수 있다. 잔여적–제도적 이분법(residual–institutional dichotomy)은 윌렌스키(H. L. Wilensky)와 르보(C. N. Lebeaux)에 의해 가장 잘 구성되었다. 잔여적 개념(또는 안전망으로 알려진)에서는 개인의 욕구가 가족이나 시장경제와 같은 다른 사회제도를 통해서 적절히 충족되지 않을 때에만 사회복지서비스가 제공되어야 한다고 주장한다. 사회복지에서 잔여적 사고는 수혜자격을 기초로 한 프로그램을 가져오며, 이는 스티그마(stigma)를 수반한다. 또한 복지수혜자의 역기능에서 어려움의 원인을 찾는다(Van Wormer, 1997: 52). 이와 같이 잔여적 관점에서는 사회복지 자체를 의미 있는 사회제도로 보는 것이 아니라 '정상적' 채널이 적절하게 기능하는 데 실패하였을 때에만 필요한 보충적 활동이라고 간주한다. 그리하여 잔여적 관점에서 볼 때 사회복지는 때로 필요한 활동이기는 하지만 바람직하지 않고 소모적일 뿐이다(Gilbert, Specht, & Terrell, 1993: 8-9).

반면, 제도적 개념은 치료적이라기보다는 예방적이며 선별적이라기보다는 보편적이다. 제도적 관점에 따르면, 사회복지는 사회구조에서 필요하고도 바람직한 부분이다. 부적당하고 임시방편적인 구호에 대한 대안으로서 경제적 안정을 제공하는 것이 복지국가의 기본적 목적이다. 이 관점에서는 개인의 어려움이 자신의 통제 밖에 있는 원인에 기인한다고 간주한다. 제도적 혹은 보편적 관점에서는 수혜자격에 융통성이 있고, 원조요청을 하는 데 스티그마가 따르지 않으며, 가족이 실패했다고 간주하지도 않는다. 설사 무엇인가 비난받아야 한다면 이는 사람이 아니라 직장 혹은 사회의 구조적 요인이다. 아동수당이나 사회화된 의료서비스는 대표적인 보편적 사회복지 프로그램이다(Van Wormer, 1997: 53). 이와 같은 맥락에서 길버트(N. Gilbert) 등은 사회복지의 제도적 관점을 다른 모든 것이 실패하였을 때 피해자를 붙잡아 주는 안전망으로서 기능하는 것이 아니라, "현대 산업사회의 정상적인 최일선의 기능(normal 'first line' function)"으로서 기여하는 특별한 활동 패턴이라고 간주한다(Gilbert et al., 1993: 9).

2. 사회사업

사회사업(social work)은 사회(social)와 사업(work)의 두 개 단어로 구성되어 있다. 이 두 단어는 그 자체로는 이해하기 매우 쉬운 단어다. 즉, 사회라는 용어는 라틴어 socius에서 유래된 것으로서 동반자, 동맹자 혹은 제휴자를 의미한다. 오늘날 사회라는 단어는 대체적으로 하나 이상의 사람 혹은 인간체계와 이들 간의 대인 간 혹은 대인체계 간 관계를 의미한다. 이 개념에는 2인조, 가족, 집단, 조직, 지역사회 그리고 사회뿐만 아니라 이들 간의 교환이 포함된다.

한편, 사업이라는 용어는 옛날 영어의 were 혹은 weorc에서 파생되었으며 활동(activity)을 의미한다. 오늘날 사업은 목적이 있는 사업―목적을 성취하고자 하는, 성과 또는 효과를 얻고자 하는, 혹은 아마도 상품을 창출하거나 분배하고자 하는 것들―을 의미한다(Webster, 2003: Compton, Galaway, & Cournoyer, 2005: 1에서 재인용). 이와 같이 사회사업은 일견 두 개의 단순한 단어의 결합으로 이루어졌지만 개념적으로는 상당히 모호하다.

스키드모어(R. A. Skidmore) 등에 의하면, 사회사업은 사회복지실천(사회사업실천)[1]을 통하여 사람들이 개인, 집단(특히 가족) 그리고 지역사회 문제를 해결하고 개인, 집단 그리고 지역사회 관계를 만족스럽게 해결하도록 돕는 예술(art)이자 과학(science)이면서 전문직이다(Skidmore et al., 2000: 6). 그리고 NASW에서는 사회사업이란 개인들, 집단들 혹은 지역사회들의 사회적 기능을 향상하고, 그들의 목적에 우호적인 사회적 조건을 창출하기 위해 개인들, 집단들 혹은 지역사회들을 돕는 전문적 활동이라고 정의하고 있다(Barker, 2003: Zastrow, 2010: 3에서 재인용).

한편, 사회복지사는 일반적으로 대학 또는 전문대학 등에서 사회복지(사회사업) 교육을 이수하고 사회복지 현장에 고용되어 있는 사람을 의미한다. 핀커스와 미나한(Pincus & Minahan, 1973)은 사회복지사를 계획된 변화(planned change)를 달성해 낼 목적에서 특별히 고용된 원조자, 즉 변화매개인(change agent)이라고 보았다. 변화매개인으로서의 사회복지사는 개인, 집단, 가족, 조직들과 일하

---

1) 원래 사회사업의 모든 실천을 통칭하는 의미에서 사회사업실천이라고 해야 정확하나, 한국 사회에서 사회복지실천이라는 용어가 통용되고 있으므로 이 책에서도 이를 사용하고자 한다.

고 지역사회의 변화를 가져올 수 있는 기술을 갖추도록 기대된다. 바커에 따르면, 사회복지사는 사람들이 문제해결과 대처를 위한 능력을 증진시킬 수 있도록 돕고, 필요한 자원을 얻도록 도우며, 개인들 간 그리고 사람과 환경들 간의 상호작용을 촉진하고, 조직들이 사람에게 책임감을 갖도록 하며, 사회정책들에 영향을 준다(Barker, 2003; Zastrow, 2009: 4).

한편, 우리나라 「사회복지사업법」 제11조에서는 사회복지사를 "사회복지에 관한 전문 지식과 기술을 가진 사람"이라고 정의하고 있다. 한국사회복지사협회에서는 사회복지사의 주요 업무를 다음과 같이 제시하고 있다.

① 사회적·개인적 문제로 어려움에 처한 의뢰인을 만나 그들이 처한 상황과 문제를 파악하고 그들이 필요로 하는 서비스의 유형을 판단한다.
② 문제를 처리, 해결하는 데 필요한 방안을 찾기 위해 관련 자료를 수집하고 분석하여 대안을 제시한다.
③ 재정적 보조, 법률적 조언 등 의뢰인이 필요로 하는 각종 사회복지 프로그램을 기획, 시행, 평가한다.
④ 공공복지서비스의 전달을 위한 대상자 선정 작업, 복지조치, 급여, 생활지도 등을 한다.
⑤ 사회복지 자원봉사자를 모집하여 교육하고 배치 및 지도감독을 한다.
⑥ 사회복지정책 형성과정에 참여하여 정책 분석과 평가를 하며 정책 대안을 제시한다.
⑦ 정신보건사회복지사는 정신질환자에 대한 개인력 조사 및 사회조사 작업을 진행하며 정신질환자의 사회복지 촉진을 위한 생활훈련 및 작업훈련, 그 가족에 대한 교육, 지도 및 상담 업무를 수행한다(http://lic.welfare.net).

제2절 사회복지실천

홀로스코(M. J. Holosko)는 400년이나 존속해 온 사회복지전문직(social work

profession)[2]에 대해서 아직도 개념을 정의하고자 노력하는 것은 호기심을 유발하기도 하지만 당혹스러운 아이러니라고 지적한다. 학자에 따라 이 개념정의의 딜레마가 전문직으로서의 발전 능력을 저해했다고 하기도 하고, 개념정의에 대한 논쟁으로 시간을 보내는 것은 사회복지실천에 대한 연구에 투자할 수 있는 시간과 에너지를 낭비시킨다고 비평하기도 한다. 그러나 웨이크필드(Wakefield)는 "전문직들 중에서 사회사업이 합의된 기반을 결여하고 있는 것은 특수한 상황이며, 이는 사회사업의 장기적 신뢰성과 효과성에 재앙이 되는 결과를 가져올 수 있다."(Wakefield, 2001: Holosko, 2003: 271에서 인용 및 재인용)라고 개념정의의 중요성을 지적한다. 이와 같은 맥락에서 여러 학자는 사회복지실천의 개념을 명료화하고자 하는 노력이 커다란 의미를 갖는다는 것에 동의한다(Bidgood, Holosko, & Taylor, 2003; Gambrill, 2003; Holosko, 2003; Risler, Lowe, & Nackerud, 2003; Turner, 2003 등).

1. 사회복지실천 이전의 시기

20세기 초, 케이스워크(casework, 개별사회사업)[3]는 빈곤 제거의 목표를 가졌던 인보관 운동(settlement house movement)의 지도자였던 제인 애덤스(Jane Addams)와 욕구를 토대로 개인에게 서비스를 제공하는 방식의 사회개혁을 주창하였던 메리 리치먼드(Mary Richmond) 사이의 14년간(1909~1923)의 논쟁 과정을 거치면서 발달하였다(Richmond, 1917, 1922: Holosko, 2003: 273-274에서 재인용).[4]

이와 같은 역사적 맥락에서 사회사업 초창기에는 주로 케이스워크를 중심으로 개념정의가 시도되었다. 오늘날의 관점에서 볼 때, 이들 개념정의는 인

---

2) 원래 사회사업전문직이라고 해야 올바른 번역이지만, 우리 사회에서 사회복지전문직이라고 통용되고 있으므로 여기에서도 이를 따르고자 한다.

3) casework는 원어가 그대로 사용되기도 하고 개별사회사업이라고 번역되어 사용되기도 한다. 이 책에서는 문맥에 따라 케이스워크와 개별사회사업을 혼용하고자 한다.

4) 오늘날의 관점에서 볼 때, '사회의 문제인가' 아니면 '개인의 문제인가'의 이중적 관점(duality)은 통합성과 상호연계성(comprehensiveness and interconnectedness)이라는 본질적 측면에서 볼 수 있지만, 이제 겨우 전문직으로 출범하고 사회복지기관이 등장하는 사회사업 초창기에는 이런 본질이 충분히 규명되지 못하였다(Ramsay, 2001, 2003: Holosko, 2003: 274에서 재인용; Ramsay, 2003).

격의 발달이나 보다 나은 적응 등 주로 클라이언트 개인의 적응에 초점을 두고 있다는 한계점이 있다. 그럼에도 불구하고 이들 개념은 사회사업의 성격을 잘 드러내 주고 있어서 살펴볼 가치가 있다. 〈표 1-1〉에서 보는 바와 같이, 인간과 환경에 대한 이중적 초점(Richmond, Perlman), 사회사업의 과학성과 예술성(Bowers), 과정으로서의 사회사업(Richmond, Perlman), 사회적 기능(Perlman), 사회사업의 구성요소(Perlman의 4p) 등은 사회사업의 고유성을 반영해 줄 뿐 아니라 사회사업과 다른 원조전문직을 구분해 주는 소중한 개념적 자산들이다.

〈표 1-1〉 케이스워크의 대표적 개념

---

1. 메리 리치먼드(Mary Richmond)의 정의

"social casework란 개인과 그 사회환경 간에 개별적인 의식적 조정을 통해서 그 사람의 인격의 발달을 도모하는 제반 과정이다."(Richmond, 1922: 98-99)

2. 스위던 보워스(Swithun Bowers)의 정의

"social casework란 클라이언트와 그 환경의 전체 또는 일부 간에 보다 나은 적응을 위한 개인이 가진 내적인 힘 및 사회의 자원을 동원하기 위해서 인간관계에 대한 과학적 지식 및 대인관계에 있어서의 기능을 활용하는 예술이다."(Bowers, 1949)

3. 헬렌 펄먼(Helen Perlman)의 정의

"social casework란 사람들이 사회적 기능을 함에 있어서 문제에 보다 효과적으로 대처해 나가도록 개인을 도와주는 (사회)복지기관에서 활용되는 과정이다."(Perlman, 1957: 4)

"A person with a problem comes to a place where a professional representative helps him by a given process."

출처: 장인협(1989), pp. 12-15에서 재인용.

2. 바틀릿의 사회복지실천의 작업정의 및 오늘날의 유용성

1) 1958년 바틀릿의 사회복지실천의 작업정의

1955년 미국에서 7개의 사회사업 관련 조직체들[5]이 NASW(미국사회사업가협회)로 통합되었다. 이 다양한 전문가 조직체를 통합한 NASW의 첫 번째 과

---

[5] 미국사회사업협회(American Association of Social Work), 지역사회조직연구협회(Association for the Study of Community Organization), 미국의료사회사업가협회(American Association of Medical Social Workers), 미국정신의료사회사업협회(American Association of Psychiatric Social Work) 등이다.

업의 하나는 각기 다른 역사와 관점을 가진 7개 조직체들이 수용할 수 있는 사회복지실천의 개념을 정의하는 것이었다. 바틀릿은 이 과업을 수행하는 실천위원회(Commission on Practice)의 의장으로서, 1956년에 첫 번째 작업정의(working definition)를 만드는 데 지도력을 발휘하였고 1958년에 이를 개정하였다(Holosko, 2003: 276). 이 작업정의는 사회복지실천 개념의 초석을 다지고 오늘날까지 지대한 영향을 미친 역사적인 시도였다(Holosko, 2003: 272 참조). 바틀릿은 「사회복지실천의 작업정의(Working Definition of Social Work Practice)」에서 사회복지실천은 "모든 전문직의 실천에서와 같이 가치(value), 목적(purpose), 인가(sanction), 지식(knowledge) 그리고 방법(method)의 성좌(constellation)에 의해 규정된다. 이들 중 어느 하나가 사회복지실천의 특성이 될 수 없으며 어느 하나가 사회사업에 고유한 것도 아니다. 이 성좌의 내용과 배열이 사회복지실천을 형성하는 것이며 사회사업을 다른 전문직의 실천과 구분시켜 준다."라고 하였다(Bartlett, 1958/2003: 267). 그 구체적 내용은 〈표 1-2〉와 같다.

〈표 1-2〉 바틀릿의 사회복지실천의 개념

1. 가치
   ① 개인은 사회의 일차적 관심이다.
   ② 사회의 개인들 사이에는 상호의존성이 존재한다.
   ③ 이들은 서로에 대한 사회적 책임을 가진다.
   ④ 각 개인에게 공통된 인간의 욕구가 있으나, 그럼에도 불구하고 각 개인은 본질적으로 고유하면서 또 서로 다르다.
   ⑤ 각 개인이 최대한의 잠재력을 실현하는 것 그리고 사회에의 적극적 참여를 통한 사회적 책임을 가정하는 것은 민주적 사회의 본질적 속성이다.
   ⑥ 사회는 자기실현의 장애물들(예: 개인과 환경 간의 불균형)을 극복하거나 예방할 수 있는 방법을 제공하는 책임을 지닌다.

2. 목적
   ① 개인과 집단이 그들과 환경 간의 불균형(disequilibrium)에서 발생하는 문제를 규명하고 이를 해결하거나 최소화하도록 돕는 것
   ② 불균형의 발생을 예방하기 위하여 개인이나 집단과 환경 간의 불균형의 잠재적 영역을 규명하는 것
   ③ 이들 치료적 및 예방적 목적 이외에 개인들, 집단들 그리고 지역사회들이 가진 최대한의 잠재력을 찾아내고 규명하고 강화하는 것

3. 인가
   ① 정부기관 혹은 관련 부처(법에 의한 권한 위임)
   ② 법인기관
   ③ 전문가 조직

4. 지식

　　사회사업은 다른 모든 전문직과 마찬가지로 다양한 출처의 지식을 활용하며, 나아가서 이의 적용과정에서부터 지식을 창출한다. 인간에 대한 지식은 결코 최종적이라거나 절대적이라고 할 수 없으므로, 사회복지사는 지식의 적용에 있어서 기존의 일반화에 예외가 되는 현상을 고려할 준비 그리고 예측하기 어려운 인간 행동을 깨닫고 대처할 준비를 갖추어야 한다.

5. **방법**

　　사회사업방법은 개인 혹은 집단과의 관계에 있어서 자아를 책임 있고 의식적이며 훈련된 방식(the responsible, conscious, disciplined use of self)으로 활용하는 것이다. 다음과 같은 변화를 활성화한다.
   ① 개인의 변화(사회환경과의 관계 속에서)
   ② 사회환경의 변화(사회환경이 개인에게 미치는 효과 속에서)
   ③ 개인과 환경의 변화(이들 간의 상호작용에 있어서)

출처: Bartlett (1958/2003), pp. 267-270.

2) 1958년 이후의 변천

　　1958년 작업정의는 그 후 바틀릿 본인 및 다른 학자에 의해서 개정되었는데, 1962년 고든(W. E. Gordon)의 작업은 그 대표적인 것의 하나다. 고든은 바틀릿의 개념정의에서 다섯 가지 핵심요소의 상호연관성을 조작화하였다. 그는 행동 중인 사회복지사 모델(worker-in-action model)을 사용하여 작업정의의 구성요소의 위계에 대한 설명을 시도하였다(예: 사회복지실천은 사회사업 목적을 향한 실무자의 행동이며 가치, 지식 및 방법에 의해 인도된다). 그는 또한 인가는 사회복지실천의 다른 구성요소와는 달리 그 작용방식이 상이하여 기본적 구성요소로 보기 어렵다고 강력히 이의를 제기하였다. 흥미로운 사실은 고든의 비평이 작업정의를 새로 규정하기보다는 바틀릿의 구성요소를 보다 충분히 설명하기 위해 작업정의를 재검토하는 차원에 머무르고 있다는 점이다(Gordon, 1962, 2003: Holosko, 2003: 278-279에서 재인용).

　　그 후 1970년에 출간된『사회복지실천의 공통기반(The Common Base of Social Work Practice)』은 바틀릿의 사회복지실천 개념정의의 결정판이라고 할 수 있다.

그녀는 사회복지실천을 인간과 환경 간의 상호의존성(interdependence between person and environment)의 틀로 구성하였다. 여기에서 사회복지실천의 초석, 즉 사회적 기능에 관련하여 환경 속의 인간 모델(person-in-environment model)이 탄생한 것이다(Holosko, 2003: 278-279).

3) 바틀릿의 작업정의의 오늘날의 유용성

과연 바틀릿의 구성요소가 오늘날에도 유용한가는 간과하기 어려운 중요한 이슈이며, 우리 사회에 적합한 사회복지실천의 개념을 규명하는 작업에 반드시 필요하다. 여기에서는 리슬러(E. Risler) 등의 연구를 중심으로 살펴보고자 한다(Risler et al., 2003: 300-309에서 인용 및 재인용).

(1) 가치

사회사업은 어느 한 사회에서만 실천되는 것이 아니다. 사회가 개인주의적인가 아니면 공동체적인가 하는 정도 차이는 있겠으나, (서비스) 체계의 개인들에게 관심이 주어진다는 것(첫 번째 가치)은 사실이다. 또한 개인들이 상호의존적이라는 것(두 번째 가치)은 어느 사회에서건 수용 가능하다(〈표 1-2〉 참조).

세 번째 가치인 서로에 대한 사회적 책임은 전 세계적으로 보편화하기 어렵겠지만, 이를 사회복지실천의 개념에 국한시켜 볼 때 별다른 이의가 있을 수 없다. 고든은 지식과 가치는 구분되어야 한다고 지적하고, 이런 견지에서 볼 때 네 번째 가치와 여섯 번째 가치는 가치라기보다는 지식으로 보는 것이 바람직하다고 제시한다.

마지막으로, 다섯 번째 가치는 많은 국가에서 민주주의를 표방하고 있으나 전 세계에 보편화된 것은 아니라는 점에서 문제의 소지가 있다. 그러나 개인이 최대한의 잠재력을 실현하도록 하는 것과 사회에 적극 참여하는 책임을 가정한 것은 보편화될 수 있는 가치다.

(2) 목적

리슬러 등에 의하면, 작업정의의 목적에서 개인(혹은 집단)과 환경이 모두 중요하다고 하였지만 마이크로 수준이 보다 부각되었다. 의도했던 바는 아니겠지만 체계와 사회의 근본적인 변화는 간과된 것으로 보인다. 사회사업의 목적은 개인들, 집단들 그리고 지역사회들의 욕구를 보다 잘 충족하기 위해서 적어도 체계와 사회의 변화를 동등한 수준에서 다루어야 한다.

(3) 인가

바틀릿에 의하면, 인가는 정부기관, 민간법인기관 혹은 전문조직체에 의해 주어진다. 그러나 고든은 사회복지실천에는 인가받은 것도 있지만 그렇지 않은 것도 있다고 지적한다. 예를 들어, 서비스 수혜자가 변화를 모색하기 위해 조직을 한다면, 이는 인가받기는커녕 오히려 방해공작을 받을 수도 있다(Risler et al., 2003: 302에서 재인용). 리슬러 등은 이와 같은 고든의 의견에 동의하면서 작업정의에서 인가 부분에 대해 이의를 제기한다.

한편, 인가는 전문직으로서의 사회사업과 관련된 이슈다. 전문가주의는 사회복지실천의 합법성, 사회복지사의 책무성 그리고 사회복지사의 지위와 관련되지만, 이들은 사회복지실천에 대한 개념정의와는 구분되어야 한다는 것이 리슬러 등의 의견이다.

(4) 지식

바틀릿에 의하면, 다른 모든 전문직과 마찬가지로 사회사업의 지식은 사회사업에 고유한 것이 아니며, 다양한 출처로부터 지식을 가져오고 이를 적용하는 과정에서도 지식을 창출한다. 지식은 사회복지실천의 작업정의의 구성요소로서 적합하다.

이상 살펴본 바를 토대로, 리슬러 등은 바틀릿의 작업정의에 대해서 다음과 같이 결론 내리고 있다. 가치는 전문직이 인간을 위해서 좋고 올바른 것이 무엇인지에 대한 가정이며, 사회사업의 목적은 바로 이들 가치를 성취하는 것이다. 지식은 우리에게 인간의 본질과 사회복지실천의 목적을 성취하는 최선의 방법을 알려 준다. 방법은 지식에서 도출되며, 사회복지사는 목적을 성취하기 위해 이를 적용한다. 마지막으로, 인가는 이 작업정의의 구성요소로서 적합하지 않다.

이에 따라 사회사업의 목적, 지식 및 방법은 상호 관련되어 있으며, 이들은 모두 사회복지전문직의 기본적 가치에서 나온다. 결과적으로 사회복지전문직을 고유하게 만드는 것은 지식이나 방법이 아니라 특정 가치를 토대로 한 목적이다. 바틀릿의 작업정의의 기본적 구성요소는 적합하지만 이들이 설명된 방식은 배타적이며 민족중심적이고 구성요소 상호 간의 위계에 대한 설명을 결여하고 있다는 한계점을 드러내고 있다.

3. 21세기 사회복지실천 작업정의의 방향

사회복지실천의 개념에 대한 논의는 1970년대에도 지속되었다. 1976년에 메디슨 회의(The 1976 Madison Meeting) 그리고 1979년에 오헤어 공항 회의(The 1979 O'Hare Meeting)가 개최되었다. 그리고 1977년과 1981년에는 미국 사회사업학계의 대표적 학술지인 『사회사업(Social Work)』에서 이 주제에 대한 특집호를 발간하였다.

그리고 사회복지실천에 대한 개념정의의 노력은 국제적인 차원에서도 이루어졌다. 1982년 IFSW(International Federation of Social Workers, 국제사회사업가연맹)는 영국 브리튼에서 사회사업에 대한 개념을 통과시켰고, 이는 2000년에 개정되었다.

한편, 사회복지실천 개념정의에 대한 노력은 20세기 후반뿐 아니라 21세기에도 지속되고 있다. 2001년 2월 켄터키 사회사업대학 후원으로 "작업정의에 대한 재작업(Reworking the Working Definition)"이 개최되었고, 학술지 『사회사업실천 조사(Research on Social Work Practice)』는 2003년 5월에 이 주제에 대한 특집호를 발간하였다(Compton et al., 2005: 2; Holosko, 2003: 280-282). 이 특집호에 기고를 하였던 여러 학자는 바틀릿의 작업정의의 핵심 구성요소 대부분이 오늘날에도 유효하다는 데 동의하였다. 이는 사회사업의 본질을 포착하는 바틀릿의 능력에 대한 놀라운 증언이다(Bidgood et al., 2003: 407).

그러나 바틀릿의 작업정의 이후, 베트남전쟁, 베를린 장벽의 붕괴, 냉전의 종식, 자유무역체제의 도래, 글로벌화 등 커다란 사회변화가 있어 왔다. 테크놀로지의 측면에서도 컴퓨터, 은행 자동화기기, VCR, 휴대폰, 인터넷 등 상상을 초월한 변화가 있어 왔다. 이와 더불어 사회문제의 양상도 달라졌고 사회복지실천 환경과 현실도 엄청나게 변화해 왔다. 이런 맥락에서 새로운 작업정의에 대한 필요성이 제기되고 있다(Bidgood et al., 2003: 401-402; Gambrill, 2003: 310-311).

보다 구체적으로, 터너(H. C. Turner)는 이제는 바틀릿의 정의를 뒤로 하고 앞으로 나아가야 할 때라고 하였고, 갬브릴(E. Gambrill)은 바틀릿의 정의는 무엇보다도 클라이언트의 입장이 반영되지 않았다는 맹점을 가지고 있다고 하였으며, 비드굿(B. Bidgood) 등은 바틀릿의 사회복지실천에 대한 작업정의는 제2차 세계대전 후 미국의 정치사회적 가치의 영향을 받은 것이므로, 그 후의 사회복지실천 환경의 변화 등을 감안하여 새로운 작업정의의 추구는 시기적절하고 필수적이며 정당화된다고 지적한다(Bidgood et al., 2003: 401, 407; Gambrill, 2003: 318; Ramsay, 2003; Turner, 2003: 347 등).

이런 맥락에서 비드굿 등은 오늘날의 작업정의가 다음의 요소를 갖추어야 한다고 제기한다(Bidgood et al., 2003: 406).

첫째, 세계적으로 통용될 수 있어야 하며 보다 구체적으로 선진국과 개발도상국의 욕구에 문화적으로 민감해야 한다.

둘째, 총체적(holistic)이어야 하며 클라이언트에 초점을 두어야 한다.

셋째, 전문직의 윤리강령과 가치기반을 반영해야 한다.

넷째, 실천의 다양성과 모든 실천 수준에서의 사회사업 기능들을 허용해야 한다.

다섯째, 제너럴리스트 실천 관점을 포괄해야 한다.

여섯째, 주변부 사람들의 사회복지실천에 초점을 두어야 한다.

일곱째, 사회정의와 변화에 대한 전문직의 목적을 반영하는 언어와 수사를 사용해야 한다.

4. 오늘날의 사회복지실천 개념

사회복지실천의 개념을 향상하고자 하는 노력은 오랫동안 지속되어 왔으며, 최근의 개념정의들은 이런 노력을 반영하고 있다. NASW는 사회복지전문직의 일차적 임무가 "인간의 안녕을 향상하고 모든 사람의 기본적인 욕구를 충족하도록 돕는 데 있다. 단, 취약하고(vulnerable), 억압받고 있으며(oppressed), 빈곤에 처한(living in poverty) 사람들의 욕구와 임파워먼트에 특별한 관심이 주어져야 한다."라고 규정하고 있다. 그리고 CSWE(Council on Social Work Education, 미국사회사업교육협의회)에 따르면, "사회복지전문직의 목적은 인간과 지역사회의 안녕을 증진시키는 데 있다. 개인과 환경 틀(person and environment frame), 글로벌 관점, 인간 다양성에 대한 존중 그리고 과학적 탐구에 기초한 지식을 바탕으로, 사회사업의 목적은 사회적 및 경제적 정의, 인권을 구속하는 조건의 예방, 빈곤의 제거 그리고 모든 사람의 삶의 질 향상을 추구함으로써 실현된다." 이와 같은 맥락에서 IFSW는 사회사업의 목적에 사회변화의 증진과 사람들의 임파워먼트와 해방이 포함된다고 정의한다(CSWE, 2015: 5; IFSW, 2000; NASW, 1999).

최근 개념정의와 관련하여 콤프턴(B. R. Compton) 등은 '사회정의' '사회변화' '사회행동' 등 서비스의 사회적 측면에 초점이 주어지고 있으며, 특히 '빈곤' '차별' '억압' '사회적 및 경제적 불의(injustice)' 등이 강조되고 있다고 지적한다. 또한 이들 정의는 인간의 존엄성과 안녕을 중요시하고 있다(Compton et al., 2005: 3).

제3절 사회사업과 다른 원조전문직

1. 심리학

심리학과 사회사업은 상당 부분 공통기반을 가진다. 심리학자는 주로 개인의 행동에 초점을 두고 사회복지사는 사회적 기능에 초점을 두기는 하지만, 이 둘은 모두 인간의 행동, 특히 상호작용 패턴에 관심을 가지고 있다.

차이점과 관련하여, 심리학자는 테스트와 측정이라는 고유 영역을 가지고 있다. 심리학자는 개인의 행동과 관련된 사회적 요인뿐 아니라 생물학적 요인을 연구한다. 대체적으로 심리학자는 개인에게 상당히 집중적인 개입을 하고 때로는 심리치료사가 되기도 한다. 반대로, 사회복지사는 사회적 기능과 클라이언

트의 관계에 보다 관심을 가지고 있으며, 클라이언트의 개인적 및 사회적 문제
를 해결하기 위하여 지역사회 자원을 활용하는 데 관심을 가진다.

2. 사회학

사회학은 사회에 대한 연구(science of society)이며, 사회 조직들과 제도 연구
에 관심을 둔다. 사회학과 사회사업은 모두 사람과 그들의 상호작용을 이해하
는 데 관심이 있다. 사회학자는 사회문제를 집어내고, 조사연구를 실시하며, 인
간관계의 상호작용을 이해하고자 한다. 사회학자는 인간 상호작용의 왜(why)라
는 측면에 보다 많은 관심을 가지고 있다. 반면, 사회복지사는 사람들이 자신들
의 문제를 해결하고, 사회적 기능을 향상하도록 돕는 데 더 많은 관심을 가진다.

대체적으로 사회학자들은 연구하고 사실을 탐색해 내는 데 대부분의 시간을
보내는 반면, 사회복지사는 클라이언트 혹은 지역사회를 이해하고자 노력하고,
적절한 진단을 내려 치료해 나가며, 보다 나은 적응을 돕기 위하여 문제를 해결
하고 상황을 변화시키는 것을 돕는다. 한마디로 요약해 보면, 사회학자들은 이
해하는 데(understanding), 그리고 사회복지사들은 실천하는 데(doing) 더 많은
관심을 가진다.

3. 상담

때로 상담자와 사회복지사의 역할과 기능은 혼동을 일으킨다. 상담자는 한
가지 중요한 양상에서 사회사업과 차이가 있다. 그들은 클라이언트와의 관계형
성을 원조의 방식으로서 강조하고 환경요인에 대한 개입에 덜 관심을 가지는 경
향이 있다.

상담자와 사회복지사의 차이를 규명하기 위해 한 예를 들어 보기로 하자. 학
교상담자는 학생들과 비교적 단기간 상담을 하며 주로 직업진로와 학업문제에
대한 도움을 제공한다. 반면, 사회복지사는 부모와의 관계, 가족의 재정적 상태
등과 같은 요인들을 고려할 가능성이 크다.

4. 심리치료

사회복지사는 다학제 팀의 구성원으로서 심리치료사(psychiatrist)와 함께 일하게 될 가능성이 많다. 심리치료와 사회사업은 공통점을 많이 가지고 있다. 두 전문직은 모두 개인적 및 사회적 문제를 가진 사람들을 위해 일한다. 이 둘은 모두 사람들의 관계 향상을 돕고, 감정과 정서를 이해하는 민감성과 능력을 가지고 있으며, 이에 대해 상당한 관심을 가지고 있다.

그러나 심리치료는 병리학과 질병의 치유에 초점을 두는 경향이 있으며, 사회사업은 강점과 잠재력 계발에 보다 관심을 둔다. 심리치료사는 개인행동과 집단행동의 내적 역동성에 더 많은 관심을 가지고 있으며, 사회복지사는 사회적 요인, 지역사회 요인 및 상호작용을 포함한 사회적 기능에 보다 많은 관심을 가진다.

5. 간호학

어떤 의미에서 간호전문직은 아마 다른 어떤 전문직보다 사회복지실천과 공통점을 많이 가지고 있다. 간호학은 '개인(아프거나 혹은 건강하거나)이 건강 혹은 이의 회복에 기여하는 활동들을 수행하는 것을 보조하는 실천'이다. 간호사들은 의료적 훈련을 토대로 한 기술을 사용하며, 클라이언트의 신체적 기능에 보다 더 관심을 가질 가능성이 크다.

그럼에도 불구하고 간호학과 사회사업에는 커다란 유사점이 있다. 사실상 공중보건간호사와 사회복지사는 때로 구분하기 어려울 수도 있다. 양로원과 호스피스에서 두 전문직은 여러 동일한 기능을 수행하기도 한다(DiNitto & McNeece, 1997: 12-14; Skidmore et al., 2000: 10-13).

제2장

사회복지실천의 발달과정

❖ ❖ ❖

　지난 100여 년 동안 수많은 사회복지사가 그들의 생애를 바쳐 이론과 실천을 발달시켜 왔다. 생소한 이름의 학자들, 수많은 이론적 접근 그리고 복잡한 상황과 사건들은 자칫 혼란스럽게 느껴질 수 있을 것이다. 그러나 이런 혼란을 인내하고 관심을 가진다면, 사회사업(사회복지실천)의 역사는 사회복지사에게 남겨진 풍요로운 유산을 되새겨 볼 수 있는 뜻밖의 즐거움을 선사해 줄 것이다. 또한 이는 사회복지사로서의 자부심을 발견할 기회를 제공할 것이다. 나아가서 이는 앞으로 사회복지사들이 나아갈 방향에 대한 비전을 제시해 줄 것이다.

　사회복지(사회사업)실천의 발달은 사회복지체계의 발달과정의 연장선에서 이해될 수 있으며, 미국을 중심으로 이루어져 왔다. 사회사업은 1890년대 산업화와 도시화라는 급격한 사회변화의 틈새에 빠진 사람들이 새로운 환경에 적응하도록 도와주는 과정에서 발달하였다. 때로는 개인적 어려움을 돕기 위해, 때로는 사회의 구조적 문제를 해결하기 위해 대처하는 과정에서 사회복지사는 때로는 빈민과 과도하게 동일시한다고 또 때로는 체계에 동조한다고 비난받기도 하였다.

　'개인 대 사회'의 이중성(dualism)에 대한 논의는 사회사업 초창기부터 있어 왔다. 대의-기능 논쟁(cause-function debate)이 그 대표적인 것이다. 1929년 포터리(Porter Lee)는 대의(cause)를 "잠식하고 있는 악을 제거하기 위한 운동…… (혹은) 인간 욕구를 충족하는 새로운 방식"이라고 정의하였다. 그리고 그는 일단 악이 제거되면 그것이 "잘 조직된 지역사회 생활의 기능"이 된다고 하였다. 이와 같은 맥락에서 사회학자 라이트 밀스(C. Wright Mills)는 이 논의를 개인적 어려움(private troubles)과 공적 이슈(public issues)로 설명하고 있다(Lee, 1929; Mills, 1959: Johnson & Yanca, 2007: 6에서 재인용). 사회복지실천의 견지에서 볼 때, 열악한 고용조건과 같은 구조적 문제들은 대체적으로 개인적 어려움으로서 경험된다. 동일한 맥락에서 개인적 어려움의 범람은 공적 담론의 분위기를 형성시킨다. 따라서 개인적인 것은 정치적인 것이 되며, 정치적인 것은 개인적인 것이 된다. 이 둘을 분리하고자 하는 어떤 시도도 상대적으로 소용이 없다.

에렌라이히(B. Ehrenreich)는 사회복지의 역사가 개인적 진단에 대한 초점과 사회개혁에 대한 초점이라는 양극 사이에서 흔들리는 진동추 같다고 묘사한다. 이 두 흐름은 동시에 존재하지만 전형적으로 그중 한쪽이 특정 시대를 지배하는 경향이 있다. 흥미로운 사실은 사회복지실천에서 개인적 진단에 대한 초점이 강했던 시기는 전문직의 발전이 추구되었던 시기라는 것이다(Ehrenreich, 1985; Mills, 1959, 1985: Van Wormer, 1997: 160-161에서 인용 및 재인용).

제1절 사회복지전문직의 기원

19세기 말엽 영국에서 시작된 사회복지의 두 개의 사회운동—자선조직협회 (Charity Organization Societies: COS)와 인보관(settlement house) 운동—이 사회복지전문직의 발달을 가져왔다.

〈표 2-1〉 영국 자선조직협회와 전문직의 기원

---

1. 배경

19세기 후반에 접어들면서 「구빈법」이 지나치게 가혹하다는 의견이 증폭되기 시작하였고 구빈원과 다른 공적 구호로부터 사람들을 구해 내기 위한 목적의 자선이 증가하였다. "수많은 이스트엔드(영국 런던의 빈곤 지역) 목사들이 스스로 구호 공무원으로 탈바꿈하였다. 엄청난 액수의 돈이…… 매년 모금되고 분배되는데…… 수백 개의 자선기관이 같은 지역에서 조화나 협동 없이, 혹은 다른 기관의 활동에 대한 최소한의 정보조차 없이 운영되고 있었다. 그 결과, 사기와 구걸 그리고 수치심 모르는 구걸 근성이 유례없이 증가하였다."(John Richard Green 목사, 1867)

2. 빈곤에 대한 시대적 관점

당시 자유방임 철학이 아직도 지배하고 있었으며, 특히 1859년 다윈의 『종의 기원』이 출판되어 1860년대 말에는 적자생존이론이 생물학뿐만 아니라 인간 경제에까지 적용되었다. 이런 맥락에서 박애가 약함과 퇴보를 영속화하는 것은 아닌가 하는 의문이 제기되었다.

영국에서 산업이 발달하면서 중산층과 상류층뿐 아니라 많은 근로자에게도 자산을 축적할 수 있는 기회가 주어졌다. 이런 상황에서 자산의 소유는 근면, 검약, 총명, 인격의 증거로, 반대로 빈곤은 개인에게 심각한 잘못이 있는 것으로 간주되었다. 검약과 미덕, 낭비와 비도덕성은 동의어였다.

이런 사회적 신념과 더불어 빈곤한 사람에 대한 개인적 서비스에 대한 관심이 증가하였다. 예를 들어, 옥타비아 힐(Octavia Hill)은 빈곤에 대하여 다음과 같이 토로하면서 개별적 영향력의 중요성을 강조하였다. "형편없는 방에서 사는 사람, 신발조차 없이 길거리에서 꽃 파는 사람들에게 주어지는 비정규적 자선은 이들 전체 계층을 구걸 근성 주변부에 고착시키는 경향이 있다……. 약간의 통제로 여자아이들은 하녀 계층으로 올라설 수 있을 것이며, 남자아이들이 정규적인 직업을 원한다면 장사를 하거나 바다로 나가는 것을 배울 수 있을 것이다."

3. 전문성의 기원

런던자선조직협회는 유급의 직원을 고용하여 전략적 위치에 배치하였다. 각 구역에 적어도 한 명의 유급 직원이 있어서 조사의 책임을 지고 자원봉사활동을 조직하는 역할을 수행하였다. 바로 이 요소가 지식과 기술과 결합하여 새로운 직업의 토대가 되었던 것이다. 1869년 런던에서 설립된 자선조직의 원칙은 영국 전역으로 빠르게 확산되었고, 1877년에는 미국으로 전파되었다.

출처: De Schweintz (1943), pp. 140-152.

1. 미국 자선조직협회

1877년 12월 뉴욕 버펄로에서 영국 태생의 스티븐 험프리스 거틴(Stephen Humphreys Gurteen) 목사는 본국 방문 시 연구하였던 런던자선조직협회를 본뜬 기관의 설립을 제안하였다. 그는 자선조직협회가 사적 자선기관들의 중복으로 인한 무분별한 구호정책과 나태함, 구걸 근성 및 사기를 조장하는 시(市) 구호체계(municipal relief system)에 대처함으로써 자선사업에 질서를 가져올 것이라고 주장하였다. 자선조직협회는 6년 만에 25개 도시에 설립되었고, 20세기 즈음에는 138개 기관이 설립될 정도로 미국 전역에 빠르게 전파되었다. 자선조직협회는 이미 기존의 자선기관들이 너무 많다고 보았기 때문에 직접적인 구호(나중에는 직접 자선을 제공하는 협회도 생겼지만)는 제공하지 않았다. 대신 이들은 구호 신청자를 등록하고, 구호내용에 대한 자세한 기록을 유지하며, 적절한 구호기관에 '도움을 줄 만한' 혹은 '가치 있는' 빈민을 의뢰하였다(Trattner, 1989: 86-87).

또한 자선조직운동은 협동과 효율성의 증진이라는 목적뿐 아니라, '우애방문원'을 통해서 각 사례에서 빈곤의 원인을 진단하였다. 조사(investigation)가 치료의 핵심이었으며, 조사 없이 구호를 허용하는 것은 진단 없이 약물을 처방하는 것에 비유하였다. 이렇게 우애방문(혹은 자선의 대안으로서 부자와 가난한 자 사이

〈표 2-2〉 자선조직협회 '자선이 아닌 친구를'

　　뉴욕자선조직협회의 설립자이며 자선조직운동의 지도자 중 한 사람인 로웰(Lowell)은 어느 정도의 기금이 빈민에게 가는가라는 질문을 받았을 때 '단 1센트도(not one cent)' 빈민에게 가지 않는다고 자랑스럽게 대답하였다. '여기서는 구호를 제공하지 않음(No Relief Given Here).'이라는 문구의 팻말이 버펄로자선조직협회의 문 양옆에 붙여져 있었다.

　　이들은 빈민에게는 자선이 필요한 것이 아니라 무절제, 나태 그리고 앞일을 생각하지 못하는 것을 극복하도록 돕는 지도감독이 필요하다고 주장하였다. 자선조직협회는 적어도 이상적으로는 '자선이 아닌 친구를(not alms but a friend)' 제공하였다. 자선조직운동의 비평가들은 이 모토가 "자선도 안 돼, 친구도 안 돼(neither alms nor a friend)."라고 공격하였다.

　　아이러니하게 자선조직협회는 빈곤에 대한 관점의 변화를 겪게 된다. 19세기와 20세기 초 주기적으로 반복되던 불황이 수백만의 실업자를 낳게 한 사실로 인해 빈곤의 원인이 개인의 부적당성에 있다고 주장하기 어려워졌다. 또한 흥미로운 사실은 자선조직협회는 사실의 수집을 강조하였기 때문에 기록을 유지·보관하고 있었는데, 이것이 바로 빈곤에 대한 사고 전환의 밑거름이 된다. 즉, 이들은 빈민의 사회적 및 경제적 문제에 대한 데이터를 축적해 놓았는데, 여기에서 빈곤유발 요인은 빈민의 성격과는 거의 관련이 없음이 발견되었다.

출처: Trattner (1989), pp. 89-94 재편집.

의 개인적 접촉)은 이 운동의 두 번째 목표였다. 그리하여 구호등록, 협동 그리고 조정과 더불어, 자선조직운동은 감상적인 박애와 무분별한 자선을 해결하는 사회치료의 '과학'('science' of social therapeutics)의 기반이 되었다(Trattner, 1989: 87).

　　무엇보다도 자선조직운동은 케이스워크의 발전을 가져왔다. 과학적 자선은 객관적이고 사실적인 것을 강조하였는데, 이에 따라 우애방문원의 활용이 점차 어려워졌다. 다시 말해서, 이 시대는 과학적 박애주의라고 불렸는데, 과학적 박애주의를 정말로 '과학적'으로 만드는 것은 교육, 경험 그리고 전문적 훈련을 받은 정규직원에 의해서만 가능하였기 때문이다. 물론 사회복지에서 자원봉사는 오랜 전통을 가지고 있으며 자원봉사자들이 지니고 있던 파워, 영향력 및 재정적 도움이 필요하였다는 점에서, 유급 직원으로의 전환은 하룻밤 사이에 이루어진 것은 아니다. 초기에는 우애방문원들이 주요 업무를 맡았고 유급 직원이 사무실 업무를 수행하였지만, 20세기에 접어들면서 그 반대 경향이 나타나기 시작하였다. 즉, 케이스워크 실무는 유급의 전문가 직원에 의해 수행되었고, 자원봉사자는 사무실 업무를 하거나 협회의 이사로 봉사하면서 정책을 형성하고 기금을 모금하는 것을 도왔다(Trattner, 1989: 96).

2. 인보관 운동

1889년 토인비 홀—런던에서 가장 열악한 지구에 위치해 있는 빈민들을 위한 인보관—을 방문한 후, 제인 애덤스는 시카고로 돌아와서 동료인 엘렌 게이츠 스타(Ellen Gates Starr)와 함께 훗날 전 세계에서 가장 널리 알려진 인보관이 된 헐 하우스(Hull House)를 설립하였다. 헐 하우스가 출범할 때부터 미국의 인보관은 영성적 목적보다는 사회변화에 주안점을 두었다.[1] 그 후 15년간 인보관은 대부분의 대도시에 건립되었고, 절정에 이르렀던 1915년에는 그 수가 300개 정도에까지 이르렀다(Trattner, 1989: 138-139).

자선조직협회의 우애방문원들과는 달리, 인보관의 사회복지사들[2]은 스스로를 사회개혁가로 간주하였다. 사회복지사들은 계층 간의 간격을 줄이고 치료보다는 예방을 강조하였으며, 빈곤한 도시지역에서 가난한 이웃들과 함께 살면서 사회조건을 개선하기 위해 그들과 함께 노력하였다. 빈민들과 이민자들인 클라이언트의 삶에 적극 동참함으로써 이들 상류 및 중상류 계층의 젊은 남성과 여성(주로 여성들)은 지역사회의 문화적, 도덕적 및 지적 수준을 향상하기 위해 노력하였다. 인보관은 근로여성들을 위한 탁아프로그램, 의료 클리닉, 댄스·드라마·예술·재봉 교실 등을 제공하였으며「아동노동법」「여성노동법」등에도

〈표 2-3〉 제인 애덤스와 헐 하우스

제인 애덤스는『헐 하우스에서의 20년(Twenty Years at Hull-House)』이라는 자서전에서 빈민들과 이민자들의 욕구와 희망하는 바를 충족하기 위한 다각적인 노력을 다음과 같이 언급하고 있다. "우리는 버려진 여성을 지지해 줄 곳을, 어쩔 줄 모르는 과부에게 보험을, 다친 교환수에게 피해대책을, 설비가게로부터 가구를 확보하기 위해 많은 시간을 보내고 있다. 인보관은…… 도시의 다양한 기관과 혜택을 받아야 하는 사람들 사이에서 끊임없이 활동한다."

제인 애덤스는 제1차 세계대전 동안 그녀가 행했던 평화를 위한 노력을 인정받아 1931년 노벨상을 수상하였다.

출처: Addams (1910); Van Wormer (1997), p. 165에서 재인용.

---

1) 그러나 트래트너(W. I. Trattner)는 설립자와 자원봉사자들이 가지고 있었던 개인적인 종교적 동기를 저평가해서는 안 된다고 지적한다(Trattner, 1989: 138-139).
2) 원문에서는 워커라고 하고 있으나 용어의 통일을 위하여 사회복지사라고 기술하였다. 그 외에 실무자, 원조자 등도 용어 통일을 위해 사회복지사로 번역하였다.

기여하였다. 인보관의 사회복지사들은 빈민을 내려다보거나 중상층의 삶을 강요하는 대신, 빈민들의 욕구와 희망하는 바를 충족하기 위해 노력하였다(Van Wormer, 1997: 165).

제2절 초기 사회사업교육

1. 초기 사회사업교육

1897년 메리 리치먼드는 전국 자선 및 교정 회의(National Conference of Charities and Correction)에서 '응용박애 양성학교(training school in applied philanthropy)'의 필요성을 제기하였다. 이 강연 직후, 뉴욕자선조직협회는 6주의 '박애사업 계절학교(Summer School in Philanthropic Work)'를 개설하였고, 27명의 선구자적 학생(여성 20명 및 남성 7명)이 여기에 참여하였다. 뉴욕자선조직협회는 몇 년 동안 계절학교를 개설한 후, 1904년 에드워드 드바인(Edward Devine)의 지도하에 1년 과정의 뉴욕박애학교(New York School of Philanthropy, 이하 뉴욕학교)를 열었다. 그리고 1903년 그레이엄 테일러(Graham Taylor)의 지도하에 시카고시정 · 박애학교(Chicago School of Civics and Philanthropy, 이하 시카고학교)가 설립되었다. 한편, 1904년 하버드대학과 시몬스여자대학이 공동으로 리처드슨 브래킷(Richardson Brackett)의 지도하에 보스턴사회사업학교(Boston School for Social Workers, 이하 보스턴학교)를 설립하였다(Shoemaker, 1998: 182-184).

뉴욕학교는 자선조직협회에 기반을 두고 설립되었으며, 이에 따라 실무자, 특히 케이스워커 양성학교로서의 확고한 정체성을 유지해 왔다. 이와 같은 사회복지기관과의 연대는 사회사업교육에 있어서 실습교육을 제도화하는 데 도움이 되었다. 이런 맥락에서 뉴욕학교에서는 자선조직협회 모델에 의거한 사회복지실천을 가르쳤다.[3]

---

3) 뉴욕학교의 1905~1906년 요람에서는 입학자격을 1년의 사회사업 실무, 이사회 임원 또는 학사학위 소지자로 규정하고 있다. 이로 미루어 뉴욕학교는 오늘날 사회복지대학원 또는 사회복지전문대학원에 가깝다고 할 수 있다(Dore, 1999: 171).

한편, 인보관 운동의 후원하에 출범한 시카고학교의 교육은 뉴욕학교와는 대조를 이루었다. 초대 교장이었던 그레이엄 테일러는 시카고 시민 인보관 (Chicago Commons Settlement House)의 관장이기도 하였다. 이런 맥락에서 교과 과정은 자선 및 구호 단체에서의 실습교육(선택과목)을 포함하기는 하였지만 이웃과 지역사회 문제를 다루는 사회변화 방법론을 보다 강조하였다(Dore, 1999: 171).

초창기 사회사업교육에는 당대의 학자들이 폭넓게 관여하였고, 심지어 어느 교수는 "가장 생생한 사회사상(social thought)의 센터"였다고 회고할 정도로 다양한 이슈와 접근이 시도되었다. 그러나 '과연 사회사업은 무엇인가?' 그리고 '무엇을 가르쳐야 하는가?' 하는 사회사업의 정체성 규명은 초기 사회사업교육이 당면하였던 커다란 과제였다. 교과과정에는 경제학과 사회학뿐 아니라 사회 윤리에 대한 개인적 및 종교적 논의, 가족구호사업, 시설 운영 그리고 아동복지사업의 실천, 노동과 주택법안과 같은 개혁지향적 과목, 심지어는 수도관 수선까지 포함되었다. 슈메이커(L. M. Shoemaker)에 따르면, 당시의 사회사업학교들은 형태가 없고 혼란스러우며 때로는 서로 모순적이기도 한 진보주의 개혁시대를 그대로 반영하고 있었다. 심지어 1909년 보스턴학교의 브래킷은 사회사업의 의미가 하도 부정확하여, 미국 대중은 '사회사업, 사회학 그리고 사회주의'를 구분할 수 없다고 사회사업의 불명확한 정체성에 대하여 비판하였다(Shoemaker, 1998: 184).

2. 사회사업의 정체성 규명: 초기 사회사업교육에서의 역사적 갈등

앞서 언급한 바와 같이 사회사업교육자들이 직면하였던 가장 시급한 질문 중 하나는 무엇을 가르치고 어디에서 가르치는가 하는 문제였으며, 이는 사회사업의 정체성과 직결된다는 점에서 매우 중요하다고 하겠다. 다시 말해서, 이는 사회복지전문직의 지식기반이 무엇인가 그리고 대학교와 기관 중 어디에 소속되어야 하는가 하는 질문이었다.

1987년 리치먼드는 너무 '아카데믹'하거나 이론지향적인 교육이 양성 중인 실무자에게 부정적 영향을 줄까 우려하여 대학교와의 연계에 반대하는 의견을 표명하였다. 그러나 다른 한편에서는 튼튼한 사회과학 교과과정을 가진 대학교만이 사회복지사들을 전문가의 길로 갈 수 있도록 준비시켜 줄 것이라고 주장하였다(Shoemaker, 1998: 185). 이런 갈등을 둘러싸고 초기 사회사업교육에는 세 개의 역사적인 갈등상황이 있었다.

첫째, 1912년 새뮤얼 매쿤 린제이(Samuel McCune Lindsay)가 뉴욕학교에서 사임하였는데, 이는 사회사업의 지식기반에 대한 논쟁 그리고 대학중심(university-based) 대 기관중심(agency-based)의 사회복지사 양성을 둘러싼 긴장을 조명하고 있다.

둘째, 1916년 하버드대학교가 보스턴학교로부터 분리해 나간 것은 사회사업교육에 있어서 성역할 분담에 대한 갈등을 드러내 주고 있다.

셋째, 에디스 애벗(Edith Abbott)과 소포니스바 브렉킨리지(Sophonisba Breckinridge)가 그레이엄 테일러로부터 시카고학교에 대한 주도권을 빼앗아 이를 시카고대학교에 소속시킨 1920년의 '쿠데타'다(Shoemaker, 1998: 184-185).

이러한 갈등은 초기 사회사업교육자들의 사회사업 정체성을 둘러싼 고민을 엿볼 수 있게 한다. 그리고 이 갈등상황을 통해 사회사업교육에서 마이크로(임상)와 매크로(정책) 전공에 대한 원류를 살펴볼 수 있다. 그러나 이 갈등은 마이크로와 매크로 중 어느 것이 우월하다는 시각이 아니라, 여성의 권리가 극히 제한되었던 1900년 초기의 시대적 맥락에서 이해되어야 할 것이다. 다시 말해서, 마이크로와 매크로는 사회사업 초창기부터 서로가 불가분의 관계에 있었다고 해석되어야 할 것이다.

〈표 2-4〉 초기 사회사업교육에서의 대표적 갈등상황

---

1. 뉴욕, 사회사업 지식기반에 대한 의문제기

　　1907년 린제이(경제학 및 사회학 교수이면서 사회과학 및 사회정책과 연계된 사회사업에 대한 비전을 가졌던)가 뉴욕학교에 임용되면서, 교과과정은 사회학 및 정치지향적으로 선회하였다. 이에 대해 뉴욕학교의 박애교육위원회는 반발하였다. 위원회 소속의 글렌(Glenn)은 "필수과목이 경제학과 사회경제에 대한 강좌로만 구성되어 있다고 반박하면서 사회복지사의 훈련에는…… 테크니컬한 기술중심교육(technical, skill-based education)이 가장 필요하다."고 주장하였다. 린제이는 자신의 비전을 펼칠 수 없게 되자 1912년 사임하였다. 그는 사회과학 없이 그리고 대학교에 소속되지 않고서는 뉴욕학교는 결코 사회사업 지도자 양성을 위한 위대한 교육기관이 될 수 없을 것이라고 믿었다.

그 후 그는 자신이 만든 교과과정을 컬럼비아대학교의 정치학과에 도입하였다. 한편, 린제이가 이임한 후 뉴욕학교는 케이스워크 이론과 실천을 전문직의 지식기반의 핵심에 두고 기술중심(skill-based)의 사회사업을 주도해 나갔다.

2. 보스턴, 사회사업교육의 성별 구분

1916년 하버드대학교는 12년 동안의 평화롭고 생산적이었던 협동관계를 끝내고 보스턴학교와 결별하였다. 이로써 보스턴학교는 직업지향의 여자대학이었던 시몬스대학 소속으로 남았다. 보스턴학교 이야기는 사회사업교육에서 성역할 구분을 드러내고 있다. 보스턴학교의 우즈(Woods)는 사회사업이 "가정과 이웃에서의 여성의 관심과 의미의 자연스러운 확장"이라고 보았다. 그는 사회사업의 남성적 형태를 구축하기 위해 공적 서비스와 지도력을 강조하였고 경우에 따라 정계로 진입하는 길을 열어 준다고 주장하였다. 하버드대학교가 결별을 선언한 후, 시몬스대학 소속의 보스턴학교는 점차 테크니컬한 기술중심 및 전공중심의 교과과정(technical, skill-based and specialized curriculum)을 강조하였다. 몇 년 후 하버드대학교는 의료사회사업 지도자인 리처드 캐벗(Richard C. Cabot)을 임용해 사회윤리학과를 설립하여 남자 사회복지사들이 케이스워크에서의 경력이 아닌 사회조사, 사회개혁, 정부에서의 경력을 쌓을 수 있도록 하였다.

3. 시카고, 사회사업과 국가 구축

1920년까지 시카고학교는 설립자 그레이엄 테일러의 지도하에 있었다. 테일러의 휴가기간 동안, 애벗과 브렉킨리지(둘 다 시카고학교에서 교육받은 박사이고, 헐 하우스에서 일했던 경험이 있으며, 1907년부터 이 학교에서 일하였다)는 일종의 쿠데타를 일으켜서, 시카고학교의 소속을 시카고대학교의 사회복지서비스행정대학원(School of Social Service Administration: SSA)으로 전환시켰다.

애벗은 케이스워크 훈련이 기술자를 만든다고 비판하고, 남성뿐 아니라 여성을 포함하여 모든 사회복지사는 사회정책을 평가 및 형성하고, 사회복지기관을 운영할 수 있는 준비를 갖추어야 한다고 주장하였다. 애벗과 브렉킨리지의 사회사업 지도자 양성의 비전은 린제이와 하버드 사회윤리학과의 비전과 맥을 같이하고 있다. 애벗은 사회복지사가 사회과학을 필요로 할 뿐 아니라, 사회사업은 사회과학의 하나라고 주장하였고, "사회복지의 사회과학(the social science of social welfare)"이라고 불렀으며, 이를 학문적, 전문적 및 개혁 목적(academic, professional and reform goals)과 연계시켰다. 애벗은 케이스워크가 사회정책의 성공과 실패를 평가하는 최적의 포럼이며, 새로운 사회입법을 형성하는 초석이 될 수 있다고 지적하였다.

출처: Shoemaker (1998), pp. 185-190 재편집.

3. 플렉스너의 사회복지전문직에 대한 도전

전국 자선 및 교정회의에서 에이브러햄 플렉스너(Abraham Flexner)는 '사회사업은 전문직인가?(Is Social Work Profession?)'라는 제목의 강연을 하였고, 실망스럽게도 사회사업 직업은 법학이나 의학과는 달리 전문직이라고 주장할 수 없다고 선언하였다(〈표 2-5〉 참조). 그에 따르면, 사회사업은 지식과 이론 체계를 결여하고 있으며, 독자적이라기보다는 매개적인 역할을 하고 있다(Flexner, 1915/2001). 반 워머(Van Wormer)에 의하면, 플렉스너의 역사적 강연은 남성이

〈표 2-5〉 플렉스너의 '사회사업은 전문직인가?'

1. 전문직의 여섯 가지 기준

플렉스너는 사회사업이 진정으로 전문직이 되려면 의학, 공학, 교육학 등과 같은 전문직에 준하는 기준에 부합되어야 한다는 논리를 전개하고 다음의 여섯 가지 전문직 기준을 제시한다.
① 전문직은 본질적으로 커다란 개인적 책임이 수반되는 지적 활동을 포함한다.
② 전문직은 과학과 학습에서 원재료를 이끌어 낸다.
③ 전문직은 이 재료를 실천적이며 분명한 목적으로 발전시켜 나간다.
④ 전문직은 교육적으로 의사소통 가능한 테크닉을 가진다.
⑤ 전문직은 자기를 조직(self-organization)하는 경향이 있다.
⑥ 전문직은 동기가 점차 이타적이 되어 간다.

2. 사회사업은 6개 기준을 충족하는가?

사회사업의 활동이 지적인 것은 분명하지만, 그 책임성에 있어서는 독자적이라기보다는 매개인의 역할을 한다(첫 번째 기준). 그리고 사회사업의 목적은 분명하고 구체적이어야 한다는 기준을 충족하지 못하고 있다(세 번째 기준). 사회사업은 너무 여러 분야에서 이루어지고 있어서 하나의 분명한 분야라기보다는 여러 분야에서 수행되는 한 가지 업무라는 양상을 보인다. 목적에서의 구체성 결여는 사회사업교육에도 문제를 가져온다. 즉, 사회복지사의 직업분야는 너무 많고 다양하여 목적을 가지고 조직된 교육적 훈육(purposefully organized educational discipline)이 불가능하다(네 번째 기준).

그러나 사회사업이 그 내용을 과학과 학습에서 이끌어 온다는 것(두 번째 기준), 전문적 자아의식이 급속하게 발전하고 있다는 것(다섯 번째 기준), 그리고 그 동기가 이타적이라는 것(여섯 번째 기준)은 전문직의 기준을 충족하고 있다.

플렉스너는 사회사업이 전문직으로서의 자격을 갖추지 못하고 있다고 결론을 내리면서, 그럼에도 사회복지사들이 때로 지나치게 자만하며 아직 전문 학술지를 갖추지 못하고 있다고 비판하였다.

출처: Flexner (1915/2001), pp. 152-165 재편집.

남성의 성취모델이라는 잣대로 여성지배적 전문직을 공격한 것으로 간주할 수도 있었지만, 사회사업분야는 플렉스너가 제시한 기준에 따라 전문직으로 인정받겠다는 결론을 내렸다(Van Wormer, 1997: 169-170). 플렉스너의 강연은 사회사업이 전문직으로 발달하는 전체 과정에 걸쳐 지속적으로 논의될 정도로 사회사업에 미친 영향이 지대하다. 이런 점에서 플렉스너의 논의가 무엇인지, 그리고 그것이 사회사업에 어떠한 영향을 미쳤는지 이해할 필요가 있다. 더불어 이에 대한 비판적 이해를 모색해 볼 필요가 있다(〈표 2-6〉 참조).

〈표 2-6〉 플렉스너 신화 깨기

1. 과연 플렉스너는 누구인가?

플렉스너는 사회복지사가 아니었다. 그는 의학교육을 받았고, 록펠러(Rockefeller)가 설립한 교육협의회(General Education Board)의 부총무였다. 당시 플렉스너는 실천지혜(practice wisdom)에 의거해 왔던 의학을 실험실(현미경, 세균이론, 백신 등의 발달에 의거하여)에서 검증된 지식에 의거하는 의학교육으로 패러다임의 전환을 주도하였다. 이런 배경을 가진 플렉스너는 자신이 의학에 적용하였던 잣대를 새롭게 형성되기 시작한 사회사업에 적용하였던 것이다. 사회사업은 전문직이 아니라는 그의 판결을 대다수 사회사업 지도자가 받아들였고, 이는 그 후 오랫동안 사회사업에 지대한 영향을 미쳤다

2. 플렉스너의 논의가 가지는 취약점

오스틴(Austin)에 의하면, 전문직을 비교 분석하는 논문들에서 사용된 기준은 각기 상이하며, 이에 따라 플렉스너가 제시한 기준을 일반화하기는 어렵다. 예를 들어, 전문직으로 인정받고 있는 법학도 플렉스너의 기준을 모두 충족할 수는 없다.

다음으로, 의학과 사회사업의 패러다임의 차이를 인식할 필요가 있다. 당시 사회사업은 도덕성을 기반으로 했던 실천으로부터 실천지혜를 토대로 한 실천으로 패러다임을 전환시키고 있었던 반면, 플렉스너는 실천지혜로부터 과학으로의 패러다임 전환을 주도하는 역할을 하고 있었다.

과연 누가 전문직을 인정하는가 하는 문제에 있어서 플렉스너는 의학과 같이 먼저 발달한 전문직이 새로운 전문직을 평가하는 위치에 있다는 메시지를 보내고 있지만, 대중의 의견을 제외하고는 직업의 전문적 지위를 결정하는 정해진 배심원은 없다.

3. 플렉스너가 사회사업에 미친 영향

① 통일된 전문직에 대한 추구: 초기 1920년대부터 여러 전문조직체가 결성되었으며, 1955년 NASW를 결성하여 통일된 전문조직체를 형성하였고 그 후에도 통일된 조직체의 유지는 NASW의 가장 중요한 이슈였다.

② 개념적 틀과 고유한 방법의 추구: 1929년 밀포드 회의에서 케이스워크에 대한 포괄적인 '일반적' 정의(inclusive 'generic' definition of social casework)를 형성하고자 하는 시도도 이런 노력을 반영하며, 이는 그 후에도 지속되어 왔다.

③ 과학적 이론의 추구: 프로이트(Freud)의 역동적 심리학 이론은 실험적 방법으로 검증할 수 없다는 단점을 가지고 있고 현실적으로 사회사업 실천현장에서 정신분석학적 치료기법의 유용성이 극히 제한됨에도 불구하고, 사회사업의 과학적 이론 추구에 대한 욕구를 충족했기 때문에 적극적으로 도입되었다.

④ 조사(research)에서의 과학적 기반의 추구: 플렉스너 신화는 사회사업에서 조사에 대한 접근, 박사과정 교육의 발전 그리고 대학 내에서 사회사업의 학문적 위치 확보에 기여하였다.

4. 플렉스너 신화 깨기

오스틴에 의하면, 플렉스너의 신화가 사회사업 발달에 지대한 영향을 미쳤던 중요한 이유 중 하나는 사회복지사들이 그의 판결에 의문을 제기하지 않고 받아들였기 때문이다. 물론 이는 사회사업 발달에 유용한 자극제가 되었지만, 지적 통일체(intellectual unity)와 '고유한' 방법에 대한 과도한 집착과 같은 부정적 결과도 가져왔다. 이제 플렉스너의 신화를 깨고 사회사업의 진정한 사회적 책임에 매진할 때다.

출처: Austin (1983), pp. 357-377 재편집.

4. 사회진단: 초기 사회사업 이론의 집대성

자선조직협회와 우애방문원은 사회복지에 대한 개별화된 접근이었다. 반면, 인보관은 사회적 및 경제적 문제 그리고 개혁과 예방적 입법에 보다 많은 관심을 가졌다. 메리 리치먼드의『사회진단(Social Diagnosis)』(1917)의 출판은 1920년대 초반 케이스워크가 우위를 점유하는 데 지대한 역할을 하였다.

메리 리치먼드—자선조직운동과 옥타비아 힐과 같은 사람들의 영향을 받았던—가 케이스워크 접근을 하게 된 것은 당연한 귀결이었다. 그러나 논리적인 이론적 기반을 찾을 수 없었던 리치먼드는 전체 과정을 체계적으로 증명하는 지루한 과업에 여러 해 동안 매달려 있었다. 마침내 그녀는 사회사업에 의료모델을 적용하여 조사, 진단, 예후(prognosis) 및 치료의 과정을 찾아냈고, 이 아이디어를『사회진단』—케이스워크 이론과 방법에 대한 첫 번째 저서—에 담아냈다.

『사회진단』의 특성과 관련하여, 트래트너는 메리 리치먼드의 저서(1917년 초판 발행)가 프로이트의 저서나 사고에 영향을 받지 않았다고 지적한다. 즉,『사회진단』은 다가오는 정신분석학적 시대가 아니라 사회학적 영향을 받았고, 케이스워커를 사회적 관계에서의 기술자(artificer)라고 기술하고 있으며, 심리적 요인과 심리내적 갈등보다는 사회환경과 재정적 디스트레스를 강조하였다

(Trattner, 1989: 233).[4]

흥미로운 사실은『사회진단』의 출판 후에 케이스워크가 열렬한 환영을 받았던 저변에는 1915년 플렉스너가 사회복지전문직에 내린 부정적 평가도 한몫을 하였다는 점이다. 모든 사회복지사가 플렉스너의 기준과 분석을 받아들이지는 않았지만, 사회사업이 전문직으로 발돋움하기 위해 교육적으로 의사소통 가능한 기법을 발달시켜야 한다는 데는 대다수가 동의하였다. 이런 상황에서 출간된 메리 리치먼드의『사회진단』은 플렉스너의 전문직으로서의 요건을 만족시키는 듯 보였고, 그 파급효과는 대단하였다. 하루아침에 사회진단 혹은 케이스워크는 다른 모든 기법을 제치고 사회사업의 방법론 그리고 전문주의의 상징으로 부각되었다.

〈표 2-7〉 메리 엘렌 리치먼드, 케이스워크의 대모

 메리 엘렌 리치먼드(1861~1928)는『사회진단』(1917),『케이스워크란 무엇인가』(1922) 등을 통해 전문적 사회사업의 과학적 방법론의 토대를 구축하였다. 리치먼드는 개인과 환경 간의 상호작용에서 빈곤과 사회적 배제의 원인을 탐색하였다. 리치먼드는 케이스워크의 대모라고 할 수 있다.

리치먼드는 1889년 이후 그녀의 전 생애 동안 사회사업을 전문화하는 데 노력하였다. 그녀는 볼티모어 자선조직협회에서 일하기 시작하였고, 오래지 않아 볼티모어와 필라델피아에서 지도적인 역할을 수행하였다. 그리고 1909년부터 사망할 때까지 뉴욕의 러셀 세이지 재단의 자선부서를 이끌었다.

현대 사회사업에서 거의 모든 사람은 서비스를 제공하기 전에 진단과 조사의 필요성이 있다는 데 동의한다. 1910년경 진단의 내용과 방법론을 체계적으로 개발한 것은 리치먼드였다. 그녀의 첫 번째 원칙은 서비스는 상황 속의 개인에게 초점을 두어야 한다는 것이었다. 폭넓은 조사의 기반 위에서 리치먼드는 클라이언트와 사회복지사에게 이용 가능한 여섯 가지 힘의 출처—가족, 클라이언트 자신, 이웃과 보다 큰 사회적 망, 민간기관, 사적 및 공적 기관—를 규명하였다. 이는 1970년대 사회사업에서 매우 각광을 받았던 체계이론의 원류라고 하겠다.

출처: Steyaert, J., http://www.historyofsocialwork.org

---

4) 그 결과 어떤 의미에서 이 저서는 곧 시대에 뒤지게 되었다. 리치먼드 자신도 5년 후에 출판한『케이스워크란 무엇인가(What is Social Case Work?)』에서 성격(personality)에 대하여 논하고 있어서 다가오는 변화를 받아들이고 있음을 보여 준다(Trattner, 1989: 233).

　　미국이 제1차 세계대전에 참전하고 군인 및 그 가족들(모든 계층의)에 대한 케이스워크 서비스가 많이 요구되면서[5] 케이스워크의 위치는 더욱 강화되었다. 한편, 제1차 세계대전은 케이스워크와 인보관 운동에 운명의 갈림길이 되었다. 제인 애덤스와 동료들이 평화운동에 적극 관여하면서 인보관 운동은 쇠퇴의 길을 걷게 되었고, 메리 리치먼드와 동료들이 미국 적십자사에 적극 관여하면서 케이스워크가 성장하는 계기가 되었다(Trattner, 1989: 235-237 참조).

제3절　프로이트 이론의 도입 및 케이스워크의 성장

1. 프로이트 이론의 도입

　　반 워머에 따르면, 1912년 프로이트가 클라크대학을 방문한 역사적 사건 이후 미국 사회사업교육자들 사이에 전파되기 시작하였던 정신분석학적 이론은 풋내기 전문직에 던져진 생명선이었다. 사회의 변덕과 동요에 무관할 수도 없고, 여전히 플렉스너의 선동적인 비판에 약이 올라 있던 사회사업분야는 정신의학적 왕국(psychiatric realm)을 향해 내부로[6] 방향을 선회하였다. 마치 정신분석이론이 전문주의와 사회적 존경을 동시에 약속하는 듯하였다. 그래서 사회사업분야에서 재능과 창의성을 가진 사회복지사들이 장차 정신의료사회사업이라는 특권을 지닌 전문분야로 대두될 이곳으로 몰려들었다(Van Wormer, 1997: 170).

---

5) 제1차 세계대전은 사회복지사가 '빈곤선 이상(above the poverty line)'의 소득을 가진 사람들에게 서비스를 제공하는 계기가 되었다.

6) 1920년대는 사회사업이 사회개혁에 대한 관심보다는 전문직의 성장에 관심을 가졌던 시대였다. 이는 전체 사회의 영향과도 무관하지 않다. 즉, 우드로 윌슨(Woodrow Wilson) 대통령이 제1차 세계대전에 참전하면서 진보적인 정치적 분위기가 거의 하룻밤 사이에 사라졌다. 이때가 바로 인보관 지도자들이 전쟁에 대해 적극적으로 반대 행동을 했기 때문에 대중의 눈 밖에 나게 된 시기다. 1919~1920년 러시아의 붉은 광장에서 그 정점에 이르렀던 볼셰비즘(bolshevism)의 승리도 영향을 미쳤다. 인보관에 대한 재정지원이 급감하였고, 사회개혁은 이제 급진주의와 동일시되었으며, 급진주의는 위험시되었다(Van Wormer, 1997: 170-171).

2. 밀포드 보고서

1) 밀포드 회의의 배경

사회사업의 전문화 이슈에 대한 거의 모든 논의에서 1929년 밀포드 보고서가 언급되고 있다. 밀포드 선언을 지속적으로 강조하는 것은 파편화된 사회복지전문직에 대한 상징적 의미를 가지고 있기 때문이다. 브라이어(S. Briar)에 의하면, 1920년대 사회복지전문직은 여러 전문분야로 나누어지기 시작하였다. 이런 상황에서 "모든 사회복지사가 하나의 전문직에 속해 있다는 아이디어를 유지할 만한 충분한 공통점이 다양한 전문영역에 있는가?"라는 질문이 불가피하게 대두되었다(Briar, 1974).

1923년 케이스워크 관련 6개 전국조직체에 속한 17명의 집행부와 이사진들이 펜실베이니아의 밀포드에서 2일간 회의를 가졌다. 이들은 케이스워크 실천의 공통성을 찾기 위하여 위원회를 구성하였다. 위원회는 「케이스워크: 일반적 그리고 전문적(Social Case Work: Generic and Specific)」이라는 최종보고서를 제출하였고, 여기에서 "케이스워크는 분명한 실체(a definite entity)다."라고 주장하고 "케이스워크의 문제와 케이스워커의 능력이 모든 분야에서 근본적으로 동일하다는 것은 놀라운 사실이다."라고 천명하였다(AASW, 1929; NASW, 1974).

〈표 2-8〉 밀포드 보고서의 핵심 결론

이 보고서에서 가장 중요한 결과는 아마도 위원회 위원들이 '일반적 케이스워크(generic social case work)'가 케이스워크의 전문분야보다 훨씬 더 본질적이라는 데 전원일치로 합의하였다는 점이다. 보다 구체적으로 살펴보면 다음과 같다.   "케이스워크는 분명한 실체(a definite entity)다. 이는 점점 더 잘 정의되어 가는 분야를 가지고 있고, 실천에 있어서 과학으로 발전할 수 있는 모든 양상을 가지고 있으며, 실무자를 위한 의식적인 전문적 기준을 가지고 있……. 이 보고서는 케이스워크의 전문분야의 중요성 그리고 각 전문분야에서의 케이스워커에 대한 특수한 요구를 인정한다. 그럼에도 불구하고, 케이스워커의 문제와 케이스워커의 능력은 모든 분야에서 근본적으로 동일하다는 것은 놀라운 사실이다. 다시 말해서, 문제, 개념, 과학적 지식 혹은 방법의 논의에 있어서 전문적 형태의 케이스워크는 단순히 부수적이며, 일반적 케이스워크는 공통 분야다."

출처: AASW (1929); NASW (1974), pp. 1-12 참조.

2) 밀포드 회의의 의의

밀포드 보고서는 경제공황이 발발하기 직전에 발간되었다. 도어(M. M. Dore)에 따르면, 리치먼드 등에 의해서 박애양성교육의 필요성이 인식된 지 사반세기 후의 케이스워크를 집대성한 밀포드 보고서는 사회복지실천의 기반이 얼마나 일찍 형성되었는가를 상기시켜 준다(〈표 2-9〉 참조). 1929년까지 개인-환경의 상호작용을 이해하기 위한 데이터 수집의 원칙뿐 아니라, 개인과 환경의 양 측면에 개입해야 하는 필요성도 확고히 수립되었다. 그리고 클라이언트를 변화과정에 관여시켜야 할 필요성과 마찬가지로, 케이스워크 과정의 토대로서 워커-클라이언트 관계의 중요성이 잘 인식되었다. 또한 사회과학과 행동과학으로부터 지식을 도입하는 것과 조사방법의 중요성 그리고 케이스워크 실천평가를 발달시켜야 할 필요성이 논의되었다. 그리고 무엇보다도 중요하게 밀포드 회의에 관여한 실무자와 학자들의 노력으로 모든 분야에 적용할 수 있는 일반적 케이스워크 실천의 기반이 마련되었다(Dore, 1999: 177-178).

〈표 2-9〉 밀포드 회의의 주요 내용

- 케이스워크의 개념은?: "정상적인 사회생활이 허용하는 기준에서 하나 혹은 그 이상의 일탈을 가져서, 정상적인 사회활동을 조직하는 능력에 손상을 입은 인간"을 다룬다고 정의하였다.
- 일탈: 알코올중독, 열악한 주거, 아동노동, 전염성 질병, 비행, 정신질환 등 약 50여 개의 일탈의 목록—일부는 개인 그리고 나머지는 환경에 귀속된—을 제시하였다.
- 케이스워크 서비스는 언제 필요한가?: 이상적으로 일탈은 개인의 자연적 원조 관계망에서 해결된다. 케이스워크 서비스는 "일탈의 존재 혹은 지속이 자기유지능력을 손상시켰다고 보일 때에만" 요청된다.
- 규범: 밀포드 회의 보고서는 케이스워커가 개인의 자기유지능력을 사정하는 규범을 제시한다.
- 데이터 수집: 이 보고서에서는 개인이 규범적 수준에서 기능하고 있는지 사정하기 위해 케이스 데이터를 수집하는 구조를 규명하고 있다.
- 치료 및 부분화(개별화): "치료는 인간의 성격과 능력에 대한 일반화와 정상적인 사회생활에서 허용되는 기준으로부터의 일탈에 관한 일반화가 개인을 대상으로 부분화되었을 때에만 가능하다." 이 부분화는 대체적으로 케이스워커의 사회력을 통해서 이루어진다.
- 방법: 이 보고서가 제시하는 방법은 그야말로 여러 종류의 활동('면접'이나 '관찰'과 같이 과정지향적인 것도 있고, '헌신' '입양'과 같이 개입적인 성격을 지닌 것도 있다)을 열거하고 있어서 개념적 및 방법론적 한계를 드러내고 있다. 이를 보다 명백히 규명하고 발달시키는 것은 차세대 케이스워크 학자들의 주요 관심사가 되었다.

출처: Dore (1999), pp. 176-177; AASW (1929); NASW (1974), pp. 1-31 참조.

제4절 1930~1945년의 사회사업

1. 뉴딜시대와 사회복지실천

1929년 가을 주식시장의 붕괴 및 이에 수반된 경제공황은 미국 역사상 유래 없는 충격을 가져왔다. 약 1,300만에서 1,500만 명에 이르는 근로자들이 직장을 잃게 되었으며, 많은 시민이 평생 동안 모아 온 저축을 한꺼번에 잃어버리게 되었다. 은행들은 일시적 혹은 영구적으로 문을 닫게 되었고, 공장은 생산을 중단하게 되었으며, 상점에는 고객을 찾아보기가 어렵게 되었다. 수천만의 농부가 자신들의 농토에서 쫓겨나게 되었으며, 수많은 사람이 집을 빼앗기게 되었다. 그리하여 대도시뿐 아니라 소도시와 농촌 지역에서까지 시민들은 절망에 빠져 식량배급을 위해 줄지어 기다리게 되었다.

이런 와중에서 많은 사회복지사는 궁핍이 개개인의 통제수준을 넘어 선 사회적 및 경제적 요인에 의해 초래되고 있음을 목격하였다. 사회복지사들 사이에서는 자성의 목소리—사회개혁에 새롭게 헌신해야 한다는—가 높아졌고, 사회복지사들은 사회행동으로 되돌아갈 시간이라고 선언하였다. 1931년 10월 뉴욕시 사회복지협의회 사무국장 윌리엄 호드슨(William Hodson)은 후버(Hoover) 대통령에게 자선으로서가 아니라 권리의 차원에서 주어지는 연방실업구제를 요청하는 공개서한을 보냈다. 그 후 몇 개월 동안 호드슨과 NASW는 미국 상원에서 개최될 역사적 청문회(LaFollett-Costigan 위원회)를 준비하는 데 적극 참여하였다. 이 청문회에서 사회복지사는 필라델피아에서 가족들이 어떻게 연명하고 있는지를 다음과 같이 증언하였다.

한 여성은 마차에서 떨어지는 야채를 주우러 부두로 나갔다. 때로 생선 장사들이 그날 장사를 접으면서 생선을 주기도 하였다. 이 가족은 하루 하고 반나절 동안 음식 없이 지내야 했던 적도 두 번이나 있었다. 다른 가족은 이틀 동안 음식 없이 지내야 했다. 그 후 남편은 밖으로 나가서 민들레를 따 왔고 가족들은 그것을 먹었다.

초기 연방구제 프로그램 중에서 특기할 만한 프로그램은 1933년 5월「연방긴급구제법(Federal Emergency Relief Act)」이다. 이 법은 그간의 전통을 깨트리고 연방보조의 시대를 열었다는 점에서 사회복지의 이정표가 되었다. 사회사업의 차원에서도 이 법은 커다란 역사적 의의를 가진다. 즉,「연방긴급구제법」은 각 지방구호행정에 적어도 한 명의 경험 있는 사회복지사를 고용하도록 하였고, 고용자 20명마다 한 명의 슈퍼바이저를 두도록 규정하고 있었다. 이 규정에 의거하여 사회복지사 및 사회사업의 전문적 방법론은 미국 전역에 파급되었고, 대중에게 복지는 정치가 혹은 임명된 공무원이 아닌 전문사회복지사에 의해 관리되어야 한다는 확신을 심어 주었다(Trattner, 1989: 249-260).

2. 집단사회사업의 대두

인보관 시대는 끝이 났지만 완전히 사라졌던 것은 아니었다. 이는 새로운 형태로 발전되었다. 인보관은 지역사회 레크리에이션과 청소년 클럽활동센터로 전환되었다. YMCA와 걸스카우트 같은 여가기관이 수적으로 증가하였다. 집단사회사업(group work)은 1927년 웨스턴리저브(Western Reserve) 대학(현 Case Western Reserve대학)에서 만들어진 용어이며, 주요 사회사업방법론으로 인정받게 되었다. 그러나 집단과정이 사회사업방법의 하나로 수용되기까지는 저항이 있었다(Konopka, 1964: 7 참조). 이는 집단활동이 레크리에이션, 사회화, 인격발달의 목적으로 제공되면서 전문적 훈련이 필요 없는 것이라고 경멸받았기 때문이다.

그러나 집단사회사업은 프로이트 이론을 차용하여 그 기본적 원칙들(전이, 퇴행, 억압과 같은 방어기제 등)을 집단 상호작용의 역동성과 연결시켰다(Van Wormer, 1997: 173). 이에 따라 전문적 훈련이 필수요건이 되었고 집단사회사업은 정식으로 인정받게 된 것이다.

3. 사회사업 이론의 발달

이 시대의 풍요로운 이론적 발달은 적어도 부분적으로는 경제공황 시대가 사회사업에 미친 영향에 기인한다. 경제공황 시기에 구호 및 원조 사업의 상당 부분이 정부기관의 책임으로 이양되었다. 그 결과, 사적 기관들은 새로운 클라이언트 집단뿐 아니라 심리학적 요인에 관심을 기울일 자유를 얻게 되었다. 1930년대 초반 사회복지사는 대량빈곤이라는 현실적 문제에 대처하느라고 이론발달의 여력이 없었으나, 그 후 구호 및 원조 사업이 정부기관으로 이양되면서 여유를 가지게 되었고, 이는 풍부한 이론적 발달을 가져왔다(Johnson & Yanca, 2010: 11).

1) 진단주의의 발달

진단주의는 뉴욕학교(현 컬럼비아대학교)를 중심으로 발전하였으며 해밀턴(Hamilton)이 대표적인 학자다. 브라이어와 밀러(Miller)는 프로이트의 정신분석이론이 케이스워크에 미친 이론적 영향을 다음과 같이 지적한다. 우선 정신분석이론과 함께 과거가 매우 강조되었다. 과거를 강조하면서 필연적으로 심리적 변화에 대해, 특히 성인의 경우 비관적이며 운명적인 견해가 정신분석이론과 함께 도입되었다. 그리고 이와 같은 과거에 대한 강조와 심리적 변화에 대한 비관적 견해와 더불어 현재의 사회적·상황적 인간관계를 변화의 원동력으로 인정하지 않았다(이명흥 역, 1986: 78-80).

그러나 프로이트 심리학이 케이스워크에 미쳤던 영향에 대해 도어와 같은 학자는 다른 견해를 제시한다. 1930년대와 1940년대 뉴욕학교 교수진에 의해 프로이트 심리학 그리고 궁극적으로 자아심리학의 여러 아이디어가 통합되었지만, 리치먼드가 오래전에 수립하였던 환경 속의 개인(person-in-environment)의 초점은 유지되고 있었다. 새로 발달된 사회과학과 행동과학의 이론들은 이 기본적인 원칙을 보다 잘 이해하는 데 활용되었다. 도어는 바로 이런 '과학적 태도(scientific attitude)'가 두 번째 사반세기의 뉴욕학교의 특성이었다고 지적한다. 해밀턴과 같은 뉴욕학교의 케이스워크 학자들은 조사/진단/치료의 패러다임에 대하여 데이터를 수집하고 가설을 형성하며 이 가설을 치료과정에서 검증하는 과학적 과정으로 보았다. 이들이 기능주의에 반대하였던 가장 중요한 이유는 바로 기능주의가 과학적이지 않다는 것—치료과정 자체가 클라이언트의 어려움에 대한 가설을 기반으로 계획되지 않았다는 것—이었다.

리치먼드가 1917년에 출간한 『사회진단』이 19세기 첫 번째 사반세기의 케이스워크 실천의 발달을 집대성하였다면, 1940년에 출간된 해밀턴의『케이스워크의 이론과 실천(Theory and Practice of Social Case Work)』은 두 번째 사반세기를 대변하고 있다. 리치먼드는 케이스워커의 첫 번째 세대에게 개인적, 도덕적으로 행동을 해석하는 대신, 어떻게 케이스의 사실을 수집하는가(조사)를 가르쳤다. 한편, 뉴욕학교의 해밀턴과 동료들은 다음 세대에게 상황 속에서의 클라이언트에 대한 보다 나은 이해를 위해 사실을 어떻게 해석하는가, 다시 말해서 어떻게 '사회진단'을 하는가를 가르쳤다. 그러나 진단에 의거하여 치료방법들 혹은 개입모델을 발달시키는 과제는 그다음 세대의 케이스워크 학자들에게 남겨졌다(Dore, 1999: 180-181).

〈표 2-10〉 심리사회적 접근의 기원

심리사회적 접근은 흔히 메리 리치먼드에서 그 기원을 찾는다. 그러나 이 접근법은 1920년대 및 1930년대의 성격이론과 사회이론의 발전뿐 아니라 사회경제적 사건들에 의해 지대한 변화를 겪었다. 프로이트 이론은 1926년경에 도입되기 시작하였다. 초창기 심리사회적 접근의 발달에 기여한 학자들은 매리언 켄워시(Marion Kenworthy), 고든 해밀턴(Gordon Hamilton), 버사 레이놀즈(Bertha Reynolds) 등이다. 심리사회적 관점은 스미스대학과 뉴욕학교(현 컬럼비아대학교)를 중심으로 발전하였다.

고든 해밀턴은「케이스워크에서의 철학(Underlying Philosophy of Social Casework)」(1941)이라는 논문에서 기능주의 학파와의 차이점을 설파하였고, 이 논문에서 '진단적(diagnostic)'이라는 용어가 등장하였다. 그 후 진단주의 대신 심리사회적 접근이라는 용어가 사용되었는데, 이 용어가 이 접근법의 주요 구성요소를 가장 잘 상징하기 때문이었다.

출처: Hollis (1970), pp. 38-39 재편집.

2) 기능주의의 발달

이 시기 동안 발달한 또 다른 실천 접근법은 기능주의 접근법이다. 기능주의 접근법은 클라이언트를 아프거나 일탈한 것으로 간주하지 않고, 구체적인 서비스를 요청하는 사람으로 보았다. 이는 대체적으로 오토 랭크(Otto Rank)의 이론을 기반으로 하고 있다. 랭크 이론의 특징은 다음과 같다. 첫째, 과거를 강조하는 프로이트 입장 대신에 현재와 미래를 강조한다. 둘째, 현재를 강조하기 때문에 변화의 가능성에 대해 낙관적인 견해를 가졌다. 셋째, 과학적 결정론을 인간성격을 파악하기 위한 방법으로 보지 않았다(이명홍 역, 1986: 86).

랭크의 이론을 기능주의 접근으로 발달시킨 대표적인 학자들은 제시 태프트(Jessie Taft)와 버지니아 로빈슨(Virginia Robinson), 허버트 아프테카(Herbert Apetekar) 같은 학자들이다. 기능주의에서는 진단이란 용어를 진단주의와는 다른 의미로 사용한다. 여기에서는 진단을 사회복지사와 클라이언트가 함께 일할 공통기반이 있는지를 발견하기 위한 시도로 간주하였다. 그리고 치료를 하는 것이 아니라 함께 일한다는 개념을 추구하였으며, 사회복지사가 기관의 기능을 수행하고 전문적 지식을 업무에 적용할 때 전문적 관계라고 간주하였다. 기능주의는 시작, 중간 그리고 끝(beginning, middle and ending)으로 표현되는 관계의 과정을 제기하였다. 관계가 발달하고 서로에게 영향을 주면서 변화의 기회가 형성된다고 보았다(Jonson & Yanca, 2010: 11).

랭크의 입장은 소수의 전문적 케이스워커 이외에는 별로 영향을 미치지 못하였지만, 랭크의 아이디어가 사회사업분야에 소개됨으로써 케이스워크 역사상 가장 격렬한 논쟁이 일어났다. 그 후 이 논쟁은 랭크 학파의 영향이 퇴보하는 등의 이유로 점차 완화되었지만, 랭크 학파는 케이스워크 이론에 많은 흔적을 남겨 놓았다. 즉, 사회복지사-클라이언트 관계의 강조, 케이스워크 실제에 있어서 기관과 이의 기능에 대한 관심, 진단학파 혹은 프로이트 학파를 명료화하고 결속시킨 점 등이다(이명홍 역, 1986: 85-87).[7]

〈표 2-11〉 기능주의 접근의 기원

기능주의 접근은 펜실베이니아대학교에서 그 유래를 찾을 수 있다. 프로이트의 제자였던 오토 랭크는 이 대학교의 교수로 재직하고 있었고, 여기에서 태프트, 로빈슨 등 필라델피아의 사회복지사들에게 영향을 미쳤다. 랭크가 기능주의 접근에 기여한 바는 인간성장의 본질, 인간 자신—특히 통제하고 조직하는 힘으로서의 의지(will)—에 대한 강조, 성장 잠재력을 방출시키는 현재 경험의 중요성, '시간'과 원조과정에서 시간의 의도적 사용 등이다. 그러나 흥미로운 사실은 랭크 자신은 자신의 이론을 사회복지실천의 어느 양상과도 결부시키지 않았다는 점이다. 누군가가 기능주의 사회사업에 대해 그에게 질문하였을 때, "그거 매우 흥미롭군요. 하지만 나는 그것이 무엇인지 모릅니다."라고 대답하였다는 재미있는 에피소드가 있다.

---

7) 이 두 케이스워크 학파의 차이점과 더불어 공통적인 특징에 주목할 필요가 있다. 첫째, 두 학파 모두 관심의 단위를 가족이나 사회가 아닌 개인으로 생각하였다. 둘째, 두 학파 모두 개인의 행동과 병리를 결정하는 변수는 사회적이고도 대인관계 요인이 아니라 심리내면 과정이라고 생각하였다(이명홍 역, 1986: 88).

랭크의 이론을 사회사업과 연결시켜 발전시킨 학자는 제시 태프트, 버지니아 로빈슨 등이다. 펜실베이니아대학교의 교수였던 태프트는 「케이스워크 과정에서 기능의 연관성(The Relation of Function to Process in Social Case Work)」이라는 획기적 논문에서 기관의 기능을 원조과정에 연계시켰다. 그리고 로빈슨은 기능주의 케이스워크에서 요구되는 기술을 처음으로 규명하였다.

출처: Smalley (1970), pp. 82-85 재편집.

3) 집단사회사업과 지역사회조직의 발달

이 시대의 세 번째 주요 발달은 집단사회사업과 지역사회조직을 사회사업방법론으로 인정하게 된 것이다. 그러나 새로운 방법론들은 이론적 발달의 측면에서 아직 초보적인 수준에 머물러 있었다(Johnson & Yanca, 2007: 22).

제5절 1945~1960년의 사회사업

1. 전문적 취약성과 매카시 시대

사회사업은 보다 큰 사회의 역동성과 떼어 놓을 수 없는 관계에 있다. 이런 의미에서 그 시대를 이해하는 것은 사회사업을 이해하는 것이다. 사회사업의 가치는 서구사회의 민주적 원칙에서 나왔으며 평등과 독립의 신념을 가지고 있으나, 현실 상황에서 이를 고수하는 데 어려움이 따를 수 있다. 직접적 혹은 간접적으로(재정적 지원을 통해서) 국가를 위해 일하는 한, 사회복지사들은 국가의 방침을 따르도록 요구된다. 이런 상황에서 사회복지사의 원조역할은 한계에 봉착하는 경우가 있다. 히틀러 치하에서는 정치적 오용에 대한 사회사업의 취약성이 가장 현저하게 드러났다. 불행히도 이때 사회사업 사정(social work assessment)은 사회의 무가치한 비생산적 요소를 가려내는 데 사용되었다. 과학적 방법으로 훈련된 전문가가 이렇게 오용됨으로써 대규모의 인종말살을 정당화하는 것을 도왔다. 나치 치하의 독일은 국가가 잘못된 방향으로 가고 있음에도 불구하고 사회복지사가 이에 저항하는 데 실패하였을 때 생기는 부작용의 극단적인 예(Van Wormer, 1997: 177)라고 할 수 있으며, 오늘날의 사회복지사에게

도 커다란 교훈이 된다.

　나치 치하에 비하면 극히 미약하기는 하지만, 반공산주의의 기치 아래 언론의 자유가 구속되었던 1940년대 후반과 1950년대 초반 미국에서도 이런 상황이 전개되었다. 이 히스테릭한 분위기의 진원지는 매카시(Josheph McCarthy) 상원의원이었다. 극도의 보수적인 사회 분위기 속에서 수천의 교사, 사회복지사, 저널리스트 그리고 공무원들이 노동조합이나 다른 진보적인 활동을 지지한다는 이유로 직장을 잃었다.[8] 그 이후 1950년대의 이 시대를 매카시 시대라고 부른다.

　대다수 사회복지사가 이런 시대적 공포 분위기로 고통을 받았지만, 사회복지 전문직은 전문직 차원에서 거의 혹은 전혀 대응하지 않았다. 당시의 사회사업 문헌은 공적 서비스에 있는 사람들이 받아야 했던 이런 종류의 고통에 대해 언급하지 않고 있다. 사회복지사들은 정치적으로 안전한 행동노선을 취하였고 심리적 침묵상태가 사회복지사들을 지배하였다(Van Wormer, 1997: 178-179).

2. 진단주의와 기능주의 이론의 대립 및 발달

　이 시기 초반부에는 진단주의-기능주의 논쟁이 지속되었다. 사회복지사들은 프로이트의 정신분석적 접근의 진단주의 접근, 아니면 랭크의 이론을 토대로 한 기능주의 접근 중에서 하나를 택하였다. 이 두 학파 간의 대립은 극렬하여서 이를 화해하고자 하는 노력조차 별 효과를 발휘하지 못하였다(이명흥 역, 1986: 87; Jonshon & Yanca, 2007: 23). 대다수 이론적 발달은 이들 중 어느 하나를 택하여 전개되었으며, 그 과정에서 진단주의와 기능주의가 보다 명료화되었다. 진단주의의 대표적인 학자는 플로렌스 홀리스(Florence Hollis)였다. 홀리스는 케이스워크 실천의 유형학을 개발하였다. 물론 이런 노력은 그 이전에도 있었지만, 홀리스는 이를 과학적으로 접근한 최초의 학자였다. 그녀는 논문 「케이스워크: 심

---

8) 동성애는 국가적, 사회적 및 성적 위험으로 간주되었고 극우 보수뿐 아니라 심지어는 진보 담론에서도 게이와 레즈비언은 공산주의자와 연관이 있다고 공격받았다. 여성 또한 억압받았다. 이런 맥락에서 메리 리치먼드, 제인 애덤스를 위시하여 여성 지도자들이 주도하였던 사회사업 초창기와는 달리, 여성 사회복지사들은 발전성이 없는 케이스워크 지위에 만족해야 했고, 남성 사회복지사들이 기관장과 정책지도자 역할을 하는 것을 지켜보아야만 했다.

리사회적 치료(Casework: A Psychosocial Therapy)』에서 6개 범주를 규명하고, 이들을 어떻게 치료과정에 활용하는지 설명하였다. 처음으로 학생들에게 구체적인 케이스워크 기법을 가르칠 수 있는 메커니즘 그리고 어떻게, 언제 이들 기법을 실천상황에 적용할 수 있는지에 대한 메커니즘이 만들어진 것이었다. 또한 절차의 유형학이 이용 가능해짐에 따라 실무자들은 사정, 치료 그리고 클라이언트의 결과목적을 보다 논리적으로 연계할 수 있게 되었다(김만두 역, 1985; Dore, 1999: 183-184).

도어에 의하면, 리치먼드의 『사회진단』이 첫 번째 사반세기 케이스워크의 대미를 장식한다면, 해밀턴의 『케이스워크의 이론과 실천』은 두 번째 사반세기를, 그리고 홀리스의 『케이스워크: 심리사회적 치료』의 초판(1964)은 세 번째 사반세기를 상징하고 있다.[9] 케이스워크 절차와 기법에 대한 과학적 연구라는 역사적 소명이 이루어진 것이다(Dore, 1999: 184-185).

3. 펄먼의 문제해결 접근법

이 시기가 끝날 무렵 헬렌 해리스 펄먼이 문제해결 접근법을 제시하였고 진단주의-기능주의의 오랜 논쟁을 종식시켰다. 펄먼은 뉴욕학교 출신으로 시카고대학교에서 가르쳤다. 『케이스워크: 문제해결과정(Social Casework: A Problem-Solving Process)』은 그녀의 첫 번째 저서였으며, 자아심리학의 원칙을 기반으로 통합된 실천이론을 발달시키기 위하여 진단주의와 기능주의의 개념과 방법을 활용하였다. 펄먼에 의하면, 사람들은 일상생활에서 의식하지는 않지만 지속적으로 문제해결과정을 사용하고 있다. 그러나 이 과정이 붕괴되는 경우가 있다. 케이스워커의 역할은 효과적인 문제해결의 장애가 어디에 있는지를 규명하기 위하여 클라이언트와 함께 문제해결 단계를 밟아 나가는 것이다(Dore, 1999; Perlman, 1970).

---

9) 오늘날의 관점에서 볼 때, '사회의 문제인가' 아니면 '개인의 문제인가'의 이중적 관점(duality)은 통합성(comprehensiveness)과 상호연계성(interconnectedness)이라는 본질적 측면에서 볼 수 있지만, 이제 겨우 전문직으로 출범하고 사회복지기관이 등장하는 사회사업 초창기에는 이런 본질이 충분히 규명되지 못하였다(Ramsay, 2001, 2003: Holosko, 2003: 274에서 재인용; Ramsay, 2003).

도어에 의하면, 돌이켜 볼 때 원조과정의 개념을 문제해결과정으로 보는 개념은 자명한 듯하지만, 펄먼의 이론은 기능주의와 진단주의의 아이디어를 모두 활용하였고 실무자들에게 어떻게 이 모델을 실천에 적용할 수 있는지 보여 주었다는 점에서 케이스워크 발달의 분수령이 되었다. 이는 사회사업계가 진단주의-기능주의의 이분법을 극복하고, 이 두 학파의 이론을 토대로 실천에 대한 새로운 아이디어와 방법을 발달시키는 것을 가능하게 하였다. 오늘날 사회복지실천에서는 기능주의의 개념(시간의 활용, 치료의 시작, 중간 그리고 끝 단계, 클라이언트 문제의 부분화, 클라이언트의 치료과정에의 참여)과 진단주의의 개념(추론으로부터 사실을 분리하는 것, 목표설정, 상황 속의 개인에 대한 사정을 토대로 개입전략을 선택하는 것, 클라이언트의 진전과 치료결과의 평가)을 모두 활용하고 있다(Dore, 1999: 183 참조).

4. 방법론에 의한 전문화 경향 및 전문직의 통일성 추구

밀포드 보고서에서 살펴본 바와 같이, 일반적(generic) 사회사업에 대한 추구에도 불구하고 사회사업 내에서 전공(specialties)에 대한 관심이 지속적으로 증대되었다. 다양한 실천집단이 발달하였고 심지어는 전문화된 교과과정이 개발되기도 하였다. 그러나 실천분야에 의한 전문화는 1940년대 후반과 1950년대에 새삼 비판을 받게 되었다.

이런 맥락에서 CSWE는 1954년 사회사업교육의 전문화 위원회(Committee on Specializations of Social Work Education)를 구성하였으며, 여기에서는 분야에 의한 전문화가 점차 부적당해진다고 지적하였다. 그 대신 이 위원회는 차별화의 새로운 기반—세팅이 아닌 과정에 의한 구분—을 주창하였다. 1940년대와 1950년대 동안, 집단사회사업, 조사, 지역사회조직 그리고 행정의 방법론들이 현저하게 발전하였다. 1952년 CSWE 대학원교과과정은 케이스워크와 더불어 이들 방법론을 인정하였다. 1952년 지침은—직접적으로 전문화에 대한 언급은 없었으나—실천에 있어서 "하나의 방법론에서의 역량(competence in one method)"을 필수로 요구하는 방식으로 전문화의 새로운 가능성을 열었다(Leighninger, 1980: 4-5).

방법론에 의한 전문화의 경향에 따라 전문직의 통일성에 대한 새로운 기반이 요청되었다.[10] 1955년 NASW의 형성 그리고 실천 윤리강령의 개발은 공통의 목적과 가치에 기반을 둔 전문직의 통일성을 강화시켰다. 덧붙여 1950년대에는 사회사업의 '기본적 지식체계'를 확장하고 명료화해야 할 필요성이 강조되었다.

제6절 1960~1970년대 초반의 사회사업

1. 빈곤의 재발견과 사회개혁에 대한 관심

1960년대에 들어오면서 미국 사회는 커다란 사회변화에 직면하게 된다. 케네디(John F. Kennedy) 대통령은 1961년 취임식에서 독재, 빈곤, 질병 및 전쟁이 인류 공통의 적이라고 연설하였고, 희망의 손길이 빈민과 억압된 자에게까지 뻗쳐져야 한다고 선언하였다. 이 취임식사는 많은 시민, 특히 젊은 층에게 감명을 주었고 목적적인 사회행동에 대한 신념을 회생시키는 데 기여하였다. 이 시대의 특기할 사항은 빈곤이 만연되었던 지역의 사람들이 보다 나은 생활을 위하여 도시로 이주함에 따라 구호대상자가 폭발적으로 증가하게 되었다는 점이다. 이와 같은 사회적 맥락에서 숨겨져 있던 빈곤문제를 다루는 여러 저서 및 기사가 발표되었다. 예를 들어, 신문인이며 사회행동가인 마이클 해링턴(Michael Harrington)은 『또 다른 미국: 미국에서의 빈곤(The Other America: Poverty in the United States)』에서 풍요로운 미국 사회에서의 지속적인 대량빈곤의 원인을 분석하였다. 이런 상황에서 1960년대 미국 도시에서는 폭동과 소요가 빈번히 발생하였고, 그동안 전문성을 추구하면서 사회개혁을 도외시하였던 사회복지사들은 다시 한 번 전혀 준비되지 않은 채 광범위한 무질서와 고통에 직면하게 되었다(Trattner, 1989: 285-290).

케네디 행정부와 존슨 행정부는 뉴프런티어(New Frontier)와 위대한 사회(the

---

10) 전문적 결속의 새로운 출처에 대한 추구는 1952년 교과과정 선언, 홀리스와 테일러의 1951년 보고서, 1959년 교과과정 연구보고서에서 찾아볼 수 있다. 이 세 문서에서는 모두 사회복지사에게 고유한 지식, 개념, 가치 체계가 존재한다고 강조하고 있다.

Great Society)를 제안하였고, 여기에서 빈민은 최우선적 공적 관심사가 되었다. 1964년 1월 존슨(Johnson) 대통령은 '빈곤에의 전쟁(War on Poverty)'을 선언하였고, 7월에는 「경제기회법(Economic Opportunity Act)」 혹은 반(反)빈곤법안(antipoverty bill)이 통과되었다. 이에 의거하여 직업훈련 프로그램, 푸드스탬프(Food Stamp) 프로그램 등 여러 빈곤 프로그램이 생겨나게 되었다(Trattner, 1989: 293).

사회복지전문직도 민권운동과 위대한 사회 프로그램에 크게 영향을 받아서, 그 초점을 케이스워크에서 사회정책으로 변화시키기 시작하였다. 빈곤과 인종주의의 근절은 새로운 세대 사회복지사들의 열망이 되었다(Van Wormer, 1997: 182). 사회변화에 대한 관심에도 이 시기는 이론적 발달이 풍요로웠던 시기였다.

2. 전통적 방법론의 지속적 발전

1960년대 동안, 진단주의 접근(당시는 심리사회적 접근이라고 불림)과 기능주의 접근은 플로렌스 홀리스와 루스 스몰리(Ruth Smalley)에 의해 각기 확장되고 새로워졌다(김만두 역, 1985; Hollis, 1970; Smalley, 1970). 홀리스는 1971년 개정판에서 사회체계이론과 커뮤니케이션 이론을 활용하였다. 스몰리의 저서 역시 중대한 기여를 하였으며, 케이스워크에서의 기능주의 접근을 논의하였을 뿐 아니라 동일한 원칙이 집단사회사업과 지역사회조직에 어떻게 적용되는지를 보여 주었다.

그리고 이 시기 동안 기셀라 코노프카(Gisela Konopka)와 헬렌 노던(Helen Northern)은 집단사회사업의 이론을, 그리고 머레이 로스(Murray Ross)는 지역사회조직의 이론을 발달시켰다.

3. 제너럴리스트 실천의 대두

1970년 캐럴 마이어(Carol Meyer) 그리고 해리엇 바틀릿(Harriett Bartlett)은 통합적 관점에서 사회사업의 개념화를 시도한 저서를 출간하였다. 이 두 저서는 이론발달의 전환점이 되었다. 더 이상 이론은 케이스워크, 집단사회사업 그리고 지역사회조직의 전통적 방법론의 형태로 발달되지 않았다. 이제 이론은 통일된 사회복지전문직을 위해서 그리고 특정 문제와 욕구에 반응하기 위해서 발달되었다.

1970년대 초반 통합적 접근의 저서들이 출판되었고, 여기에는 막스 시포린(Max Siporin), 불라 콤프턴(Beulah Compton)과 버트 갤러웨이(Burt Galaway), 하워드 골드스타인(Howard Goldstein), 앨런 핀커스(Allen Pincus)와 앤 미나한(Anne Minahan) 등이 있다. 이 중에서 핀커스와 미나한의 저서는 가장 널리 알려졌다. 무엇보다도 이들은 네 가지의 기본 체계—클라이언트 체계, 변화매개인 체계, 표적체계, 행동체계—를 제시하고 이를 통해 사회복지실천을 개념화하였다(Pincus & Minahan, 1973).

이와 같이 사회복지실천의 통합을 위한 노력에서 제너럴리스트 실천이 탄생하였다. 그리고 시대적 맥락도 제너럴리스트 실천을 탄생시키는 데 기여하였다. 이 시대 동안 새로운 서비스가 개발되고 새로운 클라이언트 집단에게 서비스가 제공되면서, 이들 클라이언트가 전통적인 개별사회사업, 집단사회사업, 지역사회조직의 틀에 부합되지 않는다는 것을 발견하게 되었다. 대신 클라이언트가 가지고 있는 복잡한 문제와 상황에 반응하기 위해서 방법론들의 혼합이 요구되었고(Johnson & Yanca, 2007: 26), 이런 노력과정에서 제너럴리스트 실천이 발달하게 되었다.

4. 경험주의 실천운동의 시작

1960년대 사회적 소요와 함께 케이스워크 방법의 효과성, 유용성, 심지어는 윤리성에 대한 의문들이 제기되었다(Fischer, 1973). 몇몇 연구에서 케이스워크 방법이 클라이언트에게 긍정적 결과를 거의 미치지 못하는 것으로 나타났다. 이런 상황에서 기존의 케이스워크 패러다임에 반론을 제기하고 경험주의적 기반의 실천모델이 제기되었다(Dore, 1999: 185). 경험주의 실천은 조사를 강조하는 실천 접근이다. 경험주의 실천은 최근 "사회사업 역사에서 가장 의미 있는 발달의 하나"라고 평가될 정도로 사회복지실천에 지대한 영향을 미친 실천 경향이다(Witkin, 1991: Reid, 1994: 165에서 재인용).

경험주의 실천[11]은 대체적으로 1950년대 그리고 1960년대 박사과정에 입학한 조사지향(research orientation)의 학자들에 의하여 시작되었다.[12]

당시 컬럼비아대학교의 박사과정 학생이었던 스코트 브라이어(Scott Briar), 어윈 엡스타인(Irwin Epstein), 헨리 밀러(Henry Miller), 리처드 스튜어트(Richard Stuart), 토니 트리포디(Tony Tripodi) 등이 주축이 되었으나 구체적 방법을 찾지 못하였다. 이런 상황에서 1960년대 중반 에드윈 토머스(Edwin Thomas)의 지도 하에 미시간대학교에서 행동주의 방법으로 실험을 시작하였고, 이는 곧 다른 대학들로 파급되었다(Reid, 1994: 167-169).

5. 체계이론 및 생태이론의 도입

마이어는 1960년대의 사회변화를 경험하면서 정신역동에 기반을 둔 모델들을 가지고 사회문제에 대처하는 데 한계가 있음을 인식하고 있었다. 또한 그녀는 사회복지실천이 보다 과학적 기반을 추구해야 한다는 비판도 잘 이해하고 있었다. 마이어의 경우, 일반체계이론과 생태이론이 제공하는 개념은 이런 한계와 비판에 대한 해결방향을 제시해 주었다. 폴 얀실(Paul Jancill, 1969), 앤 하트만(Ann Hartman, 1970) 같은 학자들이 체계이론을 사회복지실천에 적용하는 데 기여하였다.[13]

---

11) 사회복지전문직의 초창기부터 과학적 방법은 개별 케이스에 대한 체계적 조사와 치료를 위한 모델로 간주되어 왔다. 리치먼드에 따르면, 사회진단은 과학적 과정의 산물이다. 가설의 기반으로서 사실이 수집되며, 이는 다시 관련 증거를 획득함으로써 검증된다. 1920년대에 시작된 정신분석적 운동은 케이스워크에 급진적인 새로운 이론과 개입을 소개하였지만, 이 또한 과학적 원칙이라고 할 수 있는 조사, 진단, 치료의 패러다임을 고수하였다. 플로렌스 홀리스—정신분석적 지향의 케이스워크의 지도자인—는 "케이스워크는 과학적 예술이다."라고 하여 과학성에 대한 추구를 지속하였다. 리치먼드와 홀리스의 패러다임은 논리적이고 체계적이며 문제해결 활동이라는 견지에서 과학적이었다. 그러나 리치먼드와 홀리스의 패러다임은 경험주의 실천에서 발견되는 기초선 데이터의 수집, 조사도구의 활용, 케이스 진전의 측정, 조사에 기반을 둔 개입의 적용과 같은 구체적인 지시와 절차를 결여하고 있다. 그럼에도 불구하고 리치먼드와 홀리스는 과학적 방법이 사회복지실천에 적용되고 이를 발전시킬 수 있는 기반을 구축하였다(Reid, 1994: 166).

12) 이때는 특히 직접적 실천 영역에서 석사 출신의 교수진이 박사 출신의 교수진으로 급격하게 전환하는 시점이었다. 이들은 당시 사회복지실천을 지배하였던 정신역동적 접근으로 교육을 받을 수밖에 없었으나, 박사교육을 통해 이 접근의 과학성에 대한 회의를 가지게 되었다.

13) 체계이론과 생태이론은 그 후에도 계속 사회사업에 도입되었다. 특히 하트만의 생태지도 절차는 1978년 처음 소개되었으며, 개인-환경 게슈탈트(person-environment gestalt)의 복잡성을 생생하

6. 다양한 방법론의 발달

그 외에도 이 시대에는 다양한 방법론이 발달하였다. 가족치료에 대한 이론은 1950년대 및 1960년대 나단 애커먼(Nathan Ackerman), 그레고리 베이트슨(Gregory Bateson), 머레이 보웬(Murray Bowen), 제이 헤일리(Jay Haley), 돈 잭슨(Don Jackson), 살바도르 미누친(Salvador Minuchin), 버지니아 사티어(Virginia Satir) 등을 중심으로 발달하였다. 가족치료는 1960년대에 사회복지실천에 영향을 미치기 시작하였고, 1970년대에는 주요한 개입방법으로 자리매김하게 되었다(Reid, 2002: 14). 그리고 앞서 경험주의 실천운동에서 언급한 바와 같이 에드윈 토머스가 미시간대학교를 중심으로 행동주의 접근법을 발전시켰다. 그 외에도 위기개입과 같은 단기치료에 대한 관심이 증대하였다(Johnson & Yanca, 2007: 26).

제7절 1970년대 초반 이후

이론적 발전이 연속적이라는 점에서 연도를 구분한다는 것이 인위적이기는 하나, 여기에서는 리드가 제시하는 20세기 마지막 사반세기 동안의 사회복지실천의 주요 흐름을 살펴보고자 한다(Reid, 2002: 6-30).

1. 실천의 다양성

리드에 의하면, 지난 사반세기 동안 사회복지실천에서 가장 현저한 경향은 실천방법론의 다양성이 증대한 것이다. 1970년대에는 사회사업 외부에서 발달하기 시작하였던 다양한 실천 접근—가족체계, 행동, 교류, 게슈탈트, 실존, 현

게 이해하도록 돕는 도구가 되었다. 또한 캐럴 저메인(Carol Germain)은 사회복지실천에 생태학적 이론의 개념을 소개하는 데 기여하였다. 아마도 생태학적 이론의 가장 커다란 공헌은 개인-환경의 상호작용에서 상호적 본질에 대한 강조였다. 즉, 개인은 수동적 존재가 아니라 자신의 생태학적 공간에서 '적합성'을 결정하는 과정의 적극적 참여자였다. 동료였던 기터먼(Gitterman)과 함께, 저메인은 이들 개념을 생활모델에 통합시켰다(Dore, 1999: 185-186).

실, 인지 등—이 사회사업에 도입되어 자리를 잡게 되었다. 그리고 1970년대 이래 여러 실천운동(사회복지사들이 그 발달에 있어서 주요 역할을 하였던)이 발달하였으며, 여기에는 (서로 중복이 되기도 하지만) 제너럴리스트, 생태체계, 생태학적 관점, 강점관점, 페미니스트 실천, 임파워먼트, 과업중심, 심리교육적, 해결중심, 다문화적, 이야기, 가족보존 및 경험주의 실천운동들이 있다. 그 외에도 많은 실천모델과 방법이 대두되었다(Reid, 2002).

2. 클라이언트에 대한 관점의 변화

지난 사반세기 동안 여러 실천운동에서 클라이언트에 대한 새로운 관점이 강조되었고, 이는 사회복지사-클라이언트의 관계에 변화를 가져왔다. 클라이언트는 동반자(자신과 자신의 상황에 대한 전문가로서)가 될 수 있는 강점과 자원을 가진 사람으로 조명된다. 이와 같은 클라이언트에 대한 새로운 관점은 강점중심(Saleebey, 2006a, 2006b), 다문화적, 임파워먼트(Miley, O'Melia, & DuBois, 2007), 해결중심 및 이야기치료 접근(Nichols & Schwartz, 2005)을 포함한 여러 실천모델의 핵심적 양상이다.

3. 다차원적 개입

지난 사반세기 동안의 주요 경향 중 하나는 개인, 가족, 집단에 대한 실천활동을 조직과 지역사회 같은 보다 큰 체계에 영향을 주는 노력과 결합시키는 통합적 실천에 대한 추구다. 1970년대 다차원적 방법론이 발달된 이래 사회복지사들이 수행하는 여러 다양한 활동을 이론적으로 연결시키고자 노력해 왔다. 특히 제너럴리스트, 생태학적-생태체계(ecological-ecosystems) 그리고 임파워먼트 실천이 그 대표적인 것들이다(Johnson & Yanca, 2007; Kirst-Ashman & Hull, 2002; Miley et al., 2007). 이들 접근법은 어떤 형태로든 체계이론(일반체계이론, 생태체계와 생태학적 이론)을 활용하며, 여러 측면에서 서로 다르지만 사회복지실천의 통합을 시도하고 있다.

4. 가족치료

다양한 가족치료 모델이 개발되고 실천되고 있다. 그러나 가족치료는 가족체계를 지나치게 중요시하는 대신 환경적 및 생물학적 요인을 간과하였다는 비판을 받기도 한다. 또한 성(gender)과 문화적 편견이 있다는 비판을 받기도 하였다. 최근 포스트모더니즘 혹은 구성주의의 영향으로 체계개념에서 상당히 탈피한 이야기치료가 발달되었다.

5. 행동주의/인지/인지행동 접근법

사회복지실천에 행동주의가 영향을 미치면서(Thomas, 1970) 바로 인지 현상에 대한 관심이 시작되었다. 1980년대에 이르러서는 인지에 대한 관심이 증대되면서 인지행동이론이 발달하였다. 행동과 인지 접근법은 각기 정체성을 가지고 있지만 사회복지실천에서는 인지행동 접근법이 가장 주도적이다(Reid, 2002).

6. 사회복지실천에서의 과학성 추구

앞서 경험주의 실천운동에 대해 살펴보았다. 경험주의 실천운동은 사회복지실천을 과학화하는 데 기여하였고, 그 대표적인 예가 단일체계설계(single system designs)다. 그리고 경험주의 실천운동에서 나온 또 다른 경향이 증거기반 실천(evidence-based practice)이다(Rosenthal, 2004). 증거기반 실천은 아직 초보적인 단계에 머무르고 있으나, 클라이언트가 고지된 소비자로서 그리고 협동적 파트너로서 참여할 수 있는 수단으로 기여할 것이라고 예측된다(Cournoyer, 2005: 69).

이상 살펴본 바에 따르면 최근 사반세기 동안 사회복지실천은 어느 한 개인이 모든 이론을 섭렵하는 것이 불가능할 정도로 엄청난 발전을 하였다. 이런 다양성과 관련하여 '다양한 이론(그리고 많은 경우 서로 조화조차 되지 않는), 방법,

테크닉, 모델, 학파 그리고 전문분야 중에서 골라잡기'라는 부정적 시각에서 바라보는 학자가 전혀 없는 것은 아니다. 그러나 이런 다양성은 "새로운 아이디어, 개념, 전략, 방법론, 테크닉, 테크놀로지에 대해 열린 마음을 갖도록 하고 이들 모두가 사회복지실천을 보다 풍요롭게 하였다."는 긍정적 시각에서 평가될 수 있다는 것이 보다 지배적인 의견이다(Goldstein, 1990; Turner, 1996: 699: Reid, 2002: 8-9에서 인용 및 재인용).

오늘날 사회복지실천에 제기된 또 하나의 질문은 과연 사회사업이 주어진 소명을 충실히 지켜 나가고 있는가 하는 문제다. 스펙트(Specht)와 코트니(Courtney)는 1994년『충실치 못한 천사: 어떻게 사회사업이 그 임무를 포기하였나(Unfaithful Angels: How Social Work Has Abandoned its Mission)』에서 과연 사회사업이 역사적인 소명을 망각한 것은 아닌가라고 질책하고 있다. 이에 대하여 반 워머는 사회사업 전공학생들에게서 이상주의가 여전히 강하게 나타나고 있고, 다문화적인 사회사업교육이 강조되고 있으며, 사회사업과 사회사업교육에 강한 페미니스트 전통이 있고, 글로벌 및 환경에 대한 인식이 높으며, 마이크로와 매크로 수준의 실천 모두에서 생태체계 틀이 지배적이라는 점을 근거로 사회사업이 여전히 그 임무를 지켜 나가고 있다고 주장한다(Specht & Courtney, 1994: Van Wormer, 1997: 190-201에서 인용 및 재인용).

제8절 한국의 사회복지실천의 발달과정

1. 현대적 의미에서의 사회복지실천의 도입

우리나라에서 현대적 의미에서의 사회복지실천이 본격적으로 도입되기 시작한 것은 1950년대 초라고 볼 수 있다(엄명용, 김성천, 오혜경, 윤혜미, 2000: 44). 당시에는 6·25 전쟁으로 사회적 혼란과 경제적 어려움이 심각한 수준에 있었다.

전쟁이 아직 진행 중이었던 1952년 4월에 정부는 사회부장관 통첩으로 '사회사업을 목적으로 하는 법인 설립 허가신청에 관한 건'을 발표하였으며, 재단법인을 설립하여 사회복지사업을 실시하는 데 필요한 설립기준을 마련하였다. 같은 해 10월에는 각종 시설들을 합리적으로 지도·감독하기 위하여 사회부장관 훈령으로 '후생시설 운영요령'을 지방행정기관에 하달하였는데, 이는 당시 사회복지시설을 설치, 운영하는 규준이 되었다. 1953년 휴전 직후 전국적으로 전쟁으로 인한 요보호아동을 수용하는 시설은 440개 그리고 그 수용인원은 5만 2,964명이었다(구자헌, 1984: 김기태, 김수환, 김영호, 박지영, 2007: 79에서 재인용).

한편, 1950년 이후 세계기독교봉사회, 메노나이트 한국지부, 캐나다 유니테리언 봉사회 등을 비롯한 많은 외국 원조단체나 기관이 들어와서 활발한 구호사업과 자선사업을 전개하였다. 이들 단체 중 7개 외국원조기관이 모여 한국전쟁이 한창이던 1952년 부산에서 외원단체협의회(Korea Association of Voluntary Agencies: KAVA)를 결성하였으며, 1960년대에는 무려 130여 개 단체가 가입하였다. 이들 외원단체는 1960년대 후반부터 한국을 떠나기 시작하였다(엄명용 외, 2000: 45; 전재일, 김상규, 1984: 김기태 외, 2007: 79에서 재인용).

2. 사회복지교육의 발달 및 조직체 결성

1947년 9월 우리나라 최초로 이화여자대학교에 기독교 사회사업학과(1954년 사회사업학과로 명칭 변경)가 설치되었고, 1953년에는 중앙신학교(지금의 강남대학교)에 사회사업학과가 설치되었다. 그 후 1959년에는 서울대학교 그리고 1960년대에는 중앙대학교, 한국사회사업대학(현 대구대학교), 성심여자대학교(현 가톨릭대학교), 서울여자대학교, 숭실대학교, 부산대학교 등에 사회사업학과가 설립되었다(김기태 외, 2007: 79-80; 엄명용 외, 2000: 45).

초기 사회사업교육에 참여한 학자들이 현대사회에서 사회사업이 갖는 의미를 어떻게 보고 있었는지는 서울대학교 사회사업학과 설립에 기여하였던 하상락 교수가 『사회사업학보』 창간호에 실은 '현대사회에 있어서 사회사업'을 통해 살펴볼 수 있다.

우리나라에서 현대 사회사업은 과거 어느 시대에 있어서보다 가장 절실히 요청되고 있는 것이라 하겠다. 그러나 사회사업을 말하면 대다수의 사람은 마음속에 고아원 또는 양로원 등과 같은 희생적·타애적 자선사업 또는 구제사업을 연상하게 된다. 즉, 경제적 · 사회적으로 상위에 있는 사람이 자기보다 하위에 있는 사람에게 베푸는 동정 혹은 희사를 하는 것이 사회사업의 총체인 것처럼 생각하고 있다. 물론 과거 노예사회 또는 봉건사회에서는 이와 같은 형태의 사회사업이 전부였던 것은 사실이다. 모든 학문이나 사회제도가 시대와 장소를 달리함에 따라 발달하고 진보 · 발전하듯이 사회사업도 역시 현대화하고 발전 · 확장하여 현대사회에서 인간생활에 대하여 종전과는 판이한 하나의 사회적 공헌을 하고 있다고 하겠다(서울대학교 사회복지학과 50년사 편찬위원회, 2009: 264).

초기 사회사업교육이 출범하고 졸업생들이 현장에 진출함에 따라 조직체들이 결성되기 시작하였다. 한국사회사업학회는 1957년 3월 2일에 창립되었고 초대 회장에 중앙신학교 김덕준 교수가 선임되었다. 당시 회원도 소수였고, 또 재정도 빈곤하여 활동이 여의치 못했지만 소수의 인원이나마 부정기적으로 모임을 가졌던 것으로 보인다. 1961년 5월 16일 발발한 군사쿠데타에 의해 해산되었다가 1973년에 학회가 재건되었다. 해산 당시 학회장이었던 하상락 교수는 회장직 수행 당시 학회의 명맥이 끊긴 것에 대해 부담과 책임감을 느끼고 학회 재건에 적극적으로 참여하였다고 전해진다. 한국사회사업학회는 오늘날 한국사회복지학회로 명칭을 변경하여 활동하고 있다(한국사회복지학회 50년사 편찬위원회: 서울대학교 사회복지학과 50년사 편찬위원회, 2009: 291-292에서 재인용).

학회와 더불어 전문가조직체도 결성되었다. 한국사회사업가협회 3대 회장을 지낸 조기동의 회고에 따르면, 한국개별사회사업가협회는 'Korea Case Worker's Association'이라는 이름으로 1959년 여름에 만들어졌다. 이 조직은 1965년 7월 정식 창립총회를 거쳐 임의단체로서 '한국 Caseworker 협회'라는 이름으로 발족되었다. 한편, 이와 유사한 성격의 한국사회사업가협회가 1967년 3월 8일 창립총회를 가지고 조직되었다. 수적으로 많지 않았던 사회사업가들이 양분되는 것을 막기 위해 중앙신학교 김만두 교수와 서울대학교 남세진 교수가 각각 교섭위원으로 나서 중재한 끝에 1968년 말경 두 단체를 한국사회사업가협회로 단일화하기로 결정하였고, 1969년 이후 실질적인 통합이 이루어졌다고 지적된다(서울대학교 사회복지학과 50년사 편찬위원회, 2009: 287-299). 한국사회사업가협회는 1969년 6월 사회단체로서 인가를 받았고 제1회 전국사회사업가대회를 개최하였다.

그리고 1966년에는 한국사회사업학교협의회(현 한국사회복지대학교육협의회)
가 설립되었다. 남세진은 그 배경과 경과를 다음과 같이 설명하고 있다.

> 1965년 6월 보건사회부가 주최한 사회복지교육 연찬회에서는 대학(서울대, 이
> 화여대, 중앙신학)의 사회사업학교 교수, 국립사회사업지도자 훈련원의 교직원, 사
> 회보장심의회(당시 보사부 산하의 기구) 연구원, 보사부의 사회국 및 산하 각과의
> 직원, 국제연합 자문단, 그리고 기타 관련 부처 및 기관의 대표들이 참석하여 사회
> 사업전문교육에 관련된 여러 가지 문제를 주제로 발표와 토론이 있었다. 이 모임
> 에 참석한 대학교수들은 사회사업전문가 양성을 위해서는 대학의 교과과정을 일
> 정수준으로 규정하고 이를 운영ㆍ관리하는 데 대학협의회가 필요하다는 평소의
> 의견을 주장하고, 이 기회에 협의회를 구성하는 발기회를 가졌다. 상기한 3개 대학
> 의 교수들이 발기인이 되었으며 1966년에 중앙대학교 사회사업학과, 성심여자대
> 학 사회사업학과(당시 강원도 춘천시에 소재), 그리고 한국사회사업대학(현재 대구
> 대학교의 전신, 대구직할시에 소재) 등이 발기취지에 동의, 참가신청을 해 옴으로써
> 5개 대학의 사회사업학과가 모여 한국사회사업대학협의회를 창설하여 정식으로
> 협의회가 출범하였다(남세진, 1991: 서울대학교 사회복지학과 50년사 편찬위원회,
> 2009: 289-290에서 재인용).

그 후 협의회는 전국적으로 대학의 사회사업학과가 증설되고 그 과정에서 사
회복지학과의 명칭이 늘어나면서, 한국사회사업대학협의회, 한국사회사업(복
지)대학협의회 그리고 한국사회복지대학교육협의회로 명칭이 변화되어 오늘에
이르고 있다.

3. 사회복지관의 발달

우리나라 최초의 사회복지관은 1921년 설립된 태화여자관(초대관장 마의수
Mamie D. Myers, 현 태화기독교사회복지관)이다(http://www.taiwha.or.kr). 1952년
부산기독교사회관이 설립되었는데, 이는 한국전쟁 중에 부산으로 피난을 갔던

태화관 직원들에 의해서 시작되었다고 한다. 1956년에는 이화여대 부속 사회관이 개관되었고, 1958년에는 군산기독교사회관이 박순임이라는 개인에 의해서 설치·운영되었다. 이들 사회관은 1958년 태화관에서 모임을 갖고 사회관연합회 결성을 도모하며 강습회를 개최하기에 이른다(김기태 외, 2007: 80).

이런 소수의 사회복지관이 설립되었을 뿐 1970년대까지만 해도 사회복지관은 크게 활성화되지 못하였다. 그러다가 1983년 개정된 「사회복지사업법」에서 사회복지관사업을 법정사업으로 규정함으로써 본격화할 수 있는 기틀이 마련되었다. 그 이후 1990년을 전후하여 사회복지관이 급속하게 증가하였다(김기태 외, 2007: 81). 그 이전까지 사회복지서비스가 수용시설을 중심으로 전개되어 온 사실을 감안할 때, 이용시설인 사회복지관이 지역주민을 대상으로 복지서비스를 제공하게 되었다는 점에서 사회복지관 사업의 확대는 커다란 의미를 갖는다. 다시 말해서, 지역사회 내에서 지역주민과의 직접적인 접촉으로 각종 서비스를 제공해 나가면서 사회복지실천의 방법 및 기술이 보다 발전하는 계기가 되었다(엄명용 외, 2000: 46 참조).

1989년에는 한국사회복지관협회가 사회복지법인 설립인가(12월 29일)를 받았다. 2019년 현재 전국 466개 복지관 중에서 439개소가 회원으로 가입하여 활동하고 있으며(http://kaswc.or.kr), 핵심적인 사회복지전달체계의 하나로서 자리매김하고 있다.

4. 사회복지전담 공무원

사회복지관의 확산과 함께 1987년 7월 1일부터 부산, 대구, 인천, 광주, 대전에서 49명을 임용한 것을 시작으로 1991년에는 1,660명을 임용하는 등 1994년까지 모두 3,000명의 사회복지전문요원이 배치되었다. 이들은 1986년 당시 복지국가의 건설을 국정지표로 내걸었던 제5공화국 정부에 의해서 국민복지증진대책의 하나로 수립되고 실행되었다. 사회복지담당 공무원 대부분이 별정직으로 임용되었으나 1999년 9월부터 사회복지 일반직으로 전환됨으로써 사회복지전문직의 공적 전달체계로 자리매김하게 되었다(김기태 외, 2007: 81-82).

사회복지전담공무원은 2016년에 2만 명을 돌파하였으며, 2017년 현재 전국에 22,711명의 사회복지전담공무원이 시·군·구와 읍·면·동의 행정전달체계에서 국가에서 제공하는 각종 복지서비스를 전달하는 역할을 수행하고 있다(보건복지부, 2018: 245). 사회복지서비스는 지속적으로 늘어나고 있지만 이에 부합하는 전문인력의 확충이 이루어지지 못하여, 사회복지전담공무원들은 과도한 업무와 스트레스를 경험하고 있을 뿐 아니라 복지서비스의 질 또한 위협받는다는 비판도 있다. 앞으로 국민의 복지욕구는 지속될 것이며 이에 따라 복지서비스도 늘어날 것이 자명하다는 점에서 사회복지서비스의 공공전달체계의 개선은 지속적으로 이루어 나가야 할 것이다(사회복지사 자살방지 및 인권보장을 위한 비상대책위원회, 2013. 4.: 84-85; 임상혁, 2013. 6.: 11-14).

5. 사회복지사 자격제도

1970년 이전에는 사회복지시설 종사자의 자격이 별도로 규정되지 않았다. 현장에서 근무하는 전문인력의 자격과 관련된 사항은 1970년에 제정된「사회복지사업법」에 최초로 명시되었다. 이때는 '사회복지사업종사자' 자격제도였으나, 1983년 법이 개정되면서 '사회복지사' 자격제도로 변경되었다(엄명용 외, 2000: 46). 그리고 1997년 개정된「사회복지사업법」에 따라 1999년 입학생부터는 새로운 사회복지사 자격제도가 적용되어 이들이 졸업하는 2003년부터 국가자격시험이 시행되기 시작하였다. 특히 국가시험 응시자격이 특정학과 졸업생이 아니라 필수지정과목 이수자로 바뀐 것은 특기할 일이라 하겠다(양옥경 외, 2005: 78-79). 2008년부터 자격시험은 한국산업인력공단에서 실시하게 되었고 자격증은 한국사회복지사협회에서 부여하고 있다.

그동안 사회복지학과 또는 사회복지 관련 학과는 빠른 속도로 증가하여 왔으며, 이에 따라 사회복지사자격증 소지자도 급격히 증가해 왔다. 사회복지사 자격증 교부현황을 살펴보면, 2018년 9월 말 현재, 1,009,661명이 자격증을 교부받아 2012년 대비 1.8배 이상 증가하였다. 또한 사회복지사 3급 폐지 법안이 통과되어 2019년 1월부터 시행이 되고, 특정 영역 사회복지사(정신건강사회복지사, 의료사회복지사, 학교사회복지사) 자격제도를 인정하는 것을 포함한「사회복지사업법」일부 개정법안이 2018년 11월 국회에서 통과되었다. 이런 여건에서 사회복지사 자격제도의 강화를 비롯한 제도의 재정비가 요청되고 있다. 한국사회복지사협회는 2019년 '사회복지현장실습 및 자격제도 개선방향 연구'에서 사회복지사 노동시장의 공급과 수요 불균형 심화, 사회복지사 자격 급수별 불명확한 직무 능력의 구분, 사회복지사 교육의 질 관리 체계 미흡을 사회복지사 자격제도의 주요 문제점으로 지적하였다(한국사회복지사협회, 2019: 62-65).[14]

한편, 2004년부터 사회복지사의 보수교육에 대한 사회적 논의가 활발해졌고, 2007년 11월 22일 「사회복지사업법」 개정안'(12월 14일 공포)이 국회를 통과하였다. 사회복지사 보수교육은 2009년부터 사회복지사들의 가치관 형성과 전문지식의 습득을 통해 사회복지서비스 수준 향상과 국민의 삶의 질 향상이라는 의의를 가지고 출범하였다. 보수교육은 필수영역과 선택영역으로 구분된다. 필수영역에는 사회복지 윤리와 가치, 사회복지실천, 사회복지인권[15]이 지정되었다. 선택영역에는 사회복지 정책과제와 법, 사회복지행정, 사회복지조사연구, 특별분야가 포함된다(https://edu.welfare.net).

이와 같이 사회복지사의 자격제도, 보수교육 등의 체계화를 위한 노력이 다각적으로 이뤄지는 한편, 그동안 열악한 처우와 근로환경에서 일해 왔던 사회복지사들의 처우개선 문제 해결을 위한 노력이 결실을 맺기 시작하였다. 「사회복지사 등의 처우 및 지위 향상을 위한 법률」이 2012년 1월 1일부터 시행에 들어갔다. 2012년 5월 2일 동법의 일부개정법률안이 국회를 통과하여 "한국사회복지공제회"라는 명칭이 정해지고 이의 설치·운영에 대한 정부 지원의 물꼬가 트였다(한국사회복지사협회, 2012. 5. 3.).

6. 특정 영역에서의 사회복지사 자격제도 신설

1970년 사회복지종사자 자격시대에서, 1983년 사회복지사 자격시대, 2003년 1급 국가고시화 실시단계를 거치면서 수적으로 증가한 사회복지사의 공급구조는 사회복지의 외연을 확대하는 데 기여했으나, 사회복지서비스의 질적 수준

---

14) 이 연구에서 사회복지사 자격제도 개선안 관련 주요 쟁점으로 ① 사회복지사 등급체계와 자격시험제도의 개선, ② 사회복지사 자격취득을 위한 이수 학점의 상향 조정, ③ 사회복지 주요 교과목의 대면교육 강화, ④ 전문사회복지사 자격 도입을 건의하였다(한국사회복지사협회, 2019: 67-72).

15) 2015년부터 사회복지인권영역이 선택영역에서 필수영역으로 변경되었다.

은 이에 미흡하다는 문제점이 사회복지계에서 오랫동안 논의되어 왔다(강흥구, 2007. 12.: 61 참조). 실제로 1996년부터 한국사회복지사협회 주관으로 '임상사회복지사' 자격제도가 시도되기도 하였고, 이는 1998년부터 그 명칭을 '전문사회복지사' 자격제도로 바꾸어 한동안 시행되다가 중단되었다. 그러나 사회복지사의 전문성 향상에 대한 사회복지계의 요구가 멈춰진 것은 아니다. 사회복지사 자격제도의 개선을 통해 중장기적으로 전문사회복지사 자격제도가 도입되어야 한다는 주장들이 제기되어 왔다(강흥구, 2007. 12.; 보건복지부, 서울대학교 사회복지연구소, 2011; 보건복지부, 한국사회복지사협회, 2007; 한국사회복지사협회, 2013. 3. 등).

이런 맥락에서 정신건강사회복지와 학교사회복지 분야에서는 학회 차원에서 전문자격증 제도를 도입 · 발전시켜 왔다. 이런 학계와 실천현장의 노력의 연장선상에서 2018년 11월 23일 「사회복지사업법」 개정안이 국회를 통과하였다. 개정안에서는 정신건강, 의료, 학교 등 특정 영역에서 활동하는 사회복지사의 전문성을 바탕으로 정신건강사회복지사, 의료사회복지사, 학교사회복지사 국가자격증이 신설되었다. 특정 영역에서의 사회복지사의 전문성이 법적으로 제도화되면서 앞으로 사회복지사의 전문성 함양과 사회복지서비스의 질적 향상에 기여할 것으로 기대된다. 1996년 「정신보건법」이 시행되면서 한국정신보건사회사업학회가 시험 및 자격 관리를 대행하였다.[16] 정신건강사회복지사 자격증은 1997년 1차 자격증이 배부되기 시작하였다. 그 후 2009년에는 한국정신보건사회복지학회로부터 한국정신보건사회복지사협회에 정신건강사회복지사 수련업무가 이관되었다.[17] 2019년 현재 정회원 4,439명이 활동하고 있다(http://www.kamhsw.or.kr). 그리고 2005년 학교사회복지사 전문자격증시험이 실시되었다. 학교사회복지사 전문자격증은 한국사회복지사협회, 한국학교사회복지사협회 그리고 한국학교사회복지학회의 세 단체가 공동 주관하였다. 2019년 현재 학교사회복지사 자격증을 취득한 사람은 총 1,461명에 이르고 있다(http://www.kassw.or.kr).

---

16) 한국정신보건사회사업학회는 한국정신보건사회복지학회로 개명되었다.

17) 2017년 5월 「정신건강 증진 및 정신질환자 복지서비스 지원에 관한 법률」에 의거하여 협회명을 한국정신건강사회복지사협회로, 자격증명을 정신건강사회복지사로 변경하였다.

7. 사회복지실천의 확장 및 다양화

사회복지실천은 매크로 및 마이크로 차원에서 확장되고 다양해졌다. 1990년 대 초반까지는 보건의료운동, 장애인운동, 공동육아운동 등 사회복지운동이 있었고, 국민의료보장쟁취를 위한 운동, 사회복지예산 확보투쟁운동 등이 간헐적으로 일어났다. 그리고 1997년 이전까지 빈민운동과 의료보험통합운동 등 복지 관련 이슈를 중심으로 전개되었으며, 1997년 금융위기를 경험하면서 양극화와 저출산 · 고령화 등에 대응하는 복지정책이 형성되었다(이태수, 윤홍식, 2014: 28).

지난 20여 년 가족 내 폭력에 대한 사회적 관심은 가정폭력, 성폭력, 아동학대 및 노인학대에 대한 서비스 확대와 전달체계 수립을 가져왔다. 가정폭력과 성폭력이 여성운동 차원에서 전개되었고, 풀뿌리적 가정폭력상담소와 성폭력상담소를 지원하는 방식으로 전달체계가 구축되었다. 반면, 아동학대는 2001년에 중앙아동보호전문기관을 두고, 지역에 아동보호전문기관들이 설립 · 운영되고 있다(http://www.korea1391.go.kr). 노인학대 역시 2006년에 중앙노인보호전문기관이 설립되었고, 각 지역에 노인보호전문기관이 운영되고 있다(http://noinboho.or.kr).

지역아동센터는 민간차원의 활동이 사회운동을 통해서 전국적인 전달체계로 발전된 대표적 사례다. 공부방은 1960년대 산업화와 도시화의 과정에서 아동의 보호와 교육에 대한 관심으로 자생적으로 형성되었다. 그리고 1980년대 중반부터 빈곤운동에 뿌리를 두고 공부방이라는 이름으로 활동하였다. 1997년 말 금융위기를 계기로 지역아동센터로 변경하고 법제화를 위해 노력하였다. 그 결과 2004년 1월 29일 개정된「아동복지법」에 의해 지역아동센터가 법정 아동복지시설 중의 하나가 되었다. 2004년 895개였던 지역아동센터는 2018년 기준으로 4,135개소로 증가하였다(http://www.icareinfo.go.kr).

우리 사회에서 가족기능이 약화되고 있다는 우려가 커져 가면서 가족정책에 대한 필요성이 제기되었다. 이런 맥락에서「건강가정기본법」의 제정과 그 전달체계로서의 건강가정지원센터의 설립은 주목할 만하다. 이 법의 제정은 우리 사회에서 가족기능의 약화, 이혼의 증가 등 가족위기에 대처하고 '선가정 후사회'에서 벗어나 종합적인 가족정책 수립이라는 의의를 가진다. 2019년 현재 전국에 건강가정지원센터 207개, 그리고 다문화가족지원센터 218개가 설립 · 운영 중이다(http://www.liveinkorea.kr).

위기가족에게 사회적 돌봄을 제공하고자 한 노력 또한 간과될 수 없다. 2008년 11월부터 사각지대에 놓인 위기취약 가정을 발굴하여 통합적 서비스를 제공하는 무한돌봄센터가 설립·운영되고 있다. 이 과정에서 사례관리는 민간과 공공에서 널리 활용되는 실천모델이 되었다(김희연, 권자영, 민소영, 현동길, 2015: 1-2).

개인들이 경험하는 어려움이 사회문제로 인식되고 이것에 대한 법과 제도가 만들어지고 서비스가 제공되기까지 시간과 노력이 필요하다. 그런 점에서 도움이 필요하지만 아직 도움의 손길이 미치지 않은 사람들이 있기 마련이다. 이들 또한 사회복지사의 관심을 필요로 한다. 예를 들어, 사단법인 세움에서는 재소자 가족의 아동을 지원하고 있다. 이와 같이 어려움에 처한 개인의 문제를 사회 이슈화하고 이들에게 서비스를 제공하는 사회복지사의 노력은 계속될 것이다. 이것이 바로 사회복지의 역사적 미션의 하나이기 때문이다.

〈표 2-12〉 사단법인 아동복지실천회 세움의 사회복지실천 이야기

세움은 수용자(수감자) 자녀와 가족을 지원하는 아동복지단체로 2015년 설립되었다. 세움의 미션은 수용자 자녀가 당당하게 사는 세상을 만드는 것이다. 구체적으로, 수용자 자녀의 건강한 성장 및 인권옹호, 수용자 자녀를 지원하는 국내외 사회적 지지체계 구축, 수용자 자녀 지원을 위한 실증적 연구 수행을 위해 노력하고 있다.

세움은 개별아동의 욕구에 근거한 통합적 지원을 추구하며, 이를 위해서 경제적 지원, 긴급위기지원(법률, 의료, 주거), 상담, 청소년 동아리활동지원, 교도소 면회지원 등의 서비스를 제공한다. 나아가서 수용자 자녀에 대한 사회적 차별과 편견을 깨트리고 이를 위한 인권옹호활동을 하고 있다. 또한 세움은 법무부와 함께 국내 최초의 아동 친화적 가족접견실 시범사업을 실시하였고, 전국 교도소에 순차적으로 도입될 수 있도록 노력하고 있다. 2018년 서울변호사협회에서 시민인권상을 받았으며, 2019년에는 한국사회복지협의회·한국서부발전의 대한민국 사회혁신 체인지메이커(사회복지부분)로 선정되었다.

사례: 초록이 이야기

초록이(가명)는 초등학교 3학년 남자아이인데, 엄마가 보이스피싱으로 교도소에 수감되었다. 수감 후 임신사실을 알게 된 초록이 엄마는 형집행 정지를 받고 교도소에서 나와 출산을 하였고, 아이를 키우기에 부적합한 교도소에 들어가서 형을 끝낼 때까지 살아야 한다. 이러한 사연을 접한 세움에서는 초록이 엄마가 아이를 키울 수 있도록 정서적·심리적 지지를 제공하고 있다. 그리고 밖에 남겨진 초록에게는 엄마가 출소할 때까지 학교생활을 잘할 수 있도록 경제적 지원과 청소년동아리활동 지원을 하고 있으며, 아버지에 대한 정서적 지원과 상담도 병행하고 있다.

출처: 이경림 상임이사와의 면담 및 내부자료 제공.

제3장

사회복지실천의 가치와 윤리

❖ ❖ ❖

NASW 윤리강령 서문(1999)에서는 "사회복지전문직의 임무는 일련의 핵심 가치에 기반을 두고 있다."라고 천명하고 있다(NASW, 1999; NASW, 2017: 1). 이 진술은 사회사업에서 가치의 중요성을 반영한다. 아마도 철학을 제외하고는 사회사업만큼 가치에 관심을 두는 전문직은 없을 것이다. 골드스타인은 사회복지사를 "가치로 채워진 개인들(value laden individuals)"이라고 기술하였다(Goldstein, 1973: Dolgoff, Lowenberg, & Harrington, 2005: 16에서 재인용; NASW, 1999).

가치와 윤리에 대한 토픽은 사회사업 초창기부터 핵심적 위치에 자리하고 있었으며, 사회사업 임무의 기반이 되어 왔다(Reamer, 1995: 5). 가치와 윤리에 대한 주제는 전문직 발전과정 내내 지속되어 왔으나, 그것이 의미하는 바와 실천에의 함의는 시대에 따라 변화해 왔다. 첫 번째 단계는 19세기 후반 사회사업이 전문직으로 형성되는 시점에 시작되었다. 이 시기 동안에는 전문직 혹은 실무자의 도덕성이나 윤리보다는 클라이언트의 도덕성에 대한 관심이 훨씬 강했다. 20세기 초반 인보관 운동과 진보주의 시대는 두 번째 단계로서, 사회복지사의 목표와 가치지향은 사회문제의 경감을 위한 사회개혁의 필요성으로 전환되었다. 세 번째 단계는 사회복지실천의 도덕적 차원에 대한 관심이 크게 부각되었던 1940년대 후반과 1950년대 초반에 시작되었다. 과거와는 달리 전문직과 실무자의 도덕성 혹은 윤리에 보다 많이 초점을 두었다. 1947년 AASW(미국사회사업가협회)에서 윤리강령이 채택되었고, 이는 하나의 분수령을 이루었다. 사회사업 가치와 윤리 발달의 네 번째 단계는 1960년대에 시작되었고, 사회적 평등(social equality), 복지권(welfare rights), 인권(human rights), 차별(discrimination) 그리고 억압(oppression)에 초점을 둔 가치가 부각되었다(Reamer, 1995: 7).

이 장에서는 우선적으로 사회복지실천의 가치를 살펴보고자 한다. 이를 위해 가치의 개념, 가치의 중요성 및 실천에의 함의, 사회복지실천의 핵심 가치 등을 고찰해 보고자 한다. 다음으로 사회복지실천의 윤리와 관련하여 윤리와 전문적 윤리의 개념, 사회복지 윤리강령의 역사, 윤리강령의 기능, 한국 사회복지사 윤리강령의 주요 내용, 핵심적인 윤리적 원칙들을 살펴보고자 한다.

제1절 사회복지실천의 가치

1. 가치의 개념

가치라는 용어는 정의 내리기가 어렵다. 이는 "강하고 우세하고 혹은 가치 있는 것(to be strong, to prevail, or to be of worth)"을 의미하는 라틴어 valere에서 파생되었다(Meiner, 1980: Reamer, 1995: 1에서 재인용).

가치의 핵심적 특성은 개인이 행동(action)하도록 한다는 것이다. 행동—이것이 바로 윤리인데—은 가치에 기반을 두고 있다. 그러나 모든 가치가 윤리가 되는 것은 아니다. 단지 행동의 규범적 기준을 대변하는 가치들만이 이들을 행동으로 전환시켰을 때 윤리가 된다. 이는 레비(C. S. Levy)가 "윤리는 행동 중인 가치(ethics is values in action)"(Levy, 1979: Linzer, 1999: 35에서 재인용)라고 말할 때 의미하는 바다. 선호하는 바는 가치이며, 선호에 의거한 행동은 윤리다(the preference is the value; the action upon the preference is the ethics). 행동은 가치에 근거하였을 때 윤리적이다. 가치의 '해야 한다(ought)' 부분은 사회적으로 인정된 행동에 대한 규범적 기준이다. 규범적 가치에는 정직, 성실, 아동에 대한 보호, 약속을 지키는 것, 프라이버시의 존중 등이 있다(Levy, 1976: 27: Linzer, 1999: 35 재인용).

2. 사회복지실천에서 가치의 중요성

사회사업에서 가치에 대한 주제는 인기가 있으며, 대다수 사회복지사는 전문직에서 가치의 중요성을 인식하고 있다. 펄먼은 "우리가 수행하는 바에 영향을 미치는 가치에 대한 의식적인 인식의 필요성은 사회사업의 모든 차원에 적용된다."라고 한다. 그러나 리머(F. G. Reamer)는 사회사업 문헌에서 가치 개념에 대한 논의가 표면적인 수준에 그치고 있다(Perlman, 1976: Reamer, 1995: 11-12에서 인용 및 재인용)고 안타까워한다.

사회사업에서 가치는 ① 사회사업 미션(mission)의 본질, ② 사회복지사가 클라이언트, 동료 그리고 보다 큰 사회의 구성원과 가지는 관계, ③ 사회복지사가 사용하는 개입방법, ④ 실천에서 윤리적 딜레마의 해결 등의 몇몇 핵심 양상에서 중요하다.

보다 구체적으로 사회복지사의 가치는 클라이언트, 동료 및 보다 큰 사회의 구성원들과 가지는 관계의 종류에 영향을 미친다. 사회복지사는 누구와 일할지 선택한다. 예를 들어, 어떤 사회복지사는 피해자라고 간주되는 클라이언트(예: 피학대 아동, 심한 신체적 장애를 가지고 태어난 아동)를 위해 헌신한다. 다른 사회복지사는 가해자라고 인식되는 사람(예: 성학대 행위자)과 일하는 것을 선택한다. 또 사회복지사에 따라 저소득계층을 위해 일하는가 하면, 부유한 클라이언트 계층과 일하는 것을 선택하기도 한다. 이런 선택은 부분적으로 사회복지사의 가치에 영향을 받는다.

그리고 사회복지사의 가치는 클라이언트와 함께 일할 때 사용하는 개입방법에도 영향을 미친다. 예를 들어, 어떤 사회복지사는 직면하는 방법을 선호하는가 하면, 다른 사회복지사는 클라이언트의 자기결정 권리와 치료적 동맹의 구축을 강조하는 방법을 선택한다.

나아가서 가치는 윤리적 딜레마를 해결하는 데 기여한다. 윤리적 딜레마는 보통 상충되는 가치를 포함한다. 예를 들어, 사회복지사는 클라이언트의 자기결정 권리(아동이 다친 사건이 신고되지 않기를 바라는 클라이언트)와 아동학대 신고의무를 준수해야 하는 가치 사이에서 갈등을 겪게 된다. 이런 윤리적 딜레마에 직면하였을 때 사회복지사의 결정은 궁극적으로 사회사업 가치의 본질이 무엇인가 그리고 가치들이 상충될 때 어느 가치가 우선하는가에 대한 신념에 의거한다(Reamer, 1995: 13-14).

3. 사회복지실천의 핵심 가치

레비는 "전문화가 시작된 이래 상당히 일관성이 있고 근본적인 가치기반에 의거하고 있다."라고 평가한다(Levy, 1976: Reamer, 1995: 22에서 재인용). 여기에는 개인적 가치와 존엄성, 사람에 대한 존중, 개인의 변화능력에 대한 가치부여, 클라이언트의 자기결정, 개인에게 잠재력을 실현할 기회를 제공하는 것, 개인이 보편적인 인간욕구를 충족하고자 추구하는 것, 개인에게 기본적 욕구 충족을 위한 적당한 자원과 서비스를 제공하는 것, 클라이언트 임파워먼트, 평등한 기회, 차별하지 않음, 다양성에 대한 존중, 사회변화와 사회정의에 대한 헌신, 비밀보장과 프라이버시 그리고 전문적 지식과 기술을 다른 사람에게 전달하고자 하는 의지 등이 포함된다(Reamer, 1995: 22).

한편, 펌프리(M. Pumphrey), 레비 등은 사회사업 가치의 분류 혹은 유형화를 시도하였다. 특히 레비는 두 가지의 틀을 제시하였다. 첫 번째 틀에서 레비는 ① 사람들에 대한 선호하는 개념(예: 개인의 내재적 가치와 존엄성), ② 사람들에 대한 선호하는 결과(예: 사회는 개인적 성장과 발달을 위한 기회를 제공할 의무를 가지는 것), ③ 사람들을 다루는 데 선호하는 도구(예: 존중과 존엄성을 가지고 사람들을 대하는 것, 자기결정의 권리를 가지는 것 등)의 세 가지 유형의 가치를 규명하였다.

한편, 레비는 사회사업 가치를 구분하는 두 번째 틀에서 ① 사회적 가치(예: 모든 사람의 신체적, 정서적 및 정신적 건강), ② 조직 및 기관의 가치(예: 시기적절하고, 편견 없고, 차별 없고 민주적인 업무수행), ③ 전문적 가치(예: 영리보다는 인간서비스에 대한 초점), ④ 인간서비스 실천 가치(예: 전문적 기능을 최대한으로 공정하게, 역량 있게 배려하면서 윤리적으로 수행하는 것)의 네 가지로 구분하고 있다(이효선, 2003: 49-50; Levy, 1973, 1976, 1984: Reamer, 1995: 24-27에서 재인용 참조).

NASW의 윤리강령은 사회복지전문직의 핵심 가치를 다음과 같이 요약하고 있다.

① 서비스: 사회복지사는 사람들이 최대한의 잠재력을 구현할 수 있도록 도움, 자원 그리고 급여를 제공해야 한다. 사회복지사는 그들 자신의 편리함과 이익보다는 효과적인 서비스 제공을 우선시해야 한다.

② 사회정의: 사회복지사는 사회정의, 즉 완벽한 세상에서는 모든 시민이 평등한 근본적인 권리, 보호, 기회, 의무 그리고 사회적 급여를 가진다는 아이디어를 추구해야 한다. 사회정의를 추구하는 것에는 억압과 싸우고, 모

두가 공정하고 평등한 치료를 받을 수 있도록 하며, 사람들에게 성장과 발전의 기회를 제공하고, 사람들이 자신들의 삶에 영향을 미치는 결정에 의미 있게 관여하도록 하는 것이 포함된다.

③ 사람들의 존엄성과 가치: 사회복지사는 사람들의 존엄과 그들의 개인적 가치를 인정해야 한다. 사회복지사는 사람들을 존중으로 대하고, 책임 있는 결정을 내릴 수 있는 그들의 능력을 지지하며, 사람들이 자신의 안녕을 향상시키는 기회를 격려해야 한다.

④ 인간관계의 중요성: 사회복지사는 사람들이 최적의 안녕을 달성하는 데 있어서 지지적인 대인 간 상호작용과 효과적인 커뮤니케이션이 가지는 중요성에 가치를 부여해야 한다. 사회복지사는 클라이언트와 협력적 관계를 수립하고 인간 조건을 풍요롭게 하는 긍정적 변화를 추구해야 한다.

⑤ 성실성: 사회복지사는 책임감 있고, 정직하며 신뢰할 수 있어야 한다. 사회복지사는 전문적 가치와 윤리에 대한 지식을 갖추고 이에 대해 깨어 있어야 하며, 그들의 실천과 행동은 이런 가치와 윤리에 부합되어야 한다.

⑥ 역량: 사회복지사는 클라이언트와 효과적으로 일하는 데 필요한 기술과 능력을 갖추어야 한다. 그들은 새로운 지식과 기술을 습득함으로써 끊임없이 전문적 실천을 향상시켜 나가야 한다(NASW, 2017: 5-6; Kirst-Ashman & Hull, 2017: 421-422).

4. 가치의 명료화

우리 모두는 가치를 가지고 있다. 사회복지전문직도 가치를 가지고 있으며, 이들 가치는 사회복지사에게 무엇이 중요한지를 나타내 주고 실천 지침이 된다. 사회복지사는 개인적 가치를 분명히 하고, 이들 가치가 전문직의 가치와 맞물리거나 충돌할 때 이를 깨달아야 한다. 그리고 사회복지사는 클라이언트 역시 개인적 가치를 가지고 있으며, 이들 가치가 사회복지사 개인의 가치 또는 전문직의 가치와 갈등을 초래할 수 있음을 인식해야 한다. 또한 보다 큰 사회는 정책과 법을 통해서 가치를 표명한다. 이들 역시 사회복지사 개인의 신념, 클라이언트의 가치 혹은 전문직의 가치와 충돌할 수 있다. 자기인식(self-awareness)은 이런 잠재적 갈등영역을 찾아내는 첫 번째 단계다(Hepworth, Rooney, Rooney, Strom-Gottfried, & Larsen, 2006: 54).

가치를 명료화하는 목적은 이들 가치 간의 잠재적인 갈등과 이것이 윤리적 의사결정에 미칠 수 있는 잠재적 영향력에 대한 인식을 증대시키고자 함이다 (Dolgoff et al., 2005: 51-52).

① 개인적 가치는 개인이 가지고 있는 가치들이며, 다른 사람들이 반드시 이 가치들을 가지고 있는 것은 아니다.
② 집단 가치는 사회의 하위집단(종교집단, 소수민족 집단 등)이 가지고 있는 가치들이다.
③ 사회적 가치는 전체 사회체계의 다수 혹은 적어도 체계의 지도자나 대변인이 인정하는 가치들이다.
④ 전문적 가치는 사회복지사와 같이 전문적 집단이 선언한 가치들이다.

1) 개인적 가치의 명료화

학자에 따라 클라이언트에게 서비스를 제공할 때 개인적 가치를 유보하거나 중립화해야 한다고 주장하기도 한다. 그러나 개인적 가치와 전문적 가치 사이의 갈등은 그렇게 명확하지만은 않다. 사회복지사가 개인적 가치를 억누르는 것이 바람직한지의 여부는 모호하고 문제의 소지가 있을 뿐 아니라 매우 어려운 과업이다. 프랑케나(W. K. Frankena)는 개인적 가치를 포함한 개인의 문화적 경험과 배경이 윤리적 의사결정 과정을 은연중에 좌우한다고 지적하였다. 이에 따라 개인적 가치가 명료화되지 않는 한, 전문적 가치와 윤리가 아니라 편견과 고정관념이 전문적 행동에 영향을 미치게 될 위험이 있다(Frankena, 1980: Dolgoff et al., 2005: 52에서 재인용).

예를 들어, 사회복지사가 안락사에 대해 찬성한다고(혹은 반대한다고) 말하는 것으로는 충분치 않으며, 이에 대한 개인적 가치를 분명히 해야 한다. 생명이 6개월도 남지 않은 환자가 안락사를 택할 권리를 가진다고 믿는가? 모든 말기 환자는 호스피스 케어를 받아 이 시간을 가족과 화해하는 등 가치 있게 활용해야 한다고 믿는가, 아니면 안락사는 어떤 경우에도 불가하며 임종 말기의 고통에도

불구하고 생명은 보존되어야 한다고 믿는가?(Dolgoff et al., 2005: 52)

이런 맥락에서 CSWE는 사회복지사가 개인적 가치와 전문적 가치의 차이를 인식해야 한다고 지적한다(CSWE, 2015: 7).

2) 집단 가치의 명료화

사회복지사는 다른 사람들과 마찬가지로 하나 이상의 집단에 소속되어 있으며 전문가, 종교 및 관련 집단뿐 아니라 가족과 지역사회의 영향을 받아 가치를 형성하게 된다. 중산층 출신의 사회복지사가 빈곤가족에게 서비스를 제공할 때 발생할 수 있는 가치 차이에 대한 이슈는 자주 지적되어 왔다. 특히 오늘날과 같은 다문화사회에서 사회복지사는 자신과 다른 가치를 가진 클라이언트를 접하게 될 가능성이 매우 크다.

사회복지사는 다음을 유의해야 한다(Dolgoff et al., 2005: 53-54).

① 사회복지사와 클라이언트의 가치 갈등 중에는 클라이언트가 특정 집단에 소속되어 있음으로써 발생하는 차이가 있을 수 있다.
② 집단에 대한 일반화에는 한계가 있으며, 사회복지사는 고정관념에 따른 판단을 조심해야 한다. 예를 들어, 같은 국가 출신의 결혼이민자일지라도 이민시기, 교육수준, 사회계층 등에 따라 서로 다를 수 있다.
③ 전문적 사회복지사는 클라이언트가 반드시 자신이 속한 집단의 가치를 반영하거나 이를 따를 것이라고 가정해서는 안 된다.

3) 사회적 가치의 명료화

다문화, 다종교 그리고 다가치적 사회가 되어 감에 따라 윤리적 지침이 되는 사회적 가치를 규명하는 것이 점차 어려워진다. 예를 들어, 안락사, 낙태, 동성애 등의 이슈에서 사회적 가치에 대한 합의는 쉽지 않다. 그럼에도 불구하고 사회복지사는 윤리적 행동이 사회적 가치를 반영하는 한, 현시점의 사회적 가치를 가능한 한 정확하게 이해하고, 문제상황을 사정하여 의사결정을 내리는 데 이를 고려해야 한다(Dolgoff et al., 2005: 55).

제2절 사회복지실천의 윤리

1. 윤리와 전문적 윤리의 개념

1) 윤리의 개념

일반적으로 윤리는 인간 행위와 도덕적 의사결정에 관심을 가진 철학의 한 분야라고 정의된다. 윤리는 사람들이 무엇이 옳고 그른가를 결정하는 원칙을 발견하고자 한다. 가치와 윤리는 흔히 상호 교환적으로 사용되지만 이 두 용어는 동일한 것이 아니다. 윤리는 가치로부터 파생되어 나오며 가치와 조화되어야 한다. 이들 간의 차이는 가치가 무엇이 좋고 바람직한가에 관심을 가지고 있는 반면, 윤리는 무엇이 옳고 그른가를 다루고 있다는 점이다. 예를 들어, '개인의 프라이버시에 대한 권리'라는 가치로부터 파생되어 나온 사회사업의 윤리적 규칙 중 하나는 "사회복지사는 클라이언트를 녹음하거나 녹화하기 전에 클라이언트로부터 고지된 동의(informed consent)를 획득해야만 한다."는 것이다 (NASW, 1999; NASW, 2017: 7). 즉, 여기에서 프라이버시는 바람직한 가치인 반면, 고지된 동의와 비밀보장은 이 가치로부터 파생된 윤리적 규칙이고 실천하는 올바른 방법이다(Dolgoff et al., 2005: 17-18).

2) 전문적 윤리의 개념

전문적 윤리는 사회복지사가 전문적 가치를 전문적 실천활동으로 전환시키는 지침을 제공한다. 전문직 윤리강령은 전문적 실무자에게 기대되는 윤리적 행동을 규명하고 기술하고 있다.

전문적 윤리는 일반 사회의 윤리와 동일하지는 않지만 밀접한 관련을 가지고 있다. 사회사업 가치가 사회가 가지고 있는 가치에서 파생되어 나오지만 반드시 이들 가치와 동일한 것은 아닌 것처럼 전문적 윤리도 사회적 윤리와는 차이가 있다. 예를 들어, 사회적 윤리와 전문적 윤리가 모두 평등의 원칙을 강조하지만, 전문적 윤리는 클라이언트의 이익에 우선순위를 부여하고, 사회복지사는 흔히 선택(의식하기도 하고 그렇지 않은 경우도 있지만)할 수밖에 없다는 점에서, 전문적 윤리원칙이 사회복지사의 실천에 함의하는 바는 매우 크다(Dolgoff et al., 2005: 20-21).

〈표 3-1〉 사회복지실천의 핵심 가치와 이에 의거한 윤리적 원칙

핵심 가치	윤리적 원칙
서비스	사회복지사의 일차적 목적은 어려움에 처한 사람들을 돕고 사회문제를 다루는 것이다.
사회정의	사회복지사는 사회적 불의에 도전한다.
개인의 존엄성과 가치	사회복지사는 개인의 내재적 존엄성과 가치를 존중한다.
인간관계의 중요성	사회복지사는 인간관계의 핵심적 중요성을 인정한다.
성실성	사회복지사는 신뢰할 수 있는 방식으로 행동한다.
역량	사회복지사는 역량 범위 내에서 실천하고 전문성을 발달시키고 향상한다.

출처: NASW (2017) pp. 5-6.

〈표 3-2〉 실천과오와 비윤리적 행동

사회복지사의 행위는 비전문적일 수도 있고, 비윤리적일 수도 있으며, 때로 비전문적이면서 비윤리적일 수도 있다. 이에 따라 사회복지사는 윤리적 행동과 비윤리적 행동 그리고 실천과오의 차이점을 이해할 필요가 있다.

비윤리적 행동은 전문적 윤리강령에 규정되어 있는 클라이언트, 동료, 실천 세팅, 전문직 그리고 보다 큰 사회에 대한 전문적 원칙과 기준을 위반하는 것이다. 반면, 전문적 서비스를 제공하는 데 실패하면 사회복지사는 실천과오를 범하게 되는 것이다. '분별력 있는 전문가'가 동일한 상황에서 행하였을 상식적인 실천에서 벗어났을 때 비전문적이다. 이런 비전문적 행위는 전문적 태만, 지식과 기술의 부족 혹은 부당행위의 결과일 수 있다. 실천과오에는 ① 고지된 동의를 얻거나 서류를 남기는 데 실패한 것, ② 동의를 받지 않은 치료, ③ 부적절한 그리고 부정확한 진단, ④ 부적절한 치료, ⑤ 클라이언트의 자살을 예방하는 데 실패한 것 등이 포함된다.

출처: Dolgoff et al. (2005), pp. 28-29 재편집.

이와 같이 윤리적 실천이 가지는 중요성 때문에, CSWE에서는 사회복지사는 윤리적으로 행동하고 윤리적 의사결정을 내려야 할 의무가 있다고 전제한다. 그리고 사회복지사가 다음에 제시된 것들이 가능하도록 전문직의 가치기반, 윤리적 기준 및 관련 법에 대한 지식을 가지고 있어야 함을 요구한다(CSWE, 2015: 7).

- 사회복지사는 NASW의 윤리강령의 기준들, 법규들, 윤리적 의사결정을 위한 모델들, 조사의 윤리적 수행 그리고 맥락에 적합한 부수적인 윤리강령을 적용함으로써 윤리적 의사결정을 한다.
- 사회복지사는 개인적 가치를 관리하고, 실천 상황에서 전문성을 유지하기 위해서 성찰과 자기규제를 활용한다.
- 사회복지사는 행동, 외모 그리고 구두·서면·전자통신(electronic communication)에서 품격을 지녀야 한다.
- 사회복지사는 실천 성과를 촉진하기 위해서 테크놀로지(기술)를 윤리적이고 적절하게 사용한다.
- 사회복지사는 전문적 판단과 행동의 지침을 위해서 슈퍼비전과 자문을 활용한다.

2. 윤리강령의 역사

전문직들은 전문직의 윤리강령을 제정하여 전문가들이 윤리적 행동을 하도록 한다. 그리고 윤리강령은 사회변화에 부응하기 위해 개정되기도 한다. 이런 맥락에서 사회복지전문직에서도 윤리강령이 제정 및 개정되어 왔다(구체적 내용은 Dolgoff et al., 2005: 36-38; Linzer, 1999: 33-36; Reamer, 1995: 6-7, 김성호, 2018: 233 참조).

- 1960년 NASW[1]는 이의 첫 번째 윤리강령을 채택하였다.
- 7년 뒤인 1967년 NASW의 윤리강령은 비차별(nondiscrimination) 조항을 포함하기 위해 개정되었다.
- 그 후 사회복지사들은 실무에 대한 분명한 지침을 제공하고 당대의 실천 현실에 부합되는 윤리강령의 전면개정을 요구하였고, 그 결과 1979년 새로운 윤리강령이 만들어졌다. 새로 개정된 윤리강령은 1967년의 강령에 비하여 개인의 복지에 주안점을 두었고 이에 따라 공동의 복지(common welfare)

---

1) 앞서 언급한 바와 같이 AASW에서 윤리강령을 채택한 바 있다. 1955년 여러 전문조직체를 통합하여 NASW가 결성된 후 오늘날 우리가 알고 있는 형태의 윤리강령이 발달하게 되었다.

에서 멀어졌다는 문제점을 가지고 있었다.

- NASW 윤리강령은 사회복지사들이 새롭게 대두되는 문제들에 보다 나은 대처를 할 수 있게 하기 위해 1993년, 1996년 그리고 1999년에 연속적으로 개정되었다.
- 보다 최근 NASW 윤리강령은 2017년에 개정되었다. 이는 21세기 들어서 급속하게 발전하고 확산되는 인터넷과 SNS 환경 속에서 오프라인 방식의 실천방법에 기반을 둔 윤리강령의 소통방식에 한계가 있음을 인식하고 프라이버시, 전문직 영역, 위험관리 등 다양한 제약과 새로운 윤리적 딜레마에 대처하기 위해 개정되었다(김성호, 2018: 233).

한편, 우리나라에서도 윤리강령이 제정 및 개정되어 왔다(http://www.welfare.net).

- 1973년 2월 윤리강령 초안 제정이 결의되었다.
- 1988년 사회복지사 윤리강령이 제정·공포되었다.
- 1992년 10월 제1차 사회복지사 윤리강령 개정이 있었다.
- 2001년 12월 제2차 사회복지사 윤리강령 개정이 있었다.

1992년 개정은 10개 조항이었으나, 2001년 개정은 전문직 직무의 내용에 따라 세분화하여 전문과 윤리기준 6장(46개 조항)으로 구성되었다. 특히 이때 개정 작업에서는 윤리강령은 아니지만, '사회복지사 선서문'을 함께 제정하고 공포하였다(〈표 3-3〉 참조).

〈표 3-3〉 사회복지사 윤리강령 전문 및 사회복지사 선서문

사회복지사 윤리강령 전문

사회복지사는 인본주의·평등주의 사상에 기초하여, 모든 인간의 존엄성과 가치를 존중하고 천부의 자유권과 생존권의 보장활동에 헌신한다. 특히 사회적·경제적 약자들의 편에서서 사회정의와 평등·자유와 민주주의 가치를 실현하는 데 앞장선다. 또한 도움을 필요로 하는 사람들의 사회적 지위와 기능을 향상시키기 위해 저들과 함께 일하며, 사회제도 개선과 관련된 제반 활동에 주도적으로 참여한다. 사회복지사는 개인의 주체성과 자기결정권을 보장하는 데 최선을 다하고, 어떠한 여건에서도 개인이 부당하게 희생되는 일이 없도록

한다. 이러한 사명을 실천하기 위하여 전문적 지식과 기술을 개발하고, 사회적 가치를 실현하는 전문가로서의 능력과 품위를 유지하기 위해 노력한다. 이에 우리는 클라이언트 · 동료 · 기관 그리고 지역사회 및 전체 사회와 관련된 사회복지사의 행위와 활동을 판단 · 평가하며 인도하는 윤리기준을 다음과 같이 선언하고 이를 준수할 것을 다짐한다.

> 사회복지사 선서문
> 나는 모든 사람들이 인간다운 삶을 누릴 수 있도록,
> 인간존엄성과 사회정의의 신념을 바탕으로,
> 개인 · 가족 · 집단 · 조직 · 지역사회 · 전체 사회와 함께한다.
> 나는 언제나 소외되고 고통받는 사람들의 편에 서서,
> 저들의 인권과 권익을 지키며,
> 사회의 불의와 부정을 거부하고, 개인이익보다 공공이익을 앞세운다.
> 나는 사회복지사 윤리강령을 준수함으로써, 도덕성과 책임성을 갖춘 사회복지사로 헌신
>   한다.
> 나는 나의 자유의지에 따라 명예를 걸고 이를 엄숙하게 선서합니다.

출처: 한국사회복지사협회, http://www.welfare.net.

3. 윤리강령의 기능

전문적 지위를 추구하는 모든 직업은 전문적 윤리강령을 발달시켜 왔다. 대체적으로 이런 강령은 해당 전문직의 실천에 부합되는 윤리적 원칙—구성원들이 지켜야 할—으로 구성된다. 또한 전문직 윤리강령은 이런 기대를 충족할 수 없거나 혹은 그런 의지가 없는 구성원에 대한 제재(sanctions)를 포함하고 있다.

양옥경, 김정진, 서미경, 김미옥과 김소희는 전문직의 윤리강령이 가지고 있는 기능을 다음과 같이 제시한다(양옥경 외, 2005: 50).

첫째, 사회복지실천 현장에서 윤리적 갈등이 생겼을 때 지침과 원칙을 제공한다.

둘째, 자기규제를 통해 클라이언트를 보호한다.

셋째, 스스로 자기규제를 가짐으로써 사회복지전문직의 전문성을 확보하고 외부 통제로부터 전문직을 보호한다.

넷째, 일반 대중에게 전문가로서의 사회복지 기본업무 및 자세를 알리는 일차적 수단으로 기능한다.

다섯째, 선언적 선서를 통해 사회복지전문가들의 윤리적 민감화를 고양시키

고 윤리적으로 무장시킨다.

한편, NASW에서는 2017년 개정을 통하여 윤리강령의 기능을 보다 구체화하여, 다음의 여섯 가지 목적을 가진다고 제시한다(NASW, 2017: 2).

첫째, 윤리강령은 사회사업의 미션의 토대가 되는 핵심 가치를 규명한다.

둘째, 윤리강령은 전문직의 핵심 가치를 반영하고 사회복지실천의 지침으로 활용되어야 하는 구체적인 윤리적 기준을 세우는 폭넓은 윤리적 원칙들을 요약한다.

셋째, 윤리강령은 전문적 의무가 상충되거나 윤리적 불확실성이 야기될 때, 사회복지사가 고려해야 할 것을 규명하는 데 도움이 되도록 고안되었다.

넷째, 윤리강령은 일반 대중이 사회복지전문직에게 책임을 물을 수 있는 윤리적 기준을 제시한다.

다섯째, 윤리강령은 사회복지분야에 들어오는 신입 사회복지사에게 사회사업의 미션, 가치 그리고 윤리적 기준을 사회화한다.

여섯째, 윤리강령은 사회복지전문직이 사회복지사의 비윤리적 행위여부를 평가하는 데 활용될 수 있다.

4. 한국 사회복지사 윤리강령의 주요 내용

2001년 개정된 한국사회복지사 윤리강령은 기존의 선언적 윤리강령에서 탈피하여, '윤리기준'이라는 명확한 용어를 사용하고 실천적 행동강령으로서의 면모를 갖추었다. 또한 개정 윤리강령에서는 사회복지사가 갖추어야 할 성향으로서 헌신성, 전문성, 운동성 등을 강조하고 있고, 전문직으로서의 책임, 전문성 계발을 위한 노력, 경제적 이득에 대한 태도 등 사회복지사의 기본적 의무와 권리를 비롯하여 사회복지사의 클라이언트와의 관계, 동료와의 관계를 설정하였으며, 사회복지사의 사회적 책임 등을 강조하였다(이효선, 2003: 228).

이효선에 의하면, 이 개정은 많은 부분 IFSW의 윤리강령을 그대로 표방하고 있는 한계가 있다. 그리고 우리나라의 사회복지사 윤리강령이 주로 책임과 의무에 비중을 두고 있기 때문에 윤리적 딜레마를 해결하는 데 총체적이고 직접적인 도움을 주기 어렵다는 한계점도 있다(이효선, 2003: 228-229). 이효선은 사회복지사 윤리강령의 주요 내용을 다음과 같이 종합하고 있다(이효선, 2003: 221-224).

첫째, 사회복지사는 전문가로서의 품위와 자질을 유지하고 관장하는 업무에 대한 책임을 진다. 사회복지사는 외적으로 전문가의 지위에 합당한 바른 행동과 좋은 이미지를 갖추어야 하고, 내적으로는 전문가가 지니는 특수한 성품과 소질을 가지고 자신이 맡은 일을 수행하여야 한다. 또한 관장하는 업무에 대해 역할 책임, 법적 책임, 인과적 책임을 포함한 윤리적 책임을 져야 한다.

둘째, 사회복지사는 전문직의 가치를 견지하면서 관련 지식과 기술을 습득, 개발 및 전달하는 데 최선의 노력을 다한다. 사회복지사는 인본주의 · 평등주의 사상에 기초하여 모든 인간의 존엄성과 가치를 존중하고, 천부의 자유권과 생존권 보장활동에 헌신하며, 클라이언트에게 최상의 서비스를 제공하기 위해 지식과 기술을 개발하고 이를 활용하고 전파할 책임이 있다.

셋째, 사회복지사는 업무수행과정에서 어떠한 압력에도 타협하지 않으며, 전문적인 관계를 이용하여 부당한 영리를 취하지 않는다. 사회복지사는 전문직이 갖는 성실성과 공정성의 기준에 따라 활동하며, 전문가로서의 재량을 발휘하고 공정한 판단을 방해하는 압력에 민첩하게 대처하여야 한다. 그리고 사회복지사는 개인적인 이득을 위하여 전문적인 관계를 악용하면 안 된다.

넷째, 사회복지사는 복지대상자의 권익을 최우선으로 생각한다. 사회복지사는 효과성과 효율성에 앞서 클라이언트의 권익을 최우선으로 삼아야 한다.

다섯째, 사회복지사는 복지대상자가 자기결정권을 최대한 행사할 수 있도록 돕는다. 클라이언트의 자기결정의 권리는 최대한 보장되어야 하지만, 클라이언트는 그 선택에 대한 책임을 지기 때문에 사회복지사는 이의 균형을 유지할 수 있어야 한다.

여섯째, 사회복지사는 사상, 종교, 인종, 성별, 연령, 지위, 계층에 따라 복지대상자를 차별하지 않는다. 클라이언트는 매우 다양한 계층에 존재하고 있기 때문에, 사회복지사는 인간에 대한 어떤 편견이나 선입견에 의해 클라이언트를 특정한 그룹으로 유형화하지 말고, 그들 개개인의 독특성을 인정하며, 평등한 자원의 수혜를 받도록 돕는다. 또한 평등이라는 의미도 모두가 똑같은 정도를 말하는 것이 아닌, 같은 위치에 설 수 있는 적극적 의미의 평등이어야 할 것이다.

일곱째, 사회복지사는 복지대상자의 프라이버시를 존중하고, 직무상 취득한 정보를 전문적 업무 외에는 공개하지 않는다. 비밀보장은 기본적인 윤리이기 때문에 클라이언트의 동의 없이는 클라이언트의 정보를 누설할 수 없다. 다만 전문직 수행상 불가피한 경우에 그 정보를 공유하는데, 이 경우에도 정보공개의 목적과 정도 및 경로를 파악하고 있어야 하며, 이에 관한 모든 상황을 클라이언트에게 고지할 의무가 있다. 클라이언트가 원할 경우 기록을 볼 수 있도록 허용할 의무가 있으며, 클라이언트가 기록의 열람을 원하는 경우 클라이언트의 기록과 관련된 다른 사람의 비밀보장에도 주의를 기울여야 한다.

여덟째, 사회복지사는 동료를 존중과 신뢰로써 대하며, 동료 간에 전문적 지위와 인격을 훼손하는 언행을 하지 않는다. 사회복지사는 동료를 존경으로 대하고, 이들의 자격과 견해, 수행결과에 대해 명확하고 공정한 의견을 제시하여야 한다.

아홉째, 사회복지사는 동료나 사회복지기관 또는 단체의 비윤리적 행위에 대하여 공식적인 절차를 통하여 대처한다. 사회복지기관은 사회복지사를 고용하고 있는 단체이지만, 그 운영의 원칙에 있어서 사회복지사 윤리강령에 준하는 가치를 갖고 운영되어야 한다. 사회복지사는 사회복지기관이나 단체의 비윤리적 행위에 대하여 책임의식을 가지고, 필요시 공식적 절차를 통해 대처한다.

열째, 사회복지사는 소속기관과 전문단체활동에 적극 참여하여 성장·발전과 권익옹호에 힘쓰며 기타 유관기관과 협조관계를 유지한다.

5. 핵심적인 윤리적 원칙

1) 자기결정

사회복지사는 클라이언트의 자기결정의 권리를 존중하고, 이를 증진시키며, 클라이언트가 자신의 목적을 규명하고 명료화하려는 노력을 돕는다. 사회복지사는 전문적 판단에 의거하여 클라이언트의 행동 혹은 잠재적 행동이 그들 자신이나 다른 사람에게 심각하고, 예견 가능하며, 즉각적인 위험을 가져올 때 클라이언트의 자기결정의 권리를 제한할 수 있다(NASW, 2017: 7).

사회복지사가 자기결정의 원칙을 준수하는 정도는 사회복지사의 원조역할과 원조과정에 대한 인식에 영향을 받는다. 사회복지사가 클라이언트의 한계점과 과거의 실수를 부각시키는 것이 아니라 긍정적 자질과 잠재력을 지향하는 강점지향적 관점을 가지고 있을 때 클라이언트의 자기결정을 극대화할 수 있다. 이런 긍정적 관점은 클라이언트에게 희망과 용기를 불어넣어 주며 클라이언트의 자아존중감을 발달시킨다. 이들 요인은 다시 성공적인 결과를 달성하는 데 필수적인 클라이언트의 동기를 향상한다(Saleebey, 1997: Hepworth et al., 2006: 62에서 인용 및 재인용).

자기결정을 고취하는 것이 클라이언트의 자율성을 향상시킨다는 점에서, 온정주의(paternalism)는 자율성을 잠식한다. 이와 유사한 개념으로 온정주의적 선행이 있다. 이는 사회복지사가 클라이언트의 반대에도 불구하고 클라이언트의 삶의 질을 향상시키기 위해 보호적 개입을 하는 것이다. 예외적으로 사회복지사가 클라이언트의 자율성에 관여하는 것이 허용되는 조건이 있다. 즉, 온정주의는 클라이언트가 어리거나, 의사결정 능력이 부족하다고 판정받았거나, 자살과 같은 불가역적인 행동을 예방하거나, 클라이언트의 결정이나 행동을 간섭함으로써 심각한 범죄를 예방할 수 있는 경우에는 허용 가능하다(Abramson, 1985; Murdach, 1996: Hepworth et al., 2017: 69에서 인용 및 재인용).

> **자기결정 원칙의 위반 사례**: 루라벨은 직업상담 사회복지사다. 스텔라는 19세이며 루라벨의 클라이언트다. 스텔라는 비서나 행정보조원과 같은 사무직을 원한다. 그녀는 부끄러움이 많기 때문에 혼자서 일하는 직업을 선호한다고 말한다. 그녀는 또한 타이핑을 잘한다고 말한다. 루라벨은 스텔라가 고등학교를 졸업하지 못한 것을 알고 있으며 스텔라의 타이핑이나 작문기술이 사무직에 적합하지 않다고 믿는다. 그러므로 루라벨은 스텔라에게 사무직 자리에 대한 정보를 제공하지 않는다. 대신 그녀가 판매직을 생각해 보도록 유도한다(Kirst-Ashman & Hull, 2017: 424).

2) 고지된 동의

고지된 동의(informed consent)를 실천하기 위해서 사회복지사는 서비스의 목적, 서비스에 관련된 위험, 제3자 지급 요건으로 인한 서비스의 제한, 비용, 합리적 대안, 클라이언트가 거부하거나 동의를 철회할 수 있는 권리, 서비스의 시간 틀 등을 클라이언트에게 알려 주기 위해 분명하고 이해할 수 있는 언어를 사용해야 한다. 그리고 사회복지사는 클라이언트에게 질문할 기회를 제공해야 한다(NASW, 1999: NASW, 2017: 7-8).

사회복지사는 고지된 동의를 첫 번째 면접에서 실시하는 통과의례로 간주하기 쉽다. 첫 번째 면접에 수반되는 긴장과 불확실성을 감안할 때, 클라이언트는 그들이 제공한 정보의 중요성을 깨닫지 못할 수 있다. 이에 따라 원조과정 전반에 걸쳐 필요시에 이 이슈를 다시 다루고 클라이언트가 질문할 수 있도록 허용해야 한다(Hepworth et al., 2006: 65). 고지된 동의를 통해서, 사회복지사는 클라이언트를 존중하면서 그들의 권리와 책임을 교육할 수 있다. 그뿐만 아니라 사회복지사는 앞으로 취할 필요가 있는 행동기반을 닦을 수 있다. 예를 들어, HIV보균 여성이 남편에게 이를 알리기를 거부하는 케이스의 경우, 고지된 동의는 클라이언트에게 다른 사람을 보호하고 공중보건 담당기관에 이를 보고해야 하는 사회복지사의 책임을 깨우쳐 줄 수 있다(Hepworth, Rooney, & Larsen, 2017: 71).

고지된 동의를 실천한 사례: 페이지 터너는 중증 지체장애인을 위한 사례관리자다. 페이지는 흔히 그룹홈, 가정지원서비스, 반찬배달서비스, 의료센터 · 물리치료사 · 언어치료사 · 작업치료사 등이 제공하는 서비스를 조정한다. 페이지는 서비스 계획을 클라이언트와 함께 정하는 것을 중요시하고 이를 진행시킬 때 클라이언트의 허락을 받는다. 그녀는 클라이언트와 함께 각 서비스의 장점과 단점을 검토한다. 그녀는 클라이언트가 각각의 서비스 내용(기간, 빈도 등)을 이해하도록 돕는다(Kirst-Ashman & Hull, 2017: 424).

3) 역량, 문화적 역량 및 사회적 다양성

사회복지사는 역량을 갖추어야 한다. 역량은 클라이언트와 그의 문제에 효과적으로 실천할 수 있는 자질, 능력 그리고 기술이다(Kirst-Ashman & Hull, 2017: 425).

역량을 위반한 사례: 허브는 성인 보호관찰 업무를 하는 사회복지사이다. 그의 클라이언트는 신체적 혹은 심리적 학대 피해자일 수 있는 노인들이다. 허브는 82세

루이즈 케이스를 맡게 되었다. 루이즈는 57세 딸 그리젤다와 함께 살고 있는데, 이 딸은 심각한 알코올 남용 문제를 가진 것으로 보이며, 이 문제는 어머니를 학대한 것과 연관이 있을 것으로 의심된다. 허브는 알코올과 학대에 대한 훈련을 받은 적이 없다. 그러나 그는 속으로 "그래 봤자 얼마나 어렵겠어"라고 생각하고, 딸 그리젤다와 알코올 남용에 대한 상담을 한다(Kirst-Ashman & Hull, 2017: 425).

최근 다문화와 다양성에 대한 윤리강령이 보다 강조되고 있다. 이에 따라 사회복지사는 문화적 역량과 사회적 다양성에 대한 이해와 실천을 지속해 나가야 한다. 윤리강령은 문화적 역량을 ① 문화 개념에 대해 이해하기, ② 다양한 문화에 내재하는 강점을 인정하기, ③ 실천에 적용할 수 있도록 클라이언트의 문화에 대한 지식기반을 꾸준히 넓혀 나가기, ④ 문화적 차이에 대한 민감성을 키우고 이를 인정하기, 그리고 ⑤ 다양한 집단에 적용해 나가면서 억압과 사회적 다양성에 대한 이해를 넓혀가기라고 정의한다.

문화적 역량을 실천한 사례: 노숙자 쉼터의 사회복지사인 구슈는 다문화 클라이언트가 늘어나고 있음을 깨닫게 된다. 그녀는 그들이 과거 경험했던 경제적 및 정치적 억압을 서서히 이해하기 시작한다. 또한 구슈는 지역사회에 다문화 이민자를 지원하는 단체가 활동하고 있음을 알게 된다. 이 단체와의 협력적 관계를 통해, 구슈는 클라이언트가 속한 문화를 보다 많이 이해하게 되고 그들과 커뮤니케이션하는 능력이 증대되었다. 나아가서 구슈는 다문화 클라이언트에게 이용 가능한 잠재적 자원들을 더 많이 발견하게 되었다(Kirst-Ashman & Hull, 2017: 425 재구성).

4) 전문적 경계

경계는 원조관계를 유지하기 위하여 사회복지사와 클라이언트 사이를 구분하는 분명한 선이다. 경계는 사회복지사가 클라이언트에게 일차적인 초점을 둠으로써 이해 갈등을 사전에 예방하는 데 도움이 된다. 그리고 클라이언트-사회복지사 관계는 높은 수준의 신뢰와 자기개방이 있다 할지라도 친밀한 개인적 관계가 아님을 분명히 해 준다. 클라이언트는 경계가 존재하며 사회복지사가 이를 지킬 것이라고 믿을 때 도움을 받고자 하는 이슈에 보다 초점을 맞출 수 있다.

때로 사회복지사와 다른 원조전문가들은 경계 개념에 대해 다소 불편해하는데, 이는 클라이언트가 사회복지사보다 "덜 가치가 있는" 위계적 관계를 맺는 것이라고 인식하기 때문이다. 일부 전문가는 이런 경계를 수립하는 것이 삭막하다고—따뜻하고 연민(compassion)을 받아 마땅한 클라이언트를 그저 대상으로 취급하는—불편해하기도 한다(Lazarus 1994: Hepworth et al., 2017: 72에서 재인용). 헵워스(Hepworth) 등은 이 두 입장이 상호 배타적이지 않다고 지적한다. 사회복지사는 클라이언트와 협력적 문제해결과 상호성에 기반한 관계를 맺을 수 있다. 즉, 그들 관계의 경계를 흐리게 하거나 그들이 함께 일하는 목적을 모호하게 하지 않으면서 클라이언트에게 진정성 있고 친절하게 반응할 수 있다(Lazarus, 1994: Hepworth et al., 2017: 72에서 인용 및 재인용).

경계와 관련하여, NASW에서도 여러 기준을 제시하고 있다. 보다 구체적으로 살펴보면 다음과 같다(NASW, 2017: 15).

- 사회복지사는 전문적 분별력과 공정한 판단을 구사하는 데 방해가 되는 이해 상충(conflicts of interest)을 경각심을 가지고 피해야 한다.
- 사회복지사는 전문적 관계를 부당하게 이용하거나, 개인적, 종교적, 정치적 혹은 사업적 이익을 위해서 다른 사람을 착취해서는 안된다.
- 사회복지사는 클라이언트를 착취하거나 잠재적으로 유해할 위험이 있는 경우, 현재 혹은 이전의 클라이언트와 이중적 또는 다중적 관계를 가져서는 안 된다.
- 사회복지사는 신체적 접촉으로 인하여(예: 클라이언트를 쓰다듬는 것) 클라이언트에게 심리적 상처를 줄 가능성이 있다면 신체적 접촉을 하지 말아야 한다.
- 그리고 어떤 상황하에서도 성적 활동, 테크놀로지를 이용하거나 혹은 개인적으로 하는 부적절한 성적 커뮤니케이션 혹은 클라이언트와의 성적인 접촉—그것이 합의에 의한 것이든 강요된 것이든 간에—을 해서는 안된다.

리머는 비윤리적 행동과 실천과오에 대한 연구에서 성적 부적절성(18.5%)이 가장 흔한 불평사항의 하나였다고 보고하고 있으며, 스트롬-고트프리트

(K. Strom-Gottfried)도 역시 경계 위반(클라이언트와의 이중적 혹은 복합적 관계) 중에서 40%가 성적 관계의 위반이었다고 지적하고 있다(Reamer, 1995; Strom-Gottfried, 2000: Dolgoff et al., 2005: 28에서 재인용). 사회복지사가 클라이언트에게 성적 매력을 느낀다면 동료나 슈퍼바이저에게 이를 의논하여야 한다. 이런 논의는 감정을 정상화 및 중립화해 주고, 감정에 따라 행동할 가능성을 감소시켜 줄 것이다(Hepworth et al., 2017: 73).

성희롱 금지 위반 사례: 애런은 젊은 남성과 여성 사례를 담당하는 집행유예 담당관이다. 그는 브렌다(19세)가 직장을 구하도록 돕고 있다. 애런은 브렌다와 함께 있는 것이 즐겁고 어려운 삶의 경험에도 불구하고 브렌다가 가지고 있는 진취성을 높이 평가한다. 어느 날 그는 브렌다를 점심에 초대한다. 브렌다는 조금 불편하게 느꼈으나 따르기로 결정한다. 차를 타고 가는 동안, 애런은 손을 그녀의 무릎 위에 얹고 "대단한 여자"라고 칭찬을 한다. 점심을 먹으면서, 브렌다는 예의 바른 대화를 하고자 노력한다. 이에 애런은 "너 정말로 유혹적인데"라고 언급한다. 애런이 그녀의 삶에 커다란 영향력을 가지고 있으므로 브렌다는 어찌할 바를 모른다(Kirst-Ashman & Hull, 2017: 427).

5) 비밀보장

(1) 비밀보장의 원칙

실천적 견지에서 볼 때, 비밀보장은 필수조건이다. 비밀보장에 대한 확신이 없다면 클라이언트는 폭로되면 수치스럽거나 명예를 실추할 수 있는 사적인 삶을 노출하는 위험을 감수하지 않을 것이다. 특히 클라이언트가 부부간의 외도, 비행적 행위, 불법적 행동, 외상적 경험 등의 문제를 가지고 있을 때는 더욱 그러하다(Hepworth et al., 2017: 74).

본질적으로 사회복지사는 클라이언트의 프라이버시를 존중하고, 효과적 서비스를 제공하는 목적에서만 정보를 수집하고 클라이언트의 동의하에서만 정보를 노출하도록 기대된다. 클라이언트의 허락 없이 정보를 노출하는 것은 불가피한 이유가 있을 때에만 가능하며, 이런 경우일지라도 누구와 어느 정도를 공유하는가에 대해 유의해야 할 것이다.

비밀보장의 준수는 강한 헌신과 경각심을 필요로 한다. 비밀보장의 책임을 완수하려면 부적절한 상황에서 정보를 노출하는 데 유의해야 한다. 이런 상황에는 가족과 친구들에게 업무에 대해 자세하게 이야기하는 것, 동료들과 클라이언트에 관해 가십을 주고받는 것, 다른 사람들이 들을 수 있는 장소에서 클라이언트의 상황을 논의하는 것, 엘리베이터나 다른 공공장소에서 클라이언트에 대해 언급하는 것 등이 있다.

오늘날 테크놀로지의 발달은 비밀보장을 준수하는 데 새로운 도전이 되고 있다. 예를 들어, 클라이언트에게 음성메시지를 남겼을 때 클라이언트만 그 메시지를 들을 것이라고 확신하는가? 사회복지사는 클라이언트와 문자메시지를 주고받는 것에 동의하는가? 동료가 사례에 대한 팩스를 보냈을 때 담당 사회복지사가 그 서류를 받기 이전에 다른 사람이 그 정보를 보지 않을 것이라고 확신하는가? 이에 따라 사회복지사는 클라이언트에게 비밀보장의 한계에 대한 정보를 제공해야 한다(Hepworth et al., 2017: 74).

(2) 비밀보장의 한계

전문가로서의 의무를 수행하는 과정에서 수집한 정보에 대해 비밀보장을 준수하도록 기대되지만, 원조전문직들이 사례에 대한 정보를 공유하는 것이 허용되거나 강제되는 상황들이 있다. 여기에는 슈퍼비전이나 자문을 구할 때, 클라이언트가 자신이나 다른 사람에게 위험이 될 때, 아동학대가 추정되어서 이를 신고할 때 등이 포함된다.

보다 구체적으로 살펴보면, 사회복지사는 흔히 사례의 상황을 슈퍼바이저와 논의하고 직원회의에서 보고하기도 한다는 점에서 비밀보장의 권리는 절대적이지 않다. 물론 이는 클라이언트에 대한 서비스를 향상시키고자 하는 목적에서 이루어지며, 이런 목적이 명료해지면 클라이언트는 일반적으로 정보를 공유하는 데 동의한다. 그 외에도 행정가, 자원봉사자, 자문가, 법률자문가 그리고 외부인(예를 들어, 서비스 질 관리, 동료 평가의 목적에서 기록 검토) 등도 파일이나 케이스 정보에 접근할 수 있다. 이 경우에도 클라이언트에 대한 보다 나은 서비스를 위한 목적을 가져야 하며, 이들은 비밀보장이 되어야 하는 정보를 오용하지 않겠다는 확약서에 서명해야 한다. 나아가서 사회복지사는 비밀보장의 원칙을 확고히 하는 정책과 규범을 세워 나가고, 케이스에 대한 정보가 세심하고 존중하는 방식으로 다루어지도록 해야 한다.

반대로 클라이언트의 안전을 보호해야 하는 경우에도 비밀보장의 원칙이 준수될 수 없다. 즉, 사회복지사는 클라이언트의 자살을 예방하기 위해 노력해야 한다. 자살위험이 크다고 판단될 때 이를 방지하기 위한 노력은 임상적 결정이며 윤리적 문제이기도 하다(Hepworth et al., 2017: 76).

한편, 클라이언트 자신 또는 다른 사람에 대한 위험이 있을 때 비밀보장의 원칙이 준수될 수 없다. 예를 들어, 클라이언트가 유괴를 하거나 남을 다치게 하거나 살해할 계획을 세우고 있다면, 사회복지사는 이런 의도를 잠재적 피해자와 경찰에 알려서 예방적 조처를 취할 수 있도록 할 의무를 가진다(〈표 3-4〉의 타라소프 사례 참조). 이와 같은 맥락에서 사회복지사는 클라이언트의 자살을 예방하는 노력을 해야 한다(Hepworth et al., 2017: 76).

〈표 3-4〉 타라소프 사례

미국에서는 사회복지사가 잠재적 피해자에 대한 예방조처를 취하지 못하였을 경우 심하면 의무 태만으로 고소를 당할 수도 있으며, 1969년의 타라소프 사례가 그 대표적인 사례(Tarasoff v. The Regents of the University of California)다. 이 사례에서, 대학보건진료소에서 심리학자와 상담을 하던 한 젊은 남자(Proenjit Poddar)가 여자친구인 타티아나 타라소프(Tatiana Tarasoff)가 여행에서 돌아오면 살해하겠다는 의사를 표명하였다. 치료자는 대학 경찰에게 이를 알렸다. 그러나 경찰은 이 젊은 남자를 만난 후에 여자친구에게 위험이 되지 않는다는 결론을 내렸다. 몇 주 후 이 남자는 타라소프를 살해하였고, 그녀의 가족은 피해자가 사전경고를 받지 못하였다고 주장하면서 치료자를 고소하였다. 궁극적으로 법정은 정신보건전문가는 이런 위험에 대비하여 표적이 된 피해자를 보호하기 위한 합리적인 보호조치를 해야 하는 의무가 있다고 판결을 내렸고, 이 경우 치료자가 취해야 하는 몇 가지 의무를 제시하였다.

이 사건은 커다란 파장을 가져왔다. 이 사건은 사회복지사를 포함한 모든 정신보건전문가가 폭력적인 혹은 잠재적으로 폭력적인 클라이언트를 어떻게 다루어야 하는가에 대한 기본규칙을 변화시켰다.

이 판결―타라소프 규칙이라고 알려진―은 전문가들에게 커다란 불안을 야기시켰고 다음의 원칙을 확립시켰다. 만약 사회복지사가 신원을 알 수 있는 잠재적 피해자에 대해 예측 가능하고 임박한 위협을 인지하게 되면, 그 사람을 위협으로부터 보호하기 위하여 ① 피해자에게 경고하고, ② 다른 필요한 예방적 조치(예: 경찰에 신고하거나 클라이언트를 안전한 시설에 입소하게 하는 등)를 취해야 한다.

출처: Dolgoff et al. (2005), pp. 28-29, 94; Hepworth et al. (2006), p. 69.

6. 사회복지실천에서 윤리적 문제와 윤리적 의사결정

1) 사회복지실천에서 윤리적 문제

윤리적 문제는 '주어진 실천상황에서 어떻게 하는 것이 올바른가? 그 상황에서 사회복지사가 비윤리적 행동을 하는 것을 어떻게 피할 수 있을까?' 하는 질문이다. 윤리적 딜레마는 사회복지사가 둘 또는 그 이상—그러나 서로 상반되는 윤리적 지시를 가진—중에서 선택해야만 하는 상황, 혹은 모든 대안이 하나 또는 그 이상의 사람들에게 바람직하지 않은 결과를 초래하는 상황에서 발생한다.

이런 윤리적 딜레마를 해결하는 데 지침이 되는 것이 바로 전문적 윤리강령이다. 그런데 전문적 윤리강령은 모든 가능한 상황에 지침을 제공하고자 노력하기 때문에 구체적인 규칙이 아닌 일반적 원칙을 제시하고 있다. 이와 같이 윤리적 원칙의 위계가 구체화되어 있지 않은 것은 윤리적 딜레마의 토양이 되고 있다.

윤리적 문제의 예들은 다음과 같다(Dolgoff et al., 2005: 6-7).

- 클라이언트가 가족구성원들과는 다른 서비스를 원하고 있다. 예를 들어, 딸은 늙은 아버지를 요양원에 입소시키기를 원하는데, 아버지는 자신의 집에 머무르기를 원한다.
- 상충되는 가치들이 서로 충돌하고 있다. 예를 들어, 젊은 여자가 그녀의 약혼자(클라이언트)가 HIV 양성인지를 물어왔는데, 클라이언트는 이 정보가 비밀로 유지되기를 원하고 있다.
- 지역사회와 전문직이 서로 다른 우선순위를 가지고 있다. 예를 들어, 모든 사람은 가정폭력에 대해 무엇인가 조처를 취해야 한다는 데 동의하고 있으나, 지역사회 지도자들은 경찰보호 수준을 향상하는 것이 쉼터를 건립하는 것보다 중요하다고 생각한다.

우리나라에서도 사회복지실천현장에서 사회복지사들이 직면하는 윤리적 문제에 대한 관심이 높아지면서, 윤리적인 문제들이 제기되고 있다.

- 사회복지기관의 입장과 부모가 원하는 것이 다르다. 예를 들어, 자녀를 학대한 부모는 양육을 원하는데 기관에서는 아동과 부모를 분리하는 것이 최선이라고 한다(이세원, 2008: 67).
- 사회복지기관의 규정과 사회복지사의 개인적 가치가 다를 수 있다. 기관의 규정으로는 무료급식 대상에 해당되지 않는데, 사회복지사는 클라이언트에게 무료급식을 제공하는 것이 옳다고 생각한다(유연숙, 이효선, 2016: 87).
- 클라이언트의 욕구와 보호자의 요구가 다르다. 예를 들어, 장애아동은 프로그램에 참여하기를 원하는데, 부모는 프로그램 참여에 대해 부정적 견해를 가지고 있다(유연숙, 이효선, 2016: 91).
- 사회복지사의 전문적 가치와 기관의 정책이나 목적이 상충한다. 예를 들어, 학교장은 학생 상담일지를 결재받도록 요구하는데 학교사회복지사는 학생과 상담내용에 대한 비밀을 보장하고자 한다(주석진, 2010: 62).

실천현장에서 윤리적 이슈와 문제들이 야기되면서, 이에 대한 사회복지사의 대처능력과 윤리적 민감성 훈련에 대한 필요성 또한 제기되고 있다. 윤리적 민감성은 윤리적 문제의 존재를 인식하고 그 상황을 해석하며 어떤 대안이 가능한지 결정하는 과정이다(Rabouin, 1996; Ersoy & Gundogmus, 2003: 최명민, 2005: 184에서 재인용). 윤리적 민감성은 타고난 것이 아니라 훈련시킬 수 있다(최명민, 2008: 3). 최근 이와 같은 실천현장의 요구에 부응하여 사회복지사를 대상으로 윤리교육과 자기탐색을 통해 윤리적 신념을 향상시키고, 윤리적 이슈들을 탐색하고 대안을 모색하는 윤리적 민감성 훈련 프로그램이 개발되고 있다.

2) 사회복지실천에서 윤리적 의사결정

사회복지사는 실천현장에서 다양한 윤리적 딜레마에 직면하게 되는데, 이 경우 사회복지사는 바람직한 결정을 내리기 위해서 윤리적 판단을 해야 한다. 이를 위해서 사회복지사는 인간의 존엄성, 클라이언트의 자기결정권, 평등권과 같은 사회사업의 주요 가치에 대한 우선순위와 결정과정에 대한 지식과 경험을 갖추어야 할 것이다. 또한 이러한 결정이 사회복지사의 개인적 가치와 사회적 가치 그리고 전문적 가치에 상반되는 결정은 아닌지 유의해야 한다(이효선, 2003:

167). 앞서 살펴보았던 가치의 명료화는 윤리적 의사결정의 첫 번째 단계다.

　보다 직접적으로 윤리적 의사결정의 모델은 사회복지사들이 실천현장에서 직면하는 윤리적 딜레마의 해결을 돕기 위해 윤리원칙의 우선순위를 제시하고 있다(〈표 3-5〉 참조). 이 중 리머, 돌고프 등(Dolgoff et al.)의 모델이 가장 주목받고 있으며 국내에서도 양옥경, 이효선 등이 모델을 제시하고 있다(자세한 내용은 양옥경 외, 2005; 이효선, 2003; Dolgoff et al., 2005; Reamer, 1995 참조).[2] 이들 학자에 따라 윤리적 의사결정의 우선순위가 다소 상이하기는 하나, 대체적으로 클라이언트의 생명보호의 원칙을 최우선으로 하고 있으며 그다음에는 자기결정권과 비밀보장을 제시하고 있다.

〈표 3-5〉 윤리적 의사결정의 우선순위

구분	리머	돌고프 등	양옥경	이효선
윤리원칙 1	기본재화 우선의 원칙	생명보호의 원칙	생명보호	생명보호의 원칙
윤리원칙 2	개인의 행복추구권	평등과 불평등의 원칙	자기결정권	자기결정권
윤리원칙 3	개인의 자기결정권	자율성과 자유의 원칙	비밀보장과 알 권리	사회정의
윤리원칙 4	규칙준수	최소한 해악의 원칙	균등한 기회제공	비밀보장과 알 권리
윤리원칙 5	공익우선의 원칙	삶의 질의 원칙	규칙준수	공익우선의 원칙
윤리원칙 6	-	프라이버시 보호와 비밀보장의 원칙	-	-
윤리원칙 7	-	진실성과 정보개방의 원칙	-	-

출처: 이효선(2003). p. 181 참조.

---

2) 윤리적 의사결정과 관련하여 윤리적 상대주의와 윤리적 절대주의의 입장이 상반되며, 최근에는 임상적 실용주의, 인도주의적 윤리, 상황적 윤리, 종교적 윤리 그리고 페미니스트 윤리가 제기되고 있으나 이 책의 범위를 넘어서므로 여기에서는 다루지 않는다(이에 대한 보다 자세한 내용은 이효선, 2003: 26-33; Dolgoff et al., 2005: 40-51 참조).

윤리적 의사결정의 원칙과 더불어, 윤리적 의사결정의 과정에 대해서도 논의되고 있다. 여기에서는 코리(Corey) 등이 제시한 9단계를 제시하고자 한다(Corey et al., 2014; Remer, 2006; Storm & Gotfied, 2008: Hepworth et al., 2017: 81에서 재인용).

① 가능한 한 여러 관점으로부터 상황에 대한 정보를 수집함으로써 문제 혹은 딜레마를 규명한다.
② 핵심 원칙들과 경쟁적인 이슈들을 결정한다.
③ 해당 윤리강령을 검토한다.
④ 적용 가능한 법과 규제가 있는지 검토한다.
⑤ 동료, 슈퍼바이저 혹은 법전문가에게 자문한다.
⑥ 가능성 있는 행동노선을 고려하고, 다양한 옵션이 어떤 결과를 가져올지 검토한다.
⑦ 가지고 있는 정보와 다른 선택이 미칠 영향의 경중을 고려하여 특정 행동노선을 결정한다.
⑧ 결정을 효과적으로 실행하기 위한 전략을 세운다.
⑨ 의도했던 성과가 성취되었는지 여부를 결정하기 위해서 과정과 결과를 평가하고, 앞으로의 결정을 위해 수정할 것이 있는지 검토한다(Hepworth et al., 2017: 81).

제너럴리스트 실천

✧ ✧ ✧

세퍼(B. Sheafor)와 랜던(P. S. Landon)은 모든 사회사업은 사람과 그를 둘러싼 환경 간의 공유공간(interface)에 대한 초점 때문에 "내재적으로 제너럴리스트"라고 지적한다(Sheafor & Landon, 1987: Landon, 1995: 1101에서 재인용). 사회사업에서 제너럴리스트 실천에 대한 관심은 사회사업 초기까지 거슬러 올라갈 수 있으며, 케이스워크 분야에서의 공통분모, 즉 일반적 케이스워크를 찾고자 하였던 밀포드 회의가 그 대표적인 예다(Leighninger, 1980 참조).

오늘날의 제너럴리스트 실천은 1960년대에 발달하였다. 리드에 의하면, 마이크로 실천이나 매크로 실천에서의 이론과 방법을 종합하는 수평적 통합과는 달리, 당시의 제너럴리스트 실천은 수직적인 통합을 위한 노력이었다. 다시 말해서 개별사회사업, 집단사회사업 및 지역사회조직을 통합하고자 하는 시도였다. 이러한 통합적 노력은 하나의 전문직으로서 자리매김하려는 사회복지전문직의 발달의 맥락에서 보아야 한다(Reid, 2002: 11).

특히 1960년대 및 1970년대 초반 사회사업 학부 프로그램이 팽창하였고 이에 따라 학부수준에 적합한 교과과정이 필요해지면서 제너럴리스트 실천이 보다 강조되었다(Landon, 1995: 1101-1102; Reid, 2002: 11).[1] CSWE는 교과과정 정책을 채택하면서 사회복지교육 프로그램은 사회복지실천의 공통 지식기반을 구현할 수 있는 기초과정을 포함해야 한다고 천명한다. 원칙적으로 모든 학부 교과과정은 제너럴리스트 사회복지사를 양성한다. 제너럴리스트 프로그램은 사회복지사가 문제를 총체적으로 보고 클라이언트의 관심사와 관련하여 다차원적 체계 수준에서 개입할 수 있도록 교육하는 데 목적이 있다. 클라이언트 체계

---

1) 제너럴리스트에는 general이라는 용어가 포함되는데, general과 generic에 대한 개념이 때로 혼동을 가져온다. 이 두 용어는 모두 일반적이라고 번역될 수 있지만, generic의 개념은 무엇이 모든 실천의 핵심 혹은 뿌리에 있는가를 의미하는 데 주로 사용되는 반면(예: 밀포드 회의에서는 케이스워크의 공통적인 요소를 찾고자 노력하였으며, 이때 generic social casework라는 용어를 사용하였다), general 또는 제너럴리스트는 특정 전문분야에 국한되지 않은 실천유형을 의미하는 데 사용된다(AASW, 1929; McMahon, 1996: 5-6; NASW, 1974).

는 마이크로 체계에서 메조, 매크로 체계까지 걸쳐져 있다. 나아가서 석사과정에서도 첫해에는 제너럴리스트 실천을 교육하고, 두 번째 해에는 이를 기반으로 임상, 정책 등의 방법론이나 실천분야의 전공 교과과정을 제공하는 경향이 있다. 이런 의미에서 제너럴리스트 실천은 학부와 석사의 근간을 이루고 있다(Hepworth et al., 2006: 23-24; Sheafor & Horejsi, 2006: 88; CASW, 2015: 11).

   최근 제너럴리스트 실천은 임상사회복지실천의 기반으로서도 그 중요성이 강조되고 있다. 즉, 제너럴리스트 실천과 임상사회복지실천은 별개의 것이 아니라, 제너럴리스트 실천을 기반으로 한 임상사회복지실천과의 통합의 필요성이 제기되고 있다. 맥과이어(L. Maguire)에 의하면, 오늘날의 실천—관리보호(managed care), 단기성, 조사기반, 비용효과적 전략을 지향하는—은 폭넓은 제너럴리스트 기반을 요구한다. 임상사회복지실천은 제너럴리스트 오리엔테이션에서 출발하여 앞으로 나아간다. 즉, 사회복지사들은 폭넓은 개입을 적용하고 실제적이고 문제해결적인 접근을 포괄하면서 필요시에 보다 수준 높은 기술을 활용한다(Maguire, 2001: 33-34). 보다 최근 CSWE는 전문사회복지 실천은 제너럴리스트 실천 위에 구축한다고 명백히 밝히고 있다(CSWE, 2015: 12).

   우리나라에서는 핀커스와 미나한의 『사회사업방법론: 통합적 접근(Social Work Practice: Model & Method)』이 1976년에 번역되어 소개되면서 통합방법론에 대한 관심이 시작되었다(문인숙 외, 1997). 1996년에는 한국사회복지학회에서 '한국사회복지의 통합적 접근'이라는 주제가 다루어지기도 하였다(오정수, 1996; 정무성, 1996). 보다 최근에는 통합적 관점(오창순, 윤경아, 김근식 공역, 2001), 일반주의 관점(한인영, 정수미, 최정숙, 박형원 공역, 2006)으로 번역되기도 하지만 원어 그대로 제너럴리스트 실천(장인협, 1999; 조휘일, 강정숙, 권순미, 권현진, 김경희, 2005)이라고 사용되기도 한다. 이 책에서는 원래 의미를 가장 정확하게 전달할 수 있다는 장점을 감안하여 제너럴리스트 실천을 채택하였다.

제1절 제너럴리스트 실천의 개념 및 구성요소

1. 제너럴리스트 실천의 개념

제너럴리스트 사회복지실천은 거의 모든 원조상황에 적용될 수 있다. 예를 들어, 제너럴리스트 사회복지사는 노숙하는 가족, 신체적 학대를 받은 아동, 임신한 청소년, 더 이상 스스로를 돌볼 수 없게 된 병약한 노인, 알코올중독자 부모, 약물중독 문제를 다루고자 하는 지역사회 등 개인, 가족, 집단 및 지역사회의 복합적 수준에서 실천을 한다. 이에 따라 제너럴리스트 사회복지사는 특정기술영역(예: 개인, 집단 혹은 지역사회)이나 특정 실천영역(예: 아동과 가족 혹은 정책과 행동)에 국한된 것이 아니라, 광범위한 영역에서의 역량을 필요로 한다(Kirst-Ashman & Hull, 2017: 5).

이와 같은 맥락에서 마일리(K. Miley) 등은 제너럴리스트 실천이 사회복지실천의 목적을 달성하기 위한 통합적이고 다차원적인 접근법이라고 지적한다. 제너럴리스트 사회복지사는 다양한 인간체계—사회, 지역사회, 이웃, 복잡한 조직체, 공식적 집단, 가족 및 개인—와 함께 일하며 인간체계의 기능을 극대화하는 변화를 조성하면서, 개인적 및 집합적 이슈들의 상호작용을 인정한다. 그리하여 제너럴리스트 사회복지사는 모든 수준의 클라이언트 체계와 직접적으로 일하고, 클라이언트에게 이용 가능한 자원을 연결시키며, 자원체계가 클라이언트(체계)에게 보다 잘 반응하도록 조직에 개입하고, 평등한 분배를 보장하기 위해 정의로운 사회정책을 주창하며, 사회복지실천의 모든 양상을 조사 · 연구한다(Miley, O'Melia, & DuBois, 2017: 7).

CSWE는 교육정책 및 인가기준을 개정하였는데, 여기에서는 제너럴리스트 실천을 다음과 같이 설명하고 있다(CSWE, 2015: 11).

제너럴리스트 실천은 인문과학과 개인과 환경 틀(the person-in-environment framework)에 기반하고 있다. 제너럴리스트 실무자는 과학적 탐구와 최선의 실천(best practice)에 기반하여 인간 및 사회의 환경을 증진하기 위하여 개인, 가족, 집단, 조직 및 지역사회와의 실천에서 일련의 예방 및 개입방법을 사용한다. 제너럴리스트 실무자는 사회복지전문직과 동일시하고 마이크로, 메조 및 매크로 수준의 실천에 있어서 윤리적 원칙과 비판적 사고를 적용한다. 제너럴리스트 실무자는 실천에 있어서 다양성에 관여하고 인권과 사회적 및 경제적 정의를 옹호한다. 이들은 모든 인간의 강점과 회복탄력성을 인정하고 지지하며 그 위에 구축한다. 이들은 조사기반의 실천(research-informed practice)에 관여하고 전문적 실천의 맥락에 영향을 미치는 것에 적극적으로 반응한다.

2. 제너럴리스트 실천의 구성요소

여러 학자가 제너럴리스트 실천의 특성을 설명하고 있다. 리드에 의하면, 다차원적 접근법들은 어떤 형태로든 체계이론을 도입하고 있다. 일반체계이론 (general systems theory)이 사용되기는 하지만, 인간의 대처와 적응을 강조하는 생태체계나 생태학적 이론이 보다 우세해지고 있다. 어떤 형태로 적용되든 간에 체계이론은 환경 속에서 개인의 복잡한 상호작용을 설명해 준다(Reid, 2002: 12-14).

마일리 등에 의하면, 제너럴리스트 접근은 4개의 주요 전제를 가지고 있다. 첫째, 인간 행동은 사회적 및 물리적 환경과 불가분의 관계에 있다. 둘째, 이와 같은 개인과 환경 간의 연계를 바탕으로, 인간체계의 기능을 향상시키는 데에는 체계 자체를 변화시키는 것, 체계와 환경 간의 상호작용을 수정하는 것 그리고 환경 속에 있는 다른 체계를 변화시키는 것이 포함된다. 제너럴리스트 사회복지사는 이와 같은 여러 변화경로를 감안하여 다차원적 사정과 복합적인 개입방법을 활용한다. 셋째, 다양한 수준의 인간체계에서의 실천—개인에서부터 사회에 이르기까지—에는 유사한 사회복지실천 과정이 적용된다. 마지막으로, 제너럴리스트 사회복지사는 직접적 실천을 넘어서 조사연구를 실시하고 이를 적용하는 것뿐 아니라 정의로운 사회정책을 지향하는 책임을 가진다(Miley et al., 2017: 7-8).

커스트-애시먼(K. K. Kirst-Ashman)과 헐(G. H. Hull)에 의하면, 제너럴리스트 실천에는 12개의 핵심 개념이 포함되어 있다. 〈표 4-1〉과 [그림 4-1]과 같이, 그들은 제너럴리스트 실천은 절충주의적 지식기반, 전문적 가치와 윤리강령 그리고 변화를 위한 어떤 크기의 표적 체계라도 포괄하는 광범위한 기술이라고 정의 내린다. 그리고 제너럴리스트 실천은 가치를 포함하는 3개의 우선적 원칙에 의해 이끌어지며, 이는 조직구조의 맥락에서 발생한다. 마지막으로 4개의 주요 과정을 적용한다(Kirst-Ashman & Hull, 2017: 9).

〈표 4-1〉 제너럴리스트 실천의 주요 개념

1. 절충주의적 지식기반의 획득
   ① 실천의 분야들
   ② 체계이론
   ③ 생태학적 관점
   ④ 인간행동과 사회환경
   ⑤ 사회복지정책과 정책실천
   ⑥ 사회복지실천
   ⑦ 조사기반의 실천과 실천기반의 조사
   ⑧ 실천을 이끄는 가치와 원칙들
2. 전문적 가치의 획득과 전문적 윤리강령의 적용
   ① NASW 윤리강령
   ② IFSW 등의 윤리강령
   ③ 개인적 가치
   ④ 윤리적 딜레마의 관리
3. 광범위한 실천기술의 적용
   ① 개인과 가족과 일하는 기술(마이크로 기술)
   ② 가족과 집단과 일하는 기술(메조기술)
   ③ 조직과 지역사회와 일하는 기술(매크로 기술)
4. 어떤 크기의 표적 체계라도 지향
   ① 마이크로
   ② 메조
   ③ 매크로
5. 우선적 가치 원칙: 클라이언트 임파워먼트, 강점 그리고 회복탄력성
6. 우선적 가치 원칙: 인간 다양성의 중요성
7. 우선적 가치 원칙: 인권옹호와 사회적, 경제적 및 환경적 정의의 진전
8. 맥락: 조직구조 안에서 일하는 것
9. 과정: 광범위한 전문적 역할을 가정함(상담가, 교육가, 중개자, 사례관리자, 동원가, 중재자, 촉진자, 통합자/코디네이터, 관리자, 기획자, 협상가, 대변인, 조직가, 자문가, 옹호자)
10. 과정: 비판적 사고 기술의 적용
11. 조사기반의 실천의 통합
12. 계획된 변화과정

출처: Kirst-Ashman & Hull (2017), p. 10 재편집.

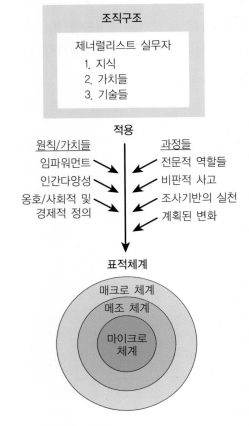

[그림 4-1] 제너럴리스트 실천 개념틀

출처: Kirst-Ashman & Hull (2017), p. 11.

한편, CSWE는 2008년 역량기반 교육틀(competency-based education frame)을 채택한 이래, 교과과정의 내용과 구조가 아니라 학습결과에 보다 초점을 두고 있다. CSWE는 2015년 교육정책 및 인가기준에서 제너럴리스트 실천에 요구되는 9개 역량을 다음과 같이 제시한다. 각 역량은 제너럴리스트 차원에서의 실천을 구성하는 지식, 가치, 기술 그리고 인지적 및 정서적 과정을 기술한다(CSWE, 2015: 6-8).

① 윤리적이고 전문적 행동을 보여 준다.
② 실천에서 다양성과 차이에 관여한다.
③ 인권과 사회적 · 경제적 · 환경적 정의를 증진한다.

④ 조사기반의 실천(research-informed practice)과 실천기반의 조사(practice-informed research)에 관여한다.

⑤ 정책실행에 관여한다.

⑥ 개인, 가족, 집단, 조직 및 지역사회에 관여한다.

⑦ 개인, 가족, 집단, 조직 및 지역사회를 사정한다.

⑧ 개인, 가족, 집단, 조직 및 지역사회에 개입한다.

⑨ 개인, 가족, 집단, 조직 및 지역사회를 평가한다.

2008년 교육정책 및 인가기준은 1999년도와 비교해 볼 때 다양성과 차이를 보다 강조하고, 무엇보다도 조사기반의 실천과 실천기반의 조사를 추가하여 조사와 실천의 연계를 중요시하는 경향을 보이고 있다(1999년도 내용은 김기태 외, 2007: 33-34 참조). 2015년에는 다양성과 차이뿐 아니라 인권과 사회적·경제적·환경적 정의를 추가하였다. 덧붙여 조사기반의 실천과 실천기반의 조사를 더욱 구체화하고 있다.

이상에서 살펴본 바에 의하면, 제너럴리스트 실천은 다음과 같이 요약될 수 있다. 우선 제너럴리스트 실천은 체계이론, 생태학 이론 혹은 생태체계이론 등 체계이론을 바탕으로 한 절충주의적 지식기반을 가지고 있다. 둘째, 이는 사회복지전문직과 동일시하고 이에 따라 전문적 가치를 준수하고 윤리적 원칙을 적용한다. 셋째, 다차원적 접근, 즉 마이크로, 메조, 매크로의 다양한 규모의 체계에 개입하고 이를 위하여 광범위한 기술을 적용한다. 넷째, 조직구조 속에서 슈퍼비전을 받으면서 일한다. 다섯째, 다차원적 개입에 따라 다양한 사회복지사의 역할을 수행한다. 여섯째, 계획된 변화과정을 가지고 있다. 일곱째, 다양성, 인권과 사회적·경제적·환경적 정의가 강조되고 있다. 여덟째, 이를 위해서 강점, 임파워먼트, 회복탄력성 등이 중요시되고 있다. 아홉째, 조사기반의 실천과 실천기반의 조사 등 조사와 실천의 연계성이 강화되고 있다.

제2절 제너럴리스트 실천의 개념적 틀

1. 절충주의적 지식기반

제너럴리스트 실천은 절충주의적 지식기반을 가지고 있다(Kirst-Ashman & Hull, 2009: 9; Landon, 1995; McMahon, 1996: 30-31). 맥마흔(M. McMahon)은 제너럴리스트 실천에 이론과 개입의 자유로운 선택이 요구된다고 하는데, 이는 하나의 이론적 접근을 고수하지 않는다는 것을 의미한다(McMahon, 1996: 30).

절충주의적 지식기반의 중심에는 체계이론, 생태학적 이론 혹은 생태체계이론이 자리하고 있다. 커스트-애시먼과 헐은 절충주의적 지식기반으로서 실천분야, 체계이론, 생태학적 관점, 인간행동과 사회환경, 사회복지정책과 정책실천, 조사기반의 실천과 실천기반의 조사 그리고 실천의 지침이 되는 가치와 원칙을 제시한다. 맥마흔은 생태학적-체계 관점, 존슨(L. C. Johnson)과 양카(S. J. Yanca)는 생태체계 강점관점, 그리고 마일리 등은 생태체계관점을 기반으로 한 임파워먼트 접근을 시도하고 있다(Johnson & Yanca, 2010; Kirst-Ashman & Hull, 2017; MaMahon, 1996; Miley et al., 2017).

2. 다차원적 접근

1) 다양한 규모의 체계에 대한 개입

제너럴리스트 사회복지사는 다차원적 접근을 한다. 커스트-애시먼과 헐에 의하면, 제너럴리스트 실천은 계획된 변화과정을 실행하는 데 필요한 광범위한 기술을 가지고 있으며, 어떤 규모의 체계가 표적일지라도 이들 기술을 적용한다(Kirst-Ashman & Hull, 2017: 25).

(1) 마이크로 수준의 체계와 함께 일하기

마이크로 수준의 개입은 개인적 기능, 사회적 기능 그리고 사람들이 사회자원이나 기관자원과 상호작용하는 방법을 변화시키기 위해서 개인, 가족 및 소집단과 일하는 데 초점을 둔다. 사회복지사는 위기개입, 가족치료, 연계와 의뢰 그리고 집단과정과 같은 임상실천의 지식과 기술을 적용할 수 있다.

마이크로 수준의 개입은 개인, 가족 그리고 대인 간 기능에서의 변화를 가져오지만, 사회복지사가 개인을 변화시키는 데 모든 노력을 경주할 필요는 없다. 흔히 사회복지사는 개인이나 가족의 사회적 기능을 향상하기 위해 다른 체계의 변화—사회환경과 물리적 환경의 변화를 포함한—를 표적으로 한다.

(2) 메조 수준의 체계와 함께 일하기

메조 수준의 개입은 과업집단, 팀, 조직체 그리고 서비스 전달의 네트워크에서의 변화를 가져오기 위한 것이다. 다른 말로 하면, 조직체와 공식적 집단의 내부—이들의 구조, 목적 혹은 기능을 포함한—를 변화시키는 데 초점을 둔다. 예를 들어, 학교 급식비를 지원받는 빈곤아동을 다른 아동들과 분리시켜 급식하는 것에 대한 문제점이 제기되었다고 하자. 이 상황에서 사회복지사가 차별적 정책의 개선을 위해 학교에 개입한다면 이는 메조 수준의 개입이다.

(3) 매크로 수준의 체계와 함께 일하기

매크로 수준의 개입은 지역사회, 기관 그리고 사회체계에서의 문제를 다룬다. 제너럴리스트 사회복지사는 지역사회 조직화, 지역사회 계획, 지역사회 발달, 공공교육, 정책발달, 사회행동을 통해서 사회변화를 가져오기 위해 일한다 (Miley et al., 2017: 8-9).

2) 핀커스와 미나한의 4체계 이론

다차원적 개입을 개념화하는 데 도움이 되는 또 하나의 방법은 사회복지사와 클라이언트를 체계로서 개념화하는 것이다(Kirst-Ashman & Hull, 2017: 15). 핀커스와 미나한은 사회복지사가 계획된 변화과정에서 함께 일하는 체계를 네 가지로 분류하여 개념화하였는데, 이 개념화는 제너럴리스트 실천에도 유용하므로 여기에서 간략하게 살펴보고자 한다.

(1) 변화매개인 체계

사회복지사는 변화매개인이라고 볼 수 있고, 그들을 고용하는 공공기관이나 민간기관 또는 기타의 이윤추구 기관들은 변화매개인 체계라고 말할 수 있다. 변화매개인은 계획된 변화를 목적으로 특수하게 고용된 '돕는 사람'이다.

(2) 클라이언트 체계

클라이언트는 변화매개인의 서비스를 요청하거나 인정하는 사람으로서 변화 노력의 혜택을 받는 개인, 가족, 집단, 기관이나 지역사회이며, 작업협정이나 계약을 했을 때 비로소 클라이언트가 된다. 변화매개인이 클라이언트 체계와 계약을 맺는 것은 클라이언트의 시민으로서의 권리를 존중하는 것이다.

(3) 표적체계

변화매개인이 목표로 삼은 것을 성취하기 위하여 영향을 주거나 변화시킬 필요가 있다고 느끼는 사람들을 표적체계라고 부른다. 사회복지사의 중요한 과업의 하나는 클라이언트 체계와 협조하여 변화의 목표를 설정하고, 목표달성을 위해서 변화가 필요한 사람들, 즉 표적체계를 결정하는 것이다. 이때 유의할 점은 변화목표에 도달하기 위해서 항상 클라이언트 체계를 변화시켜야 하는 것은 아니라는 점이다.

클라이언트 체계와 표적체계는 동일한 경우가 있고 다른 경우도 있다. 예를 들어, 변화매개인이 클라이언트의 자아존중감이나 부모기술 향상을 도울 경우 클라이언트 체계와 표적체계는 동일하다. 그러나 이주노동자가 직장에서 부당하게 불이익을 당해서 사회복지사에게 도움을 요청하였다면, 이 경우 고용주는 표적체계이고 이주노동자는 클라이언트 체계가 된다.

(4) 행동체계

변화매개인은 변화노력에서 혼자 일하는 것이 아니고 다른 사람들과 함께 일하기도 한다. 사회복지사가 변화노력에서 과업을 완수하고 목표를 달성하기 위해 함께 협동하는 사람들을 행동체계라고 부른다. 행동체계는 필요한 재가를 얻기 위하여, 문제를 발견하고 연구하기 위하여, 그리고 변화의 목표를 설정하거나 주요 표적에 영향을 미치기 위하여 활용될 수 있다(Pincus & Minahan, 1973: 63-77 참조).

3. 조직구조 및 슈퍼비전

사회복지사는 슈퍼비전을 받으면서 조직구조(혹은 기관 맥락) 안에서 일할 가능성이 크다. 조직구조는 조직 내에서 과업과 책임, 권위의 라인들, 커뮤니케이션 채널 그리고 파워의 차원들이 수립되고 조정되는 공식적 및 비공식적 방식들이다. 예를 들어, 조직구조를 이해한다는 것은 어떻게 의사결정이 이루어지는지, 업무지시는 어떤 경로로 전달되는지 그리고 클라이언트에 대한 서비스 제공은 어떤 절차에 따라 행해지는지 등에 대한 지식을 필요로 한다(Kirst-Ashman & Hull, 2017: 33).

슈퍼비전과 자문을 적절히 활용하는 것은 조직구조 안에서 효과적으로 일하는 데 있어서의 또 다른 주요 양상이다. 슈퍼비전은 슈퍼바이저가 사회복지사의 업무수행을 감독하고 활동을 지시하며 피드백을 제공하는 과정이다. 좋은 슈퍼바이저는 기관 세팅 내에서 사회복지사가 업무를 효과적으로 수행하도록 돕는 데 매우 중요하다. 한편, 자문은 필요에 따라 특정의 경험이나 전문성을 지닌 누군가(슈퍼바이저가 아닐 수도 있고 심지어는 외부인일 수도 있는)에게 요청하는 것이다(Kirst-Ashman & Hull, 2009: 24; Kirst-Ashman & Hull, 2017: 33-34).

4. 다양한 역할의 수행

제너럴리스트 사회복지사는 광범위한 기술을 활용하여 어떤 크기의 체계에서도 실천이 가능함에 따라 수행하는 역할도 다양하다. 제너럴리스트 실천에는 상담자, 교육자, 중개자, 사례관리자, 동원가, 중재자, 촉진자, 옹호자 등이 포함된다(사회복지사의 역할에 대한 보다 자세한 내용은 제11장을 참조할 것).

5. 실천기반의 조사와 조사기반의 실천 강화

CSWE는 실천기반의 조사와 조사기반의 실천을 더욱 강조하고 구체화하고 있다. 즉, 사회복지사는 양적 및 질적 조사방법을 이해하고 사회사업의 과학성을 높이고 그 실천을 평가하는 데 있어서의 자신의 역할을 알아야 한다. 그리고 사회복지사는 조사를 효과적인 실천으로 옮기는 과정을 이해해야 한다. 최근 근거기반실천이나 최적의 실천(good practice)에 대한 관심은 이런 경향을 반영하고 있다.

- 과학적 탐구와 조사를 수행하는 데 실천경험과 이론을 활용한다.
- 양적 및 질적 조사방법과 조사결과를 분석하는 데 있어서 비판적 사고를 적용한다.
- 조사에서 도출된 근거(research evidence)를 실천, 정책 그리고 서비스 전달에 활용한다(CSWE, 2015: 8).

이는 사회복지사가 조사기반의 실천에의 역량을 갖추어야 할 것을 요구한다. 사회복지사는 조사연구를 통해 효과가 검증된 실천적 접근과 개입을 적용해야 한다. 다시 말해서, 사회복지사는 다양한 문제를 해결하는 데 있어서 효과성을 높이고, 인간의 건강과 안녕을 증진시키기 위한 사회정책을 개선하고, 서비스 전달 과정을 향상시키는 데 조사결과를 도입해야 한다(Kirst-Ashman & Hull, 2017: 38).

6. 강점관점, 임파워먼트 및 회복탄력성에 대한 강조

최근 제너럴리스트 실천에서도 강점관점과 임파워먼트가 점점 더 강조되고 있다. 삶에서 문제를 가지는 것 그리고 문제해결과정에 참여하는 것은 삶의 정상적 부분이지만, 체계가 가지고 있는 강점의 가치를 낮추면서 결함을 부각시킬 우려가 제기되고 있다. 이런 우려를 극복하기 위해 존슨과 양카 그리고 콤프턴 등은 문제해결과정과 강점관점의 결합을 시도하고 있다(Compton et al., 2005: 10;

Johnson & Yanca, 2007). 존슨과 양카에 의하면, 강점관점은 다음과 같은 조건에서 문제해결과정의 통합적 부분이 될 수 있다(Johhson & Yanca, 2007: 60-62).

- 원조과정에서 개인 혹은 클라이언트 체계의 독특성 그리고 긍정적 성장과 변화를 위한 가능성에 초점이 주어질 때
- 클라이언트 체계의 강점과 역량을 존중하고, 가치를 부여하며, 원조과정의 주요 자원으로 활용할 때
- 클라이언트가 원조과정의 모든 단계에 관여되고 클라이언트에게 자기결정에 대한 최대한의 기회가 주어질 때

강점관점은 흔히 자원, 역량, 지식, 능력, 동기, 경험, 지능 그리고 다른 긍정적 자질에 초점을 둔다. 이는 임파워먼트를 위한 견고한 기반을 제공한다. 임파워먼트는 강점과 긍정적 자질을 강조하고 발달시키고 육성하는 것을 의미한다. 이는 개인, 집단, 가족과 지역사회가 그들의 운명에 있어서 힘과 통제력을 향상시키는 것을 목표로 한다. 그리고 강점관점과 임파워먼트와 관련된 개념이 회복탄력성이다. 이는 개인, 가족, 집단, 지역사회 혹은 조직이 역경에서 회복하고, 심각한 어려움, 혼란과 곤경을 겪을 때조차도 기능을 되찾는 것을 의미한다(Clark, 2013; CSWE, 2015: 11; Greene & Cornrad, 2012: Kirst-Ashman & Hull, 2017: 27-29에서 인용 및 재인용).

7. 다양성, 인권옹호 그리고 사회적 · 경제적 · 환경적 정의

다양성은 사람들 간의 광범위한 차이를 의미한다. 여기에는 연령, 계급, 피부색, 문화, 장애와 능력, 종족, 젠더, 젠더 정체성과 이것의 표현방식, 이민자 지위, 결혼 상태 등이 포함되며, 그 외에도 더 있을 수 있다(CSWE, 2015: 7). 사회복지사는 본질적으로 어떤 배경을 가진 사람의 어떤 이슈라도 다루어야 한다. 실무자가 이런 다양한 클라이언트와 일하기 위해서 열린 마음을 가지고, 비심판적이어야 하며, 그에 대해 알아야 하고, 이에 적합한 기술을 갖추어야 한다(Kirst-Ashman & Hull, 2017: 30).

최근 인권과 사회적 정의에 대한 강조는 경제적·환경적 정의에까지 확장되고 있다. 경제적 정의는 공정하고 공평한(equitable) 방식의 자원분배를 포함한다. 그리고 환경적 정의는 모든 사람이 환경에 있는 위험에 노출되는 것으로 부터 평등하게 보호받아야 함을 의미한다. 사회적·경제적·환경적 정의는 현실 사회에서 구현하기 어려운 목적이긴 하지만, 사회복지사는 이들 개념을 이해하고 이를 실천에 통합시킬 수 있는 역량을 갖추고 이를 위해 노력해야 한다(CSWE, 2015: 5; Kirst-Ashman & Hull, 2017: 33).

8. 과정

제너럴리스트 실천에서 과정은 핵심적인 구성요소이나, 학자에 따라 문제해결과정이나 계획된 변화과정을 제시하기도 하고, 임파워먼트 접근법에서와 같이 대안적인 과정을 제시하기도 한다.

우선 콤프턴 등 및 존슨과 양카는 문제해결과정을 적용하고 있다. 그러나 최근 문제에 초점을 두는 데 대한 비판의 목소리가 높아지면서, 과거의 전통적인 문제해결과정을 고수하면서도 문제를 욕구의 용어로 접근하거나 문제보다는 해결에 초점을 두는 방식으로 과거의 전통적인 문제해결과정과의 차별화를 시도하고 있다(Compton et al., 2005; Johnson & Yanca, 2010: 171-172). 존슨과 양카는 문제를 욕구의 용어로 정의하며 사정단계, 계획단계, 행동단계 그리고 평가와 종결단계의 4단계로 과정을 구분하고 있다(Johnson & Yanca, 2007: 63-64). 한편, 콤프턴 등은 문제해결모델이 문제가 아닌 해결—사회문제에 대한 해결—을 지향한다고 주장한다. 그러나 이들은 강점을 추구하고 인식하는 것이 사람들의 경험이나 억압과 사회적 불의의 현실을 최소화하거나 부인하는 것이어서는 안 된다고 지적한다. 사회복지전문직은 사회문제가 있기 때문에 존재하기 때문이다(Compton et al., 2005: 10-11).

다음으로, 커스트-애시먼과 헐은 계획된 변화과정을 제시한다. 본질적으로 계획된 변화는 문제해결과 동일한 과정을 의미한다. 사회복지실천에서 강점이 강조되면서 문제라는 용어가 가지는 부정적 의미에 대한 논란이 있으며, 변화라는 용어는 좀 더 긍정적 함의를 가지고 있다. 이런 견지에서 커스트-애시먼과 헐은 계획된 변화라는 용어를 채택하였다. 제너럴리스트 개입모델(Generalist Intervention Model: GIM)은 관계형성, 사정, 계획, 실행, 평가, 종결 및 사후지도의 7단계로 구성되어 있다(Kirst-Ashman & Hull, 2017: 38-52).

한편, 마일리 등은 문제해결과정을 탈피하기 위하여 임파워먼트 제너럴리스트 실천과정을 대안으로 제시하였다. 문제해결과정과 마찬가지로, 임파워먼트 중심 실천도 관계를 구축하고, 목적을 설정하며, 상황을 사정하고, 계획하며 변화를 실행해 나간다. 그러나 임파워먼트 접근은 문제가 아닌 해결을 강조하고, 강점과 임파워먼트를 강조하는 대안적인 언어와 개념을 사용하며, 클라이언트의 역량을 증진시키기 위해서 모든 체계 수준에서 클라이언트와 동반자로서 일하는 과정으로 전통적인 문제해결과정을 재구성한다(Miley et al., 2007).

사회복지실천의 주요 이론 및 관점

❖❖❖

앞에서 살펴본 바와 같이, 사회복지실천에서 활용할 수 있는 이론은 매우 많다. 더욱이 많은 사회복지기관과 사회복지사가 절충주의적 접근을 채택하고 있다는 점에서 사회복지실천의 분야나 사회복지기관의 특성 그리고 사회복지사 개인의 스타일에 따라 활용하는 이론에 차이가 있을 수밖에 없다. 이런 상황에서 핵심적인 사회복지실천의 이론과 관점을 선정한다는 것은 쉬운 과제가 아니다.

이 장에서는 제너럴리스트 실천을 포함한 사회복지실천에서 기본적으로 요구되는 이론과 관점 그리고 최근 중요시되고 있는 이론과 관점을 중심으로 살펴보고자 한다. 체계이론, 생태학 이론 또는 생태체계관점은 제너럴리스트 실천을 비롯한 사회복지실천의 바탕이 되는 이론이다. 최근 체계이론과 생태학 이론에 강점관점과 임파워먼트 접근이 결합되는 추세다. 이와 더불어 다양성과 차이가 강조되면서 다문화적 접근에 대한 관심이 증가되고 있다. 이에 따라 이 장에서는 우선 체계이론, 생태학적 이론 및 생태체계이론을 살펴보고자 한다. 다음으로 점차 강조되고 있는 강점관점과 임파워먼트 접근을 고찰해 보고자 한다. 마지막으로 다양성에 대한 관심과 더불어 그 중요성이 증대되고 있는 다문화관점을 살펴보고자 한다. 그 외 사회복지실천 이론에서 널리 적용되고 있는 이론들은 과정론(제11장)에서 보다 구체적으로 살펴보고자 한다.

제1절 체계이론

체계이론은 개인과 상황(person-and-situation)을 상호 연관된 전체로서 본다는 점에서 제너럴리스트 실천에 유용한 개념적 틀을 제공해 준다. 전체는 그 부분들의 합보다 크다. 개인에 대한 사정과 환경에 대한 사정을 단순히 합치는 것으로는 사회적 기능의 문제를 제대로 이해할 수 없다. 이는 클라이언트와 다른 사회체계 간의 복잡한 상호작용을 이해해야만 가능하다(Compton et al., 2005: 23). 그리고 체계이론을 이해하는 것은 제너럴리스트 실천이 변화를 위해 거의 모든 크기의 체계들을 표적으로 한다는 점에서 특히 중요하다(Kirst-Ashman & Hull, 2017: 13). 다음에서는 체계이론의 주요 개념들을 살펴보고자 한다.

● 체계

체계라는 용어는 그리스의 systema에서 유래되었으며, 이는 결합한다는 의미를 가진다. 체계는 순위가 있고, 상호 관련되며, 기능적 전체를 형성하는 요소들의 집합체다. 보다 구체적으로, 첫째, 구성요소의 집합체는 무작위가 아닌 어떤 순위 또는 패턴으로 배열되어 있어야 한다. 둘째, 구성요소들은 어떤 방식이든 간에 상호적 관계 혹은 연관을 가져야 한다. 셋째, 구성요소들의 집합체는 기능적이어야 한다. 이 구성요소들은 일정의 정규적 과업, 활동 혹은 기능을 함께 수행할 수 있어야 하며, 일정 목적을 충족할 수 있어야 한다. 넷째, 구성요소의 집합체는 전체(whole)를 구성해야 한다(Zastrow & Kirst-Ashman, 1997: 151).

● 경계

경계(boundary)는 살아 있는 세포를 둘러싼 막에 비유될 수 있는, 개인과 하위체계들을 둘러싸고 외부와의 접촉을 통제하는 비가시적 경계다(Zastrow & Kirst-Ashman, 1997: 152). 다시 말해서, 경계는 한 체계 혹은 하위체계가 끝나고 다른 체계가 시작되는 장소를 의미한다(Compton et al., 2005: 25). 예를 들어, 국가, 도시, 마을은 모두 경계선을 가지고 있다. 인간의 신체도 피부를 가지고 있다. 가족체계의 경계는 가족체계의 구성원을 결정해 준다.

이와 같이 경계는 가족과 외부세계를 분리시켜 주기도 하지만, 체계 내에서 하위체계를 구분시켜 주기도 한다. 예를 들어, 경계는 배우자 하위체계와 형제자매 하위체계를 구분시켜 준다. 경계는 하위체계의 구성원들이 불필요한 간섭 없이 기능을 수행할 수 있도록 분명하게 설정되어야 한다. 동시에 경계는 하위체계의 구성원과 다른 사람들 간의 접촉이 허용될 만큼 충분히 개방되어야 한다. 예를 들어, 부모와 자녀 간의 분명하면서도 융통성 있는 경계는 필요시 친밀감을 허용하면서도 개별성을 존중하고 보호해 주며, 하위체계가 가진 과업과 책임을 자유롭게 수행하도록 한다. 그리하여 경계는 가족 내 모든 하위체계 간의 상호의존성을 유지하되, 각 하위체계의 자율성을 보장해 준다(Goldenberg & Goldenberg, 1998: 32).

● 개방체계와 폐쇄체계

개방체계와 폐쇄체계는 체계이론의 주요 개념에 속한다. 개방체계는 주변 환경으로부터 투입—새로운 정보—을 허용하며, 주변과의 지속적인 상호작용을 통하여 체계를 유지한다. 반면, 폐쇄체계는 이론적으로 다른 체계와 상호작용하지 않는다. 즉, 폐쇄체계는 다른 체계로부터 투입도 산출도 허용하지 않는다(Goldenberg & Goldenberg, 1998: 25-27).

개방체계와 폐쇄체계는 경계의 개념으로 설명할 수 있다. 예를 들어, 가구 또는 가족구성원 주위에 원을 그린다. 경계—마치 주택의 대문이나 창문처럼—는 체계들 간의 정보, 에너지 혹은 자원의 흐름을 통제하기 위해서 개방하거나 또는 폐쇄(부분적으로 혹은 전적으로)할 수 있을 것이다. 이런 개방성과 폐쇄성의 정도는 선의 모양을 달리하여 표시할 수 있다. 견고한 선(_____)은 체계의 정체성이 극단적으로 분명하고 체계 간 교환이 단절되어 있는 폐쇄된 경계를 나타낸다. 중간중간 끊긴 선(__ __ __ __)은 개방된 경계를 의미하며, 이 경계는 체계의 정체성이 분명하고 체계 간 상호작용이 규칙에 따라 이루어진다. 그리고 점선(· · · · ·)은 극단적인 개방성을 나타내며, 너무 열려 있어서 체계의 정체성이 불분명하거나 모호하고, 체계 간 교환이 전혀 걸러지지 않은 채로 예측하기 어려운 방식과 형태로 이루어지는 것을 의미한다(Compton et al., 2005: 25).

● 엔트로피와 부적 엔트로피

엔트로피(entropy)는 체계가 해체·고갈되고 본질적으로 사망하게 되는 자연적 경향이다. 이 개념은 영원히 지속되는 것이 없다는 것을 의미한다. 예를 들어, 사람은 나이를 먹고 궁극적으로 사망에 이르며, 자녀들은 성장하여 자신의 가족을 이루기 위해 원가족을 떠나게 된다. 한편, 부적 엔트로피(negative entropy) 혹은 네겐트로피(negentropy)는 엔트로피의 반대 개념으로서 체계가 성장과 발전을 향해 움직이는 과정이다.

이상적인 조건하에서 개방체계는 네겐트로피를 가진다. 개방체계는 적응할 수 있으며, 새로운 경험에 열려 있고, 현 상황에 부적합한 패턴이 있다면 이를 변화시킬 수 있다. 외부체계와의 교류를 통해서 개방체계는 보다 조직화되고, 일시적 위험에 직면하더라도 이를 효율적으로 회복시키는 자원을 발달시킬 수 있다(Nichols & Everett, 1986: Goldenberg & Goldenberg, 1998: 27에서 재인용). 대조적으로 폐쇄체계는 이런 교류 기회를 상대적으로 결여하고 있으며, 이는 스트레스를 다루는 능력을 감소시킨다.

● 하위체계

하위체계는 전체로서의 체계를 유지하기 위해서 특정 기능 혹은 과정을 수행하도록 할당된 부분이다. 현존하는 모든 체계는 다양한 하위체계로 구성된다. 예를 들어, 가족은 세대, 성별, 관심 혹은 역할과 기능에 의해 형성된 하위단위를 가지고 있으며, 가장 대표적인 하위체계는 부부, 부모-자녀 그리고 형제자매 하위체계다.

● 과정: 투입, 전환, 산출 및 피드백

살아 있는 체계는 목적과 생존을 추구하면서 정보, 에너지 그리고 자원을 프로세스(process)시킨다. 체계의 과정에는 투입, 전환, 산출 그리고 피드백이 있다. 투입(inputs)은 체계에 영향을 주는 외적 사건, 정보, 에너지 혹은 사물을 의미한다. 음식, 물, 공기는 사람들을 위한 투입이며, 사회적 접촉과 자극도 그렇다. 산출(outputs)은 체계가 이를 둘러싼 환경에 있는 다른 체계에 미치는 영향을 의미한다. 인간은 이산화탄소, 열, 쓰레기 등을 환경에 방출한다. 가족은 자녀를 출산하고, 사회화하며, 외부세계에서 역할을 수행할 수 있도록 준비시킨다. 한편, 전환(throughputs)은 투입을 산출로 전환시키는 과정이다. 인간의 신체에서 소화기와 호흡기는 전환과정에 해당된다고 할 수 있다. 가족에서 아동의 사회화 그리고 학교에서의 아동교육은 전환과정의 예라고 할 수 있다.

피드백(feedback)은 체계가 자신의 기능을 모니터하고 안정된 상태를 유지하는 데 필요한 메커니즘이다. 인간체계는 목적지향적이며, 목적으로부터의 일탈은 피드백에 의해 통제된다(Buckely, 1967: Compton et al., 2005: 36에서 재인용).

목적지향적 피드백 고리(goal-directed feedback loop)는 외부로부터 산출의 효과와 효과성에 대한 정보를 받아들이고, 이 정보를 바람직한 결과에 비추어 분석하고 목적달성에 보다 근접하도록 과정을 조절한다. 이에 따라 피드백은 체계와 환경 간 상호작용의 핵심을 이룬다.

피드백은 부정적일 수도 있고 긍정적일 수도 있다. 변화의 본질, 방향 그리고 정도에 대한 지침을 제공한다는 점에서 이 두 형태는 모두 유용하다. 부정적 피드백은 산출이 양적 혹은 질적인 측면에서 기대하는 바를 충족하지 못한다는 정보를 전달하는 반면, 긍정적 피드백은 산출이 바람직하다고 확인시켜 준다. 그리하여 부정적 피드백은 변화를 촉구하는 반면, 긍정적 피드백은 안정성 혹은 현재보다 빈도나 강도를 상향 조정할 것을 격려한다(Compton et al., 2005: 36-37).

● 항상성

항상성(homeostasis)은 체계가 상대적으로 안정되고 지속적 평형상태 혹은 균형을 유지하고자 하는 경향을 의미하는데(Zastrow & Kirst-Ashman, 1997: 151), 모든 체계는 생존하기 위하여 안정성, 질서, 일관성을 필요로 한다.

● 동등종결

동등종결(equifinality)은 동일한 귀착점에 이르는 서로 다른 방법이 있음을 의미하는 개념이다. 다른 말로 하면, 문제를 보는 방법에는 여러 가지가 있으며 이를 해결하는 잠재적 수단도 여러 가지일 수 있다는 것이다(Kirst-Ashman & Hull, 2017: 15).

제2절 생태학적 관점

생태학적 관점은 체계이론과 더불어 제너럴리스트 실천에 유용한 틀을 제공해 준다. 생태학적 관점의 주요 개념을 살펴보기 이전에, 체계이론과 생태학적 관점의 유사점과 차이점을 간략하게 살펴보고자 한다. 우선 체계이론과 생태학적 관점의 유사점은 다음과 같다. 첫째, 이 둘은 모두 체계를 강조하고 여러 수준의 체계들 간 역동적 상호작용에 초점을 둔다. 둘째, 일부 용어와 개념(예: 투입)이 유사하다. 셋째, 이 둘은 모두 사회복지사에게 세상을 보는 틀을 제공해 준다. 넷째, 이 두 관점은 모두 내적 기능이 아닌 외적 상호작용을 강조한다. 사회복지사의 관점에서 볼 때, 이 둘 모두는 사람들이 다른 체계와 상호작용하는 것을 돕는 데 관심이 있다.

한편, 체계이론과 생태학적 관점에는 다음과 같은 차이점이 있다. 첫째, 생태학적 접근은 살아 있는 역동적 상호작용을 의미한다. 예를 들어, 사람들은 서로 간에 그리고 그들의 환경과의 역동적인 교류를 가진다. 반면, 체계이론은 보다 넓은 관점을 가지고 있다. 이는 인간체계를 기술하는 데 적용될 수도 있지만, 통조림 공장 조립라인의 무생물적이고 기계적인 생산체계에도 적용될 수 있다. 둘째, 이 둘은 각기 다른 용어를 강조한다. 예를 들어, 생태학적 접근은 개인과 환경이 만나는 공유공간에서 개인과 환경이 교류하는 데 초점을 둔다. 반면, 체계이론은 하위체계의 경계, 항상성이나 균형의 유지에 보다 관심이 있다. 일부 이론가는 그 범위와 적용이 다소 제한된다는 점에서 생태학적 모델을 체계이론의 지류라고 간주하기도 한다(Kirst-Ashman & Hull, 2017: 15). 다음에서는 생태학적 관점의 주요 개념들을 살펴보고자 한다.

● 사회환경

사회환경(social environment)은 인간을 둘러싼 조건, 상황 그리고 인간 상호작용을 포함한다. 개인의 생존과 성장은 환경과의 효과적인 상호작용에 의존한다. 사회환경은 어떤 종류의 집에 살고 있는지, 어떤 일을 하고 있는지, 돈은 얼마나 있는지, 법과 사회적 규칙은 어떠한지 등을 포함한다. 또한 사회환경은 개인이 접촉하는 모든 개인, 집단, 조직 그리고 체계들을 포함한다.

● 환경 속의 개인

환경 속의 개인(person-in-environment)은 사람들이 그들 주변의 다양한 체계들과 끊임없이 상호작용한다고 간주한다. 이들 체계는 가족, 친구, 직장, 사회복지서비스, 정치, 종교, 재화와 서비스 그리고 교육체계를 포함한다. 개인은 이들 체계와 역동적으로 관계를 맺는다. 사회복지실천은 개인과 다양한 체계 간의 상호작용을 증진하고자 하며, 환경과 개인의 적합성(person-in-environment fit)을 향상하는 데 초점을 둔다.

● 교류

사람들은 환경에서 다른 사람들과 커뮤니케이션하고 상호작용한다. 이 상호작용이나 교류(transaction, 예: 무엇인가 커뮤니케이션된 것 혹은 교환된 것)는 활동적이며 역동적이다.

● 에너지

에너지(energe)는 사람과 환경에 적극 관여하는 데서 나오는 자연적인 힘이다. 에너지는 투입과 산출의 형태를 지닐 수 있다. 투입은 개인의 삶에 들어오는 형태의 에너지다(예: 건강이 약화되는 노인은 일상과업을 수행하기 위해서 신체적 수발과 정서적 지지를 필요로 할 것이다). 반면, 산출은 개인의 삶에서 나가는 혹은 이로부터 무엇인가를 빼앗아 가는 에너지의 형태다. 예를 들어, 선거 캠페인에서는 시간과 노력을 자원봉사할 수 있다.

● 공유공간

공유공간(interface)은 개인과 환경 간의 상호작용이 발생하는 바로 그 지점이다. 이에 따라 환경 속의 개인에 대한 사정에서는 반드시 공유공간에 초점이 주어져야 한다. 예를 들어, 부부가 자녀를 어떻게 양육할 것인가에 대한 의견불일치 때문에 상담을 왔다. 그러나 좀 더 탐색한 결과, 이 부부는 서로에 대한 진정한 감정을 커뮤니케이션하지 못하고 있음이 드러났다. 진짜 문제—부부간의 커뮤니케이션 능력 결여—는 바로 공유공간이다. 공유공간을 잘못 사정하면 진짜 문제에 도달하기 전에 많은 시간과 에너지가 낭비될 것이다.

● 적응 및 대처

적응(adaptation)은 환경적 조건에 적응하는 능력이다. 이는 변화를 의미한다. 개인이 효과적으로 기능하기 위해서는 새로운 조건과 환경에 적응해야만 한다. 사회복지사는 흔히 사람들의 적응과정을 돕는다. 개인은 새로운 의미 있는 타자, 새로운 직장 혹은 새로운 이웃에 적응해야 한다.

사람들은 환경의 영향을 받지만 반대로 환경에 영향을 미치기도 한다. 사람들은 성공적으로 적응하기 위해 환경을 변화시킨다. 예를 들어, 사람들은 추운 지역에서 생존하기 위하여 난방시설을 갖춘 주택을 지음으로써 환경을 변화시킨다. 그러므로 적응은 흔히 개인과 환경 모두를 포함하는 쌍방적 과정이다.

대처(coping)는 인간 적응의 한 형태이며 문제를 극복하고자 힘써 노력하는 것을 의미한다. 적응은 새로운 긍정적 혹은 부정적 조건에 대한 반응을 포함하지만, 대처는 우리가 경험하는 문제를 다루고자 하는 방식을 의미한다. 예를 들어, 사람들은 갑작스러운 부모의 죽음 혹은 자녀의 출생에 대처해야만 한다.

● 상호의존성

사람들은 서로 간에 투입, 에너지, 서비스, 일관성 등을 상호 의존한다. 사람들은 존재하기 위해서 서로를 필요로 한다(Kirst-Ashman & Hull, 2017: 16).

제3절 생태체계관점

생태체계관점(ecosystems perspective)은 생태학에서 일부 개념과 용어를 선택하여 사회과정을 기술하는 비유로서 활용한다. 사회복지사는 이들 개념을 사람들과 사회체계 간의 상호의존성과 교환을 기술하는 데 적용해 왔다.

세퍼와 호레이시(C. R. Horejsi)에 의하면, 생태학은 생태체계 내에서 종(species)의 적응과 기능에 초점을 두기 때문에 특정 종에 속한 구성원 개인의 적응이나 기능에 관심이 있는 것은 아니다. 대조적으로 사회사업은 개인에게 초점을 둔다(Sheafor & Horejsi, 2006: 91).

생태학은 유기체와 이의 생물학적 및 물리적 환경 간의 관계에 대한 연구다. 스미스(R. Smith)는 생태학의 연구단위인 생태체계(ecosystem)를 "부분적 혹은 완전히 자족적인 유기체 집단이다……. 이는 유기체들을 지역사회에서 서로에게 그리고 환경과 연계시키는 상호작용과 물질적 순환에 관여한다."라고 정의하였다(Smith, 1986: Sheafor & Horejsi, 2006: 91에서 인용 및 재인용).

1. 주요 개념

● 적소

개인은 어떤 환경(예: 세팅이나 맥락들)에서는 보다 잘 적응하고 기능한다. 다른 말로 하면, 우리 모두는 우리에게 '가장 적합한(fit best)' 곳을 가지고 있다. 적소(niche)는 특정 종에 필요한 조건과 상황(예: 기온, 땅)의 결합을 의미한다.

● 수용능력

수용능력(carrying capacity)은 하나의 생태에서 생존할 수 있는 종의 최대 숫자라고 정의된다. 만약 종의 인구가 생태체계의 수용능력을 넘어서면 질병, 기근 그리고 약탈이 발생하여 해당 인구를 감소시킬 것이다. 어떤 종이 급격하게 증가하거나 감소하는 것은 생태체계의 건강과 생존에 필요한 균형을 깨트릴 것이다.

● 전문화

생태체계는 결코 정적이지 않으며 생태체계 안에 있는 각 종은 변화하는 환경에 서서히 그러나 지속적으로 적응한다. 적응의 한 형태가 전문화(specialization)다. 전문화는 경쟁을 감소시키는 효과를 지니며, 이에 따라 생존하는 데 필요한 방식으로 전문화된 종은 이점이 있다. 그러나 고도로 전문화된 종은 급격한 환경변화에 취약하다. 따라서 전문화는 상대적으로 안정된 환경에서는 종의 생존 가능성을 높여 주지만, 급격하게 변화하는 환경에서는 생존 가능성을 감소시킬 것이다.

● 경쟁

경쟁(competition)은 생태학적 공동체를 형성하는 주요한 힘이다. 대체적으로 자원(예: 음식, 물, 공간)은 제한적이기 때문에 생태체계를 구성하는 다양한 종은 생존을 위해 경쟁하게 된다.

● 포식, 공생, 상호부조, 편리공생 및 기생

생태체계 안에 있는 서로 다른 종들 간의 상호작용에는 여러 형태가 있다.

포식(predation)은 한 종(육식동물)이 다른 것(먹이)을 잡아먹는 것이다. 공생(symbiosis)은 하나 또는 둘 모두에게 이득이 되는 상호작용을 의미한다. 공생에는 두 종 모두에게 이득이 되는(예: 벌과 꽃) 상호공생(mutualism), 한 종에게는 이득이 되나 다른 종에게는 무해무익한 편리공생(commensalism), 그리고 숙주에게는 해가 되나 기생하는 종에게는 이득이 되는 기생(parasitism)이 있다(Sheafor & Horejsi, 2006: 91-92).

2. 생태체계관점의 제너럴리스트 실천에의 함의

마일리 등에 의하면, 생태체계관점은 제너럴리스트 사회복지실천을 뒷받침해 주는 여러 이론과 관점에 틀을 제공해 준다(Miley et al., 2017: 39). 그 이유는, 첫째, 통합적 본질 때문에 생태체계관점은 인간 행동의 복잡성을 기술하는 데 유용한 여러 이론의 강점을 이끌어 낸다. 둘째, 이는 개인, 가족, 집단, 조직 그리고 지역사회를 상호 연계 속에서 이해한다는 점에서 제너럴리스트 사회복지실천을 뒷받침하는 이상적인 관점이다. 셋째, 생태체계관점은 사람들과 환경이 어떻게 적합한지에 초점을 둔다(Miley et al., 2007: 34).

1) 맥락 속의 인간

생태체계관점은 인간이 매우 복잡하다고 간주한다. 인간은 생각, 감정 그리고 관찰 가능한 행동을 지닌 생물학적, 심리학적, 영성적, 사회적 및 문화적 존재다. 인간은 환경에서 주도적인 역할을 하기도 하고 동일한 환경에서 반응하기도 한다. 인간은 문화적, 민족적 유산을 전승받기도 하지만 전통과 유산을 창조하기도 한다. 생태체계관점에서 인간은 전능하지도 않고 무력하지도 않다. 대신 인간은 그들의 삶을 형성하는 사건에서 적극적인 역할—환경적 힘과 조건에 의해 조절된 역할—을 수행한다.

2) 교류에 대한 초점

교류(transactions)는 호혜적 상호작용(reciprocal interactions)—사람들이 지속적으로 그들의 환경을 형성하고 시간에 걸쳐 이에 의해 형성되는 과정—이다.

'개인 : 환경(person : environment)'은 이런 상호적 관계를 상징한다. 이 상징에서 개인과 환경의 중간에 찍혀 있는 콜론(:)은 사회적 및 물리적 환경과 교류하는 사람들의 역동적인 상호관련성을 강조한다. 우리는 매일 셀 수 없을 만큼 많은 교류에 관여된다. 예를 들어, 친구들과 이야기할 때, 가족 구성원과 저녁식사를 할 때, 식료품을 살 때 등의 모든 것에서 사람들과 상호작용하는 것이다.

교류의 중요성을 인정하는 것은 사회적 기능—"삶의 상황에 대처하는 사람(people coping with life situations) 혹은 사회환경의 요구와 사람의 대처노력 간의 균형(balance between demands of the social environment and people's coping efforts)"(Bartlett, 1970: Miley et al., 2017: 41에서 재인용)—에 대한 사회사업의 초점을 재확인하는 것이다.

3) 진화적 변화로서의 발달

생태체계관점은 인간발달을 진화적이라고 간주한다. 이는 개인과 다른 인간체계가 내적 및 외적인 힘에 반응하여 어떻게 변화하고 안정화되는지를 기술해 준다. 인간이 신체적, 정서적 및 지적으로 성장함에 따라 그들의 행동에도 이런 내적 변화가 반영된다. 그러나 내적 변화가 인간 행동의 유일한 결정인자는 아니다. 내적 경험은 맥락적 사건에 영향을 주기도 하고, 이에 반응하기도 한다.

사회집단, 조직 및 기관은 발달해 가면서 그 자체의 생명력을 가지는 듯하다. 이들 사회체계는 개인에게 행동을 취하기도 하고 개인의 행동에 반응하기도 한다. 그 효과는 상호적이다.

맥락과 관련하여, 문화적 정체성은 우리가 어떻게 우리 자신을 보는지 그리고 다른 사람들이 어떻게 우리를 보는지에 강한 영향을 미친다. 인종, 민족, 문화, 사회경제적 및 성별 맥락은 파워엘리트를 위한 성공의 디딤돌이 될 수 있다. 그러나 이것들은 억압받는 사람들에게는 장애물이 될 수도 있다.

4) 적합성

생태체계관점은 행동을 상황에의 적응이라는 용어로 설명해 준다. 적합성(goodness-of-fit)은 모든 개인과 사회체계가 그들이 살고 있는 세상의 자원과 요구에 적합해지는 방향으로 진화한다는 의미이다. "특정 행동은 우리가 직면한 상황에 역량 있게 반응하고자 하는 시도라고 이해될 수 있다."(Brower, 1988: Miley et al., 2017: 41에서 재인용) 우리는 우리 자신과 상황에 가장 적합한 방식으로 행동한다.

5) 역기능에 대한 관점

생태체계관점에서 볼 때, '부적응적(maladaptive)' 그리고 '역기능적(dysfunctional)'이라는 용어는 적합하지 않다. 만약 행동이 내적 욕구와 환경의 요구를 충족하고자 하는 적응이라고 한다면, 어떻게 행동이 부적응적일 수 있단 말인가? 예를 들어, 슬럼 지역의 동네 놀이터에 총을 들고 가는 10세 아동도 폭력으로 가득 찬 지역사회의 위협적 환경의 맥락에서는 이해될 수 있다. 이런 행동들은 용납될 수 없고 부정적 결과를 가져오기는 하지만, 모든 행동은 맥락을 고려하면 이해가 된다(Miley et al., 2007: 34-39).

제4절 강점관점

라프(C. A. Rapp) 등에 의하면, 우리 문화가 탈선, 문제, 병리, 결함에 거의 강박에 가까울 정도로 매력을 느끼는 것은 흥미롭다. 의학, 정신의학, 대형 제약회사, 보험산업, 대중매체를 포함한 상당수의 기관, 전문직 그리고 기업체와 서비스는 우리에게 무엇인가 결정적인 흠이 있다고 확신시킴으로써(예: 유해한 아동기 경험) 상당한 이윤을 취하게 된다(Rapp, Saleebey, & Sullivan, 2005: 79).

사람들은 이런 두려운 미래에서 벗어나기 위해 온갖 유형의 치료사 또는 사이비 치료사에게 의존한다. 이에 덧붙여 거의 모든 패턴, 습관, 라벨, 특성과 인간행동의 성향을 '의료화(medicalizing)' '병리화(pathologizing)'하는 경향은 마치 인간의 비정상성, 장애, 약함, 오류 그리고 결함을 선전하는 것과 같은 수많은 진단명과 라벨을 만들어 냈다. 다행히 탈선과 문제에 대한 초점이 보다 나은 사회를 만들거나 장애의 발생을 감소시키지 못했다는 자각에 이르렀다. 같은 맥락에서 정신장애와 질환에 대한 이론들의 주요 주제(예: 아동기의 어려움이 성인기의 병리를 가져온다)가 그리 설득력을 가지고 있지 않다는 증거가 점차 늘어나고 있다.

1. 개념

오늘날 사회복지실천을 사람들의 강점 위에 구축한다는 생각은 자명한 이치가 되었다. 강점지향의 실천을 한다는 것은 클라이언트가 목적을 달성하고, 꿈을 실현하여 억압과 불안 및 사회의 지배를 떨쳐 버리도록 돕기 위해, 클라이언트의 강점과 자원을 발견하고 개발하도록 돕는 것이다. 이는 클라이언트와 사회복지사의 진솔성과 창의성, 용기와 상식에 크게 의존하는 융통성 있는 실천 접근법이다. 그리고 이는 클라이언트와 사회복지사가 단순한 기능인이 아니라 목적을 가진 매개인이 되어 가는 협력의 과정이다. 또한 이는 인간 정신의 내재적 지혜, 심지어는 가장 비천하고 학대받은 사람들까지도 변형시킬 수 있는 내재적 능력을 귀하게 여기는 접근법이다(Saleebey, 2006a: 1).

이와 같이 강점관점은 사람들에게 아직 개발되지 않은 정신적, 신체적, 정서적, 사회적 및 영성적 능력의 저장소가 있다는 개념에 동의한다. 이런 능력이 존재한다는 사실은 사람들이 이에 합당한 존경을 받아야 함을 의미한다. 이 능력은 현재의 삶 그리고 앞으로 살아갈 삶의 양상 모두를 인정한다(Weick et al., 1989: Miley et al., 2017: 70에서 재인용).

나아가서 강점관점은 우리 사회에 널리 퍼져 있는 결함모델에 대한 상쇄작용을 할 뿐 아니라, 분배적 정의, 평등, 개인의 존엄성에 대한 존중, 관용성과 다양성 그리고 지역사회에서의 최대한의 자율성 추구를 포함한 사회사업의 핵심 가치와 부합되며, 민주적이며 정의롭고 다원적인 사회를 운영하는 데 필수적이다(Saleebey, 2002: Miley et al., 2007: 81에서 재인용). 이와 같은 맥락에서 마일리 등은 강점관점이 인간의 가치와 사회정의에 관한 사회사업의 근본적 가치와 조화를 이룬다고 지적한다. 즉, 강점에 대한 초점은 사회사업의 전문적 가치기반을 실현하는 근간이 된다. 교대로 이들 근원적 가치를 실현함으로써, 사회복지사는 클라이언트의 강점을 고취하고 능력을 증진시킬 수 있다. 간단히 말하자면, 강점관점은 클라이언트 체계의 존엄성과 부합되며, 임파워먼트와 융합되면 보다 정의로운 사회로 가는 행보를 지지하고 인도한다(Miley et al., 2017: 71).

[그림 5-1]에서 보는 바와 같이 살리베이(D. Saleebey)는 강점관점의 본질을 CPR로 설명하고 있다. 여기에서 C는 역량(competence), 능력(capacities), 용

C는 역량, 능력, 용기를 대변한다.
P는 약속, 가능성, 긍정적 기대를 상징한다.
R은 탄력성, 보유, 자원을 의미한다.

[그림 5-1] 살리베이의 강점관점의 본질(CPR)

기(courage)를 대변한다. P는 약속(promise), 가능성(possibility), 긍정적 기대 (positive expectations)를 상징한다. 그리고 R은 탄력성(resilience), 보유(reserve), 자원(resource)을 의미한다(Saleebey, 2006a: 10-11).

2. 전통적 접근으로부터의 전환: 병리적 관점의 한계성에 대한 고찰

강점관점은 전통적 접근이 병리적 접근이라고 정면으로 도전한다. 이에 따라 강점관점이 가지고 있는 병리에 대한 논점을 이해하면 강점관점이 지향하는 바를 보다 명확하게 이해할 수 있다.

살리베이에 의하면, 병리적 관점은 다음과 같은 가정을 한다는 점에서 한계성을 지닌다.

첫째, 개인이 문제이거나 병리다. 모든 유형의 진단적 라벨은 '지배적 지위 (master statuses)'가 되는 경향이 있다. 조현병으로 고통받는 개인은 정신분열증 환자가 된다. 일단 조현병 환자라는 라벨이 붙으면, 개인의 성격, 경험, 지식, 포부와 같은 요소들은 서서히 소멸되고 증상과 증후군의 용어로 대체된다.

둘째, 전문적 냉소주의, 다시 말해서 비관과 의심의 언어다. 클라이언트의 문제를 강조하는 것은 클라이언트와 그의 환경 그리고 이에 대처하는 능력에 대한 비관적 기대와 예측을 낳는다.

셋째, 돕는 자와 도움을 받는 자 간의 관계가 거리, 힘의 불평등, 통제 및 조정에 의해 특징지어진다. 거리(distance) 그 자체—그것이 계층이건, 특권적 지식이건, 제도적 역할이건 혹은 규범적 지위건 간에—가 돕는 자와 도움을 받는 자 간의 힘의 불평등을 함의한다. 결국 클라이언트의 견해는 의미를 상실하거나 고려되지 않을 수 있다.

넷째, 맥락 박탈(context-stripping)이다. 아이로니컬하게, 클라이언트를 하나의 사례로 간주하게 되면 개별화하기가 어렵다. 즉, 개인에게 적절한 진단적 적소를 발견하여 여기에 포함시킴으로써, 클라이언트를 고유한 사람이 아닌 그저 여럿 중(예: 조울증 환자)의 하나로 만들어 버린다.

다섯째, 질병에 대한 가정은 장애의 원인과 이에 의거한 해결을 가정한다. 그러나 생명의 세계에서 치유는 상황과 클라이언트와의 지속적인 대화에서 나오는 문제에 대한 재해석에서 비롯된다. 이런 해석은 문제와 해결 사이의 경직된 관계에서 도출되는 것이 아니라 직관, 암묵적 지식, 예감, 모험에서 나온다(Saleebey, 2006a: 4-6).

결론적으로 '병리'를 진단하는 것은 강점을 모호하게 하는 것 이상의 영향을 미친다. 이는 '병리를 가진 사람(person with a pathology)'이 아니라 '병리적 사람(pathological person)'이라는 스티그마가 따르는 개념화를 조장한다(Miley et al., 2017: 72-73). 클라이언트를 비호의적이며 비인격적 라벨로 주변화하는 것은 변화를 위한 잠재력이 없는 정체된 이미지를 생성한다. 사회복지사가 사용하는 라벨은 클라이언트가 어떤 가치를 가졌다고 보는지에 영향을 미치고, 심지어는 어떤 행동노선을 택할 것인가에 대한 아이디어를 형성케 한다. 그리하여 병리적 라벨은 긍정적 변화를 위한 기회를 감소시키는 부정적인 기대를 하게 한다. 라벨을 붙이는 것은 사람과 지역사회에 대한 선입견을 줄 가능성이 있으며, 사회행동에 대한 실무자의 성향을 약화시킨다(Breton 2002: Miley et al., 2017: 73에서 재인용). 반대로 사회복지사가 강점을 지향하면 병리에 초점을 두는 많은 함정에서 벗어날 수 있다(Miley et al., 2017: 72-73).

3. 강점관점의 원칙

1) 모든 개인, 집단, 가족 및 지역사회는 강점을 가지고 있다

때로 이끌어 내기 어려울 수도 있지만, 개인이나 가족 그리고 지역사회는 처음 시작할 때는 전혀 짐작하지 못했던 자질, 자원, 지혜, 지식을 가지고 있다. 강점관점에서 가장 중요한 것은 이들 자원을 분별해 내는 것이다. 그리고 불운을 역전시키고 질환을 이겨 내고 고통을 덜고 목적을 달성하는 데 그것들을 활용할 수 있다는 잠재력을 인정하는 것이다. 사회복지사가 진정으로 클라이언트의 이야기와 설명에 관심을 가지고 이를 존중할 때 강점을 발견할 수 있다.

2) 외상, 학대, 질병 및 고통은 상처가 되기도 하지만, 도전과 기회의 출처이기도 하다

올린(N. S. Wolin)과 올린(S. J. Wolin)은 발달의 '손상 모델'('damage model' of development)이 낙담, 비관 그리고 피해자의 마음자세를 가져올 뿐이라고 지적한다. 학대에 노출(특히 아동기에)된 개인은 강점이나 재도약의 가능성을 상실했다고 생각되어 왔다. 물론 이들은 고통을 받고 상처가 남기도 한다. 그러나 이들은 고통을 통해서 지구력과 생명력을 얻기도 한다. 이들에게는 어려움을 딛고 성장하고 성숙한 데서 오는 위엄이 있는데, 올린과 올린은 이를 "생존자의 자부심"이라고 부른다(Wolin & Wolin, 1997: Saleebey, 2006a에서 재인용).

3) 성장하고 변화하는 능력이 무한하다고 가정하고 개인, 집단 및 지역사회의 포부를 진지하게 받아들인다

삶을 뒤돌아보면 얼마나 먼 길을 걸어왔는지—때로 시작할 때는 그 길을 갈 수 있을 것이라고 생각조차 못했을 수 있다—스스로 놀라게 된다. 그러나 클라이언트에게는 이런 기대를 하지 않는다. 하지만 희망과 가능성에 주안점을 둘 때는 클라이언트에게 보다 나은 서비스가 제공될 수 있다.

4) 클라이언트와 협력할 때 클라이언트에게 가장 좋은 서비스를 제공할 수 있다

클라이언트를 진단적 범주나 치료 프로토콜에 맞추려고 노력하는 대신, 클라이언트의 스토리(story)와 이야기(narrative), 그들이 가지고 있는 희망과 두려움 그리고 그들이 가지고 있는 자원에 연결시키는 것은 관련된 모든 사람에게 해방감을 준다.

5) 모든 환경은 자원으로 가득 차 있다

개인과 집단의 회복탄력성을 증진시키는 지역사회는 구성원의 자질을 인식하고 인정하고 활용한다. 모든 환경에는 무엇인가 줄 수 있는 것, 무엇인가 다른 사람이 몹시 필요로 하는 것(예: 지식, 원조, 실제적 자원이거나 자질 혹은 단순히 시간과 장소)을 가진 개인, 조직체, 집단 및 기관들이 있다. 대부분의 경우, 이 자원들은 요구되지 않거나 미개발된 것들이다.

6) 돌봄, 돌봄 받기 그리고 맥락

돌봄(caring)이 인간의 안녕에 본질적이라는 생각은 개인주의가 오랫동안 지배해 온 사회에서는 익숙하지 않은 개념이다. 사람들은 의존을 몸서리치게 싫어한다. 그러나 서로에 대한 돌봄은 시민참여의 가장 기본적인 형태다. 어떤 의미에서 사회사업도 돌봄(caring)과 돌봄 받기(caretaking)에 관한 것이다(Saleebey, 2006a: 16-20에서 인용 및 재인용).

4. 강점 찾기

과연 강점은 무엇인가? 사회복지기관의 서비스를 받고자 찾아오는 클라이언트의 경우 개인적 및 환경적 조건이 모두 열악하다는 점에서, 과연 어디에서 얼마만큼 강점을 찾아낼 수 있는가 하는 의문을 가질 수 있다. 살리베이는 어떤 것이라도 특정 조건하에서는 강점이 될 수 있지만, 특정 능력, 자원 그리고 자질은 강점 목록에서 자주 거론된다고 지적한다(Saleebey, 2006b: 82-84). 보다 구체적으로 살펴보면 다음과 같다.

1) 사람들이 배운 것

사람들은 학대, 외상, 질병, 혼란, 억압 그리고 심지어는 그들 자신의 실수와 씨름하고 대처하고 투쟁을 하면서 그들 자신, 다른 사람들 그리고 세상에 대해 배운다. 사람들은 시행착오—설사 그들 스스로가 잘못한 것일지라도—를 통해서 학습한다. 사람들은 성공한 경험을 통해서만 학습하는 것이 아니고 어려움과 실망을 통해서도 배운다.

2) 개인적 자질, 특성 및 미덕

사람들의 개인적 자질, 특성 및 미덕은 강점이다. 이런 것들은 때로 외상과 재앙을 통하여 연마되며, 여기에는 유머감각, 돌봄, 창의성, 충성심, 통찰력, 자립심, 영성, 도덕적 상상력, 인내 등 어떤 것이라도 포함될 수 있다.

3) 사람들이 주변 세상에 대해 알고 있는 것

지적이나 교육적으로 배운 것에서부터 삶의 경험을 통해 분별해 내고 추출해 낸 것에 이르기까지, 사람들이 그들 주변의 세상에 대해 알고 있는 것은 강점이다. 어떤 사람은 대인 간 갈등을 포착해 내는 능력을 가졌을 수 있고, 어떤 사람은 고통받는 사람을 위로하는 능력을 발달시켰을 수 있다. 그리고 삶은 어린 아동이나 노인을 돌보는 능력을 부여하였을 수 있다. 또한 어떤 사람은 개인적 경험이 계기가 되어 애도과정에 있는 다른 사람을 돕는 놀라운 능력을 습득하였을 수 있다.

4) 사람들이 가지고 있는 재능

사람들이 가지고 있는 재능은 놀랍다. 때로 숨겨져 있던 재능은 당사자도 오랫동안 모르고 있는 경우도 있다. 악기 연주, 이야기 들려주기, 요리, 집수리, 글쓰기, 목공 등은 개인이나 집단이 그들의 목적을 달성하는 데 도움이 되는 부수적인 도구와 자원을 제공할 수 있다. 덧붙여 이것들은 결속력, 멘토링 관계, 우정을 강화시키기 위해 공유되거나 다른 사람에게 줄 수 있는 자산이 될 수 있다.

5) 문화적 및 개인적 스토리

문화적 및 개인적 스토리와 전설에서는 흔히 강점, 지침, 안정성, 위안 혹은 새롭게 변한 모습을 발견할 수 있다. 예를 들어, 오늘날 지배문화에 가려져 있던 여성들의 스토리가 재발견되고 널리 알려지면서 강점과 지혜의 출처가 되는 것을 보게 된다.

6) 사람들이 가지고 있는 자부심

사람들은 자부심을 가지고 있다. 어려움을 극복한 사람들, 불운과 고난을 딛고 일어선 사람들은 흔히 '생존자의 자부심'을 가지고 있다. 흔히 이런 자기존중 (self-regard)은 비난, 수치심 그리고 라벨 더미 아래 숨겨져서 발굴되기를 기다리고 있다.

7) 지역사회

지역사회에는 개발할 수 있는 물리적, 대인적 및 제도적 영역의 자원이 풍요롭게 존재하고 있으나, 이는 흔히 간과되고 있다. 지역사회에는 지원 요청을 받는다면 기꺼이 자신이 가진 재능과 지식을 제공하고자 하는 많은 사람과 조직이 있다.

8) 영성

영성은 의미를 구축하는 데 기여할 수 있다. 첫째, 영성은 단순히 생물학적, 심리적, 사회적, 정치적 혹은 문화적인 것을 초월하여, 이 모든 것을 통합하는 존재의 본질적이며 총체적인 특성을 의미한다. 둘째, 영성은 의미, 도덕적 감수성 그리고 이기적 관심을 초월한 목적을 발견하려는 고투를 반영한다. 셋째, 영성은 자기(자아경계)를 넘어서서 우리 자신을 확장하고 생명의 신비함과 복잡성에 동참하고 이를 존중하도록 허용한다. 마지막으로, 영성은 미래를 보다 희망적인 방향으로 설정할 수 있는 초월감이다(Saleebey, 2006b: 82-84).

5. 강점관점의 실천

사회복지사는 가장 어려운 인간 문제를 다룬다. 클라이언트는 흔히 억압받고 행복한 삶을 영위하는 데 장애를 많이 가진 사람들이다. 많은 클라이언트가 그들의 문제에 압도당해서 문제 이외의 것에 집중하는 것에 어려움을 겪는다. 그들은 터널비전(tunnel vision)—스트레스가 많은 삶의 기나긴 터널에 갇혀서 어려움이 외에 다른 것은 볼 수 없는—에 갇혀 있기도 한다. 때때로 클라이언트의 문제가 극복하기 불가능한 것처럼 보여서, 강점을 규명하는 것이 어려울 수도 있다. 그러나 클라이언트의 강점을 강조하는 것은 여러 가지로 유용하다. 첫째, 이는 클라이언트에게 자기 존중감과 자기 가치감을 강화시켜 준다. 둘째, 이는 "어둠의 터널" 속에서 조차 희망의 빛을 비춰 준다. 셋째, 이는 구체적인 강점에 의지함으로서 문제해결을 위한 방법을 찾는 데 도움이 된다(Kirst-Ashman & Hull, 2017: 78-79).

라프 등에 의하면, 강점모델에 대한 관심이 증대되면서 '사람들에게 잘 해 주는 것' 혹은 사정도구의 한구석에 강점의 목록을 적는 칸을 마련한 것을 가지고 '강점 실천을 한다'고 주장하기도 한다. 그러나 이런 것들은 강점모델에 대한 잘못된 이해에서 비롯된 것이다. 이들은 강점관점에 의한 접근이 다음의 여섯 가지 기준에 부합되어야 한다고 제시한다.

첫째, 강점관점에 의한 접근은 목적지향적이다. 클라이언트는 그들의 삶에서 성취하고 싶은 목적을 설정하도록 초대된다. 흔히 사회복지사는 클라이언트가 목적을 정하도록 돕는다(클라이언트는 아무 목적이 없다고 말하는 경우가 많기 때문에).

둘째, 강점의 체계적 사정이 요구된다. 강점중심 접근은 강점을 사정하고 입증하는 체계적인 프로토콜을 가지고 있으며 문제, 결함 혹은 병리의 사정을 회피한다.

셋째, 환경에는 자원이 풍요롭게 있다고 간주한다. 지역사회는 사람, 기회, 지지 및 자원의 일차적 출처다. 강점중심 실천은 자연적 자원의 규명과 활용에 일차적인 초점을 둔다.

넷째, 목적성취를 위해서 클라이언트와 환경의 강점을 분명한 방법으로 활용한다.

다섯째, 관계는 희망을 이끌어 내는 것이다. 강점중심 실천에서 관계는 클라이언트의 희망을 증대시키는 데 초점이 있다. 이는 임파워먼트적 관계로서 ① 클라이언트의 능력에 대한 인식을 증대시키고, ② 클라이언트의 옵션과 옵션에 대한 인식을 증대시키며, ③ 클라이언트가 선택할 수 있도록 하고, 선택한 바를 추구할 수 있는 기회와 확신을 증대시킨다.

여섯째, 클라이언트에게 의미 있는 선택 기회를 제공하고자 하며, 클라이언트는 선택할 권한을 가지고 있다. 강점중심 접근법에서 사회복지사의 역할은 목적설정, 자원 획득, 함께 일하는 속도, 책임의 할당 등 모든 과정에서 클라이언트의 선택의 폭을 넓히고, 선택을 명료화하며, 클라이언트가 과정을 주도해 나갈 수 있도록 자신감과 권한을 주는 것이다(Rapp et al., 2005: 81-82).

강점지향의 사회복지사는 모든 클라이언트 체계―개인, 가족, 집단, 조직, 지역사회―의 강점이 변화 과정에 활력을 주는 자원이라는 것을 믿는다. 사회복지사는 보다 효과적인 기능을 추구하기 위해서 클라이언트 체계와 환경 맥락 모두에서 이용 가능한 자원을 이끌어 낸다. 강점관점의 실천을 하는 사회복지사는 다음의 가정을 한다(Miley et al., 2017: 71).

- 클라이언트는 이끌어 낼 수 있는 자원의 보고와 역량을 가지고 있음을 인정한다.
- 클라이언트는 각기 성장과 변화를 위한 특출한 능력을 가지고 있다.
- 문제를 결함이 있는 체계 기능에서 찾는 것이 아니라, 체계들 간의 교류에서 발생하는 것으로 정의한다.
- 협력은 새로운 자원을 구축하기 위해서 기존의 강점을 확장시킨다는 입장을 지닌다.
- 클라이언트는 그들의 상황을 가장 잘 알며, 옵션이 주어질 경우 그들이 직면한 도전에 가장 적합한 해결책에 도달할 수 있음을 확신한다.
- 긍정적 변화는 미래 가능성에 대한 비전 위에 구축한다는 점을 고수한다.
- 결함을 교정하는 것이 아니라 지배력과 역량을 극대화할 수 있는 과정을 지지한다.

제5절 **임파워먼트**

인보관 운동에 참여하였던 사회사업 선구자들은 임파워먼트의 씨앗을 뿌렸다. 그러나 문제에 초점을 두고 의료적이었던 케이스워크 실천이 주도함에 따라 임파워먼트에 입각한 실천은 빛을 보지 못하였다(Miley et al., 2007: 85). 이와 같이 임파워먼트 관점은 사회사업 초창기까지 거슬러 올라갈 수 있지만, 그 용어와 실천적 적용이 빛을 보게 된 것은 1970년대이며, 1990년대 이후 본격적으로 발달하였다. 특히 1990년대와 2000년대로 오면서 임파워먼트는 사회복지실천의 새로운 개념으로 정착하게 되었고, 최근에는 사회복지실천의 중요한 방법론으로 자리매김하고 있다(정순둘 외, 2007: 39-40).

1. 임파워먼트에 영향을 미친 이론

1) 비판이론

비판이론(critical theory)은 1920년대 프랑크푸르트 학파라고 불리는 독일 학자들의 사상에서 발전하였다. 비판이론은 사회가 자원에 대한 지배와 권력을 서로 다르게 소유한 계층화(stratification)된 집단들로 구성되어 있다는 사상에 근거를 두고 있다. 계층화에서는 경제적인 수준뿐 아니라 젠더, 나이, 인종, 민족성, 종교, 언어적 집단, 성정체성, 장애로 인한 차이 등도 중요한 역할을 할 수 있다. 비판이론은 소외로부터의 해방에 관심을 갖는다. 이 이론을 사회복지실천에 적용해 보면, 클라이언트에 관련된 기관과 정치적인 구조가 소외를 제거할 수 있도록 변화되어야 한다고 볼 수 있다.

2) 여성주의 이론

여성주의자들은 사회가 성적인 지배·불평등 구조라고 간주한다. 여성주의 이론은 정치, 경제, 법적 체계가 남성에 의해 지배된다는 가부장제를 강조한다. 가부장제 아래 여성은 남성의 압박과 지배를 받게 되며, 그들의 법과 권력, 관습에 의해 규정되고 영속된다. 사회복지실천에서 여성주의 이론은 여성의 자율권을 향상하고 여성이 힘을 가질 수 있도록 돕는 방법을 강조한다.

3) 포스트모더니즘

포스트모던주의자들은 사회가 힘의 관계로 이루어져 있다고 생각한다. 또한 누구든지 의미를 구성할 수 있는 힘을 가지고 있다고 믿는다. 사회복지실천에서 포스트모더니즘은 언어에 기초하거나 이야기(narrative), 대화(conversation), 클라이언트와의 의견교환을 통한 대화치료를 강조한다.

4) 사회복지전통

사회복지실천에도 임파워먼트와 맥을 같이하는 전통이 있다. 버사 레이놀즈는 당대의 정신분석적 경향을 띠었던 케이스워크 실천을 진보적 사회주의 및 사회행동적 세계관과 결합시키는 데 주력했다. 그러면서 사회복지사는 '평범한' 사람들을 위해 일할 의무가 있으며 이를 위해 '중재기능'을 맡아야 함을 강조했다. 레이놀즈의 관점에는 최대한도의 시민참여와 자원분배의 평등에 대한 정치적 생각들이 담겨 있었다. 근로계층과 억압받는 집단들을 위한 옹호자로서 레이놀즈는 정치적 활동을 통한 사회정의의 구현 및 시민권의 확립에 많은 관심을 두었다(Cooper & Lesser, 2002: 김기태 외, 2007: 428 재인용).

2. 임파워먼트의 다차원적 개념

임파워먼트는 개인, 가족, 조직, 지역사회 그리고 사회가 그들의 상황을 개선하기 위하여 개인적, 대인관계적 그리고/혹은 정치적 힘을 증대시키는 과정이다(Parsons, 2008; Parsons & East, 2013; Swift & Levin, 1987: Miley et al., 2017: 74에서 재인용). 이와 같이 임파워먼트는 개인적, 대인관계적 및 구조적 차원을 가지고 있다.

1) 임파워먼트의 개인적 차원

개인적 임파워먼트는 클라이언트의 역량(competence), 지배력(mastery), 강점 그리고 변화를 가져오는 능력을 고취한다. 본질적으로 개인적 파워를 경험하는 사람은 그들 자신을 역량이 있다고 인식한다. 역량은 인간체계가 스스로를 돌보는 기능을 충족시키고, 다른 체계들과의 효과적인 상호작용을 통해서 자원을 이끌어 내고, 사회적 및 물리적 환경의 자원풀(resource pool)에 기여하는 능력이다(Miley et al., 2017: 74).

이런 역량은 교류적 측면에서 살펴볼 필요가 있다. 즉, 역량을 갖췄다는 느낌은 개인이 혼자서 이끌어 낼 수 있는 것이 아니라, 체계와 그 환경의 적합성에서 만들어진다(Miley et al., 2017: 75).

2) 임파워먼트의 대인 간 차원

대인 간 차원에서 임파워먼트는 상호의존성, 지지 그리고 존경받는 지위를 의미한다. 임파워먼트는 내 안에 있는 감정으로 경험되지만, 이는 다른 사람과의 상호작용에서 나온다. 대인 간 임파워먼트는 다른 사람에게 영향력을 줄 수 있는 능력을 의미한다. 다른 사람과의 성공적인 상호작용 그리고 다른 사람들이 우리에게 가지고 있는 관심은 우리가 느끼는 대인 간 임파워먼트감(sense of interpersonal empowerment)에 기여한다(Miley et al., 2017: 76).

지위, 역할, 커뮤니케이션 기술, 지식 그리고 외모에서 나오는 사회적 힘은 개인의 대인 간 임파워먼트에 기여한다(Gutierrez, 1991: Miley et al., 2017: 76에서 재인용). 이에 따라 대인 간 파워는 두 가지 출처에서 나온다. 첫 번째 출처는 사회적 지위를 기반으로 하는 파워(예: 인종, 성별 그리고 계층을 기반으로 하는 파워)다. 두 번째는 새로운 기술을 익히고 새로운 지위를 획득함으로써 성취되는 파워이며, 임파워먼트의 핵심 양상이다.

3) 임파워먼트의 사회정치적 차원

또한 임파워먼트는 구조적 차원을 가지고 있는데, 이는 사회적 및 정치적 구조와의 관계가 포함된다는 것을 의미한다. 환경과 상호작용한 결과, 자원에 대한 접근과 통제가 커졌을 때 사람들은 임파워먼트를 경험한다(Learden, 2007: Miley et al., 2017: 76에서 재인용). 구조적 차원에서의 임파워먼트에 대한 초점은 자원과 기회에 대한 접근성을 높이고 개인적 강점을 발달시키고 대인 간 역량을 강화시켜 준다.

〈표 5-1〉 억압을 조장하는 편견적 태도

인종주의(racism)	인종집단의 구성원들에 대한 개인적 및 제도적 차별을 영속화하는 부정적 고정관념을 토대로 한 이데올로기
성차별주의(sexism)	성역할 고정관념과 특정 성이 다른 성보다 우월하다는 문화적 믿음에 근거함
계층주의(classism)	사회경제적 지위 혹은 계층을 토대로 한 엘리트적 태도들
이성애주의(heterosexism)	동성애자에 대한 편견과 차별
능력주의(ableism)	신체적 혹은 정신적 장애를 이유로 불평등한 처우를 하는 편견적 태도와 행동들
연령차별주의(ageism)	연령을 토대로 한 부정적인 고정관념
지역주의(regionalism)	출신지 혹은 거주지를 토대로 한 개인이나 인구집단에 대한 일반화
민족중심주의(ethnocentrism)	자신의 민족집단, 문화 혹은 국가가 다른 민족, 문화 또는 국가보다 우월하다는 생각을 가지고 있으면서 짐짓 겸손한 체하는 신념

출처: Miley et al. (2017). p. 78.

모든 인간체계는 끊임없이 변화하는 조건에 보조를 맞추기 위해서 지속적이며 폭넓은 자원 옵션을 필요로 한다. 옵션이 많을수록 체계는 도전을 이겨 낼 수 있는 가능성이 크다. 예를 들어, 지역사회는 좋은 자원을 가지고 있을수록 문제에 효과적으로 반응할 수 있을 것이다. 역량 있는 사회체계는 구성원들이 효과적으로 기능하도록 기여하고, 그들의 환경에 있는 다른 체계들을 위한 기회 구조로서 기능한다.

3. 임파워먼트 실천

임파워먼트는 개인적인 수준에서는 자존감, 자기효능감과 관련이 있고, 집단 수준에서는 상호 협력, 집단정체성, 사회행동의 발달과 관련이 있으며, 나아가서 지역사회 수준에서는 잠재력의 성장, 정의를 실현하기 위한 사회 정책과 제도의 변화에 주목한다(정순둘 외, 2007: 26-28 참조).

한편, 마일리 등은 임파워먼트 제너럴리스트 접근의 구성요소로서 ① 생태체계관점을 도입하기, ② 사회정의에 대한 헌신을 반영하기, ③ 강점지향을 적용하기, ④ 클라이언트와 협력하기, ⑤ 임파워먼트적 현실 구성하기를 제시하고 있다(Miley et al., 2017: 94-96).

1) 생태체계관점 도입하기

생태체계관점은 무슨 일이 일어나고 있는지 그리고 변화를 시도하는 전략을 수립하기 위해서, 인간체계와 그들의 환경과의 상호작용을 점검한다. 생태체계관점과 같은 맥락에서, 임파워먼트 접근은 사회복지사와 클라이언트가 도전과 강점을 맥락 속에서 바라보도록 하며, 해결을 위한 여러 가능한 경로를 규명하도록 하고, 주어진 체계에서의 변화가 다른 체계 차원으로 파급되도록 한다. 사회복지사는 생태체계관점을 통해 얻어진 정보를 토대로 변화를 위한 자원을 찾아낼 수 있다(Miley et al., 2017: 94).

2) 사회정의에 대한 헌신을 반영하기

임파워먼트 접근에 의하면, 모든 사회복지실천은 정치적이다. 만약 사회복지사가 인간 행동에 대한 지배적인 문화적 관점을 주입하고, 다수의 가치에 의거하여 일탈을 통제하며, 클라이언트 문제에 전문가의 해결을 제시한다면 억압을 강화하고 영속화하게 된다. 대조적으로 사회복지사가 클라이언트의 세계관에 맞추고 문제를 교류적으로 정의하며 사회적 및 정치적 변화에서 해결책을 추구한다면 사회정의의 방향으로 서서히 움직여 나가게 된다. 임파워먼트 접근법에서는 클라이언트가 중심이라는 점을 지속적으로 밝히며, 사회적·경제적·환경적 정의에 헌신하는 데 초점을 둔다.

3) 강점지향을 적용하기

강점관점은 클라이언트에 대한 관점을 병리적 관점에서 잠재력의 관점으로 전환시킨다. 다시 말해서, '무엇이 잘못되어 있나?'가 아니라, 바람직한 변화를 성취하기 위해 클라이언트와 환경 내에서 '무엇이 가능한가?'로 이동시킨 것이다. 임파워먼트 실천에서 클라이언트의 강점과 자원을 육성하는 것은 필수적이다. 그러나 많은 상황에서 단순히 강점관점을 채택하는 것만으로는 충분하지 않다. 클라이언트의 강점은 모든 사람에게 기회가 공평하게 주어질 수 있는 사회적 및 경제적으로 정의로운 환경에서 가장 효과적이기 때문이다.

4) 클라이언트와 협력하기

강점지향은 사회복지사-클라이언트 관계를 재규정한다. 클라이언트의 전문성을 인정함으로써, 사회복지사는 클라이언트의 파트너가 된다. 파트너십을 위한 협력은 클라이언트가 자신의 해결방법을 발견하고 변화의 주체가 되도록 격려함으로써 권리와 책임을 위임하는 것이다. 임파워먼트 접근법에서 클라이언트는 파워를 느끼게 되고 역량감과 통제감을 경험하게 된다.

5) 임파워먼트적 현실 구성하기

효과적인 사회복지사는 클라이언트의 강점, 임파워먼트 그리고 협력을 지향함으로써 목적을 가지고 임파워먼트하는 '실천 현실(practice reality)'을 구성한다. 이를 위하여 사회복지사는 임파워먼트를 가능하게 하는 클라이언트에 대한 가정 그리고 변화에 대한 가정을 토대로 실천한다.

〈표 5-2〉 임파워먼트적 실천 현실을 위한 가정

인간체계에 관한 가정
- 모든 사람은 수용과 존경을 받을 자격이 있다.
- 클라이언트들은 자신들의 상황을 가장 잘 안다.
- 모든 인간체계의 행동은 맥락 속에서 타당성을 지닌다.
- 모든 인간체계의 행동에는 동기가 있다.
- 도전은 클라이언트 내부에 있는 것이 아니라 인간체계와 물리적 및 사회적 환경 간의 교류에서 발생한다.
- 강점은 다양하며, 여기에는 개인의 자기가치감, 문화적 자부심, 성공적 관계 그리고 지역사회 내에서의 상호의존성이 포함된다.

변화에 대한 가정
- 변화는 가능할 뿐 아니라 필연적이다.

- 생태체계의 어느 한 부분에서 시작된 작은 변화는 유익한 변화를 연쇄적으로 촉발할 수 있다.
- 도전은 여러 방식으로 해결 가능하다.
- 해결을 발견하기 위해서 반드시 문제를 해결해야 할 필요는 없다.
- 지속적 변화는 강점 위에 구축된다.
- 강점과 성장을 위한 잠재력은 모든 인간체계가 가지고 있는 특징이다.
- 주어진 적소와 기회 속에서 인간체계는 역량을 키운다.
- 협력적 관계는 파워감(feelings of power)을 구축하고 행동으로 이끌어 준다.
- 문화적 차이는 보다 큰 관점, 추가적인 옵션들, 시너지를 가져오는 해결 가능성을 제공하는 자원들이다.

출처: Miley et al. (2017), pp. 95-96.

제6절 다문화관점

그동안 '백의민족' '동방의 고요한 아침의 나라'를 강조하며 단일민족에 집착하였던 우리 사회에 피부색과 언어가 다른 수많은 외국인의 출현이 일상화되었다(김범수 외, 2007: 18). 이런 사회적 변화에 따라 다문화 사회복지 또는 다문화 사회복지실천에 대한 관심이 점차 커지고 있다.

1. 개념

우리 사회에서 다문화 사회복지실천에 대한 관심이 높아지고 있으나 아직 이론과 실천이 초보단계에 있어서 이에 대한 개념적 이해가 부족한 현실이다. 다문화 사회복지실천을 아동복지나 노인복지와 같이 어떤 특정 대상에 대한 실천으로 보는 것이 적절한 것인가, 아니면 교정복지, 의료복지 또는 정신보건복지와 같이 특별한 욕구나 문제가 존재하는 실천현장으로 보는 것이 타당한가? 최명민 등은 다문화 사회복지실천이 내부인과 외부인을 구분하거나 이쪽과 저쪽을 구분하는 또 하나의 경계 짓기가 되어서는 안 될 것이라고 경고한다. 그들에 의하면, 다문화 사회복지실천은 그동안 사회복지실천에서 외면해 온 문화적 이슈를 고려할 수 있는 한 단계 성숙하고 발전하는 사회복지실천이라고 할 수 있다. 그들은 문화적 요소를 고려하지 않은 사회복지실천은 윤리적 요소를 고려하지 않은 사회복지실천에 비유할 수 있다고 지적한다. 윤리적 요소가 특정 대상이나 영역에서만 요구되는 것이 아닌 것처럼, 다문화 사회복지실천은 어떤 범주에 국한된 것이라기보다는 문화적 요소를 고려한 사회복지실천이다(최명민, 이기영, 최현미, 김정진, 2009: 217-218).

이와 같은 맥락에서 럼(D. Lum)은 다문화 사회복지실천을 "사람들 사이에 존재하는 다양성과 차이점을 존중하고 원조관계에서 작용하는 문화적 요소를 인식하는 사회복지실천"이라고 정의한다. 그는 민족적 정체성과 사회경제적 지위로 인해 역사적으로 차별받아 온 사람들, 가족들 그리고 지역사회들이 다문화 사회복지실천의 주요 대상이며, 이들과 사회환경의 상호작용 속에서 심리사회적 기능의 질을 향상하는 것이 다문화 사회복지실천의 목표라고 하였다(Lum, 2004: 11: 최명민 외, 2009: 219에서 재인용).

2. 문화적 다양성

흔히 문화적 다양성은 인종이나 민족이 다른 경우에 적용된다고 생각하지만, 오늘날 문화적 다양성을 광의의 개념에서 보면 서로 다른 인간집단의 구성원이라는 데서 발생하는 차이(human differences)를 의미한다. CSWE는 다양성과 차이를 인정하는 실천을 강조하고 있다. 즉, 다양성은 인간 경험을 특징짓고 형성하며, 정체성을 형성하는 데 핵심적이다. 다양성의 차원은 연령, 계층, 피부색, 장애와 능력, 인종, 젠더, 성적지향 등을 포함한 복합적 요소들이 상호 교차함으로써 형성된다(CSWE, 2015: 7). 이런 견지에서 볼 때, 사회복지실천에서 다양성은 문화적 차이뿐 아니라 연령, 계층, 성 등의 차이에서 오는 다양성이라는 광의의 개념으로 확장되어야 할 것이다.

3. 문화적 역량

1) 문화적 역량의 개념

딜러(Diller)에 의하면, 문화적 역량(cultural competence)은 문화적 다양성에 대해 민감한 태도를 갖고 전문 지식과 기술을 갖춤으로써 "다문화 사회복지서비

스를 효과적으로 제공할 수 있는 능력"이다(Diller, 2007: 김범수 외, 2007: 235-236
에서 재인용).

　NASW(2001)의 문화적 역량 기준에 의하면, 문화적 역량은 다양한 개인, 가
족 그리고 지역사회를 존중하면서 효과적인 실천—그들의 존엄성을 보존하고
그들의 가치를 확신시키면서—을 하는 능력이다. 이 기준은 사회복지사가 그들
자신과 클라이언트의 문화적 및 환경적 맥락을 인식하고, 다양성에 가치를 두
며, 다른 사람들의 문화적 강점을 고취하는 기술을 지속적으로 다듬어 가고, 비
공식적 지지망에서 이끌어 내고, 문화적으로 역량 있는 서비스 전달체계를 옹
호할 것을 요구한다. 이런 문화적 역량은 다양한 클라이언트와 접하게 되는 실
천을 통해서 사회복지사가 평생 동안 지속해 나가야 하는 과정이다. 이를 위해
서 무조건 많은 문화적 지식이 필요한 것은 아니다. 더 중요한 것은 사회적, 인
종적, 민족적으로 다양한 집단에 대한 이해가 부족함을 인정하고, 열린 마음으
로 클라이언트에게 직접적 지식을 구함으로써 사회복지사는 문화적 역량을 갖
출 수 있게 된다는 점이다. 역량 있는 사회복지사는 다문화 집단 구성원이 자신
의 정체성, 지역사회 소속감, 심지어는 생존을 위해 의존하는 전통, 가치 그리고
신념에서 강점을 발견한다. 요약해 보면, 문화적 자원은 강점이며, 클라이언트
는 그들의 강점에 대한 궁극적인 문화적 전문가다(Dean, 2001; Walker & Staton,
2000; Weick & Chamberlain, 2002: Miley et al., 2017: 59-60에서 인용 및 재인용).

2) 문화적 민감성

　문화적으로 민감한 실천은 사회복지사가 다양한 문화집단을 수용, 존중 및
인정하는 태도를 발달시키는 방향으로의 지식을 획득하는 데 초점을 둔다. 문
화적 역량과 마찬가지로, 문화적 민감성도 평생 동안 수련해 나가야 하는 과정
이다. 이는 클라이언트의 삶의 경험이 지니는 복합적 측면들이 클라이언트의
가치와 우선순위에 영향을 미친다는 것을 사회복지사가 인식하는 것을 의미한
다(Castex, 1994; Green, 1999; Sue & Sue, 2003: Miley et al., 2017: 60에서 인용 및 재
인용).

3) 문화적 반응성

문화적으로 반응하는 접근은 다문화적 역량을 달성하기 위한 실천기술을 강화한다. 문화적 반응성은 클라이언트의 문화에 대한 상세한 지식에 핵심이 있는 것이 아니고, 클라이언트의 관점을 무시하지 않는 대화 틀을 만들어 가는 사회복지사의 능력에 보다 초점이 있다. 이런 점에서 사회복지사의 전문성은 클라이언트의 문화적 전문성에 접근하는 데 필요한 기술을 얼마나 잘 적용하는 가에 있다. 사회복지사가 자신의 가정이나 선입견 혹은 해석을 강요하지 않으면서, 클라이언트의 이야기를 이끌어 내고 수용하는 능력이 그 출발점이다 (O'Melia, 1998: Miley et al., 2017: 60에서 인용 및 재인용).

4. 문화적으로 역량 있는 사회복지실천

문화적으로 역량 있는 사회복지실천을 위해서, 사회복지사는 어떻게 다양성과 차이가 인간의 경험을 특징짓고 형성하는지 그리고 정체성의 형성에 핵심적인지를 이해해야 한다. 이런 차이의 결과로서, 개인은 자신의 삶에서 특권, 권력과 환영받음을 경험할 수도 있지만, 빈곤, 주변화 그리고 소외를 겪을 수도 있음을 사회복지사는 인식해야 한다. 또한 사회복지사는 억압과 차별의 형태와 메커니즘을 이해하고, 사회적 · 경제적 · 정치적 및 문화적 배제를 포함한 문화의 구조와 가치가 억압하고 주변화하고 소외시키거나, 반대로 특권과 권력을 창출하는 데 영향을 미치는 정도를 인식해야 한다.

- 사회복지사는 마이크로, 메조, 매크로 차원의 실천에서 삶의 경험을 형성하는 데 다양성과 차이가 미치는 영향력을 이해하고 이를 적용하고 커뮤니케이션하도록 한다.
- 사회복지사는 다양성과 차이를 배우는 학습자가 되어야 하며 클라이언트와 대상자들을 그들 경험의 전문가로서 대우해야 한다.
- 사회복지사는 다양한 클라이언트와 대상자들과 일하는 데 있어서, 개인적 편견과 가치가 미치는 영향을 관리하기 위해 자아인식과 자기규제를 작동한다(CSWE, 2015: 7).

사회복지실천의 측면에서 사회복지사는 외딴섬에서 혼자 일하는 것이 아니라, 동료, 기관 그리고 지역사회의 전문적 맥락에서 일한다. 그 맥락 안에 있는 체계들은 사회복지사가 문화적으로 민감한 방식으로 실천하는 능력에 영향을 미친다. 그리하여 문화적 역량은 체계적 노력—사회복지사의 가치, 지식, 기술과 태도의 일관성 있는 조율, 기관 그리고 서비스 네트워크 차원들—을 요구한다. 다시 말해서 다문화적 사회복지실천은 개인적 차원에서 시작되지만, 이의 성공적 지속에는 기관과 지역사회의 지원이 반드시 필요하다(Raheim, 2002: Miley et al., 2017: 60-61에서 인용 및 재인용).

1) 개인적 차원에서의 문화적 역량

사회복지사는 다문화 사회복지실천을 위한 역량을 발달시키는 일차적 책임이 있다. 그 핵심 요소는 다음을 포함한다.

- 자기인식, 가치와 문화적 배경 모두
- 다른 문화에 대한 지식, 이와 더불어 일반적 지식을 특정 클라이언트에게 적용할 수 있는 기술
- 문화 간 관계(intercultural relationships)를 특징짓는 힘과 특권의 차이를 규명하고 표현해 낼 수 있는 능력(Miley et al., 2017: 62).

2) 기관 차원에서의 문화적 역량

기관은 문화적으로 민감한 서비스를 전달하고자 하는 사회복지사의 노력을 지원하는 역할을 한다. 문화적으로 역량 있는 기관은 사회복지사에게 다양성에 민감한 실천에 필요한 훈련과 기술을 제공하며, 기관의 조직구조와 프로그램 전달의 모든 양상에서 다문화적 인식과 기능을 강화한다. 특히 문화적으로 역량 있는 기관은 그들의 정책, 실천 방향, 구조, 자원 네트워크 그리고 물리적 환경에 다문화적 영향력을 구사한다(Miley et al., 2017: 65).

3) 사회적 차원의 문화적 역량

사회복지사와 클라이언트는 모두 지역사회 맥락에 반응하게 된다. 주거나 학

교 등에서 차별을 하는 지역사회는 문화적 집단 사이에 뚜렷한 경계선을 만드는데, 사회복지사와 클라이언트가 파트너십을 구축하기 위해서는 이를 넘어서야만 한다. 반대로 지역사회가 다원주의에 가치를 두고 다양성을 고취하며 비교문화적(cross cultural) 상호작용을 격려하고 사회정의를 위해 노력하는 지역사회는 사회복지사와 클라이언트의 협업을 활성화시킨다. 개인적 및 가족적 차원에서 일하는 사회복지사도 지역사회 차원에서 비교문화적 상호작용, 인식 및 존중을 고취하는 적극적 역할을 수행할 수 있다(Miley et al., 2017: 68).

제6장

관계론

❖❖❖

아마도 사회복지를 전공하는 학생들에게 가장 익숙한 표현은 '클라이언트와 라포를 형성한다'는 말이 아닐까 싶다. 이는 사회복지실천에서 관계가 차지하는 비중을 잘 드러내 주고 있다고 하겠다. 사회복지사와 클라이언트의 관계는 사회복지실천 초창기부터 그 중요성이 인식되어 왔다. 해밀턴은 인간관계의 개념, 이의 중요성과 역동성 그리고 치료에의 활용은 사회사업에서 가장 근본적으로 고려되어야 한다고 지적한다(Hamilton, 1951: 27). 그리고 1957년 비에스텍(F. P. Biestek)은 『케이스워크 관계(Casework Relationship)』에서 관계의 7대 원칙을 규명하였다(Biestek, 1957: Johnson, 1986: 35-36 재인용). 그 이후 많은 학자가 원조관계의 본질을 규명하기 위하여 노력해 왔다.

이 장에서는, 우선, 관계의 개념을 살펴보고자 한다. 둘째, 비에스텍의 관계의 7대 원칙을 알아보고자 한다. 이는 관계에 있어서 클라이언트의 욕구가 무엇인지 그리고 이를 위해 사회복지사는 어떤 원칙을 준수하고 어떤 역할을 해야 하는지 규명해 줄 것이다. 셋째, 효과적인 관계의 구성요소는 무엇인지 탐색해 보고자 한다. 넷째, 사회복지사가 클라이언트와 효과적인 관계를 맺기 위해서 어떤 자질을 갖추어야 하는지를 살펴보고자 한다. 마지막으로, 최근 강점관점과 임파워먼트 접근이 강조되면서 파트너십 또는 협력적 관계에 대한 관심이 증대되고 있다. 이에 따라 여기에서는 파트너십 또는 협력적 관계에 대해 규명해 보고자 한다.

제1절 관계의 개념

관계의 개념은 사회복지실천에서 상당한 역사적 중요성을 지니고 있으므로 (Johnson & Yanca, 2010: 148), 관계의 개념을 역사적으로 살펴보면 사회복지실천을 이해하는 데 도움이 된다. 관계의 원칙을 제시한 비에스텍에 의하면, 사회복지사와 클라이언트의 관계는 전체 케이스워크 과정의 채널이며, 이를 통해 개입, 조사, 진단 그리고 치료의 기술들이 진행된다. 그는 케이스워크 관계를 "클라이언트가 자신과 환경에 보다 나은 적응을 성취하도록 돕는 목적을 가진, 케이스워커와 클라이언트 간의 태도와 정서의 역동적 상호작용"이라고 정의하였다(Biestek, 1957: Compton et al., 2005: 142에서 재인용).

그리고 펄먼은 "한 인간이 다른 인간을 돕고자 시도하는 이론적 모델이 무엇이든 간에 영향력을 미치는 가장 강력하고 역동적인 파워는 관계에 있다."라고 지적하고, "관계는 문제해결이 발생하는 지속적 맥락이다."라고 관계의 중요성을 강조한다(Perlman, 1970: 150-151). 그녀에 의하면, 관계란 문제해결과 도움의 활용에 있어서 인간의 에너지와 동기를 지지하고 양육하며 자유롭게 하는 촉매제이며 가능하게 하는 역동성이다. 또한 관계는 정서적 결속이며 도움을 인간화하는 수단이다(Perlman, 1979: Johnson & Yanca, 2007: 162에서 재인용). 나아가 그녀는 클라이언트-사회복지사 관계는 권위를 포함하고, 목적적이며, 시간 제한적이고, 통제되며, 근본적으로 클라이언트를 위한 것이라고 제시한다(Perlman, 1957, 1971, 1979: Compton et al., 2005: 142에서 재인용).

한편, 핀커스와 미나한은 관계를 보다 넓은 관점에서 접근하고 있다. 이들은 관계가 사회복지사와 다른 체계들 간의 정서적 결속이며 협력, 타협 혹은 갈등의 분위기를 포함할 수 있다(Pincus & Minahan, 1973: 73)고 본다. 이들에 의하면, 모든 사회사업 관계의 공통적 요소는 ① 목적, ② 클라이언트 체계의 욕구에 대한 헌신, ③ 사회복지사에 의한 객관성과 자기인식이다(Compton et al., 2005: 143에서 재인용).

보다 최근 존슨과 양카는 사회사업 관계는 전문적 관계이면서 동시에 원조관계라고 지적한다. 이들에 의하면, 전문적 관계는 ① 합의된 목적이 있고, ② 구체적 시간 틀을 가지고 있으며, ③ 사회복지사가 클라이언트의 이익을 위해 자신을 헌신하고, ④ 전문적 지식, 전문가의 윤리강령 그리고 전문적 기술에 의거한 권위를 수반하는 관계다. 덧붙여 전문적 관계는 사회복지사가 자신이 하는 일에 객관성을 유지하기 위해서 그리고 자신의 감정, 반응 및 충동을 인식하고 책임지고자 하는 시도에서 통제되는 관계다(Johnson & Yanca, 2010: 148-149).

마지막으로, 사회복지사와 클라이언트의 관계는 함께 일하는 과정에서 형성된다는 데 주목할 필요가 있다. 다시 말해서, 이 관계는 어떤 신비한 대인 간 화학작용에서 저절로 발생하는 것이 아니라 목적적 상호작용에서 발달하는 것이다. 클라이언트는 문제를 해결하기 위해 사회복지사를 찾게 되고, 사회복지사는 문제를 해결하기 위해 클라이언트와 함께 노력해 간다. 사회복지사의 목적은 긍정적이고 만족스러운 관계를 수립하는 데 있는 것이 아니라, 클라이언트의 문제를 해결하고 합의된 목적을 성취하도록 돕는 데 있다. 그러나 흔히 생산적인 원조관계는 존중, 이해, 관심 그리고 돕기 위해 적극적 단계를 취하고자 하는 의지를 입증하는 데서 나오는 결과다. 목적이 변화함에 따라 관계는 변화될 수 있으며, 원조목적이 달성되면 관계는 종결된다. 목적 이외에도 클라이언트와 사회복지사의 관계의 본질은 다음에 의해 영향을 받게 된다(Compton et al., 2005: 146-147).

- 사회복지사와 클라이언트가 함께 일하는 세팅
- 과정에 시간제한의 유무
- 관여된 개인 또는 집단 그리고 이들이 대변하는 이해관계
- 관련된 사람들의 능력, 동기, 기회, 기대 그리고 목적들
- 사회복지사와 클라이언트가 함께하게 된 문제 그리고 이들의 문제해결에 대한 목적
- 지식과 기술을 포함한 사회복지사가 가지고 있는 자질들
- 시간에 걸쳐 교류되는 관계에서의 당사자들의 실제 행동

이상에서 살펴본 개념들을 종합해 보면, 첫째, 사회사업에서 관계는 전문적 관계이면서 동시에 원조관계다. 둘째, 관계는 사회복지사와 클라이언트의 정서적 결속이다. 셋째, 이는 전체 사회복지실천 과정의 채널이 된다. 넷째, 전문적 관계에서 목적은 무엇보다도 중요하다. 다섯째, 사회복지사와 클라이언트의 관계는 권위를 포함한다. 여섯째, 관계는 사회복지사와 클라이언트가 목적을 가지고 함께 일하는 과정에서 발달되며, 그 본질은 사회복지사의 자질, 기관의 세팅 등 여러 요인에 영향을 받는다.

제2절 관계의 원칙 및 구성요소

여기에서는 우선적으로 고전적인 관계의 원칙을 제시한 비에스텍의 관계의 7대 원칙을 살펴보고자 한다. 이는 클라이언트의 욕구를 토대로 사회복지사가 클라이언트와의 관계에서 어떤 원칙을 준수해야 하며, 이를 위해 어떤 역할을 해야 하는지 규명해 줄 것이다. 다음에는 효과적인 원조관계의 구성요소들을 고찰함으로써 사회복지사가 클라이언트에게 관계를 통해서 무엇을 전달하고자 하는지 살펴보고자 한다.

1. 고전적인 관계의 원칙: 비에스텍의 관계의 7대 원칙

앞서 언급한 바와 같이, 비에스텍은 고전적인 관계의 이론을 제시한 학자로 우리에게 널리 알려져 있다. 비에스텍은 『케이스워크 관계』(1957)에서 사회복지사와 클라이언트 간의 원조관계의 기본원칙으로서 개별화, 의도적 감정표현, 통제된 정서적 관여, 수용, 비심판적 태도, 클라이언트의 자기결정 그리고 비밀보장의 일곱 가지 원칙을 제시하였고(양옥경 외, 2005: 136; 이영분 외, 2001: 103 참조), 이는 오늘날까지 가장 고전적인 관계의 원칙으로 알려져 있다. 비에스텍이 제시한 케이스워크 관계의 7대 원칙은 사회복지사-클라이언트 상호작용에서 사회복지사의 책임을 규정하는 유용한 방식이다(Johnson & Yanca, 2017: 150-151 참조).

원칙 1: 모든 클라이언트는 개별적인 욕구를 가진 존재로 개별화해야 한다(개별화).

원칙 2: 클라이언트가 감정을 자유롭게 표현하도록 해야 한다(의도적 감정표현).

원칙 3: 클라이언트의 감정에 대해 사회복지사는 민감성과 이해로써 반응해야 한다(통제된 정서적 관여).

원칙 4: 클라이언트를 있는 그대로 인정하고 받아들여야 한다(수용).

원칙 5: 클라이언트를 심판하거나 비난하지 않아야 한다(비심판적 태도).

원칙 6: 클라이언트의 자기결정을 최대한 존중해야 한다(클라이언트의 자기결정).

원칙 7: 클라이언트의 비밀을 보장해야 한다(비밀보장).

1) 개별화

이는 모든 인간이 개별적으로 취급되기를 원한다는 기본적인 욕구에 바탕을 둔 것이다. 즉, 모든 클라이언트는 다른 사람과 다르며 각 클라이언트의 감정, 사고, 행동, 독특한 생활양식, 경험 등은 각기 존중되어야 할 권리가 있다는 것이다(양옥경 외, 2005: 137).

무엇보다도 사회복지사는 개별화(individualization)를 위해 인간에 대한 편견이나 선입관으로부터 벗어나야 한다. 편견과 선입관으로 인해 사회복지사는 클라이언트의 문제, 경험, 사고, 행동들에 대해 속단하게 되고, 그들의 존엄성을 존중하지 않게 되며, 자칫 객관적인 시각을 잃게 된다(양옥경 외, 2005: 137; 이영분 외, 2001: 104). 사회복지사가 다음과 같이 행할 때 이 원칙을 실천에 적용하는 것이다(Johnson & Yanca, 2010: 150).

- 인간의 다양성에 대한 지식을 적용할 때
- 클라이언트를 보다 잘 이해하기 위해 경청하고 관찰할 때
- 클라이언트의 보조에 따라(client's pace) 움직일 때
- 클라이언트에게 공감할 때[1]

---

1) 개별화를 통해 인간의 존엄성 가치를 구현시키기 위해 콤프턴 등은 사정과 분류 과정에서 유의해야 한다고 지적한다. 분류는 유사한 현상을 집단이나 범주로 조직화하는 작업이다. 물론 이런 분류는 방대한 양의 자료를 이해하는 데 도움이 되기도 하지만, 사람을 분류할 경우 개인으로서가 아니라 특정 범주에 속한 사람으로 반응하게 되는 위험을 가지고 있다. 이와 같이 라벨링(labeling)이나 분류화는 개인의 고유성을 감소시키고 인간의 존엄성을 위협하게 할 수 있다. 예를 들어, DSM(Diagnostic and Statistical Manual of Mental Disorders)은 사회복지실천 현장에서 널리 사용되고 있다. 많은 사회복지사가 이를 유용하게 사용하고 있지만, 일부에서는 윤리적 및 전문적 기반에서 의구심을 제기하기도 한다. 그중 하나가 과연 다른 전문직에 의해서 그리고 그들을 위해서 개발된 분류기준이 사회복지실천에도 유용한가 하는 것이다. 다행히 사회복지실천에 보다 적합한 분류체계를 개발하고자 하는 노력이 있으며, 성인의 사회적 기능문제를 분류하는 환경 속의 인간체계(Person-Environment system: PIE)는 그중 하나다. PIE는 문제를 생태체계 내에서 분류하도록 돕

나아가서 개별화는 클라이언트의 개별적 특성에 따라 원칙과 방법을 차별화하여 개입하는 것을 포함한다.

2) 의도적 감정표현

의도적 감정표현(purposeful expression of feelings)의 원칙은 클라이언트가 자신의 감정, 특히 부정적인 감정을 자유롭게 표현하고자 하는 욕구에 기반을 둔 것이다. 사회복지사는 의도적으로 경청하고 이러한 감정표현을 저해하거나 비난하지 말아야 할 뿐 아니라, 치료목적에 유용한 경우 감정표현을 적극적으로 촉진해 줄 필요가 있다.

클라이언트의 감정표현은 사회복지실천의 목적달성에 여러 측면에서 기여할 수 있다. 첫째, 감정표현은 클라이언트의 스트레스나 긴장을 완화시켜 주며, 이에 따라 클라이언트가 자기 문제를 보다 분명하고 객관적으로 볼 수 있도록 도와준다. 둘째, 사회복지사는 감정표현을 통하여 클라이언트 및 그의 문제인식을 보다 잘 이해하게 되고, 이에 따라 보다 정확한 조사, 사정 및 개입을 할 수 있다. 셋째, 사회복지사가 클라이언트의 감정표현을 진지하게 경청하는 것 자체가 클라이언트에게 심리적 지지가 되며, 이는 치료적 가치가 크다. 넷째, 때로는 외적인 상황보다도 클라이언트의 부정적 감정이 진정한 문제일 수도 있다(김기태 외, 2007: 123-124; 이영분 외, 2001: 106-107 참조).

사회복지사는 다음과 같이 행할 때 이 역할을 준수하는 것이다(Johnson & Yanca, 2010: 150).

첫째, 클라이언트가 자신의 감정을 자유롭게 개방할 수 있는 편안한 분위기를 만들 때

둘째, 클라이언트에게 도움이 되고자 하는 의사를 표명할 때

셋째, 클라이언트에게 감정표현을 격려하고 이를 경청할 때. 이때 사회복지사는 클라이언트에게 '모든 사람은 자기에게 중요한 사람이나 사물에 대하여 부정적 감정을 가질 수 있다는 것, 사회복지실천의 관계 내에서는 이러한 감정을 표현해도 좋다는 것, 그리고 클라이언트에게 도움이 되고 싶다는 것' 등을 알려

고 ① 사회적 기능, ② 환경적 문제 혹은 조건에 따라 문제를 분류하는 수단을 제공한다(Compton et al., 2005: 85-87).

주면 클라이언트가 감정을 표현하는 데 도움이 된다.

넷째, 클라이언트의 상황이 이해되기 전까지 조언과 해결책을 제공하는 것을 삼갈 때

3) 통제된 정서적 관여

통제된 정서적 관여(controlled emotional response)란 문제에 대한 공감적 반응을 얻고 싶은 인간의 욕구에 기반을 둔다. 사회복지사는 관계를 통해 클라이언트의 감정에 반응을 보임으로써 정서적으로 '관여(involvement)'하게 된다. 이러한 관여는 통제되는(controlled) 것으로서, 통제란 원조라는 목적에 의하여 사회복지사의 정서적 관여가 통제되고 조정되어야 함을 의미한다.

사회복지사의 통제된 정서적 관여는 클라이언트의 감정에 대한 민감성, 그 감정이 의미하는 바에 대한 이해 그리고 의도적인 적절한 반응의 세 가지 구성요소를 가진다.

(1) 민감성

민감성이란 클라이언트가 무엇을 느끼고 생각하는지 민감하게 파악하는 것을 의미한다. 이는 클라이언트의 감정을 잘 관찰하고 경청함으로써 그리고 클라이언트에게 진심 어린 관심을 가짐으로써 가능하다. 이를 위해 사회복지사는 클라이언트의 언어적 및 비언어적 표현에 주의를 기울여야 한다.

(2) 공감적 이해

이해란 공감적 이해라고도 표현되며, 이는 사회복지사가 클라이언트의 주관적인 경험과 감정을 인지하고 이것이 클라이언트에게 가지는 의미를 포착하는 것을 의미한다. 이때 사회복지사에게는 클라이언트의 감정을 깊이 느낄 수 있는 능력과 함께, 객관성을 지키기 위해 충분한 정서적 거리를 유지할 수 있는 능력이 동시에 요구된다. 인간 행동에 대한 지식과 사회복지실천 경험은 클라이언트의 감정을 이해하는 데 도움이 된다. 사회복지사는 자기훈련을 통해 자신의 욕구와 감정을 자각하고 이를 관리함으로써 클라이언트의 감정을 왜곡하여 이해하지 않도록 주의해야 한다.

(3) 반응

사회복지사는 클라이언트의 감정에 대한 민감성과 이해를 토대로 클라이언트에게 반응을 하게 되는데, 이 부분이 가장 어려운 부분이다. 여기에서 사회복지사의 정서적 반응은 목적과 방향성을 지닌 의도적인 것이면서도 내면에서 우러나오는 것이어야 한다(양옥경 외, 2005: 139-140; 이영분 외, 2001: 108-109). 이와 더불어 사회복지사는 클라이언트에게 반응하는 데 자기 자신에 대한 지식(self-knowledge)을 활용한다(Johnson & Yanca, 2010: 150).

4) 수용

수용(acceptance)은 클라이언트를 있는 그대로 인식하고 대우해 준다는 원칙이다. 보다 구체적으로, 사회복지사가 클라이언트의 강점과 약점, 바람직한 자질과 그렇지 못한 자질들, 긍정적인 감정과 부정적인 감정, 건설적이거나 파괴적인 태도 및 행동을 있는 그대로 인정하고 존중해 주는 것을 의미한다.

그러나 '수용'한다는 것이 클라이언트의 일탈적인 태도나 행동까지 '허용'한다는 의미는 아니다. 또한 클라이언트의 부도덕하고 반사회적인 행동을 받아들인다는 의미는 더욱 아니다. 사회복지사가 윤리와 법, 전문적 가치 등에 의거하여 바람직한 것과 수용할 수 있는 것에 대한 기준을 가지고 있는 것은 당연하며, 사회복지사의 역할은 클라이언트가 바람직하고 용납되는 방향으로 발달할 수 있도록 돕는 것이다.

수용을 통하여 클라이언트는 현재 존재하고 있는 그대로의 자신을 표현하는 데 안도감을 갖게 되며, 자기 자신과 문제에 현실적인 방법으로 대처할 수 있게 된다. 또한 클라이언트는 사회복지사가 자기를 수용해 주는 것을 경험함으로써 바람직하지 못한 방어나 왜곡으로부터 자유롭게 될 수 있다. 다시 말해서, 어려움을 경험하고 있는 클라이언트는 사회복지사가 자신을 수용해 주는 경험을 통해 비로소 자신을 수용할 수 있게 되며, 더 이상의 방어적인 태도가 필요 없음을 알고 자신의 현실을 객관적으로 바라볼 수 있게 된다(양옥경 외, 2005: 140-141; 이영분 외, 2001: 110-111; Johnson & Yanca, 2010: 150).

5) 비심판적 태도

비심판적 태도(nonjudgemental attitude)는 클라이언트가 유죄인가 무죄인가 또는 클라이언트에게 문제에 대한 책임이 어느 정도 있는가를 결정하는 것은 사회사업의 기능이 아니라는 확신에 기반하고 있는 원칙이다.

그러나 앞서 수용에서 살펴본 바와 같은 맥락에서, 비심판적인 태도를 가진다는 것은 클라이언트의 태도, 기준 또는 행동에 대해 사회복지사가 평가적 판단을 내려서는 안 된다는 것을 의미하는 것은 아니다. 반사회적이고 비윤리적이며 불법적인 태도에 대해 사회복지사가 올바른 기준을 갖고 있지 않다면, 이는 사회적 책임을 외면하는 것이다. 단, 사회복지사가 기준과 가치에 위배되는 클라이언트의 행동에 관심을 두는 것은 클라이언트의 잘못을 비난하기 위해서가 아니라, 현재와 미래의 클라이언트의 건강한 적응을 위한 것임을 분명히 인식할 필요가 있다(양옥경 외, 2005: 141-143; Johnson & Yanca, 2010: 150).

6) 클라이언트의 자기결정

클라이언트의 자기결정(client self-determination) 원칙은 사회복지실천 과정에서 클라이언트가 자신의 선택과 의사결정을 내릴 수 있는 자유에 대한 권리와 욕구를 가진다는 인식에서 비롯된다. 앞서 살펴보았던 바와 같이, 이 원칙은 오늘날 사회복지실천의 윤리적 원칙의 하나로서 그 중요성이 더욱 강조되고 있다. 이러한 자기결정의 원리는 사회복지사가 클라이언트를 위하여 무엇을 해주는 것이 아니라, 클라이언트와 '함께' 해결해 나가는 것을 의미하므로 전문적 관계의 파트너십을 강조하게 된다.

물론 자기결정에는 한계가 있다. 우선 지적, 정신적, 신체적 장애로 인해 클라이언트가 스스로 결정할 능력이 없는 경우 자기결정의 기회가 제한될 수 있다. 그뿐 아니라 클라이언트의 결정이 법적, 도덕적 규범에 어긋날 경우 자기결정의 원리는 한계를 가지게 된다. 이 경우에도 사회복지사는 클라이언트의 자기결정권이 최소한으로 침해되면서 덜 파괴적이고 더 기능적인 방향으로 결정을 내릴 수 있도록 최선을 다해야 한다.

이 역할을 수행하기 위해 사회복지사는 다음과 같이 실천할 수 있다.[2]

첫째, 클라이언트가 문제와 욕구를 분명하게 그리고 관점을 가지고 보도록 돕는 것

둘째, 클라이언트에게 적절한 지역사회 자원을 충분히 알려 주는 것

셋째, 사회복지사와 클라이언트가 함께 일할 수 있는 환경을 조성하는 것(양옥경 외, 2005: 143; 이영분 외, 2001: 113; Johnson & Yanca, 2010: 150-151)

7) 비밀보장

비밀보장(confidentiality)은 클라이언트가 전문적 관계에서 노출한 비밀스러운 정보를 사회복지사가 전문적 치료목적 외에 타인에게 알려서는 안 된다는 원리에 바탕을 두고 있다. 오늘날 비밀보장의 원칙은 클라이언트의 자기결정의 원칙과 더불어, 관계의 원칙이라기보다는 사회복지실천의 윤리적 원칙으로 다루어지는 경향이 있다. 사회복지사의 역할은 비밀보장의 한계와 전문적 및 법적 의무의 틀 안에서 클라이언트의 권리에 대해서 설명해 주는 것이다(양옥경 외, 2005: 145; Johnson & Yanca, 2010: 151).

2. 관계의 구성요소

사회복지실천 및 상담 분야에서는 효과적인 원조관계의 구성요소에 대한 논의들이 오랫동안 지속되어 왔다. 일찍이 로저스(C. Rogers)는 사회복지사는 열

---

2) 콤프턴 등은 클라이언트의 자기결정을 극대화하기 위해서 다음을 수행해야 한다고 제시한다. ① 클라이언트와 대안을 찾는 데 적극적으로 협력한다. 대안 없이는 진정으로 의사결정을 내리거나 자기결정권을 구사할 수 없다. ② 클라이언트의 의사결정 기회의 본질과 범주를 증대시키도록 노력한다. 사회복지사는 사람들에게 무엇이 최선인가를 알고 있다고 가정하지 않으며, 이에 따라 클라이언트를 위해 결정을 내려 주는 것을 피한다. 오히려 협력적인 의사결정의 맥락 내에서 사회복지사의 지식과 전문성을 활용하도록 한다. ③ 명령이나 지시로서가 아니라 고려해 볼 만한 아이디어로서, 사회복지사는 자신의 지식, 관점 그리고 제언을 클라이언트와 공유한다. ④ 클라이언트의 가치가 그들 자신이나 다른 사람들의 안녕을 위험하게 하거나 클라이언트의 목적을 달성하는 데 장애가 된다면 클라이언트에게 이를 재고해 보도록 격려한다. ⑤ 클라이언트의 자기결정을 사회복지사의 자기결정과 구분한다. 사회복지사가 전문적 책임을 수행할 때, 클라이언트에게 최대한 이익이 되도록 하기 위해 사회복지사의 옵션은 크게 제한을 둔다(Compton et al., 2005: 91-98).

려 있어야 하고 원조관계에서 클라이언트[3]를 발달시키려면 다음 조건이 필요하다고 제시하였다.

① 무조건적인 긍정적 존중(unconditional positive regard): 사회복지사는 클라이언트가 어떤 사람이건, 무엇을 말하건 혹은 행하건 간에 가치 있는 사람으로 수용한다는 점을 커뮤니케이션해야 한다.

② 진솔성과 일치성(genuineness and congruence): 사회복지사는 진실하고 성실하며, 정직하고 분명해야 한다. 그리고 원조관계에서 언행이 일치되어야 한다.

③ 공감(empathy): 사회복지사는 클라이언트의 준거 틀에 대한 공감적 이해를 커뮤니케이션할 수 있어야 하며, 클라이언트의 관심을 그들의 관점으로부터 느끼고 이해한다는 것을 알려 주어야 한다(Rogers, 1958: Okun, 1997: 35에서 재인용).

보다 최근에 콤프턴 등은 관계의 구성요소로서 ① 타인에 대한 관심, ② 헌신과 의무, ③ 수용, ④ 기대, ⑤ 공감, ⑥ 권위와 파워, ⑦ 진솔성과 일관성을 제시하고 있다(Compton et al., 2005). 그리고 커스트-애시먼과 헐은 따뜻함, 공감 및 진솔성이 관계를 향상하는 특성이라고 제시한다(Kirst-Ashman & Hull, 2017: 66). 이와 유사하게, 셰퍼와 호레이시는 사회복지사의 자질로 공감, 무조건적인 긍정적 존중, 개인적 따뜻함, 진솔성을 들고 있다(Sheafor & Horejsi, 2006: 136-138). 한편, 마일리 등은 전문적 파트너십의 구성요소로서 ① 진솔성, ② 수용과 존중, ③ 신뢰성, ④ 공감, ⑤ 문화적 민감성을 제시한다(Miley et al., 2007: 138-146).

이상 살펴본 관계의 기본요소에서 가장 공통적으로 언급되는 것은 공감, 진솔성, 긍정적 존중(관심, 존중), 수용, 따뜻함 등이며, 이 외에도 헌신과 의무, 기대, 권위와 파워, 일관성, 신뢰성, 문화적 민감성 등이 제시되고 있다. 여기에서는 앞서 살펴보았던 수용을 제외하고 공통적인 구성요소를 중심으로 살펴보되, 강점관점에서 자주 언급되는 구성요소인 기대와 사회복지실천 현장에서 이슈

---

3) 오쿤(Okun)의 저서에서는 원조자(helper)와 피원조자(helpee)라는 용어를 사용하고 있으나 여기에서는 사회복지사와 클라이언트로 용어를 통일하였다.

가 되는 권위와 파워를 포함하여 고찰하고자 한다.

1) 무조건적인 긍정적 존중

무조건적인 긍정적 존중은 클라이언트가 내재적으로 가치 있는 사람이라고 믿고, 이에 따라 클라이언트가 과거에 행한 바와 관계없이, 면담에서 어떻게 행동했는가와 관계없이, 그리고 클라이언트가 어떤 모습인가에 관계없이 클라이언트를 존중할 때 이루어진다. 여기에서 무조건적이라는 단어는 클라이언트가 이런 처우를 받을 권리를 획득했기 때문이 아니라 단지 인간이라는 이유만으로도 공정함과 존중을 받을 자격이 있다는 아이디어를 전달하는 것을 의미한다 (Sheafor & Horejsi, 2006: 137).

콤프턴 등은 무조건적인 긍정적 존중을 통해 클라이언트에 대한 관심이 표현된다고 지적한다. 사회복지사는 원조과정에서 어느 정도 개인적으로 관여될 뿐 아니라 정서적으로 관여되기 마련이다. 이때 사회복지사는 클라이언트에 대한 관심 때문에 과도하게 관여할 위험에 처하게 된다. 사회복지사가 클라이언트의 문제를 자신의 문제인 것처럼 받아들이거나, 클라이언트가 아닌 사회복지사가 무엇을 원하는가에 초점을 두게 된다면, 아마도 과도하게 관여된 것으로 보아야 할 것이다.

원조관계에서 다른 사람에 대한 관심(또는 존중)은 사회복지사가 자신이 가진 기술, 지식, 자기 자신 및 클라이언트에 대한 호의를 클라이언트가 필요로 하는 대로 (목적, 시간 및 장소의 한계 내에서) 제공하되, 이를 활용할지 여부는 클라이언트에게 맡기는 것을 의미한다. 때로 이는 클라이언트가 이를 거절하고 실패할 자유까지 주는 것을 의미하기도 한다.

한편, 다른 사람에 대한 관심에는 클라이언트의 프라이버시에 대한 권리를 존중하는 것이 포함된다. 이를 위해 사회복지사는 클라이언트에 관한 정보를 문제해결에 필요한 만큼만 획득한다. 클라이언트가 사회복지사와 사적인 정보를 나누는 것은 결코 쉬운 일이 아님을 기억해야 한다. 개인적 호기심에서 다른 사람에 대한 정보를 추구한다면 자칫 그들을 대상화할 위험이 따른다(Compton et al., 2005: 148-149).

2) 따뜻함

따뜻함을 표현하는 것은 다른 개인에 대한 흥미, 관심, 안녕 그리고 애정을 전달하는 것이다. 따뜻함은 수용을 나타내 주는 수단이다. 또한 따뜻함은 다른 사람에 대한 긍정적 감정을 향상한다(Kirst-Ashman & Hull, 2017: 66). 셰퍼와 호레이시에 의하면, 클라이언트가 안전하고 수용된다고 느낄 수 있는 방식으로 사회복지사가 반응할 때 따뜻함의 조건이 충족된다. 따뜻함이 없다면 사회복지사의 말은 공허하고 진지하지 못할 뿐 아니라 치료 효과도 얻을 수 없을 것이다. 따뜻함은 대개 비언어적으로 커뮤니케이션되며 미소, 위안이 되는 부드러운 목소리, 편안하지만 관심을 보이는 자세, 적절한 시선접촉 그리고 수용과 개방성을 전달하는 제스처를 통해 표현된다(Sheafor & Horjsi, 2006: 137).

3) 기대

최근 플라세보 효과(placebo effect) 등 기대가 가지는 긍정적 효과에 대한 관심이 증가하고 있다. 미래에 대한 기대는 현재의 안녕과 행동에 영향을 미치고, 이는 다시 미래의 안녕과 행동에 영향을 미친다. 사회복지실천에 기대가 미치는 영향력과 관련하여, 사회복지사는 원조관계에서 다음을 고려해야 한다.

- 사회복지사가 클라이언트의 능력이나 변화하고자 하는 의지에 대해 어떤 기대를 가지고 있는지
- 사회복지사가 변화과정에 기여할 수 있는 자신의 능력에 대해 어떤 기대를 가지고 있는지
- 클라이언트가 사회복지사와 그(그녀)의 행동에 대해 어떤 기대를 가지고 있는지
- 클라이언트가 원조과정의 결과에 대해 어떤 기대를 가지고 있는지

이와 같이 사회복지사와 클라이언트는 각기 기대를 가진다. 사회복지사의 기대와 관련하여, 클라이언트가 성장하고, 변화하며, 학습하고, 문제를 해결할 수 있을 것이라고 기대하면 효과성이 향상된다. 효과적인 사회복지사는 클라이언트가 문제를 해결하고 목적을 성취할 것을 진정으로 믿고 기대한다. 이런 낙관

주의는 그렇지 않은 경우와 비교해 볼 때 커다란 차이를 가져올 수 있다.

한편, 클라이언트가 가지고 있는 사회복지사의 역할과 기능에 대한 기대도 결과에 영향을 미칠 수 있다. 그리고 결과에 대한 클라이언트의 기대도 실제 결과에 영향을 미친다. 플라세보 효과 또는 자기충족적 예언(self-fulfilling prophecy)은 기대가 결과에 영향을 미치는 것을 보여 주는 좋은 예들이다.

최근 우리 사회에서도 비자발적 클라이언트에 대한 개입이 점차 증가하는 경향이 있는데, 기대가 비자발적인 클라이언트에게 어떤 영향을 미치는지에 관심을 가질 필요가 있다. 비자발적 클라이언트는 흔히 전문가의 개입에 대해 회의적인 태도를 가지고 있는 경우가 많은데, 사회복지사가 비관적 태도를 가지고 개입한다면 클라이언트가 옳다는 것을 다시 한 번 입증해 주는 셈이 된다. 이런 견지에서 사회복지사는 자신의 견해를 긍정적으로 변화시킬 책임이 있으며, 필요시 클라이언트가 가지고 있는 회의적 또는 부정적 기대를 재고해 보도록 격려할 필요가 있다. 예를 들어, 클라이언트의 기대를 주의 깊게 탐색해 보고 부정확한 인식에 대해 논의할 수 있다. 또한 사회복지사는 클라이언트에게 그들이 가지고 있는 기대와 사회복지사의 실제 행동을 비교해 보도록 요청할 수 있다. 사회복지사가 약속을 지키고 클라이언트를 존중한다면, 클라이언트는 시간이 지남에 따라 사회복지사가 자신들이 처음 기대했던 바와는 다르다는 점을 인정하게 될 가능성이 크다(Compton et al., 2005: 150-151).

4) 공감

공감(empathy)은 사회복지사가 자신을 잃지 않으면서 다른 사람의 감정과 경험—다른 사람이 무엇을 느끼고 경험하는지 알기 위해서—에 들어가는 능력을 포함한다(Rogers, 1966, 1975: Compton et al., 2005: 151에서 재인용).

그리스어 empatheia에서 유래된 공감은 다른 사람의 감정—다른 사람이 어떻게 그리고 무엇을 느끼는지—에 관여하는 과정이라고 기술할 수 있다. 공감은 다른 사람과 함께 느끼는 과정이다. 이는 다른 인간의 사고, 감정, 경험 그리고 상황에 대한 이해와 인정이다(Cournoyer, 2005: Compton et al., 2005: 151에서 재인용).

공감은 정서를 깊이 느끼면서, 그럼에도 불구하고 필요한 지식을 사용할 수 있도록 정서로부터 분리시키는 능력을 요구한다. 다른 사람을 깊이 느끼면서 자신을 분리시킨다는 것은 역설적으로 보일 것이다. 그러나 그게 바로 공감의 본질이다. 클라이언트는 그들을 진정으로 이해할 수 있고 그들과 함께 강한 개인적 결속을 느끼면서도, 그들이 가지고 있는 감정과 경험에 압도당하지 않는 사회복지사에게 가치를 부여한다(Compton et al., 2005: 151-152).

5) 권위와 파워

원조관계의 맥락에서 사회복지사의 권위는 제도적 양상(기관에서의 지위와 기능 그리고 전문가로서의 지위에서 나온)과 심리적 양상(클라이언트가 사회복지사를 지식, 전문성 그리고 지침의 출처라고 인정하는 데서 나오는)을 지닌다. 작업관계에서 파워와 권위는 과정을 손상시키는 것이 아니라 오히려 이에 기여할 수 있다. 클라이언트는 권위가 없다거나 파워가 없는 척하는 사회복지사에게 의구심을 가질 것이다. 그들은 왜 사회복지사가 이 명백한 사실을 인정하지 못하는지 의아해한다. 권위에 대한 인정은 클라이언트가 느끼는 것과 사회복지사가 말하는 것 사이의 일치성을 가져오며, 관계에 안전감과 안정감을 줄 것이다.

예를 들어, 사회복지사가 클라이언트를 다른 곳에 의뢰하거나 "괜찮으시다면 앞으로 매주 월요일에 뵙도록 하겠습니다."라고 말할 때, 혹은 다른 가족구성원을 서비스에 포함시키겠다는 결정을 내렸을 때, 사회복지사는 관계의 조건을 설정하는 것이며 이미 자신이 가진 권위를 발휘하는 것이다.

더욱이 법원명령이나 기관의 결정에 따라 사회복지사가 가족에게 개입할 경우, 클라이언트가 사회복지사의 파워와 권위에 대한 의문을 가지는 것은 당연하다. 클라이언트는 과거 전문적 권위가 남용되는 경험을 하였을 수 있다. 이 경우 가족은 전문가에게 부정적 기대를 가지고 있으며, 전문가를 신뢰할 수 없고, 헌신하는 것을 두려워할 수 있다. 이런 상황에서 사회복지사는 그들이 가지고 있는 파워와 권위의 본질, 정도 그리고 수단에 대해서 필요하다면 여러 차례 분명하게 설명해 주어야 한다(Compton et al., 2005: 152-153).

6) 진솔성과 일치성

진솔성, 일치성 혹은 진정성은 사회복지사가 의미한 바를 그대로 말하고, 사회복지사가 말한 것을 행동으로 옮기는 것을 포함한다. 정직성, 성실성, 일관성, 개방성 그리고 진지함은 진솔성의 요소들이다. 많은 경우 클라이언트는 사회복지사에게서 진실하고, 정직하며, 명예롭고 신뢰할 수 있는 모습을 발견하지만, 불행히도 교활하고, 기만적이며, 사기꾼 같은 모습을 발견하는 경우도 간혹 있다. 보다 진솔한 모습으로 클라이언트에게 다가가기 위해서 사회복지사는 다음의 세 가지를 추구해야 한다.

- 사회복지사 자신에 대한 정직한 지식과 수용
- 사회복지사의 전문적 역할과 기능 그리고 기관의 정책과 절차에 대한 분명한 이해
- 클라이언트에 대한 관심과 수용의 내재화, 그들의 안녕에 대한 헌신, 사회복지사가 가진 권위와 다른 사람들이 가진 권위를 인정하고 이에 대해 편안해짐

원조관계에서 진실하고 진솔하며 일치성이 있는 사회복지사는 자기 자신을 이해하고, 자기에 대한 지식을 수용하며, 자기 자신에 대해 편안하게 느낀다. 이런 사회복지사는 무엇인가를 입증하거나 보호하지 않으면서 다른 사람과 접촉할 수 있다. 이들은 다른 사람의 아이디어, 경험 및 정서를 이해하고 수용하며, 방어적이 되거나 지나친 자기과신 없이 다른 사람과 상호작용할 수 있다. 그렇다고 해서 사회복지사가 충동적이거나(예: 내키는 대로 아무 말이나 하는 것) 반응적이거나 본능적이어서는 안 된다. 전문주의(professionalism)는 목적을 지닌 관계의 맥락에서 관점, 개인적 인식, 절제와 판단을 요구한다. 사회복지사는 생각, 반응 그리고 감정을 표현하기 전에 숙고함으로써 진정한 사회복지사의 역할과 기능을 수행할 수 있다(Compton et al., 2005: 153-154).

제3절 효과적인 사회복지사의 특성

앞 절에서 비에스텍의 관계의 7대 원칙을 토대로 사회복지사가 클라이언트와의 관계에서 어떤 원칙을 지키고 어떤 역할을 수행해야 하는지를 살펴보았다. 또한 사회복지사와 클라이언트의 관계에서는 무조건적인 존중, 따뜻함, 기대, 공감, 진솔성과 일치성이 요구된다는 것을 탐색해 보았다. 그렇다면 과연 어떤 특성을 갖춘 사회복지사가 이러한 원칙을 보다 잘 준수하고, 클라이언트에게 관심, 따뜻함, 진솔성, 공감 등을 보다 잘 전달할 수 있는지에 대해 모색해 볼 필요가 있다.

효과적인 사회복지사의 특성으로서 자아인식, 민감성, 정직성, 창의성, 용기 등 다양한 특성이 제기되고 있다. 여기에서는 대표적 자질을 중심으로 살펴보고자 한다.

1. 자아인식

여러 학자가 가장 공통적으로 지적하는 효과적인 사회복지사의 특성은 자아인식이다(Compton et al., 2005; Okun, 1997 등). 자기이해와 자아인식을 지속적으로 발달시키는 사회복지사는 그렇지 않은 사회복지사보다 효과적일 가능성이 크다. 이런 사회복지사는 자신들이 가진 욕구, 인식 그리고 감정을 클라이언트의 그것과 분리시킬 수 있으며, 다른 사람이 자아인식을 발달시키도록 도울 수 있기 때문이다(Okun, 1997: 37).

콤프턴 등은 자아인식과 관련하여 사회복지사에게 성숙성이 요구된다고 지적한다. 이들에 의하면, 성숙성은 자아인식과 개인적 절제를 요한다. 이것들은 인종, 문화, 연령, 성별 혹은 사회계층이 서로 다른 맥락에서 생산적인 작업관계를 발달시키는 데 요구되는 성숙성의 주요 양상들이다. 다양성에 대한 관용과 수용의 폭이 점차 넓어져 감에도 인간은 어느 누구도 인종주의, 성차별주의, 민족중심주의, 연령차별주의, 계층주의, 동성애공포, 외모지상주의, 능력주의, 외국(인)혐오, 기타 '우리 대 그들' 형태의 닫힌 사고의 영향으로부터 완전히 자유로울 수 없으며, 사회복지사도 예외는 아니다. 성숙성은 바로 이런 다양한 형태의 차별주의 경향에 대한 자아인식, 이를 인정하고자 하는 의지, 이를 관리하고자 하는 절제, 그리고 최선의 의도에도 불구하고 이런 일이 발생하였을 때 이를 수정하고자 하는 용기를 포함한다(Compton et al., 2005: 154).

2. 민감성

클라이언트는 양가적 감정과 상당한 불안을 느끼면서 원조전문가와의 관계에 들어선다. 흔히 사회복지사와 처음으로 접촉할 때, 클라이언트는 어색하고 불편하고 스트레스를 느낀다. 클라이언트는 문제에 대한 복잡한 감정, 혹시 자신을 문제를 가진 사람으로 보는 것이 아닌가 하는 우려 그리고 원조과정이라는 미지에 대한 불안감을 가질 수 있다. 이에 따라 사회복지사는 문제해결과정, 특히 관계형성 단계에서 사람들과 상황에 민감해야 한다.

또한 전문적 관계에서 사회복지사는 특정한 성별, 성적 지향, 인종, 연령, 계층 및 문화적 배경을 가진 클라이언트가 어떤 경험을 하는지 그리고 이에 대해 어떤 반응을 하는지에 대해 민감해야 한다. 사회복지사는 민감성을 가지고 필요시 클라이언트에게 주어진 범위 내에서 최선의 서비스를 받게 될 것임을 확신시켜 주도록 한다(Compton et al., 2005: 156).

3. 정직성

신뢰를 발달시키는 주요한 변수의 하나로서, 정직성은 어떤 대인관계에서도 핵심적인 요소다. 사회복지사는 클라이언트에게 열려 있고, 질문에 최선을 다해 대답하며, 실수나 지식의 부족을 인정함으로써 정직성을 커뮤니케이션할 수 있다.

4. 창의성

창의성은 독창력, 표현력 그리고 상상력을 포함한다. 효과적인 실천은 문제를 규정하고 해결하는 대안적 방식을 추구한다는 점에서 사회복지사의 창의성을 필요로 한다. 흔히 클라이언트는 어찌할 바를 몰라서 사회복지사를 찾아온다. 이 경우 클라이언트는 생각해 볼 수 있는 모든 일상적 방법을 이미 시도해 보았을 가능성이 크다는 점에서, 클라이언트의 문제를 정의하고 해결하는 일상적 방식은 효과가 없을 수 있다. 그렇다면 사회복지사는 클라이언트가 아직 생각하고 시도해 보지 않은 새로운 것을 제시해야 한다. 창의성은 모든 삶의 경험, 다양한 관점 그리고 새롭게 대두되는 지식, 전통에 대한 재고, 삶에 대한 호기심에 열려 있는 것을 의미한다(Compton et al., 2005: 156).

5. 용기

콤프턴 등은 성숙성에는 자아인식과 개인적 절제뿐 아니라 용기가 요구된다고 지적한다. 성숙한 사회복지사는 작업관계에 불가피하게 수반된 위험들—도움 제공에 실패할 위험, 감정이 엉켜 있는 복잡한 상황에 관여되는 것, 자신의 삶의 방식이 깨지는 것, 비난받고 비판받는 것, 예측 불가능한 상태에 있는 것, 때로 신체적으로 위협받는 것—을 받아들인다. 성숙한 용기는 무지나 둔감에 기반을 두는 것이 아니며, 스릴과 흥분을 추구하는 것도 아니다. 용기 있는 사회복지사는 자신이 해야 할 일을 해 나가야 한다는 사실을 충분히 인식하고 있다. 사회복지사에게는 우리와 다른 사람들에 대해 정직하게 생각할 용기가 필요하며, 클라이언트가 그들이 직면한 문제와 상황에 직면하도록 도울 용기가 필요하다(Compton et al., 2005: 155).

〈표 6-1〉 사회복지사의 전형적인 욕구[4]

왜 사회복지사의 길을 걸어가는가에 대한 동기는 자아인식에 매우 중요하다. 사회복지사의 동기와 욕구는 클라이언트와 일하는 데 있어서 생산적 혹은 비생산적으로 작용할 수 있다. 사회복지사는 '클라이언트의 욕구를 만족시키면서 자신의 욕구를 만족시킬 수 있는가?'라는 질문을 할 필요가 있다. 다음은 사회복지사가 가진 전형적인 욕구들이다.

---

4) 원문에서는 원조자라는 용어를 사용하고 있으나 여기에서는 용어의 통일을 위해 사회복지사라고 기술하였다.

① 영향(impact)을 주고자 하는 욕구: 많은 사회복지사가 세상을 보다 나은 곳으로 만들고자 하는 이타적 욕망을 고백한다. 클라이언트가 변화하는 데 관심이 없거나 도움을 원하지 않을 때, 사회복지사는 때로 좌절감을 느낀다.

② 친절함(favor)을 돌려주고자 하는 욕구: 성장하면서 교사나 치료자 등 누군가로부터 깊은 영향을 받았고 이로 인해 사회복지사가 되었을 수 있다.

③ 다른 사람을 돌보고자 하는 욕구: 성장하면서 '남을 돕는 데 타고난 사람'이라는 말을 흔히 들었고, 이런 삶의 경험을 토대로 원조전문직을 선택하기도 한다. 그러나 자신에게 도움이 필요할 때 이를 요청하는 것을 배우지 않는 한, 개인적 및 전문적으로 소진될 수 있다.

④ 자조의 욕구: 개인적 이슈를 해결하기 위해서 원조전문직을 선택하기도 한다. 예를 들어, 알코올중독자 가족에서 성장하면서 겪었던 어려움 때문에 원조전문직을 택하였을 수 있다. 다만 미해결된 개인적 이슈는 질적인 서비스 제공을 저해할 수 있으므로, 개인적 이슈를 인식하는 것은 중요하다.

⑤ 필요한 사람이 되고자 하는 욕구: 필요한 사람이 되고자 하는 욕구에서 자유로운 사회복지사는 거의 없다. 클라이언트로부터 덕분에 나아졌다는 감사의 말을 듣는 것보다 커다란 심리적 보상은 없을 것이다. 그러나 이 욕구가 지나치면 클라이언트의 의존성을 조장할 수 있다.

⑥ 돈에 대한 욕구: 사회복지사가 많은 돈을 원한다면 원조전문직이 아닌 다른 직업을 택할 것을 권한다. 하지만 쾌적한 삶을 원한다고 해서 죄의식을 느낄 필요는 없다.

⑦ 특권과 지위에 대한 욕구: 사회복지사는 가난하거나 약물중독 등의 문제를 가진 클라이언트에게 서비스를 제공할 것이며, 그것으로 인해 높은 특권과 지위가 주어지지는 않을 것이다. 이에 따라 사회복지사가 확고한 자아존중감을 가지려면, 외적 조건이 아니라 자신 안에서 가치를 찾아야 할 것이다.

⑧ 대답을 제공하고자 하는 욕구: 많은 사회복지 전공생은 다른 사람에게 조언을 주거나 '올바른 대답'을 제공하고자 하는 강한 욕구를 가지고 있다. 예를 들어, 일부 학생은 친구가 문제를 의논하러 왔는데 구체적 조언을 줄 수 없다면 스스로 부적절하다고 느낀다. 그러나 사회복지사의 목적은 대답을 주는 것이 아니라 클라이언트에게 방향을 제공하고 자신의 행동노선을 발견하도록 돕는 것이다.

⑨ 통제하고자 하는 욕구: 삶에서 어느 정도의 통제는 안전과 정신위생의 측면에서 필수적이지만, 과잉통제는 문제가 된다. 원조의 목적은 클라이언트가 자신의 삶에 대한 효과적인 통제를 회복하도록 가르치는 데 있다.

이상 살펴본 바와 같이, 사회복지사에게 이런 욕구가 있다는 것은 하등 잘못된 것이 아니다. 그러나 이런 욕구들을 의식하지 못한다면 개입의 본질에 영향을 미칠 가능성이 커진다. 사회복지사는 클라이언트의 욕구를 충족하면서 자신의 욕구도 충족하기 위해 노력할 필요가 있다.

출처: Corey & Corey (1998), pp. 4-7 재편집.

제4절 파트너십 관계

최근 강점관점 및 임파워먼트 접근에 대한 관심이 증대하면서 사회복지실천 분야에서 클라이언트와 사회복지사의 파트너십 관계에 대한 관심이 크게 부각되고 있다. 이에 따라 파트너십 관계에 대해 좀 더 자세히 규명해 볼 필요가 있다.

미국 사회사업의 임파워먼트 전통에 대한 역사를 기술하면서, 사이먼(Simon)은 클라이언트와의 협력적 관계(collaborative relationship)는 임파워먼트의 핵심적 요소의 하나였다고 지적한다. 협력은 함께 일하는 것을 의미한다. 그리고 함께 일하는 것은 사회복지사와 클라이언트가 문제해결의 목적을 성취하기 위해 함께 참여하는 파트너십을 구축하는 것이다. 브릭커-젠킨스(Bricker-Jenkins)는 클라이언트-사회복지사 파트너십은 열려 있고, 평등주의적이며 상호적이라고 지적한다(Bricker-Jenkins, 1991; Simon, 1994: Compton et al., 2005: 81에서 재인용). 이와 같이 사회복지사와 클라이언트의 파트너십은 함께 일하는 협력에 근간을 두고 있으며, 이런 협력적 관계에서 파트너십이 발달한다. 파트너십은 개방성, 상호성과 평등성 등을 지니고 있다. 다음에서는 파트너십의 두 가지 측면과 협력적 관계형성을 위한 지침을 살펴보고자 한다.

1. 의사결정 타협하기

사실상 파트너십은 클라이언트와 사회복지사가 문제해결과정 동안 의사결정을 공동으로 타협해 나가는 것을 의미한다. 특히 이들은 해결되어야 할 문제, 추구해야 할 목적, 목적달성을 위한 계획에 대해 합의한다. 파트너십은 일방적 의사결정이 아닌 타협(negotiation)을 의미한다.

평등한 관계를 위한 노력에도 불구하고 많은 클라이언트는 사회복지사를 파워를 가진 사람으로 간주한다. 이는 사회복지사가 가지고 있는 전문가로서의 지위, 기관에서의 지위 그리고 사회복지사의 전문성 때문에 그렇게 인식하는 것이다. 이에 따라 사회복지사는 자신의 견해를 피력하는 데 있어서 클라이언트의 참여와 자기결정을 극대화하기 위해 노력해야 한다. 일반적으로 클라이언트에게 먼저 의견을 말하도록 격려하는 것이 효과적이다. 사회복지사와 클라이언트의 의견이 합치되는 경우, 사회복지사는 클라이언트를 지지하고 이에 동의한다. 만약 의견 차이가 있다면, 사회복지사는 클라이언트에게 자신의 견해를 하나의 대안으로 제시해 볼 수 있다.

2. 다르지만 평등한 기여

대체적으로 클라이언트와 사회복지사가 문제해결과정에 동일한 것을 가져오는 것은 아니지만, 이들이 각기 기여하는 바는 대등하게 중요하다. 예를 들어, 클라이언트는 자신과 상황에 관한 지식, 문제의 기원과 발달에 대한 지식, 성취하기를 원하는 것, 목적달성에 활용할 수 있는 강점 등으로 기여한다. 그리고 사회복지사는 전문가 지식, 기술, 기관의 자원 그리고 지역사회 자원에 대한 연계능력 등으로 기여한다.

클라이언트와의 협력적 파트너십의 개념은 전문가의 역할과 기능에 대한 대중적 관점을 재고할 것을 요구한다. 전문가주의(professionalism)는 자칫 사회복지사가 클라이언트에게 무엇이 최선인지를 알고 있다고 결론 내리거나 클라이언트를 통제하는 데 전문성을 사용하고자 하는 유혹을 느끼게 할 수 있다. 그러나 파트너십을 추구하는 사회복지사는 '함께하는(doing with)'이라는 아이디어를 선호하기 때문에 '누구에게 해 주는(doing to)'의 개념, 심지어는 '누구를 위해 해 주는(doing for)'의 개념까지도 피한다(Compton et al., 2005: 81-84).

3. 협력적 관계형성을 위한 지침

협력적 관계를 만들어 가기 위해서 사회복지사는 협력적인 언어를 사용해야 하고, 존중하는 자세와 권위적이지 않은 자세를 취해야 하며, 클라이언트의 자기결정권을 강화시키고, 클라이언트의 강점에 초점을 맞추며, 현실에 대한 클라이언트의 견해에 관해 진심 어린 호기심을 가져야 한다(송성자 외 공역, 2012: 97). 그린(G. J. Greene)과 리(M. Y. Lee)는 협력적 관계를 형성하는 구체적인 지침을 제시하고 있는데 그 대표적인 것을 살펴보면 다음과 같다(송성자 외 공역, 2012: 98-112 재구성).

① 협력의 언어를 사용하기: 사회복지사를 '원조자'로 정의하고 클라이언트를 '도움'이 필요한 사람으로 정의하는 것은 사회복지사의 위계적 지위는 격상시키는 반면, 클라이언트의 임파워먼트와 자기결정권은 일정 부분 침해하게 된다. 그러므로 '원조'라는 용어 대신 '협력'이라는 용어를 사용해야 한다. 협력이라는 용어를 강조하는 것은 클라이언트를 자신의 상황에 관해 가장 잘 알고 있는 전문가로서 대우하는 것이며, 이에 따라 클라이언트의 자기주체감과 임파워먼트를 강화시킬 수 있다.

② 클라이언트가 변화를 일으키는 데 활용할 수 있는 강점을 갖고 있다고 가정하기: 사회복지사가 가지고 있는 실천을 위한 이론적 관점은 클라이언트와 함께 일하는 방법에 영향을 미치게 된다. 만약 클라이언트가 변화를 위한 강점과 자원을 가지고 있다고 가정한다면, 클라이언트의 강점과 자원을 보다 쉽게 찾을 수 있을 것이며 클라이언트는 협력적이 될 가능성이 높다.

③ 한 단계 낮은 자세(알고자 하는/비전문가 자세) 취하기: 치료적 상황에서 사회복지사는 한 단계 위의 권위적 위치에 있고, 클라이언트는 도움을 요청했다는 이유 때문에 한 단계 낮은 위치에 있다고 느끼게 된다. 이런 자리매김은 클라이언트의 저항을 증가시키고 협력을 감소시킬 수 있다. 그러나 사회복지사가 한 단계 낮은 자세를 취하면 이런 장애를 감소시키는 데 도움이 된다. 이런 자세로 접근할 때, 클라이언트는 자신과 자신의 문제, 해결, 자원 그리고 유능감에 관한 전문가로 간주된다. 이런 자세를 취하는 것은 '전문가로서의 현실을 고수하는 것을 포기하는 것이며, 클라이언트의 의미체계에 대해 호기심을 가지고 열린 마음을 갖게 되는 것'을 의미한다. 사회복지사는 알고자 하고, 비전문가적이며, 호기심이 많은 자세로 질문을 던지는 데 전문성을 지니고 있어야 한다(Anderson & Goolishian, 1993; Gergen, 1999: 170: 송성자 외 공역, 2012: 102에서 재인용).

그 외에도 〈표 6-2〉와 같이 호기심 어린 자세 취하기, 클라이언트가 정의한 목표에 초점을 두고 일하기 등이 지침으로 제시되고 있다.

〈표 6-2〉 협력적 관계를 형성하기 위해 해야 할 것과 하지 말아야 할 것

해야 할 것
- 변화를 위한 서비스를 통해 클라이언트가 확인 가능하고 확대될 수 있는 강점, 능력, 자원을 가지고 있다고 가정하기
- 클라이언트의 강점, 능력, 자원(강점/변화 언어)을 확인하고 확대시키는 것에 지속적으로 초점을 맞추기
- 협력의 언어를 사용하기
- 호기심을 지니는 자세 취하기
- 알고자 하고, 전문가가 아니며, 한 단계 낮은 자세를 취하기
- 클라이언트의 언어, 가치, 신념체계 그리고 변화에 관한 이론을 배우고 사용하기
- 공감적이 되기-클라이언트의 감정을 확인하고 반영하기
- 클라이언트가 정의한 목표에 초점을 두고 이를 위해 일하기
- 클라이언트의 자기결정권을 지지하고 강화하기
- 무조건적인 긍정적 고려를 하기(비심판적이고 수용적이 되기)
- 문제를 외재화하기
- 대화로써 클라이언트와 상호작용하고 가능하면 개방형 질문하기

하지 말아야 할 것
- 클라이언트의 결함과 진단명에 초점을 두기
- 한 단계 높은 전문가로서의 자세 취하기
- 클라이언트를 위해 목표를 결정하고 설정하기
- 클라이언트가 어떻게 느끼고 있고 생각하고 있는지 안다고 가정하기
- 일차적으로 폐쇄형 질문을 사용하면서 클라이언트를 심문하기
- "그것은 당신이 어떻게 느끼도록 하나요?"라고 질문하기

출처: 송성자 외 공역(2012), pp. 111-112.

면담론

❖ ❖ ❖

사회복지실천에는 여러 가지 과업이 있지만, 사회복지사는 그 어떤 활동보다도 면담(interview)에 가장 많은 시간을 할애한다.[1] 이런 점에서 면담은 가장 중요한 사회복지실천 기술이다. 이는 모든 이론적 접근 그리고 모든 세팅에서 사용된다. 사회복지사는 클라이언트와 일대일, 가족단위 그리고 집단으로 면담을 한다. 그뿐 아니라 사회복지사는 동료들과도 면담을 하며, 행정 및 슈퍼바이저로서의 책임을 수행하기 위한 면담을 하기도 한다(Kadushin, 1995: 1527).

커스트-애시먼과 헐에 의하면, 클라이언트와 함께 일하고 돕기 위해서는 그들과의 커뮤니케이션이 반드시 필요하며, 면담은 이러한 커뮤니케이션을 위한 일차적 수단이자 마이크로 실천의 핵심기술이다(Kirst-Ashman & Hull, 2017: 61). 그리고 존슨과 양카는 면담이 사회복지사의 일차적인 도구이며, 사회복지사와 클라이언트 간의 상호작용을 조작화하기 위한 구조라고 지적한다. 이들에 의하면, 면담은 예술(art)이며 기술(skill)이다. 사회복지사는 실천을 통해서 면담을 배워 나가야 하며, 자신의 면담 스타일을 발전시킨다(Johnson & Yanca, 2010: 157). 이와 같은 맥락에서 헵워스 등은 면담이 직접적 사회복지실천을 하는 사회복지사가 영향력을 미치는 일차적 수단이며, 행정가와 정책계획자도 목표를 달성하기 위해 면담기술에 크게 의존한다고 지적한다. 무엇보다도 근거기반실천이 강조되면서, 다양한 상황에서 적용될 수 있는 면담의 핵심 기술을 수련하는 것이 더욱 중요해졌다(Hepworth et al., 2017: 46).

이와 같이 면담은 직접적 서비스건 간접적 서비스건 간에 사회복지실천에서 가장 기본적이고 핵심적인 기술이다. 특히 면담은 직접적인 서비스에서 사회복지사가 클라이언트에게 영향력을 미치는 일차적인 수단이 되는 언어적 및 비언

---

1) 최근 사회복지실천 현장에서 상담이라는 용어가 널리 사용되고 있다. 여기에서는 사회복지실천에서 오랫동안 사용되어 온 면담이라는 용어를 택하였다. 이는 사회복지실천에서 면담이 클라이언트와의 면담뿐 아니라, 행동체계와 표적체계가 되는 사람들 그리고 행정업무 수행에서 만나는 사람들과의 면담으로서 폭넓게 적용되어 왔기 때문이다. 이 장에서는 일차적으로 클라이언트와의 면담을 주 내용으로 다루고 있지만, 사회복지실천의 역사성을 반영하여 면담론으로 접근하였다.

어적 커뮤니케이션이다.

이 장에서는 우선 면담의 개념과 특성을 살펴보고자 한다. 다음에는 면담이 특수한 형태의 커뮤니케이션이라는 점에서 언어적 커뮤니케이션과 비언어적 커뮤니케이션에 대해 고찰해 보고자 한다. 그다음에는 효과적인 면담을 위한 지침과 면담의 기술을 살펴보고자 한다. 마지막으로 침묵, 자기개방 등 사회복지사가 면담에서 직면하는 도전들에 대해서 탐색해 보고자 한다.

제1절 면담의 개념 및 특성

1. 면담의 개념

어떤 측면에서 면담은 대화와 비슷하다. 즉, 면담과 대화에서 아이디어, 태도 및 감정을 교환하는 동안 상대방과 언어적 및 비언어적 커뮤니케이션이 일어난다. 그러나 면담은 단순한 대화와는 차별화된다. 가렛[Garrett; 맨골드(Mangold)와 자키(Zaki)]은 면담이 두 사람 사이의 대화이지만, 전문적 대화라고 지적한다(김연옥, 최해경 공역, 2007: 16). 카두신(Kadushin)과 카두신(Kadushin)에 의하면, 면담의 가장 단순한 정의는 의도적 목적을 가진 대화(conversation with a deliberate purpose)다(Kadushin & Kadushin, 2003: Kirst-Ashman & Hull, 2017: 61에서 재인용). 이와 같은 맥락에서 커스트-애시먼과 헐은 제너럴리스트 사회복지실천에서 면담은 구체적인 목적을 가진다는 점에서 기분 좋은 대화 이상이라고 지적한다 (Kirst-Ashman & Hull, 2017: 61).

보다 구체적으로, 카두신은 면담이 ① 규정된 목적과 목표, ② 역할, 시간 및 장소 요건을 지닌 공식적 구조, ③ 과정과 발달 지향의 특성을 가졌다는 점에서 특수한 형태의 대인 간 언어적 및 비언어적 커뮤니케이션이라고 지적한다 (Kadushin, 1995: 1527). 헵워스 등에 의하면, 사회복지실천에서 면담은 목적, 구조, 방향 및 초점을 가진다(Hepworth et al., 2017: 44).

이와 같이 면담은 목적을 가진 전문적 대화라고 할 수 있으며 구조, 방향성 등의 특성을 지닌다. 다음에서 가장 대표적인 특성이라고 할 수 있는 목적과 구조

(물리적 요건)에 대해서 간략히 살펴보고자 한다.

2. 대표적 특성

1) 목적

첫째, 사회복지실천에서 면담은 사회사업의 전문적 영역과 전문적 책임에 부합되어야 한다. 카두신에 의하면, 사회복지사는 클라이언트가 직면한 심리사회적 문제를 돕기 위해서 면담을 활용한다. 사회복지사, 심리치료사, 심리학자 그리고 상담가가 모두 '원조'를 위한 면담을 실시하지만, 사회복지실천의 면담은 사회문제와 관련한 구체적 관심사에 의해 그 내용과 목표가 차별화된다(Kadushin, 1995: 1527).

둘째, 면담의 목적은 클라이언트의 욕구를 충족하거나 문제해결을 돕는 데 있다. 사회복지실천 초창기에 면담이론을 발전시켰던 가렛(맨골드와 자키)에 의하면, 면담의 목적은 문제를 파악하고, 문제상황에 있는 사람과 그 상황을 이해함으로써 문제를 효과적으로 해결하는 것이다(김연옥, 최해경 공역, 2007: 37). 이와 같은 면담의 기본 목적은 오늘날에도 개연성을 지닌다. 헵워스 등은 사회복지실천 면담의 목적은 문제를 조명·해결하고자 하는 목표, 성장을 증진시키고자 하는 목표, 혹은 사람들이 삶의 질을 향상하고자 하는 목표를 가진 전략이나 행동을 계획하기 위해 체계적으로 정보를 교환하는 것이라고 지적한다(Hepworth et al., 2006: 44). 이와 유사하게, 존슨과 양카는 일반적으로 면담의 목적이 어떤 과업이나 기능을 수행하는 데 필요한 정보를 획득하기 위한 것, 혹은 클라이언트의 욕구를 충족하거나 클라이언트의 문제를 해결하기 위해서 함께 일하기 위한 것이라고 지적한다.

셋째, 각 면담의 구체적 목적은 달라질 것이다. 정보를 수집하는 것이 주요 목적인 면담이 있는가 하면, 도움을 제공하는 것이 주요 목적인 면담도 있을 것이다. 대부분의 면담은 그 정도의 차이가 있으나 이 두 가지 목적을 동시에 가지고 있다. 그리고 면담의 구체적인 목적은 함께 일하는 단계, 기관의 기능과 서비스 방법 그리고 클라이언트의 욕구 또는 현재 상황에 따라서 달라질 것이다. 이에 따라 사회복지사는 면담의 목적과 클라이언트의 욕구에 따라 면담을 구조화하고 진행하는 융통성을 가질 필요가 있다.

2) 물리적 환경

사회복지실천에서 면담은 사무실, 가정, 병원 등 다양한 장소에서 이루어진다. 사무실 면담이 가장 보편적이나 최근에는 가정방문도 많이 이루어지고 있다. 여기에서는 사회복지사가 어느 정도의 통제가 가능하다는 이점이 있는 사무실의 물리적 환경을 중심으로 살펴보고자 한다.

(1) 쾌적한 면담공간의 확보

대체적으로 면담은 사회복지사의 사무실에서 이루어지며, 이는 사회복지사에게 면담환경에 대한 통제력을 제공한다. 그러므로 사회복지사는 사무실 환경 자체가 가진 전반적 인상을 세심하게 배려할 필요가 있다. 사무실을 장식하는 절대적인 지침이 있는 것은 아니다. 예를 들어, 마음에 드는 그림을 벽에 붙이거나 선반이 있다면 몇 가지 장식물을 올려놓을 수 있다. 이때 그림이나 장식물이 클라이언트에게 미칠 수 있는 잠재적 영향력을 인식할 필요가 있다(Kirst-Ashman & Hull, 2009: 56). 무엇보다도 면담이 행해지는 물리적 공간은 일정 부분 면담 동안 사람들의 태도, 감정 그리고 협력과 반응 수준을 결정한다. 이에 따라 물리적 공간은 잠재적 클라이언트에게 위협적이지 않고 지지적으로 느낄 수 있게 조성되어야 한다. 다음은 생산적 면담에 도움이 되는 조건들이다(Hepworth et al., 2017: 47).

- 적절한 조명과 환기
- 쾌적한 실내 온도
- 넉넉한 공간(갇혔다거나 비좁다는 느낌이 들지 않도록)
- 마음을 끄는 깔끔한 가구와 장식
- 등받이가 편안한 의자
- 클라이언트의 문화적 신념에 부합되는 프라이버시
- 산만함으로 방해받지 않을 자유
- 참여자들 사이에 열린 공간

• 다양한 클라이언트에게 민감성 있는 실내 장식

(2) 프라이버시의 보장

클라이언트는 자신이 하는 이야기가 사회복지사 이외의 사람들에게 들릴 수 있다는 생각이 들면 집중하거나 표현하는 데 어려움을 가질 것이다. 이는 개인적 정보를 공개하고 감정을 표현하는 데 다른 사람들이 보거나 들을 수 있다고 한다면 방어적이 될 가능성이 크기 때문이다(Hepworth et al., 2017: 47). 그러므로 다른 사람들이 면담을 하는 것을 볼 수 없는 곳, 그리고 사적인 정보가 새어 나가지 못하는 비밀보장의 요건이 갖추어진 곳에서 면담을 할 필요가 있다(Hutchins & Vaught, 1997: 52).

사회복지사가 면담의 물리적 환경조건을 통제할 수 있는 정도는 다를 것이다. 예를 들어, 병실에서 환자를 면담한다면, 문을 닫거나 침상 사이의 커튼을 치거나 간호사에게 불필요한 방해를 자제해 달라는 요청 정도가 최선일 것이다(Hepworth et al., 2017: 47). 그리고 사회복지기관에서 일하는 사회복지사는 칸막이로 나누어진 사무실에서 함께 근무할 수도 있다. 프라이버시를 보장하기 위해서 별도의 면담실을 이용하기도 하지만 항상 이용 가능한 것은 아니다. 이에 따라 사회복지사는 주어진 여건에서 클라이언트의 프라이버시를 최대한 보장하는 물리적 환경을 조성하기 위하여 노력해야 한다.

(3) 주의력 집중의 확보

때로 면담에서는 강한 감정이 유발되기도 하므로 주의가 분산되지 않도록 하는 것이 중요하다. 전화벨, 문을 노크하는 것, 외부 잡음 등은 집중을 방해하고 중요한 대화에 지장을 줄 것이다. 그 외에도 아이들이 울거나 보채는 것도 주의를 분산시킨다. 면담에 아동을 동반하는 경우 아동을 위한 장난감을 준비해 놓으면 도움이 되지만 어린 아동이 오랫동안 가만히 앉아 있기를 기대하기는 어렵다. 그러므로 특별히 부모와 자녀의 상호작용을 관찰할 필요가 없다면, 면담시간 동안 아동을 돌보아 줄 수 있도록 조처를 취하는 것이 바람직하다(Hepworth et al., 2017: 47).

면담은 클라이언트의 가정에서 이루어지기도 하는데, 이는 클라이언트가 어디에서 어떻게 사는지 살펴볼 수 있다는 장점을 지닌다. 그러나 가정방문의 경우 집안에 관심을 분산시키는 것들(예: 아동, 애완견, TV 등)이 있으면 면담을 통제하는 것이 그만큼 어려워진다는 점에서 불리한 점도 있다.

(4) 평등성을 강조하는 면담실 배치

사회복지사와 클라이언트 사이에 책상이 놓여 있으면 사회복지사의 권위가 강조된다. 이는 또한 열린 대화에 지장을 주기 때문에, 사회복지사들은 면담에서 평등한 분위기를 조성하기 위해 노력한다. 만약 책상이 놓여 있다면 클라이언트를 책상 전면에 앉게 하기보다, 사회복지사가 의자를 돌려 앉아 클라이언트의 측면에 앉을 수 있도록 한다. 그리고 아동과 면담을 할 때에는 눈높이에 대해서 유의해야 한다. 아동과 일하는 사회복지사는 낮은 의자에 앉는 방법 등을 통해서 아동과 눈높이를 맞출 수 있도록 물리적 환경을 구성하는 것이 바람직하다(Huchins & Vaught, 1997: 51; Hepworth et al., 2017: 47-48).

제2절 커뮤니케이션으로서의 면담

1. 언어적 커뮤니케이션

커뮤니케이션, 특히 언어적 커뮤니케이션은 사회복지실천의 심장부에 위치해 있다. 사회복지사는 크게 두 종류의 커뮤니케이션 기술, 즉 ① 대인 간 원조를 촉진하기 위한 커뮤니케이션 기술, ② 기관 내에서, 기관 간에 그리고 전문가들 간에 정보의 교환을 촉진하기 위한 커뮤니케이션 기술을 적용한다(Sheafor & Horejsi, 2006: 139). 이 중 직접적 실천에서 사용되는 커뮤니케이션 기술은 후반부에서 살펴보게 될 것이다. 여기에서는 커뮤니케이션에 대한 일반적 내용을 중심으로 고찰해 보고자 한다.

1) 커뮤니케이션의 목적
커뮤니케이션은 둘 혹은 그 이상의 사람들 간에 이루어지는 메시지의 송신과 수신이다. 사회복지실천의 상호작용에서 커뮤니케이션의 목적은 다음을 포함한다(Johnson & Yanca, 2010: 155).

- 원조노력에 필요한 정보(강점과 자원을 포함하여)를 수집하는 것
- 아이디어와 감정 그리고 때로 욕구를 충족할 수 있는 방식들을 탐색하는 것
- 감정이나 생각을 표현하는 것
- 행동체계가 하는 일을 구조화하는 것
- 지지제공, 정보제공, 조언제공, 격려하기 및 필요한 방향을 제시하는 것

2) 커뮤니케이션의 과정

커뮤니케이션은 과정이다. 첫째, 송신자는 메시지를 개념화하고 이를 송신기(목소리나 시청각물)를 이용하여 채널(channel, 감각기관과 현대적 테크놀로지)을 통해 수신자에게 보낸다. 이때 송신자는 전달하고자 하는 의도(송신자가 수신자가 들었기를 희망하는 것)를 가진다. 둘째, 수신자는 들은 것의 의미를 해독하려고 할 것이다. 이때 메시지는 수신자에게 영향을 미친다. 셋째, 그 결과는 반응(다른 메시지 그리고/혹은 행동)을 가져온다. 이 반응은 피드백—송신자가 메시지의 효과성을 평가하기 위한 수단—을 가져올 수 있다(Johnson & Yanca, 2010: 155; Kirst-Ashman & Hull, 2017: 63).

3) 커뮤니케이션의 지침

송신자와 수신자는 각기 커뮤니케이션에서 어떤 규칙을 지켜야 하는지 그리고 효과적인 커뮤니케이션의 조건은 무엇인지를 살펴보고자 한다.

(1) 수신자가 지켜야 할 규칙

수신자는 송신자가 의도한 메시지를 정확하게 수신하고 이 메시지를 왜곡하거나 오해하지 않기 위해 노력할 책임을 가진다. 수신자는 다음의 규칙을 유의해야 한다.

- 말하는 것을 중단한다. 말하고 있을 때는 경청할 수 없다.

- 메시지 송신자를 편안하게 해 준다. 송신자의 불안을 감소시키기 위해서 그리고 주의를 산만하게 하는 요인을 없애기 위해서 노력한다(예: 문을 닫는다).
- 경청한다는 것을 언어적 및 비언어적으로 입증해 보이고 정말로 집중한다.
- 메시지 송신자에게 인내심을 가진다. 방해하지 않는다.
- 수신자가 이해하는 데 도움이 되거나, 송신자가 자신의 메시지를 명료화하는 데 도움이 된다면 질문하도록 한다.
- 자신의 감정을 통제한다. 커뮤니케이션에 장애가 될 수 있는 비판이나 논쟁을 하지 않는다.

(2) 송신자가 지켜야 할 규칙

송신자는 메시지가 쉽게 수신되고, 가능하면 오해의 소지가 없는 방식으로 자신의 메시지를 전달할 책임을 가진다. 송신자가 지켜야 할 규칙은 다음과 같다.

- 분명하고 단순한 언어를 사용한다. 명료하고 너무 빠르지 않게 말한다.
- 보디랭귀지에 주의를 기울인다. 이것이 메시지와 일치되는지 확인한다. 적절하게 시선을 맞추고 제스처를 활용한다.
- 너무 많은 정보로 수신자를 압도하거나 한꺼번에 너무 많은 정보를 주지 않도록 한다. 메시지가 길거나 복잡하면 몇 개로 나누어서 쉽게 이해할 수 있도록 한다.
- 코멘트, 질문, 피드백을 요청하여 송신자가 하는 말이 수신자에게 이해되고 있는지를 확인한다(Sheafor & Horejsi, 2006: 139-140).

(3) 효과적인 커뮤니케이션의 조건

효과적인 커뮤니케이션은 송신자가 의도한 목적이 달성되는 커뮤니케이션이다. 효과적인 메시지는 다음의 조건을 가진다.

- 언어적 및 비언어적 메시지가 일치한다.
- 메시지는 단순하고 구체적이며 수신자에게 이해 가능하다.

- 수신자는 송신자가 무엇을 의미했는지 이해할 수 있다.
- 동시에 접수된 메시지들 중에서 의도한 메시지의 중요성을 감지할 만큼 충분히 반복한다.
- 심리적 및 실제적 잡음을 모두 충분히 감소시킨다.
- 수신자에게 피드백을 구하고 원래의 메시지가 수신되었는지 확인할 충분한 시간을 가진다(Johnson & Yanca, 2010: 156).

4) 언어적 커뮤니케이션의 장애

커뮤니케이션 과정에서는 장애가 발생할 수 있다. [그림 7-1]에서 보는 바와 같이, 커뮤니케이션 장애물의 첫 번째 유형은 송신자를 포함한다. 송신자가 클라이언트라고 하자. 클라이언트는 분명치 않은 단어, 구절 혹은 개념을 사용할 수 있다. 그리고 클라이언트는 무엇인가 모호한 말을 할 수도 있다. 또한 송신자의 의도가 수신자에게 전달된 영향과 동일하지 않을 수 있다. 예를 들어, 다문화 클라이언트의 경우 문화적 차이로 인해 동일한 말이 다른 의미를 가질 수도 있다.

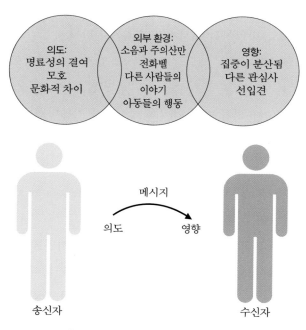

[그림 7-1] 커뮤니케이션의 장애

출처: Kirst-Ashman & Hull (2017), p. 64.

커뮤니케이션 장애의 두 번째 유형은 수신자와 관련이 있다. 수신자가 사회복지사라고 하자. 사회복지사는 클라이언트가 말하는 것을 듣는 한편, 클라이언트의 말이 끝난 후 무슨 말을 할까 생각하면서 집중력이 흩어질 수 있다. 이와 유사하게, 사회복지사는 면담을 어떤 방향으로 진행시켜 나갈까 하는 생각에 빠질 수도 있다.

커뮤니케이션 장애의 세 번째 유형에는 외부 환경과 잠재적인 소음과 주의산만이 있다. 예를 들어, 사회복지사가 클라이언트의 가정을 방문하고 있다. TV가 크게 켜져 있고, 아이들이 병정놀이를 하면서 집 안을 뛰어다니고 있다면 클라이언트의 이야기를 경청하기 어려울 뿐 아니라 사회복지사가 생각에 집중하기도 어렵다(Kirst-Ashman & Hull, 2017: 63).

2. 비언어적 커뮤니케이션

언어는 커뮤니케이션의 한 부분일 뿐이다. 사람들은 대화를 할 때, 언어적 메시지뿐 아니라 비언어적 메시지도 보낸다. 인간은 의미를 전달하고 해석할 때 비언어적 커뮤니케이션에 크게 의존한다. 비언어적인 메시지는 모든 언어적 표현에 수반된다. 때로 비언어적 메시지만 보내기도 한다.

비언어적 커뮤니케이션은 의도적인 경우도 있지만 대체적으로 자연발생적이다. 비언어적 메시지는 흔히 사람들이 말하지 않고 지나쳤을 정보를 커뮤니케이션해 준다. 연구에 의하면, 비언어적 메시지가 커뮤니케이션에서 차지하는 비중은 3분의 2가 넘어서, 언어적 메시지보다 커뮤니케이션 과정에 더 많은 영향을 미친다. 비언어적 메시지는 표정, 눈의 움직임, 제스처, 목소리의 공명이나 고저 및 톤 등에 의해 전달된다(Birdwhistell, 1955; Burgoon et al., 1996; Miley et al., 2017: 156에서 인용 및 재인용).

비언어적 행동을 관찰함으로써, 사회복지사는 클라이언트가 말하고 있는 바가 정말로 생각이나 행동을 반영하고 있는지 파악할 수 있다(Sheafor & Horejsi, 2006: 143). 이와 더불어 사회복지사도 비언어적 커뮤니케이션으로 클라이언트에게 의도하지 않은 메시지를 보내지 않도록 유의해야 한다.

1) 시선접촉

시선접촉(eye contact)은 클라이언트와 라포를 형성할 때 매우 중요한 커뮤니케이션 수단이다. 눈은 정서적 상태 그리고 상황에 대한 민감성과 이해를 잘 드러내 준다. 시선접촉은 커뮤니케이션에 대한 개방성과 커뮤니케이션하고자 하는 의지를 보여 준다. 클라이언트에 따라 두렵거나 불안하여 직접 눈을 마주치기 어려워하기도 한다. 특히 아동학대와 같이 성장하면서 어려움을 경험한 클라이언트들이 시선 마주치기를 힘들어하는 것은 실천현장에서 자주 접할 수 있다.

눈을 지나치게 직시하는 것은 클라이언트를 불편하게 할 수 있으며, 눈을 맞추되 가끔씩 시선을 옮겨 주는 것이 적당하다. 단, 시선접촉에서는 문화적 차이가 중요하다는 것을 기억해야 한다. 문화에 따라 직접적인 시선접촉이 상대방을 중요시하고 있으며, 경청하고 있음을 드러낼 수 있다. 그러나 반대로 이는 불손하거나 무례하다고 간주될 수 있고, 이성의 경우에는 유혹한다고 비칠 수도 있다(Sheafor & Horejsi, 2006: 143; Kirst-Ashman & Hull, 2006: 48; Kirst-Ashman & Hull, 2017: 62-63).

2) 표정

얼굴의 움직임과 표정은 훌륭한 커뮤니케이션 수단이다. 미소, 찡그린 이마, 고개 끄덕이기, 악수하기, 떨리는 입술, 붉어진 얼굴과 같은 표정들은 생각과 정서를 전달해 준다. 얼굴은 우리의 신체 중에서 가장 표현력이 뛰어난 부분이며, 이에 따라 가장 생생하게 우리 자신을 표현해 준다(Sheafor & Horejsi, 2006: 144).

표정은 언어적 표현을 강조하기 위해서 사용될 수 있다. 그리고 언어적 표현이 진실이라는 사실을 확인하는 데 사용될 수도 있다. 사회복지사는 표정과 관련하여 다음을 인식해야 한다. 첫째, 사회복지사는 자신이 얼굴로 어떻게 커뮤니케이션하는지 아는 것이 중요하다. 둘째, 사회복지사는 자신의 표정을 다른 비언어적 행동 및 언어적 표현과 일치하도록 한다. 예를 들어, 사회복지사가 입으로는 "만나서 반갑습니다."라고 말하면서 얼굴을 잔뜩 찌푸리고 있다면 일치하지 않는 메시지를 보내는 셈이 된다(Kirst-Ashman & Hull, 2017: 64).

3) 몸 자세

몸의 움직임이나 자세 또한 다른 사람에게 정보를 제공한다. 몸의 긴장은 우리가 몸 자세를 취할 때 긴장하는 정도를 나타내 주며, 흔히 정서적 긴장과 일치된다. 극도로 긴장하면 미동조차 하지 않고 몸을 곧추세워 앉을 것이다. 때로 긴장하면 빠르고 신경질적인 제스처(예를 들어, 볼펜을 톡톡 두드리는 것 같은)를 반복하기도 한다. 반면, 이완은 느리게 움직이고 행동하는 모습으로 나타날 것이다.

사회복지사가 지나치게 긴장하면 자신감의 결여나 과민으로 비칠 수 있다. 또한 이는 사회복지사와 클라이언트 사이에 거리감을 느끼게 할 수 있으며, 클라이언트가 사회복지사를 불편하게 느끼고 신뢰하기 어려울 수 있다. 반면, 지나치게 느슨한 자세는 클라이언트에게 관심이 없는 것처럼 비칠 수 있다. 또한 이는 사회복지사의 전문적 신용에 손상을 끼칠 수 있다. 몸 자세는 긴장과 이완의 연속선상의 중간 지점에 두는 것이 바람직하지만 어느 정도 개인적 스타일을 반영한다. 사회복지사는 자신의 진정한 성격을 반영하는 진솔한 모습으로 클라이언트에게 비쳐야 할 것이다.

한편, 긴장된 자세는 공식성(formality) 그리고 이완된 자세는 비공식성(informality)을 반영한다. 사회복지사가 클라이언트를 공식적으로 대한다면 전문적인 모습이 강조되는 대신 개인적 성격이나 모습은 덜 드러날 것이다. 반면, 지나치게 비공식적이거나 구조를 결여하면 일을 진척시키기 어려울 것이다. 따라서 어느 정도의 공식성과 구조는 필요하다고 하겠다.

어느 학생이 "어떻게 하면 사회복지사처럼 전문적으로 행동하면서 동시에 자기 자신처럼 행동할 수 있습니까?"라고 질문하였다. 이에 대해 커스트-애시먼과 헐은 사회복지실천에서 배운 바와 같이 기법을 활용하고 계획된 변화과정을 실천해 나가되, 이를 자신의 스타일로 실천해 나가면 된다고 제시한다. 이는 사회복지사가 전문성을 추구하면서도 자신의 스타일을 찾을 수 있는 지침을 제공해 준다고 하겠다(Kirst-Ashman & Hull, 2017: 64-65).

4) 접촉

접촉은 강력한 커뮤니케이션 수단이다. 예를 들어, 손이나 팔을 잡아 주는 것,

어깨를 다독거리는 것 혹은 가까이 다가앉는 것 등은 격려, 확신, 동정, 이해 등의 메시지를 전달할 수 있다. 그러나 클라이언트의 성별이 사회복지사와 다르거나 다른 문화적 배경을 가졌다면, 클라이언트와의 접촉은 조심성 있게 접근되어야 할 것이다. 또한 신체적 학대나 성학대 피해를 겪은 클라이언트라면 좋은 의도의 신체적 접촉일지라도 성적 접근이나 위협으로 오인할 수 있으므로 유의해야 한다(Sheafor & Horejsi, 2006: 144).

제3절 효과적인 면담을 위한 일반적 지침

1. 면담 준비하기

사회복지사는 면담을 시작하기 전에 적어도 다음의 세 가지에 대해 미리 생각할 필요가 있다. 첫째, 필요한 구체적인 정보(지역사회 자원의 주소와 전화번호 등)가 있는지 생각해 본다. 그리고 클라이언트가 원한다고 예측되는 정보가 있다면 이를 사전에 준비해 두도록 한다. 둘째, 면담의 시간 틀(time frame)을 분명하게 구체화한다. 시간 틀은 면담의 시작 시간과 끝나는 시간을 의미한다. 면담 시작 시간을 준수하는 것은 클라이언트에게 예의를 갖추는 것이며 존중을 보여주는 것이다. 부득이한 사정으로 면담 시작 시간이 늦어지면 이에 대해 사과해야 한다. 또한 면담은 예정된 종료시간에 정확히 끝내는 것이 좋다. 그래야 다음 클라이언트가 기다리지 않을 것이다(Kirst-Ashman & Hull, 2017: 71). 셋째, 면담의 목적이 고려되어야 한다(Kirst-Ashman & Hull, 2002: 55; Johnson & Yanca, 2010: 159). 넷째, 면담을 구상하는 것은 사회복지사가 면담에서 의도하는 바를 명료화하고, 이를 보다 구체적 토픽으로 세분하고, 물어야 할 질문들을 구체화하고, 어떻게 면담이 시작에서부터 끝까지 전개될지를 계획하는 것을 포함한다. 다섯째, 클라이언트와 주파수를 맞추어야 한다. 사회복지기관에 도움을 요청하기까지 클라이언트는 여러 복잡한 정서를 경험했을 수 있으며, 이런 감정을 지닌 채 면담에 올 수 있다. 이는 비자발적 클라이언트의 경우에는 더욱 복잡할 것이다. 이에 따라 사회복지사는 면담에 참여하는 클라이언트의 감정에 대해 추측해 볼 필요가 있다. 나아가서 사회복지사는 클라이언트의 감정에 대한 자신의 반응을 검토하고 효과적 커뮤니케이션을 저해할 가능성이 있는지 탐색해 보도록 한다(Johnson & Yanca, 2007: 174). 여섯째, 클라이언트가 기관에서 서비스를 받은 적이 있다면 기록을 검토해 보는 것이 도움이 될 것이다(Kadushin, 1995: 159; Kirst-Ashman & Hull, 2017: 71).

때로 경험이 부족한 사회복지사는 면담을 앞두고 어떤 복장을 해야 하는지 고심하기도 한다. 일반 사회와 마찬가지로, 사회복지사의 복장은 클라이언트에게 영향을 미친다. 당연히 사회복지사는 클라이언트에게 좋은 인상을 주고 싶을 것이다(Kirst-Ashman & Hull, 2017: 71). 사회복지사는 클라이언트의 주의를 분산시키거나 장소와 어울리지 않는 복장을 피해야 할 것이다. 복장에 대한 기본적인 원칙은 '깔끔하면서도 다소 보수적'인 복장을 하라는 것이다. 그러나 기관이나 클라이언트에 따라 차이가 있을 수 있으므로, 사회복지기관에서 일하고 있는 다른 사회복지사들이 어떤 복장을 하고 있는지 관찰해 보면 도움이 될 것이다. 나아가서 클라이언트가 사회복지사의 복장에 어떻게 반응하는지 지켜보는 것도 중요하다(Sheafor & Horejsi, 2006: 144; Kirst-Ashman & Hull, 2017: 71).

2. 첫 소개

사회복지사가 클라이언트에게 인사를 하는 방식은 원조과정의 성공 여부에 영향을 미칠 수 있다. 이에 따라 인사는 클라이언트가 환영을 받는다고 그리고 편안하다고 느끼도록 하면서도 전문가답게 이루어져야 한다. 예를 들어, 사회복지사는 다음과 같이 말할 수 있다.

사회복지사: 안녕하십니까? 저는 ○○사회복지사입니다(필요하면 악수를 하면서). 자리에 앉으시지요(필요하면 클라이언트가 앉을 곳을 가리키면서). 어떻게 오셨습니까?

3. 클라이언트의 불안감 등 감정에 반응해 주기

"클라이언트가 있는 곳에서 출발하라(Start where the client is)"는 사회복지사가 어떻게 면담을 시작할지를 설명하는 데 자주 인용되는 문구이다. 이를 면담에 적용해 봤을 때, 클라이언트가 첫 면담에 오는 것에 대해 어떻게 느낄지 탐색해 볼 필요가 있다. 클라이언트의 입장이 되어 생각해 보면 좋을 것이다. 아마도 클라이언트 입장에서 보면, 사회복지사도 알지 못하는 상황에 들어가는 것이 불안하고 내가 통제할 수 없다고 느낄 것이다. 특히 비자발적 클라이언트인 경우에는 분개하거나 적개심을 가질 수도 있다. 그렇기 때문에 사회복지사는 클라이언트의 기분(불안한, 우울한, 적대적인, 의심을 하는)을 관찰하고, 필요하다면 이에 적절하게 반응할 필요가 있다(Kirst-Ashman & Hull, 2017: 72).

> 사회복지사: ○○ 씨는 (호흡이 가쁘신 것, 화가 나신 것, 신경이 예민해지신 것) 같아 보입니다. 어떻게 도와드릴까요?

사회복지사가 클라이언트의 언어적 및 비언어적 메시지에 적절하게 반응할 때, 클라이언트는 사회복지사가 도움이 될 것이라는 느낌을 가질 가능성이 크다(Hutchins & Vaught, 1997: 57-58).

그 외에도 클라이언트의 관점과 태도에 영향을 줄 수 있는 다른 조건들이 고려되어야 한다. 사무실이 찾기 어려운 위치에 있지는 않은지, 클라이언트가 오랫동안 기다리지는 않았는지, 클라이언트가 과거 이 기관과 좋지 않은 경험을 한 적은 없는지, 사고로 인해 오는 길이 지연되지는 않았는지 등의 조건들이 영향을 미칠 수 있다. 사회복지사가 이와 같은 여러 변수가 클라이언트의 감정에 영향을 준다는 것을 인식하는 것은 중요하다(Kirst-Ashman & Hull, 2017: 72).

4. 자신감과 역량 보여 주기

많은 신임 사회복지사, 특히 20대 초반 및 중반의 사회복지사가 흔히 직면하는 상황은 클라이언트가 그들의 역량(competence)에 대해 의문을 가지는 것이다. 경우에 따라 클라이언트는 '어떻게 당신처럼 어린 사람이 나를 도울 수 있는가? 나는 당신의 엄마와 같은 연배다.'라고 생각하거나 직접 말하기도 한다. 아직 사회복지사에게 자녀가 없는데 자녀문제로 찾아온 클라이언트를 면담할 때에도 이와 비슷한 상황이 전개될 수 있다.

이런 상황에서 사회복지사가 사용할 수 있는 대응방법에는 몇 가지가 있다. 첫째, 클라이언트가 사실인 것을 언급하면 그것이 사실임을 인정하는 것이다. 예를 들어, "예, 제가 더 어리지요." 또는 "예, 저는 아직 자녀가 없습니다."와 같이 말할 수 있다. 이런 발언은 명백한 사실을 인정함으로써 방어적으로 보이는 것을 막을 수 있다.

둘째, 클라이언트에게 질문으로 반응할 수 있다. 예를 들어, "저에게 아이가 없다는 것이 걸리시는 것 같군요?" 또는 "제가 나이가 어린 것이 부담되시나 보군요?"라고 질문할 수 있다. 이 방법 역시 이슈를 드러냄으로써 방어적으로 보이는 것을 피할 수 있다.

셋째, 클라이언트가 우려한 바를 불식시킬 수 있는 또 다른 사실을 지적해 주는 것이다. 다시 말해서, 사회복지사는 자신이 가지고 있는 역량을 보여 줄 수 있다. 예를 들어, "저는 대학에서 사회복지를 전공하고 사회복지사 자격증을 취득하였으며, 이런 문제를 가진 클라이언트를 돕는 훈련을 여러 해 동안 받아 왔습니다. 저에게 도움을 드릴 수 있는 기회를 주시면 감사하겠습니다."라고 말할 수 있다.

넷째, 사회복지실천론에서 배운 바와 같이 관계형성 기술을 적용하는 것이다. 예를 들어, 따뜻함, 공감, 진솔함 등을 보여 주고 전문가처럼 행동한다면, 역량에 대한 클라이언트의 의구심을 멈출 수 있을 것이다. 클라이언트에게 사회복지사의 역량을 확신시켜 주는 최선의 방법은 바로 전문가다운 행동을 보여 주는 것이다. 클라이언트가 실제로 도움을 받게 되면 역량 있는 사회복지사라고 인식하게 될 것이다.

다섯째, 사회복지사가 자신의 역량을 입증할 수 있는 방법은 지식을 갖추는 것이다. 클라이언트는 잘 준비된 면담에서 사회복지사의 역량을 체험할 수 있을 것이다. 그리고 사회복지사가 자신의 역할을 올바로 수행하고 클라이언트가 필요로 하는 정보를 제공한다면 이 또한 사회복지사의 역량을 입증하게 될 것이다(Kirst-Ashman & Hull, 2017: 72-73).

5. 목적과 역할에 대한 진술

　면담의 목적은 사회복지사 자신에게 규명되어야 할 뿐 아니라 클라이언트에게 분명히 이해되어야 한다. 면담 시작 시점에 수행되어야 할 주요 과업들이 있다. 첫 번째 과업은 면담의 목적을 클라이언트에게 분명하게 설명하는 것이다. 클라이언트에게 목적을 설명할 때는 면담의 일반적 목적에 대해 간단하고 이해하기 쉬운 용어로 설명하면 된다. 예를 들어, 사회복지사가 알코올과 약물남용 문제를 사정하기 위해 27세 남자(철수) 클라이언트와 첫 면담을 한다고 하자. 인사와 소개를 하고 나서, 사회복지사는 "오늘 얘기 나눌 수 있게 되어 기쁩니다. 알코올 문제를 통제하고 싶어서 자발적으로 상담을 요청하셨더군요. 오늘은 철수씨에 대해서 그리고 알코올 문제에 대해 좀 더 알아보고자 합니다." 라고 목적을 밝힐 수 있다(Kirst-Ashman & Hull, 2017: 73).

　두 번째 과업은 클라이언트에게 사회복지사의 역할을 설명하는 것이다. 예를 들어, "일반적으로 음주문제를 가진 사람들에게 물어보는 몇 가지 질문을 하겠습니다. 직장, 친구, 가족 그리고 개인적 관심사에 관한 질문들이 포함될 것입니다. 이 질문들은 ○○ 씨의 음주문제를 보다 정확히 이해하고 어떻게 도움을 드릴 수 있는지 아이디어를 찾기 위한 것입니다."와 같이 말할 수 있다(Kirst-Ashman & Hull, 2009: 58-59).

　세 번째 과업은 '클라이언트에게 목적에 대해 피드백하도록 격려하는 것'이다. "지금까지 제가 주로 설명을 드렸는데요. 이에 대해서 말씀하고 싶은 것이 있으신가요?"와 같이 클라이언트에게 피드백할 기회를 제공할 수 있다(Sheafor & Horejsi, 2006: 146).

　마지막 과업은 개입과정의 유용성에 대해 언급하는 것이다. 다른 말로 하면, 사회복지사는 클라이언트에게 문제가 해결될 수 있으리라는 희망의 메시지를 전달하는 것이다. 예를 들어, 사회복지사는 "음주문제에 대해 무척 우려하시는 것 같군요. 저도 음주는 심각한 문제라고 생각합니다. 하지만 이렇게 오셨다는 것 자체가 용기 있는 일입니다. 이 문제를 효과적으로 개선하는 방법들이 개발되고 있습니다. 쉽지는 않겠지만 열심히 노력하시면 몇 달 후에는 상당히 개선될 수 있을 것입니다."라고 말할 수 있을 것이다(Sheafor & Horejsi, 2006: 146; Kirst-Ashman & Hull, 2017: 73-74).

제4절 면담의 기술

면담의 기술은 학자에 따라 다양하게 접근되고 있다. 일부 학자는 면담의 과정이나 단계에 따라 면담기술을 분류하고 있으나, 각 단계에 포함시키는 기술에 다소 차이를 보인다(주은선 역, 2012; Hutchins & Vaught, 1997; Kadushin, 1995; Sheafor & Horejsi, 2006).[2] 한편, 존슨과 양카는 면담단계를 구분하기보다는 분위기 조성기술 등과 같이 몇 가지 유형으로 나누어 설명한다.[3] 또한 커스트-애시먼과 헐은 단계나 유형에 상관없이 대표적인 언어적 면담기술들을 제시하고 있다.[4]

면담의 기술에 체계적으로 접근하려면 면담의 단계를 나누고 이에 따른 면담기술을 자세하게 고찰하는 것이 바람직할 것이다. 그러나 이는 사회복지실천에 필요한 기본적인 면담기술을 고찰하고자 하는 이 책의 범위를 크게 벗어난 것으로 보인다. 대안으로서 존슨과 양카와 같이 유형별 면담기술로 나누는 방법이 있다. 이는 면담기술에는 어떤 유형이 있는지 그리고 이들 간에 어떤 차이가 있는지 파악하는 데 유용하다. 그러나 이는 각각의 면담기술을 이해하고 익혀야 하는 입장에서는 다소 구체성이 떨어진다고 하겠다. 따라서 이 책에서는 사회복지실천에 필요한 주요 면담기술을 쉽게 이해하고 익히는 데 도움이 되는 방식을 택하였다.

---

2) 카두신은 시작단계, 중간단계 그리고 종결단계로 나눈다. 예를 들어, 중간단계인 자료수집과 사정에는 주의집중, 최소한의 격려, 반영, 바꾸어 말하기, 요약, 침묵을 포함시키고, 도움제공에는 명료화, 직면, 해석, 정보제공, 제시 및 조언을 포함시키고 있다. 한편, 셰퍼와 호레이시는 단계를 구체적으로 구분하지 않고 주요 면담기술과 진행과정의 결합을 시도하고 있다. 즉, 면담 시작하기, 질문하기, 적극적 경청, 공감·진솔성·따뜻함 표현하기, 클라이언트 동기 유지하기, 변화를 향한 진전 유지하기 등의 순서로 기술과 과정을 연결하여 제시하고 있다.

3) 이들은 귀납적 학습과 자연주의적 탐색, 분위기 조성기술, 관찰기술, 학습기술, 초점·지침·해석 기술로 나누어 설명한다.

4) 이들은 단순한 격려, 말 바꾸어 말하기, 반영적 반응, 명료화, 해석, 정보제공, 클라이언트의 강점 강조하기, 자기개방, 요약 및 정보 이끌어 내기를 제시하고 있다.

1. 언어적 면담기술

1) 최소한의 격려

최소한의 격려(minimal prompts)는 클라이언트에게 주의집중을 하고 있음을 표시하고 계속 말하도록 격려하는 것이다. 언어적인 최소한의 격려는 관심을 전달하고 "예." "그래서요." "좀 더 말해 주시겠어요?" "그다음에 어떻게 됐나요?" "계속하세요." 등과 같은 간단한 표현으로 충분하게 전달할 수 있다.[5]

2) 재진술

재진술(restatement)은 클라이언트가 사용한 마지막 단어 몇 개 또는 중요한 구절을 반복해 주는 것이다. 이는 사회복지사가 경청하고 이해했는지 점검해 주는 기능을 가진다. 사회복지사도 클라이언트가 말하는 것을 잘못 이해할 수 있다는 점에서, 재진술은 클라이언트가 그들의 메시지를 수정하고 명료화하고 필요시 정보를 보충할 수 있도록 격려한다(Miley et al., 2017: 162).

> 클라이언트: 그 일이 너무 빨리 일어나서, 저는 서둘러 떨어진 조각들을 집느라고 정신이 하나도 없었어요.
>
> 사회복지사: 정신이 하나도 없었다고요?

이 상황에서 사회복지사는 클라이언트가 말한 마지막 단어들을 그대로 반복하였으나, 물음표를 사용하여 이를 강조하였다. 사실상 사회복지사는 "정신이 없었다는 것은 무슨 의미인가요?"라는 질문을 던지는 셈이 된다. 흔히 사회복지사는 한두 단어 또는 한 구절을 반복하게 되는데, 이는 클라이언트에게 현재 커뮤니케이션되고 있는 부분에 대해 더 이야기하라고 격려하는 데 충분할 것이다(Hutchins & Vaught, 1997: 80).

그러나 재진술은 대화의 진척을 막을 수 있으므로 너무 자주 사용하지 않는

---

5) 이 격려는 비언어적으로 주어질 수도 있다. 비언어적 격려는 고개를 끄덕이거나 표정이나 제스처를 통해서 주어질 수 있다. 이들 비언어적 격려는 '잘 듣고 있습니다. 계속하세요.'라는 메시지를 전달한다.

것이 좋다. 그리고 재진술을 연속적으로 사용하면 자칫 클라이언트의 말을 앵무새처럼 반복하는 것처럼 들릴 수 있다. 이는 클라이언트를 짜증나게 할 수 있으며 심지어는 냉소적으로 들릴 수 있다. 반면, 사회복지사가 타이밍을 맞추어 재진술을 사용한다면 클라이언트의 결론을 강조해 주고, 클라이언트가 말하는 바를 경청하고 있음을 확인시켜 주는 데 유용할 것이다(Miley et al., 2017: 162).

3) 바꾸어 말하기

바꾸어 말하기(rephrasing)는 클라이언트가 사용한 단어와 구절을 원래와는 다른 말로 바꾸어 표현해 주는 것이다. 이는 클라이언트가 말한 바에 대해 해석을 붙이는 것이 아니라, 단순히 클라이언트의 진술을 다른 단어를 사용하여 표현해 주는 것이다. 이를 통해 사회복지사는 클라이언트가 말하고 있는 바를 경청하고 있음을 커뮤니케이션할 수 있다.

예를 들어, 클라이언트가 "오늘은 정말로 모든 일이 엉망이었어요."라고 말하였다. 이에 대해 사회복지사는 "오늘은 모든 일이 뒤엉켜 잘 풀리지 않는다고 느끼셨군요."라고 반응해 줄 수 있다. 앞의 재진술과 마찬가지로, 바꾸어 말하기는 타이밍을 맞추어 적절히 사용하면 효과적이지만 지나치게 자주 사용하면 짜증이 나거나 지루할 수 있다(Hutchins & Vaught, 1997: 80; Kirst-Ashman & Hull, 2017: 74-77).

4) 명료화

셰퍼와 호레이시에 의하면, 명료화(clarification)는 클라이언트에게 자신이 한 말을 보다 분명히 하도록 격려하거나 사회복지사가 클라이언트의 말을 옳게 이해했는지 확인하기 위하여 질문하는 것을 의미한다(Sheafor & Horejsi, 2006: 148). 명료화는 "~라고 말씀하시는 것입니까?" 또는 "○○ 씨는 ~을 의미하십니까?"와 같은 방식으로 표현된다. 다음은 명료화의 예다.

> 클라이언트: 제 인생은 재난입니다. 일이 제대로 풀릴 것이라고 생각했지만
> 그럴 가능성이 전혀 보이지 않습니다.
> 사회복지사: 제가 올바로 이해했는지 모르겠군요. ○○ 씨가 기대했던 것보

다 일이 느리게 변화하고 있다고 말씀하시는 것입니까, 아니면 상황이 전보다 더 악화되었다고 말씀하시는 것입니까?

5) 공감적 커뮤니케이션

공감적 커뮤니케이션(empathic communication)은 사회복지사가 클라이언트의 내면 감정을 정확하고 민감하게 인지하고 이를 이해하고 있음을 커뮤니케이션 하는 것이다. 공감의 첫 번째 차원은 공감적 인식이며, 이는 두 번째 차원의 전 제조건이다. 두 번째 차원은 사회복지사가 클라이언트의 내면 경험을 이해한다 는 것을 정확한 감정의 반영을 통해 입증하는 것이다. 다음 예에서 보는 바와 같 이, 공감적 커뮤니케이션은 "○○ 씨는 ~때문에 ~라고 느끼시는군요."와 같이 표현될 수 있다(Hepworth et al., 2017: 97-98).

> 클라이언트: 아버지를 무서워하지 않고 울지 않으면서 아버지에게 이야기할 수 없어요. 내 의견을 말하고 아버지에게 반대할 수 있었으면 좋 겠어요. 그런데 그렇게 할 수가 없어요.
> 사회복지사: 아버지와 이야기하려고 하면 겁이 나시는 것 같군요. 제가 이해 하기에는 아버지와 있을 때 편안하게 느낄 수 없고 아버지를 두 려워하지 않으면서 대화할 수 없기 때문에 낙담하고 있다고 느껴 지는군요(Hepworth et al., 2017: 110).

6) 질문

(1) 개방형 질문과 폐쇄형 질문

질문(question)에는 크게 개방형과 폐쇄형의 두 가지 질문이 있다. 개방형 질 문은 클라이언트의 생각, 아이디어, 설명을 얻고자 할 때 사용한다. 개방형 질문 은 다음과 같다(Kirst-Ashman & Hull, 2009: 67; Sheafor & Horejsi, 2006: 147).

- "자녀들에 대해 이야기해 주시겠습니까?"
- "직업에 대해서 좋아하는 점과 싫어하는 점은 무엇입니까?"
- "이 상황에 대해 어떻게 느끼십니까?"

- "가족구성원은 어떠합니까?"
- "그것에 대해 좀 더 이야기해 주시겠어요?"

반면, 폐쇄형 질문은 "내일 오십니까?" "부인하고 잘 지내십니까?"와 같이 단순히 "예." 또는 "아니요."로 대답할 수 있는 질문들이다. 그 외에도 폐쇄형 질문에는 "첫째 자녀가 아들입니까, 딸입니까?" "자녀가 몇 명이십니까?"와 같이 정해진 몇 가지 중에서 선택하거나 제한된 대답만이 가능한 질문들이 포함된다.

실천에서는 클라이언트가 생각하는 바를 알 수 있다는 점에서 가능하면 개방형 질문을 하도록 권장한다. 드종(P. DeJong)과 김인수(Insoo Kim Berg)는 개방형 질문이 클라이언트에게 누가 그리고 무엇이 중요한지를 탐색하는 효과적인 수단을 제공한다고 지적한다. 그리고 폐쇄형 질문과 비교했을 때, 개방형 질문은 클라이언트에게 그들 자신에 대해 무엇을 말할 것인지 그리고 어떻게 말할 것인지에 대해 보다 많은 선택권을 준다(DeJong & Berg, 1998: 25).[6]

(2) 주의해야 하는 질문

면담이 익숙하지 않은 사회복지사가 질문을 할 때 흔히 하는 실수들이 있다. 첫째, 질문 쌓기(stacking questions)다. 이는 다음의 예에서 보는 바와 같이 여러 질문을 한꺼번에 퍼붓는 것을 의미한다. 질문 쌓기는 클라이언트를 혼란하게 할 수 있으므로, 질문은 한 번에 하나씩 하는 것이 좋다.

사회복지사: 입양에 관심이 있다고 들었습니다. 얼마나 오랫동안 입양에 대해 생각해 오셨습니까? 주변에 입양을 한 사람을 알고 계십니까? 신생아를 입양하실 생각이십니까? 좀 더 큰 아이나 장애아동을 입양할 생각을 해 보신 적은 없으십니까?

둘째, 사회복지사는 유도 질문(leading questions)에 주의해야 한다. 유도질문

---

6) 드종과 김인수는 개방형 질문은 클라이언트에게 보다 많은 선택권을 준다는 점에서 클라이언트에게 통제와 책임을 이양할 뿐 아니라 해결중심치료에서 강조하는 알지 못하는(not knowing) 자세에 대한 신념과도 일치한다고 지적한다.

은 클라이언트를 특정 반응으로 몰아넣는 질문들이다. 예를 들어, "그것은 잘못되었다고 생각지 않으십니까?" 또는 "○○ 씨가 싸움을 희망하셨던 것이 사실이 아닌가요?"와 같은 질문이 이에 해당된다. 이와 같은 유도질문은 클라이언트에게 위협적이고 모욕적이다. 이런 질문은 클라이언트가 정면으로 반박하기보다는 거짓말을 하도록 자극할 우려가 있다(Sheafor & Horejsi, 2006: 148).

셋째, '왜'에 대한 질문이다. '왜'라는 단어는 '침해적(intrusive)'이기 때문에 클라이언트에게 위협적일 수 있으며, 흔히 이 질문을 받은 사람에게 잘못이 있다고 비칠 수 있다(Kirst-Ashman & Hull, 2017: 82-83).

- "왜 당신은 자녀를 때립니까?"
- "왜 그렇게 술을 많이 마십니까?"
- "왜 취직을 하지 않습니까?"
- "왜 항상 나에게 잔소리를 합니까?"

7) 칭찬

최근 클라이언트가 가진 강점을 발견하고 이를 통해 그들의 어려움을 해결하고 보다 만족스러운 삶을 살아갈 수 있도록 돕는 강점중심 실천이 강조되고 있다. 클라이언트가 가진 강점은 역경에 처했을 때의 회복탄력성, 유머감각, 조직적 사고력, 힘든 일을 해내는 능력, 다른 사람을 돌보는 마음, 사물을 다른 관점에서 볼 수 있는 능력, 기꺼이 다른 사람을 경청하는 능력, 삶에 대해 배우고자 하는 관심 등 다양하다. 클라이언트의 강점을 찾고 이를 강화시키는 데 가장 효과적으로 활용할 수 있는 기술은 칭찬(compliment)이다. 칭찬은 클라이언트가 자신의 강점, 자원 그리고 긍정적인 변화에 주목하도록 한다는 점에서 적극 활용해야 할 기술이다.

그러나 칭찬이 클라이언트에게 친절하고자 하는 마음에서 동기화되면 곤란하다. 칭찬은 클라이언트가 사회복지사에게 커뮤니케이션을 한 데서 도출되어야 한다는 점에서 현실에 기반을 두어야 한다. 칭찬에는 직접적인 칭찬과 간접적인 칭찬의 두 가지 형태가 있다. 직접적인 칭찬은 사회복지사가 클라이언트에게 긍정적인 평가와 반응을 제공하는 것이다. 예를 들어, "아이들에게 정말

많은 관심을 갖고 계시군요."는 직접적인 칭찬이다.

한편, 간접적인 칭찬은 클라이언트에게 긍정적인 것을 암시하는 질문을 통해 주어질 수 있다. 간접적인 칭찬은, 첫째, 클라이언트가 바람직한 결과에 대해 말할 수 있도록 질문하는 것이다. 예를 들어, "어떻게 아이들을 그렇게 잘 키우실 수 있으세요?"와 같은 질문이 이에 해당된다. 둘째, 관계를 활용하여 긍정적인 반응을 이끌어 내는 것이다. 예를 들어, "만약 아이들에게 당신이 좋은 엄마가 되기 위해 무엇을 했느냐고 묻는다면 아이들이 뭐라고 대답할 것 같습니까?"가 이에 해당된다. 셋째, 클라이언트가 최선이 무엇인지 안다는 것을 암시해 주는 것이다. "아이들 하나하나를 특별히 대해 주는 것이 중요하다는 것을 어떻게 아셨나요?"라는 질문이 이에 해당된다. 마지막으로, 클라이언트의 자기칭찬(self-compliment)이 있다. 예를 들어, "이제 똑똑해졌으니까 코카인을 끊기로 결심했어요."라고 약물중독 문제를 가진 클라이언트가 말했다고 하자. 이때 사회복지사는 클라이언트의 자기칭찬을 인정해 주고 이를 직접적인 칭찬으로 강화시켜 준다(DeJong & Berg, 1998: 31-33).

8) 해석

해석(interpretation)은 클라이언트가 새로운 방향에서 문제를 볼 수 있도록, 클라이언트가 진술한 것이나 인식한 것을 넘어서서 사회복지사가 해석해 주는 것이다. 해석은 외관상 분리되어 있는 진술이나 사건 사이를 연결하고, 클라이언트의 행동이나 생각, 감정에서 주제나 패턴을 지적하며, 방어와 저항, 전이를 분석하고, 행동이나 생각, 감정, 문제를 이해하기 위하여 새로운 구조를 제공하는 것이다.

해석의 전형적인 목적은 클라이언트의 통찰을 촉진하는 것이다. 사회복지사는 클라이언트가 자신이 가지고 있는 동기에 대하여 더 이해할 수 있기를 바란다. 그리고 클라이언트가 자신의 생각과 감정, 행동 뒤에 숨어 있는 원인에 대하여 배우기를 바란다. 또한 클라이언트가 자신을 들여다보고 자신에 대해 새롭게 이해할 수 있기를 바란다.

해석은 직접적인 진술을 통하여 전달할 수도 있고(예: "당신은 결혼에 대하여 걱정하고 있습니다. 그래서 당신은 결혼에 대한 불안을 완벽한 결혼식을 만드는 것으로 전환시키고 있습니다."), 가설적으로 제시할 수도 있으며(예: "실패에 대한 두려움이 어머니를 기쁘게 해 드릴 수 있는지에 대해서 확신이 서지 않는 감정과 어떤 연관이 있는지 궁금하군요."), 혹은 질문을 통하여 이루어질 수도 있다(예: "아버지와의 좋지 못한 관계 때문에 자신을 신뢰할 수 없는 사람이라고 생각합니까?")(주은선 역, 2012: 333-334 참조).

9) 요약

요약(summarization)은 면담의 핵심 내용을 짧게 집약하여 재진술하는 것이다. 요약은 가장 중요한 사실, 이슈, 주제들만 주의 깊게 선정하고 강조해야 한다는 점에서 어렵다. 사회복지사가 중간중간에 요약을 해 주면, 클라이언트가 핵심 내용에 초점을 유지할 수 있고 면담을 올바른 방향으로 진행시키는 데 도움이 될 것이다. 또한 요약은 새로운 주제로 전환하거나 복잡한 이슈를 검토하는 데에도 유용하다.

한편, 면담을 마무리할 때 면담 동안에 성취한 바를 요약해 주면 클라이언트가 긍정적인 느낌을 가지고 돌아갈 수 있을 것이다. 그리고 다음 모임에 올 때까지 누가 무엇을 할 것인지를 요약해 주면 클라이언트와 사회복지사 모두에게 유용할 것이다(Kirst-Ashman & Hull, 2017: 82).

2. 적극적 경청

경청은 어느 면담상황에서나 핵심이 된다. 사회복지사는 클라이언트가 무엇이라고 말하는지 그리고 클라이언트가 질문이나 반응에 어떻게 반응하는지를 경청한다. 흔히 신임 사회복지사는 무엇을 말하고 무엇을 질문해야 하는지를 중요시한다. 물론 좋은 질문은 클라이언트로부터 필요한 정보를 얻는 데 유용하다. 그렇지만 사회복지사가 경청기술을 결여하고 있다면 면담의 총체적 가치는 구현되지 않을 것이다. 적극적 경청은 사회복지사가 문제와 씨름하는 클라이언트와 함께하고자 하는 마음을 전달해 주며, 면담과정의 여러 지점에서 나오는 적절한 반응이다.

사회복지사는 흔히 언어표현방식으로 다른 사람과 커뮤니케이션하기 때문에 경청기술을 발달시키는 것은 중요하다. 경청을 할 때, 사회복지사는 클라이언트가 무엇을 커뮤니케이션하고자 노력하는지 이해하는 것이 중요하다. 따라서 사회복지사는 클라이언트가 하는 말들이 클라이언트에게 무엇을 의미하는지 이해하고자 노력해야 한다. 사회복지사는 감정을 나타내는 말들은 무엇인지 그리고 그것들이 어떻게 표현되었는지를 주목해야 한다.

효과적인 경청에는 개방성과 수용성의 태도가 요구된다. 그리고 효과적 경청을 하려면 사회복지사는 클라이언트가 하는 말에 초점을 두고 너무 이른 평가나 조언으로 커뮤니케이션을 단절시키지 않도록 해야 한다(Johnson & Yanca, 2010: 166). 경청을 효과적으로 하기 위해서 사회복지사는 다음과 같은 여러 기술을 활용한다.

- 무엇이 말해지고 있는지(what is said) 그리고 어떻게 말해지는지(how it is said)를 주의 깊게 경청한다.
- 클라이언트가 말하는 것을 중단시키지 않고 문장과 아이디어를 다 말할 수 있게 한다.
- 클라이언트가 이야기를 계속하도록 격려하기 위해서 침묵을 활용한다. 이는 클라이언트에게 끄집어내기 어려운 생각과 감정을 언어화할 수 있는 시간(그리고 공간)을 줄 것이다.
- 클라이언트의 의미를 반추하고 명료화한다.
- 중요한 부분을 확실히 하기 위해 질문을 하고 해결을 위해 노력한다.
- 타당한 내용을 탐색한다.
- 클라이언트가 무엇을 말하는지(생각), 어떻게 말하는지(감정), 그리고 무엇을 하는지(행동) 사이의 유사점과 차이점을 살펴본다.
- 사회복지사의 인식이 정확한지를 알아보기 위해 클라이언트로부터 피드백을 이끌어 낸다.

드종과 김인수는 사회복지사가 경청을 했을 때 세 가지의 중요한 효과가 있다고 지적한다. 첫째, 사회복지사가 클라이언트의 준거 틀의 중요한 부분에 즉각적으로 초점을 맞출 수 있다. 예를 들어, 부모가 정해 놓은 밤 10시의 통행금지에 화가 난 15세 남자 청소년이 새벽 3시까지 집에 들어가지 않았다고 하자. 이때 이 청소년에게 중요한 사람은 부모이고, 중요한 사건은 오후 10시까지의 통행금지와 새벽 3시까지 집에 들어가지 않았던 것임을 알 수 있다. 둘째, 클라이언트가 말한 바를 평가하려는 경향을 차단시켜 준다. 셋째, 사회복지사의 관점에서의 성급한 문제해결을 예방하는 데 도움이 된다(DeJong & Berg, 1998: 22).

제5절 면담에서의 도전

1. 침묵

면담에서 클라이언트가 말을 하지 않는다면 어떻게 될까? 카두신과 카두신은 침묵이 면담과 같은 인간 상호작용에서 어떻게 작용하는지에 대해 주요한 지적을 했다. 그들에 의하면, 사람들이 이야기하고자 함께 자리하였을 때 침묵은 사회적 불안을 조성하고 당혹스럽게 한다. 그러나 사회복지사는 침묵이 지속되면 면담이 실패했다는 전문적 불안을 느낄 수 있다. 다시 말해서, 사회복지사는 침묵시간을 면담이 쓸모없다거나 내용이 없다는 것을 입증하는 것처럼 느낄 수 있다(Kadusin & Kadusin, 1997: Kirst-Ashman & Hull, 2017: 85에서 재인용).

특히 신임 사회복지사들은 면담 중의 침묵에 대하여 매우 불안해하고, 침묵은 이들을 얼어붙게 만드는 경향이 있다. 엡스타인의 조사연구에 의하면, 얼어붙는 것(freezing)—일종의 수행불안(performance anxiety)—은 면담기술을 배우는 사람들이 경험하는 가장 보편적인 어려움이다. 이는 자신이 클라이언트를 도울 능력을 갖추지 못했다는 내면의 느낌과 관련이 있는 듯하다. 이때 초심자는 다음과 같은 자기파괴적 독백을 하기 쉽다. "나는 할 수 없어. 나는 웃음거리가 됐어. 더 나쁜 건 나 자신이 뭘 하는지조차 모르는 사람이란 걸 클라이언트가 알게 됐다는 거야." 그러나 클라이언트의 관점에서 보면 침묵은 신임 사회복지사가 생각하는 것과는 다른 의미를 갖는다. 벤저민(Benjamin)에 의하면, 침묵은 클라이언트가 생각을 정리하고 있거나, 상황에 대해 혼란스럽거나, 화가 나 있거나, 단순히 한숨 돌리고 있는 것을 의미할 수 있다(Ebstein, 1985; Benjamin,

1987: DeJong & Berg, 1998: 27-28에서 재인용). 이에 따라 사회복지사는 클라이언 트의 침묵을 존중하고 이를 효과적으로 사용하는 것을 익힐 필요가 있다.

침묵을 활용하는 일반적 지침은 클라이언트가 말하도록 재촉하지 말라는 것이다. 다시 말해서, 클라이언트가 면담의 속도를 정하도록 한다. 특히 신뢰와 자신감이 구축되는 면담의 초기단계에서는 더욱 그러하다. 어떤 의미에서 면담은 클라이언트가 재촉당하지 않고 또는 압력을 받지 않고 자신들의 생각과 감정을 표현할 수 있는 드문 기회일 수도 있다. 따라서 면담은 클라이언트에게 편안한 속도로 진행되어야 한다.

물론 때로 어색한 침묵의 시간이 발생할 수도 있다. 이런 경우 사회복지사는 클라이언트에게 "침묵이 흐르고 있군요. 침묵하는 것도 괜찮습니다."라고 말해 준다. 이것은 사회복지사가 침묵하고 있으면, 클라이언트는 특정 주제나 관심사에 대해 더 많이 이야기하라는 압력으로 느낄 수도 있기 때문이다. 사회복지사가 침묵에 대해 서두르지 않는다면 클라이언트도 이에 대해 편안해질 것이며, 이는 클라이언트가 보다 충분히 생각하고 주요한 관심사를 반추하도록 할 것이다(Hutchins & Vaught, 1997: 104-105).

2. 직면

직면은 클라이언트가 현실을 직시하도록 하고 대안을 고려하도록 격려한다. 유익한 직면은 클라이언트가 자신의 행동의 모순—생각과 감정의 차이, 감정과 행동의 차이, 생각과 행동의 차이 등—을 직시하도록 돕는 것이다. 효과적 직면은 클라이언트가 스스로 인식하고 있는 행동과 다른 사람들이 그들의 행동을 어떻게 보는지 사이의 유사점과 차이점을 탐색하도록 돕는다. 그리고 사회복지사는 클라이언트가 대인 간 관계에서의 부적절한 행동이 어떤 부정적 결과를 가져오는지 보도록 도울 수 있다.

사회복지사에 따라 직면이 클라이언트를 한 방 치는 것 같다고 느껴 주저하거나 기피하는 경우도 많지만, 클라이언트에 대한 진정한 관심과 애정을 가지고 정확하게 사용한다면 유용한 기법이다. 보다 구체적으로 헵워스 등은 효과적인 직면에는 ① 관심의 표현, ② 클라이언트가 제기한 목적, 신념 또는 헌신, ③ 목적, 신념 또는 헌신과 불일치되거나 모순이 되는 행동(또는 행동의 부재), ④ 모순이 되는 행동으로 인해 발생할 수 있는 부정적 결과의 네 개의 구성요소가 포함된다고 지적한다(Hepworth et al., 2006: 532; Hepworth et al., 2017: 520-524).

헵워스 등에 의하면, 직면을 위한 지침은 다음과 같다(Hepworth et al., 2006: 533-534; Hepworth et al., 2017: 525-527).

첫째, 클라이언트가 법을 위반할 가능성이 있거나 자신과 타인에게 즉각적인 위험이 된다고 판단되는 경우, 사회복지사와 클라이언트의 관계형성 초기일지라도 반드시 직면을 해야 한다.

둘째, 사회복지사와 클라이언트 간에 관계가 잘 형성될 때까지는 가능한 한 직면을 피하도록 한다.

셋째, 직면은 가능하면 적게 사용한다.

넷째, 직면은 따뜻함, 돌봄 그리고 관심의 분위기에서 전달하도록 한다.

다섯째, 가능한 한 클라이언트가 스스로를 직면하는 자기직면(self-confrontation)을 격려하도록 한다. 사회복지사는 클라이언트가 간과하였던 이슈들, 행동들 또는 불일치점에 대한 주의를 환기시킴으로써 그리고 클라이언트가 이 상황을 좀 더 분석해 보도록 함으로써 자기직면을 격려할 수 있다.

여섯째, 클라이언트가 극단적인 정서적 고통을 경험하고 있을 때에는 직면하지 않도록 한다.

일곱째, 직면을 한 다음에는 클라이언트에게 공감적 반응을 하도록 한다. 때로 클라이언트는 사소한 직면에조차 방어적이 될 수 있으므로 그들의 반응을 민감하게 주시할 필요가 있다. 클라이언트는 흔히 그들의 반응을 언어적으로 표현하지 않으므로, 사회복지사는 상처, 분노, 혼란, 불편함, 당혹스러움 혹은 적개심을 보여 주는 비언어적 암시를 특별히 지켜보아야 한다.

여덟째, 직면을 받으면 클라이언트가 어느 정도 불안감을 나타낼 것을 예측한다.

아홉째, 직면 후에 즉각적인 변화가 올 것이라고 기대하지 않도록 한다. 인식이 변화를 가져오는 초석이 되기는 하지만, 변화는 시간을 요하는 만큼 클라이언트가 통찰력을 얻은 직후 변화에 성공하는 경우는 드물다.

3. 비자발적 클라이언트 관여시키기

비자발적 클라이언트에게 서비스를 제공하는 것이 어렵다는 것은 말할 필요도 없다. 그럼에도 불구하고 사회복지사는 비자발적인 클라이언트를 도와야 할 경우가 종종 있다. 예를 들어, 가정폭력이나 성폭력 등으로 인해 면담을 받도록 명령을 받을 수 있다. 커스트-애시먼과 헐은 비자발적 클라이언트와의 면담에 대한 지침을 다음과 같이 제시한다(Cormier & Nurius, 2003; Sheafor & Horejsi, 2012; Trotter, 2006: Kirst-Ashman & Hull, 2017: 92-94에서 인용 및 재인용).

첫째, 클라이언트가 비자발적임을 인정하도록 한다. 사회복지사는 클라이언트가 여기에 있기를 원하지 않았다는 사실을 간과하지 않도록 한다. 오히려 이를 인정하고 클라이언트가 있는 곳에서부터 시작하도록 한다.

둘째, 클라이언트의 입장에서 보도록 노력한다. 비자발적 클라이언트는 여러 부정적 감정을 가지고 있을 수 있다. 이런 상황을 인정하고 현실을 직시하도록 한다.

셋째, 비자발적 클라이언트와 일할 때 그들이 가진 부정적 감정을 표현하도록 돕는다. 만약 클라이언트가 저항적이라면 이를 표면화하도록 한다. 예를 들어, 사회복지사는 "여기에 오신 것이 못마땅하신 것 같군요. 지금 어떻게 느끼시는지 말해 주시겠습니까?"라고 질문할 수 있다.

넷째, 사회복지사의 역할을 클라이언트에게 명료화해 준다. 클라이언트에게 사회복지사가 개입하게 된 여건을 설명해 주는 것을 넘어서서, 사회복지사와 클라이언트가 각기 성취하기를 원하는 것이 무엇인지에 대해 탐색해야 한다.

다섯째, 사회복지사는 자신이 가진 권위의 한계를 알아야 한다. 상황에 따라 사회복지사는 클라이언트가 협조하지 않으면 어떤 결과가 초래될지에 대해 언급할 수 있다.

여섯째, 사소한 옵션일지라도 클라이언트가 선택할 수 있는 것을 가능한 한 여러 가지를 주도록 한다. 선택할 수 있다는 것은 자기존중, 자신감, 삶에 대한 통제감을 향상한다.

일곱째, 클라이언트가 원하는 것 중에서 사회복지사가 해 줄 수 있는 것이 있는지 모색해 본다.

여덟째, 클라이언트의 친사회적 가치와 행동을 격려하고 증진시키기 위해서 친사회적 모델링과 (긍정적) 강화를 사용한다.

4. 자기개방과 사적 질문

1) 자기개방

자기개방(self-disclosure)은 사회복지사의 개인적 생각, 정보, 감정, 가치 또는 경험을 클라이언트에게 드러내는 것이다. 많은 제너럴리스트 실무자, 특히 신임 사회복지사들은 자신에 대한 정보를 어느 정도까지 개방해도 되는지 궁금해한다. 사회복지사가 전문적 면담 동안 무엇을 그리고 어느 정도까지 자신에 대해 개방할 것인가에 대해서는 오랫동안 논쟁이 있어 왔다.

적정 수준의 자기개방은 클라이언트와의 관계형성에 도움이 되는 경향이 있다. 사람들은 자신을 드러내는 사람을 좋아하는 경향이 있기 때문이다. 그리고 클라이언트에게 피드백을 주는 데 어느 정도의 자기개방이 필요한 경우도 있다. 그렇기 때문에 자기개방, 즉 사회복지사가 언제, 무엇을 그리고 어떻게 클라이언트와 나누어야 하는가를 익히면 도움이 된다.

한편, 자기개방은 클라이언트에게 피드백을 주는 데에도 필요하다. 피드백은 클라이언트가 어떻게 기능하고 있는지 그리고 다른 사람들이 클라이언트를 어떻게 보는지를 알게 해 준다. 이런 피드백은 클라이언트와 함께 계획된 변화과정을 통해 작업하는 데 있어서 주요한 양상을 이룬다(Kirst-Ashman & Hull, 2017: 80).

더욱이 사회복지사의 효과적인 자기개방은 '자아의 전문적 활용'의 측면을 가진다. 이를 통해 사회복지사는 클라이언트에게 적절한 행동모델을 보여 줄 수 있으며, 말하기 힘든 주제를 방어하지 않으면서 다루는 것을 보여 줄 수 있다. 또한 사회복지사의 자기개방은 클라이언트와의 관계를 구축하고 계획된 변화과정을 촉진하기 위해 이루어지는 것이다. 사회복지사가 어느 정도 자신의 삶에 대해 개방할 것인가는 궁극적으로 사회복지사 자신이 결정할 문제이나, 기본적인 지침은 다음과 같다(Kirst-Ashman & Hull, 2017: 80-81).

첫째, 자기개방은 클라이언트의 이익을 위한 것이지 사회복지사를 위한 것이

❖ ❖ ❖

관계형성단계에 대해 구체적으로 살펴보기 이전에 사회복지실천 과정 전반에 대해 간략히 논하고자 한다. 원조과정에 대한 관심은 사회복지실천 초창기까지 거슬러 올라갈 수 있다. 『사회진단』의 저서명에서 보는 바와 같이 메리 리치먼드는 진단의 개념을 도입하였다. 1929년 밀포드 회의 보고서를 살펴보면 개입의 개념이 발달하기 시작한 것을 찾아볼 수 있다. 특히 이 보고서는 사회복지실천에 3개의 근본적 과정이 있음을 지적하였다. 그리하여 1930년대 이후 원조과정은 조사(study), 진단(diagnosis), 치료(treatment)의 3개 과정으로 개념화되었다(Johnson, 1986: 25-34).

1960년대 이후 전통적인 개별사회사업, 집단사회사업, 지역사회조직사업에 대한 도전이 있었고, 그 결과 제너럴리스트 실천(generalist practice)이 대두되었다. 이와 더불어 원조과정에서도 '진단과 치료'가 '사정과 개입'으로 대체되었다. 이런 용어의 변화는 클라이언트 체계가 개인이건, 집단이건 혹은 지역사회건 간에 공통적으로 적용 가능하다는 점에서 유용성을 지닌다. 무엇보다도 문제해결과정은 개별사회사업, 집단사회사업 그리고 지역사회방법론 모두에서 필수적인 요소임이 확인됨으로써, 과정(process)은 사회복지실천의 핵심요소로 자리잡게 되었다(Johnson, 1986: 41).

이와 같이 과정은 사회사업 초창기부터 오늘날까지 지속적으로 발전하여 사회복지실천의 핵심에 위치하게 되었다. 그러나 오늘날 원조과정은 초창기의 조사-진단-치료와 같이 단순하지 않고 학자에 따라 다양한 단계로 구분하고 있다. 예를 들어, 존슨과 양카는 상호작용과 관계형성을 별도로 다루고 있으며, 과정을 4단계로 구분하여 사정, 계획, 직접·간접적 실천 행동 그리고 평가와 종결로 나누고 있다(Johnson & Yanca, 2010: 171). 커스트-애시먼과 헐은 제너럴리스트 개입모델을 제시하고 이를 관계형성, 사정, 계획, 실행, 평가, 종결 및 사후지도의 7단계로 나누고 있다(Kirst-Ashman & Hull, 2017: 38-52). 한편, 헵워스 등은 크게 3단계로 나누고 있다. 이들은 1단계를 개입의 기반을 쌓기 위한 단계라고 설명하고 있으며, 여기에 탐색, 관계형성, 사정 및 계획을 포함시키고 있다. 2단계는 실행과 목적성취, 3단계는 평가와 종결이다(Hepworth et al., 2017: 37-46). 이와 같이 학자들에 따라 과정을 나누는 방식에 차이가 있지만[1] 대체적으로 관계형성, 사정, 계획, 실행, 평가, 종결이 공통적으로 제시되고 있다.

한편, 임파워먼트 접근법은 기존의 접근법을 전통적인 문제해결과정이라고 부르고, 이와는 전혀 다른 용어와 개념을 사용하면서 차별화를 시도하고 있다. 마일리 등은 제너럴리스트 실천의 임파워먼트 접근법을 크게 대화단계, 발견단계 그리고 발달단계의 3단계로 구분한다. 대화단계는 파트너십 구축, 상황 이해하기, 방향 설정하기로 나누어진다. 발견단계는 강점 규명하기, 자원능력 사정하기, 해결 틀 짜기로 구분된다. 그리고 발달단계는 자원 활성화하기, 동맹 구축하기, 기회 확장시키기, 성공 인정하기, 획득 통합하기로 나누어진다. 이들에 의하면, 임파워먼트를 기반으로 하는 실천모델은 전통적인 문제해결 모델에 기초하여 조직 틀을 짜고 있다는 점에서는 차이가 없다. 즉, 임파워먼트 접근은 문제해결과정에서와 마찬가지로, 관계를 구축하고, 목적을 정의하며, 상황을 사정·계획하고 변화를 실행하는 활동을 한다. 그러나 임파워먼트 접근법은 전통적인 문제해결과정을 해결책을 찾는 과정—클라이언트의 역량을 증진시키기 위해 강점, 임파워먼트 그리고 파트너십을 강조하는 용어와 개념을 사용하여—으로 전환시켰다. 이들에 의하면, 이 접근법은 병리가 아닌 강점을, 문제 탐색이 아닌 해결 추구를, 지시적인 방향이 아닌 역량증진을, 그리고 전문가의 전문성이 아닌 협력적 파트너십을 강조한다(Miley et al., 2007: 107-114; Miley et al., 2017: 96-101).

〈표 8-1〉은 전통적인 문제해결과정과 임파워먼트 과정을 비교하여 보여 주고 있다.

이상에서 살펴본 바와 같이 원조과정에 대한 개념은 사회복지실천 초창기부터 발전하여 왔다. 원조과정은 학자에 따라 차이는 있으나 관계형성, 사정, 계획, 개입, 평가, 종결의 순으로 전개되고 있으며, 사후지도가 포함되기도 한다.

---

1) 사회복지실천 과정은 학자에 따라 일원화된 분류방식을 택하기도 하고, 이원화된 분류방식을 택하기도 한다. 존슨과 양카, 커스트-애시먼과 힐은 일원화된 분류방식을 택하는 대표적 학자들이다. 그리고 헵워스와 마일리 등은 몇 단계로 크게 나누고 이를 다시 세부단계로 나누는 이원화된 분류방식을 사용하고 있다.

〈표 8-1〉 전통적인 문제해결과정과 임파워먼트 과정의 비교

문제해결과정	임파워먼트 과정
관계형성 문제 규명 및 사정	파트너십 구축하기 상황 이해하기 방향 정하기 강점 규명하기 자원능력 사정하기
목적설정과 계획	해결 틀 짜기
실행	자원 활성화하기 동맹 구축하기 기회 확장시키기
평가	성공 인정하기
종결	획득 통합하기

출처: Miley et al. (2007), p. 114.

이 책에서는 기존의 문제해결과정을 관계형성, 사정, 계획, 개입, 평가 · 종결 · 사후지도의 5단계로 나누어 살펴보고자 한다.

한편, 임파워먼트 접근에서는 문제해결과정이라는 틀은 그대로 유지하되 새로운 용어와 개념을 사용하고 있다. 오늘날 이 접근법은 이론적 측면에서뿐 아니라 실천현장에서 관심이 크게 증대되고 있다. 최근 거의 모든 학자가 강점관점과 임파워먼트를 중요시하여 이를 적극 도입하고 있기는 하나, 임파워먼트 접근은 전통적 접근과의 차별화를 표방하면서 새로운 용어와 개념을 사용하고 있기 때문에 이 둘을 살펴보면 보다 그 특징이 명확해진다. 이에 따라 이 책에서는 사회복지실천 과정을 기존의 문제해결과정과 임파워먼트 과정으로 구분하여 살펴보고자 한다. 이를 위해 각 절에서는 우선적으로 기존의 문제해결과정을 살펴보고 난 후 임파워먼트 과정에 대해 설명하는 방식을 취하고자 한다. 임파워먼트 접근은 비교적 최근에 발달하였기 때문에 실천현장에 다소 생소할 수 있다. 이에 대한 이해를 돕기 위해 부스러기사랑나눔회 지역사회복지사 팀에서 시범적으로 실시해 온 임파워먼트 접근의 실제를 제시하고자 한다.

제1절　개념

　관계형성은 계획된 변화과정에서 사회복지사와 클라이언트 체계의 전문적 관계 수립에 초점이 있다. 사회복지전문직에서 사회복지사와 클라이언트의 관계는 성공적인 실천의 주요 요건으로 간주되어 왔다. 최근 관계형성은 사회복지사와 클라이언트가 처음 만나서 클라이언트의 욕구를 규명하는 시점으로서뿐 아니라 클라이언트에게 임파워먼트하는 과정이 시작되는 시점으로 부각되고 있다(Kirst-Ashman & Hull, 2017: 177).

　마일리 등은 임파워먼트 접근에서 관계형성을 사회복지사와 클라이언트체계가 파트너십을 형성하는 것이라고 규정한다. 이들에 의하면, 효과적인 사회복지사는 첫 접촉에서부터 클라이언트에게 희망을 불어넣고 적극적인 참여를 증진시키기 시작한다. 이를 위해 사회복지사는 클라이언트에게 반영적인 경청기술로 반응하고, 클라이언트의 욕구에 의거한 도움을 제공하며, 클라이언트가 모든 의사결정 국면에 적극 참여하도록 함으로써 파트너가 될 것을 격려한다(Dunst, 1993: Miley et al., 2007: 133에서 인용 및 재인용).

1. 첫 접촉에 대한 맥락적 이해

1) 첫 접촉은 왜 중요한가

　첫 만남은 면담이 앞으로 어떻게 진행될 것인가에 상당한 영향을 준다는 점에서 매우 중요하다. 상호작용의 본질과 종류, 질은 이 시점에서부터 형성되기 시작한다. 클라이언트는 사회복지사가 자신이 필요로 하는 도움을 제공할 수 있는지, 신뢰할 만한지, 그리고 클라이언트와 그의 상황을 이해할 수 있는 능력을 가지고 있는지에 대해 나름대로 판단을 내릴 것이다.

2) 첫 접촉은 어떻게 이루어지는가

　클라이언트가 도움을 받기 위하여—자신을 위한 것이든 혹은 누군가 다른 사람에 대한 관심에서든—기관을 찾아올 때 첫 번째 접촉이 이루어진다. 경우에 따라 이는 사회복지사가 욕구를 가진 클라이언트에게 아웃리치함으로써 이루어지기도 한다.

3) 사회복지사와 클라이언트는 첫 접촉에 무엇을 가지고 오는가

우선 사회복지사는 첫 접촉에 전문적 지식, 가치 및 원조기술을 가지고 온다. 그리고 사회복지사는 원조상황에 부합된다면 적절히 활용될 수 있는 잘 다듬어진 자신의 자아를 가져온다. 또한 사회복지사는 상황을 이해하고, 욕구를 규명하며, 강점에 초점을 두고 성장과 변화를 촉진하는 기술을 가져온다(Johnson & Yanca, 2010: 142).

한편, 클라이언트도 첫 접촉에 여러 가지를 가져온다. 첫째, 클라이언트는 욕구를 가지고 온다. 둘째, 클라이언트는 상황에 대한 인식과 이러한 인식을 가져오게 한 삶의 경험을 가져온다. 셋째, 클라이언트는 성장과 변화의 능력을 가져온다. 넷째, 클라이언트는 욕구를 충족하고자 하는 동기, 자아나 상황을 변화시키고자 하는 동기를 가져온다(Johnson & Yanca, 2010: 142). 다섯째, 클라이언트는 사회복지기관, 사회복지사 및 특정 서비스에 대한 생각과 감정을 지니고 온다. 즉, 클라이언트는 이전에 사회복지기관, 사회복지사 혹은 특정 서비스에 대한 경험을 가졌을 수 있으며, 이를 바탕으로 서비스를 신뢰할 수도 있고 저항할 수도 있을 것이다. 말루치오(A. Maluccio)의 연구에 의하면, 클라이언트들은 디스트레스, 불편함 그리고 혼동을 느끼기도 하지만, 동시에 "일이 풀릴 것이라고" "신속한 답을 찾기를" "산뜻한 해결책을 찾기 위해서"와 같이 해결책 찾기를 희망하기도 한다(Maluccio, 1979: Miley et al., 2017: 126에서 재인용). 이와 같은 연구 결과는 많은 클라이언트가 신뢰와 희망의 씨앗을 가지고 전문적 관계에 들어선다는 점을 시사하고 있으며, 바로 이런 점에서 사회복지사는 용기를 가져야 한다. 물론 사회복지사는 클라이언트에게 어떤 기대를 가지고 오라고 지정해 줄수 없으며, 새로운 관계에 대한 양가적 감정을 차단할 수도 없을 것이다. 그러나 사회복지사는 첫 만남에서부터 희망을 강화시킬 수는 있다(Miley et al., 2017: 127).

4) 첫 접촉 이전에 클라이언트에 대한 기록을 읽을 것인가

과연 첫 만남 이전에 클라이언트에 대한 기록(다른 사회복지사의)을 읽어야 할 것인가에 대해서는 학자들 간에 합의가 이루어지지 않고 있다. 기록에는 사회복지사의 인지를 왜곡시킬 수 있는 고정관념이나 타당성 없는 가정이 포함되어 있을 수 있다. 또한 기록은 클라이언트의 강점과 자원보다는 문제나 병리에 초점을 두고 있을 수 있다. 그러나 열린 마음과 사실을 추구하는 객관적 관점에서 기록을 본다면 클라이언트와의 첫 만남을 준비하는 데 유용할 것이다(Johnson & Yanca, 2010: 143).

5) 사회복지사는 첫 접촉에서 무엇을 추구해야 하는가

첫 접촉에서 사회복지사는 신뢰의 분위기를 조성하기 위하여 노력해야 한다. 클라이언트가 사회복지사를 신뢰할 때까지 이 둘 간의 관계는 취약하기 마련이다. 그리하여 이들 간의 상호작용은 사회복지사가 신뢰할 만한 사람인가에 대한 클라이언트의 의구심에 영향을 받게 된다. 클라이언트가 사회복지사의 관심, 이해 및 전문성을 경험함에 따라 점차 이런 의구심이 감소되고 사회복지사와 클라이언트의 관계는 강화될 것이다(Johnson & Yanca, 2010: 143-144).

한편, 마일리 등은 관계형성단계에서 사회복지사가 클라이언트와 파트너십을 구축하고 협동을 추구해야 한다고 지적한다. 초기단계에서 지시적인 사회복지사는 의존성의 사이클을 유발할 수 있다. 대조적으로 클라이언트의 적극적인 참여의 필요성을 공개적으로 논의하고 클라이언트가 가진 전문성과 관점을 이끌어 내는 사회복지사는 파트너십의 패턴을 정착시킨다. 사회복지사가 성공에 대한 긍정적 기대를 커뮤니케이션하고 클라이언트가 참여해야 할 필요성을 강조한다면, 첫 번째 면담에서부터 임파워먼트 관계를 출범시킬 수 있을 것이다(Miley et al., 2017: 124-126).

2. 관계형성의 장애

사회복지사와 클라이언트 체계의 기능적인 관계형성을 저해하는 장애물이 몇 가지 있다. 첫째 장애는 인간 기능의 복잡성이다. 서로 다른 삶의 경험과 문화적 배경을 가진 사람들 간의 관계는 어렵다. 오해가 쉽게 발생하며 편견과 선입견이 흔히 작용한다. 이런 것들은 사회복지사와 클라이언트가 함께하는 일에 대한 인식의 차이를 가져올 수 있다.

둘째 장애는 클라이언트의 두려움이다. 클라이언트는 비인간화, 무력감, 심판에 대한 두려움을 가질 수 있으며, 이는 분노감정을 유발할 수 있다. 클라이언트는 자신과 사회복지사 사이에 거리를 두고자 하거나, 함께하는 일에 깊이 관여하기를 회피할 수 있다.

셋째 장애는 사회복지사가 관료조직에 고용되어 있다는 데서 기인한다. 조직은 흔히 복잡한 규칙과 규정을 가지고 있으며 클라이언트를 개별화하는 능력이 부족한데, 이는 클라이언트가 필요로 하는 서비스를 제공하는 데 방해가 될 수 있다. 이로 인해 사회복지사는 무력감과 더불어 기관으로부터 인정받지 못한다고 느낄 수 있다. 나아가서 이는 사회복지사에게 좌절감을 주게 될 것이며, 좌절감을 가진 사회복지사는 클라이언트에게 적절하게 반응하지 못할 것이다.

넷째 장애는 부적당한 커뮤니케이션일 수 있다. 사회복지사와 클라이언트는 서로 다른 문화적 배경을 가짐으로써 커뮤니케이션이 제대로 이루어지지 않을 수 있다. 그리하여 클라이언트는 돕고자 하는 사회복지사의 관심을 체감할 수 없으며 사회복지사가 역량을 갖추지 못했다고 간주할 수 있다.

다섯째 장애는 사회복지사의 목적과 관련이 있다. 만약 사회복지사가 자신과 클라이언트에 대해 비현실적 기대를 가지고 있다면, 클라이언트는 이를 감지하고 목전에 있는 과업에 관여하기를 기피할 것이다. 예를 들어, 양육 본능이 강한 사회복지사는 클라이언트와 과도하게 의존적 관계를 맺어 나가는 경향을 가질 수 있다.

여섯째 장애는 사회복지사가 상황을 설명하는 데 적용하는 가정이나 이론이다. 예를 들어, 클라이언트에게 환자라는 라벨을 붙인다면, 클라이언트에게 필요 이상으로 의존성을 조장할 수 있다(Johnson & Yanca, 2010: 146-147).

제2절 주요 활동

1. 주요 활동에 대한 개관

첫 접촉에서 사회복지사는 클라이언트가 편안하도록 노력해야 하며, 필요하다면 클라이언트의 문화적 요인도 고려해야 한다. 다시 말해서, 사회복지사의 상호작용의 틀에서가 아니라 클라이언트의 상호작용의 틀에서 첫 접촉을 구조화하는 것이 중요하다(Johnson & Yanca, 2010: 143). 김융일 등에 의하면 인테이크(intake) 과정은, 첫째, 클라이언트의 문제와 욕구를 확인하는 것, 둘째, 원조의 목적을 분명히 하고 원조과정에서 기대하는 바가 무엇인지를 명확히 하는 것, 셋째, 클라이언트의 욕구가 기관의 자원과 정책에 부합되는지의 여부를 판단하는 것의 세 가지 구체적인 활동과 결정을 수반한다(김융일 외, 1995: 165). 그리고 학자들이 공통적으로 지적하는 관계형성단계의 주요 활동은 다음과 같다(Compton et al., 2005: 173-181; Johnson & Yanca, 2010: 143-144; Kirst-Ashman & Hull, 2017: 177).

① 클라이언트가 이야기하도록 격려하는 방식으로 인사하는 것
② 클라이언트의 상황에 대해 관심을 보여 주는 것
③ 클라이언트의 문제와 상황에 대한 인식을 이해하는 것
④ 기관의 서비스와 클라이언트의 기대에 대해 논의하는 것
⑤ 기관과 사회복지사가 도움이 될 수 있는지를 결정하는 것
⑥ 클라이언트에게 기관과 사회복지사의 서비스를 제의하는 것
⑦ 클라이언트에게 원조관계에 대한 오리엔테이션을 제공하는 것
⑧ 기관에서 필요로 하는 서류를 갖추는 것

2. 주요 활동의 내용

1) 클라이언트와의 비위협적이고 편안한 첫 만남

사회복지사는 클라이언트와의 첫 만남을 편안하게 이끌어야 한다. 처음 클라이언트와 만나면 사회복지사는 우선 자기소개부터 시작해야 한다. 예를 들어, "안녕하세요, 저는 재가복지담당 사회복지사 김○○입니다."라고 말하고 클라이언트를 자리로 인도하도록 한다. 필요하면 클라이언트에게 어떤 호칭으로 불리기를 바라는지 물어볼 수도 있다. 존중받는다는 느낌을 전달하는 호칭을 사용하면 차별을 받으면서 살아온 클라이언트와의 첫 만남을 편안하게 이끄는 데 도움이 될 것이다.

인사와 소개가 끝난 다음, 클라이언트가 찾아온 이유를 모르는 상태라면 사회복지사는 "저를 찾으셨다고 들었는데요." 혹은 "제가 어떻게 도와드리면 될까요?"와 같은 질문을 통하여 클라이언트가 자신의 문제에 대해서 말문을 열 수 있도록 돕는다. 만약 사회복지사가 이미 클라이언트가 찾아온 이유를 알고 있다면, "전화로 아드님의 일에 대해 저와 상의할 문제가 있다고 하셨지요?"와 같이 간략하게 문제에 대해 언급함으로써 클라이언트가 문제를 자세히 이야기할 수 있도록 해 준다. 무엇보다도 첫 만남에서는 클라이언트가 도움받기를 원하는 문제에 대해 이야기할 수 있도록 격려하는 것이 중요하다.

2) 효과적 관계형성기술로 클라이언트의 문제 및 상황에 대한 관심 표명

클라이언트의 문제 및 상황에 대한 관심을 효과적으로 전달하기 위해서는 관계형성기술이 필요하다. 앞서 면담론에서 살펴보았던 대부분의 기술이 활용될 수 있으므로 여기에서는 별도로 다루지 않는다. 단, 기록과 관련하여 한 가지만 언급하고자 한다. 사회복지사는 면담 도중 중요한 일에 관해서 메모해야 하는 경우가 있다. 클라이언트에 따라 메모에 거부감을 느끼는 경우도 간혹 있으므로 왜 메모를 하는지(예: 주요 정보를 잊지 않기 위해서)를 설명하고 양해를 구하는 것이 바람직하다. 이 경우 메모에 지나치게 집중하여 클라이언트와의 면담 초점이 흐려지지 않도록 주의해야 한다.

3) 기관과 사회복지사에 대한 클라이언트의 기대 논의

때로 클라이언트는 기관이나 사회복지사에 대해 비현실적인 기대를 하기도 한다. 이에 따라 관계형성단계에서는 기관과 사회복지사가 어떻게 도움을 제공할 수 있는지에 대해서 클라이언트가 현실적으로 이해할 수 있도록 도울 필요가 있다. 사회복지사는 기관에서 제공하고 있는 서비스 및 이용절차를 클라이언트가 이해할 수 있도록 쉽고 상세하게 설명해 주어야 한다. 만약 기관의 서비스가 클라이언트의 욕구와 부합되지 않는다면 다른 사회복지기관에 의뢰해 주는 것도 이 단계에서 사회복지사가 수행해야 하는 과제 중의 하나다.

4) 서비스에 대한 정보 제공 및 서비스 제의하기

사회복지사는 클라이언트에게 이용 가능한 서비스에 대해 정확하게 알려 줄 책임이 있다. 클라이언트는 이용 가능한 서비스에 대한 정보를 제공받았을 때 원하는 서비스를 선택할 수 있다. 선택권을 가진다는 것 자체가 임파워먼트에 중요하다. 클라이언트가 사회복지사의 간섭을 받지 않고 자유롭게 결정할 수 있다고 느끼도록 한다. 단, 비자발적 클라이언트의 경우(예: 법원으로부터 서비스를 받도록 명령을 받은 가정폭력 학대행위자) 서비스를 거부할 자유를 가지고 있지 않다. 그러나 이런 경우에도 주어진 범위 내에서 클라이언트의 자유와 임파워먼트를 극대화할 수 있도록 하는 것이 바람직하다.

5) 원조과정에 대한 오리엔테이션

관계형성과정이 원활하게 진행되면 클라이언트는 원조과정에 대한 기본적 아이디어를 얻게 될 것이다. 사회복지사는 클라이언트에게 원조과정에 대해 의문점이 있는지를 물어보고 보충설명을 해 줄 수 있다. 경우에 따라 사회복지사에게 오면 일이 기적처럼 해결될 것이라고 기대했던 클라이언트는 원조과정에 관한 설명을 듣고 실망하기도 한다. 반대로 원조과정에서 사회복지사와 클라이언트가 각기 어떠한 역할을 해야 하는지를 잘 이해한다면, 이는 좋은 출발점이 된다.

그리고 원조과정 오리엔테이션에서는 클라이언트에게 서비스 수혜에 대한 규칙과 조건을 설명해 주어야 한다. 필요하다면 서비스와 관련된 법규, 정책, 전문가의 윤리기준 등을 설명하여 클라이언트가 그들의 권리를 이해할 수 있도록 돕는다. 나아가서 사회복지실천에서 비밀보장의 한계에 대해서 알려 주는 것이 좋다. 마지막으로 서비스에 관련된 세부사항들, 시간, 장소, 빈도 그리고 모임의 횟수 등에 관해서 클라이언트와 협의해야 한다(Kirst-Ashman & Hull, 2002: 141-144, 2017: 177-179).

6) 관련 서식 작성

대부분의 사회복지기관은 업무의 효율성을 위하여 초기 면접지(intake sheet) 등 관련 서식을 요구한다. 기관에 따라 클라이언트가 주어진 양식의 빈칸을 직접 채우기도 하지만 대부분 사회복지사가 접수면담을 한 후 기록한다(양옥경 외, 2005: 173-174 참조).

제3절 임파워먼트 접근에서의 관계형성

최근 사회복지실천 분야에서 임파워먼트에 대한 관심이 점증하고 있어서 이를 보다 구체적으로 살펴볼 필요가 있다. 마일리 등은 관계형성단계를 파트너십 구축하기라고 규정하고 있다. 이들은 사회복지사와 클라이언트의 파트너십이 형성되는 만큼 사회복지사와 클라이언트 관계가 임파워먼트된다고 지적한다. 다음에서는 파트너십 구축하기에 대하여 살펴보고자 한다(Miley et al., 2017: 137-143에서 인용 및 재인용).

1. 파트너십 구축하기

1) 권리 인정하기

모든 클라이언트는 권리를 가지고 있다(〈표 8-2〉 참조). 설사 사회복지서비스를 명령받은 클라이언트일지라도 생각하는 방식, 느끼는 방식 그리고 자신이나 타인을 해치지 않는 한도 내에서 자신이 선택한 방식대로 행동할 권리를 가진다. 사회복지사-클라이언트의 임파워먼트 관계에서는 평등성과 공동 목적에 대한 신념을 공유하면서도 서로의 관점이 다를 수 있다는 것도 인정한다.

〈표 8-2〉 클라이언트의 권리

- 존엄성과 존중으로 대우받는 것
- 비밀보장을 통한 프라이버시
- 변화과정에서 협력적 파트너로서 참여하는 것
- 문화적으로 민감한 치료를 받는 것
- 사회적 자원의 평등한 분배를 받는 것
- 그들이 직면한 도전을 자신들의 관점에서 보는 것
- 정보를 수집하고 분석하는 데 참여하는 것
- 그들 자신의 목적을 설정하는 것
- 사회복지사가 원하는 것에 저항하는 것
- 다양한 대안적 개입 중에서 선택하는 것
- 그들 자신과 사회복지사의 역할과 책임 분담에 대해 타협하는 것
- 평가과정에 협동하는 것
- 시간 틀(time frame)을 결정하는 것을 돕고 비용이 든다면 이에 대해 아는 것

출처: Miley et al. (2017), p. 138.

2) 책임지는 것

특권에는 책임이 따른다. 사회복지사에게는 파트너십에 전문가 윤리, 지식 및 기술을 가져올 책임이 따른다. 전문적 관계에서 사회복지사는 실천에서 검증되고, 연구결과에 근거하며, 윤리적으로 건전한 전략을 사용하여 효율적이고 목적지향적인 방식으로 일해야 할 것이다.

한편, 클라이언트에게도 책임이 따른다. 그들에게는 목적을 결정하고 전략을 승인할 책임이 있다. 이와 같이 의사결정에 대한 적극적 관여는 클라이언트를 보다 책임 있게 만들 뿐 아니라 역량감을 증진시킬 것이다.

3) 권리와 책임 논의하기

관계에서 파워의 균형과 분배는 책임과 특권에 대한 진지하고 공개적인 논의에서 출발한다. 클라이언트는 사회복지사가 어떤 접근을 하는지 알 권리가 있다. 사회복지사의 접근법과 클라이언트가 선호하는 바가 부합되지 않는다면, 클라이언트는 자신이 선호하는 방식으로 실천하는 다른 사회복지사를 찾을 수 있다.

그리고 임파워먼트를 기반으로 하고 강점에 초점을 두는 사회복지사는 클라이언트 체계의 적극적 참여를 기대하고 있음을 전달해야 한다. 만약 클라이언

트가 뒤로 물러서서 사회복지사가 대신 해 주기를 원한다고 보이면, 충분한 시간적 여유를 갖고 이의 부당성을 클라이언트에게 설명해 줄 필요가 있다.

4) 파워 확장시키기

협력적 파트너십은 진화해 나간다. 처음 관계를 구축할 때, 많은 클라이언트는 주어진 도전을 감당할 능력이 없다는 인식 때문에 취약한 상태에 있다. 클라이언트가 자신들에게 주어진 파워와 옵션을 탐색하고 발견할 때, 사회사업관계는 클라이언트에게 최대한의 이익이 될 것이다. 설사 클라이언트가 파워를 양도하면서 관계를 시작한다 할지라도, 사회복지사 중심의 파워에서 클라이언트가 통제하는 파워로 신속하게 전환시켜 나가야 할 것이다.

역설적으로 임파워먼트를 추구하는 사회복지사는 클라이언트의 문제를 해결하고, 전문가가 되며, 비범한 업적을 수행하려는 과도한 노력을 자제할 필요가 있다. 그리하여 사회복지사는 '최선'이라고 생각하는 것을 클라이언트에게 주기보다는 클라이언트가 선택한 다양한 해결책을 존중하고 인정해야 할 것이다.

5) 클라이언트가 무력감을 느낄 때

일부 클라이언트는 사회복지사와의 관계에서 파트너십을 가질 준비를 갖추고 있다. 그러나 보다 많은 클라이언트는 삶에 지쳐서 사회복지사가 주도해 주기를 원한다. 이전에 실패한 경험은 클라이언트에게 무기력을 학습하게 한다. 아무리 노력해도 변화를 가져올 수 없다는 것을 배운 사람들은 동기를 상실하게 된다. 이런 상황에서 클라이언트는 적극적으로 미래를 구축하기보다는 외적 사건들에 의해 떠밀려 간다고 체념할 수 있다. 사회복지사는 클라이언트가 주체가 되어 상황을 변화시켜 나갈 수 있도록 강점을 인식하고 활용할 수 있는 관계를 구축해 나가야 할 것이다.

2. 임파워먼트 접근의 실제

1) 초대하기

부스러기사랑나눔회의 지역사회복지사 팀은 관계형성단계를 '초대하기'라고 부른다. 이 명칭은 평등한 동반자적 관계를 추구하는 임파워먼트의 특성을 잘 드러내고 있다. 즉, 이들은 '초대'라는 용어가 흔히 기쁜 일이나 특별한 목적이 있는 만남의 자리에 함께할 사람들을 모을 때 사용하는 말이라고 설명한다. 초대하기는, 첫째, 사회복지사와 클라이언트[2] 간의 교제와 성장이 있는 인간적인 만남을 전제로 하며, 둘째, 초대받은 자리에 나갈 것인지 여부를 결정할 때 무엇보다도 클라이언트의 의견과 선택이 중요하다는 의미를 담고 있다(강명순 외, 2008: 53).

지역사회복지사 팀은 초대하기를 '소개받기'와 '찾아가기'의 두 유형으로 나눈다. 이 중 소개받기는 클라이언트 자신이 참여를 요청하는 것을 비롯하여 사회복지전문가, 교사, 사회복지전문요원, 경찰, 종교기관, 의료기관 그리고 지역사회 내 이웃으로부터 도움을 필요로 하는 클라이언트를 소개받는 것을 의미한다. 그리고 '찾아가기'는 아웃리치를 통해 사례를 발굴한다는 의미다(강명순 외, 2008: 54-75). 찾아가기에서 잠재적인 클라이언트에게 접근하여 대화할 때는 판단하거나 결론을 내리지 말고 상대방이 덜 위협적으로 느끼도록 관찰내용을 사실적으로 말해야 하며, 돕고 싶다는 태도로 물어보아야 한다. 예를 들어, 사회복지사는 "긴 바지를 입었네? 여름인데 무지 덥겠다! 네가 특별히 좋아하는 옷이야?" "어~ 지금은 학교 수업시간일 텐데…… 오늘 무슨 날이니? 학교에 안 갔구나!"와 같이 상대방이 방어적이 되지 않고 편안하게 느끼도록 접근할 필요가 있다(강명순 외, 2008: 71). 다음은 소개받기와 찾아가기(아웃리치)의 사례다(강명순 외, 2008: 57, 73, 75).

사례 1

학교 교사로부터 소개받기

민재는 사회복지사와 알고 지내는 교사로부터 소개받았다. 담임교사는 민재가 방과 후에 늦게까지 동네를 배회하고 아버지와의 관계에서 어려움이 있는 것 같다면서 사회복지사에게 지원을 요청하였다.

---

[2] 지역사회를 기반으로 활동한다는 의미에서 지역사회복지사 그리고 동반자 관계를 강조하는 참여자라는 용어를 사용하고 있으나 여기에서는 사회복지사와 클라이언트로 용어를 통일하여 사용하고자 한다.

사례 2

이웃으로부터 소개받기

사회복지사의 활동을 이미 알고 있던 학교 앞 분식집 아주머니는 지각과 결석이 잦은 미연이를 알게 된 후, 미연이가 가족으로부터 적절한 보살핌을 받지 못한다고 여겨 사회복지사에게 미연이를 만나 달라고 요청하였다.

사례 3

소개 부탁하기

사회복지사는 교사, 지역사회 공식적 · 비공식적 지도자, 지역주민 등에게 다음과 같이 소개를 부탁할 수 있다. "혹시 주위에 밤늦은 시간이나 수업시간에 거리를 돌아다니고, 계절에 맞지 않는 옷을 입고 다니거나, 양육자가 잘 돌보지 못하여 어려움을 겪고 있는 아동을 알고 계시면 저에게 연락해 주세요. 그러면 제가 아동과 가족을 지원하도록 하겠습니다. 감사합니다."

찾아가기(아웃리치)의 사례

소연이를 처음 만난 것은 놀이터에서 동생과 함께 있을 때였다. 한눈에 보아도 옷차림이 지저분하고, 여름인데도 원피스 안에 긴 바지를 입고 있었다. 사회복지사가 눈여겨보고 있는데, 소연이의 어머니처럼 보이는 사람이 다가와 집으로 가자고 하였다. 소연이는 별로 신경 쓰지 않고 자기가 하던 행동을 계속하였고, 어머니는 손으로 소연이 등을 때리고 잡아끌면서 소리를 질렀다. 그 후 지역아동센터 주변 골목길에서 아버지가 끄는 리어카에 앉아 있는 소연이를 보았다. 아버지는 잔뜩 술에 취해 비틀거리고 있었고, 소연이는 "배고파. 집에 가자."라며 조르고 있었다. 사회복지사는 손에 들고 있던 간식을 건네주며 말을 걸었다. 간단한 대화를 통하여 소연이가 초등학교 1학년 2반이며 학교에 결석했다는 것을 알 수 있었다. 아버지에게 지역아동센터를 소개하고 한번 방문할 것을 권유하였다. 그사이 사회복지사는 담임교사 및 사회복지전담공무원에게 가족의 상황을 알아보았다. 다음 주에 소연이는 어머니와 함께 지역아동센터에 오게 되었고 이를 계기로 서비스를 받게 되었다.

2) 동반자 관계 맺기

동반자 관계 맺기[3]는 파트너십에 기초한 수평적 관계임을 강조하기 위해 사용된 용어다. 또한 클라이언트라는 용어 대신 참여자라는 용어를 사용하는데, 이는 도움을 필요로 하는 아동과 가족의 자율적 참여 결정을 보장하여 모든 실천과정에서 클라이언트의 의견을 적극적으로 반영하기 위한 것이다. 즉, 함께 노력해야 원하는 결과를 얻을 수 있다는 것을 전제로 하고 있다.

이를 위해 동반자 관계 맺기에서는 잠재적 클라이언트의 의견을 듣는 것이 중요하다. 의견을 경청함으로써 사회복지사는 클라이언트가 자신의 상황과 어려움에 대해 어떻게 느끼고 있는지를 알 수 있다. 사회복지사는 클라이언트를 자신이 원하는 것과 문제해결방법을 가장 잘 아는 전문가(스스로에 대한 전문가)라는 관점을 가지고 대해야 하며, 이는 파트너십을 이룩하는 첩경이다(강명순 외, 2008: 80-87).

---

3) 지역사회복지사 팀은 동반자 관계 맺기가 기존의 사회복지실천 과정의 계약단계에 해당한다고 설명하고 있으나, 이는 파트너십 관계를 형성하고 서비스를 받기로 합의하는 과정을 의미하므로 관계형성단계에 포함시키는 것이 보다 적합할 것으로 판단되어 이 책에서는 관계형성단계에서 소개하였다.

제9장

사정

❖ ❖ ❖

사정(assessment)은 전통적으로 진단(diagnosis)이라고 불렸다. 전통적인 사회 사업과정은 '조사, 진단 및 치료'의 3단계로 나뉜다. 여기에서 사정은 '조사'와 '진단'을 포함하며, 이는 '치료'에 해당되는 계획과 개입단계로 이어진다(Johnson & Yanca, 2010: 174). 이와 같이 사정은 개입을 위한 목적을 설정하는 핵심적인 과정이며, 이를 토대로 개입방법의 선택이 이루어진다는 점에서 개입의 효과성(그리고 궁극적으로 개입결과까지)은 얼마나 사정이 정확하게 이루어졌는가에 달려 있다고 해도 과언이 아니다. 한편으로 사정은 상황 속의 클라이언트를 이해하는 데, 그리고 다른 한편으로는 계획과 개입을 위한 토대를 준비하는 데의 두 가지 초점을 가진다(Johnson & Yanca, 2007: 192).

오늘날 진단보다는 사정이라는 용어가 선호되고 있는데, 사정에 초점을 두는 것은 바로 환경 속의 인간을 중요시하고 강점을 강조하는 사회사업의 고유성을 반영하는 것이기도 하다. 이 장에서는, 첫째, 사정의 개념과 정보의 출처에 대해서 살펴보고자 한다. 둘째, 사정의 특성을 고찰해 보고자 한다. 셋째, 사정의 목적과 주요 내용을 탐색해 보고자 한다. 넷째, 최근 해결지향적 사회복지실천의 사정에 대한 관심이 증대하고 있어서 이에 대해 소개하고자 한다. 다섯째, 임파워먼트 접근에서 사정에 해당되는 상황 이해하기, 방향 정하기, 강점 규명하기 및 자원능력 사정하기를 규명해 보고자 한다. 여섯째로, 사회복지실천 현장에서 사용되는 주요 사정도구에 대해 살펴보고자 한다.

제1절 사정의 개념

바커에 의하면, 사정은 "문제가 무엇인지, 그 원인이 무엇인지, 그리고 이를 최소화하거나 해결하기 위해서 무엇을 변화시켜야 하는지에 대한 획득"이다 (Barker, 2003: Kirst-Ashman & Hull, 2009: 150에서 재인용). 그리고 커스트-애시먼과 헐은 제너럴리스트 사회복지사는 문제상황을 환경적 관점에서 평가해야 한다고 지적한다. 이는 문제가 개인과 가족뿐 아니라 이들이 살고 있는 보다 큰 지역사회와 체계에 관련되기 때문이다. 이에 따라, 사회복지사는 계획된 변화과정이 시작되는 시점에서부터 마이크로 관점뿐 아니라 매크로와 메조 관점에서도 문제와 이슈에 초점을 두어야 한다(Kirst-Ashman & Hull, 2017: 180).

한편, 학자들은 진단과 사정을 차별화하는데, 이는 사정의 개념을 가장 잘 설명해 주고 있다. 헵워스 등에 의하면, 진단이 가진 몇 가지 이점에도 불구하고[1] 진단적 라벨은 복잡한 문제에 대한 편법을 제공하기는 하지만 전체 이야기를 반영하지 못한다. 그리고 자칫 클라이언트가 진단적 라벨로만 간주될 때 자기충족적 예언(self-fulfilling prophecies)이 작동될 수도 있다. 더욱이 진단적 라벨이 가지는 지대한 영향력에도 불구하고, 심지어는 오진으로 인해 잘못 분류될 위험도 있다. 반면, 사정은 어떤 진단을 내리도록 하는 증상에 대해 기술하지만, 여기에서 멈추지 않고 훨씬 더 나아가서 클라이언트의 과거력과 배경, 이 증상이 클라이언트에게 미치는 영향, 이 문제를 관리하는 데 이용 가능한 지지와 자원을 이해하도록 돕는다(Hepworth et al., 2017: 191).

이와 같은 맥락에서 커스트-애시먼과 헐은 적어도 네 가지 방식에서 사정이 진단과는 다르다고 지적한다. 첫째, 어떤 문제 상황을 이해하는 경우에도 클라이언트 상황의 마이크로 양상뿐 아니라 메조와 매크로 양상을 포함하는 주변 환경을 중요시한다. 둘째, 문제가 클라이언트에게 있을 수도 있지만 외부체계에 있을 수도 있다. 이에 따라 후자의 경우에는 외부체계가 변화 표적이 될 수 있다. 셋째, 계획된 변화과정에 클라이언트가 관여된다는 것이다. 그리고 네 번째 차이점은 클라이언트의 강점에 대한 접근이다. 다시 말해서, 진단은 병리에 초점(무엇이 문제인가? 클라이언트 개인에게 무엇이 잘못되었는가?)을 두는 반면, 사정은 클라이언트의 문제뿐 아니라 클라이언트의 강점을 표적으로 한다. 강점을 강조함으로써 사회복지사는 클라이언트에게 성장기회를 제공하고 역량감을 증

---

[1] 이들에 의하면, 진단적 라벨은 여러 가지 목적에 기여한다. 우선 전문가와 환자가 공동으로 이해할 수 있는 증상군에 대해 커뮤니케이션할 수 있는 언어를 제공한다. 그리고 진단용어는 문제에 대한 조사연구, 치료에 대한 규명 등을 활성화해 준다. 또한 클라이언트는 자신이 갖고 있는 문제의 '이름을 갖게' 됨으로써 위안을 받게 된다. 나아가서 클라이언트는 질병에 대해 배우고, 지지집단을 찾으며, 이에 대한 연구성과의 혜택을 누릴 수 있다(Hepworth et al., 2006: 183).

진시킬 수 있다(Kirst-Ashman & Hull, 2017: 181).

제2절 정보의 출처

사회복지실천에서 가장 보편적으로 활용되는 정보의 출처에는 ① 클라이언트가 작성한 서식, ② 클라이언트와의 면담(예: 문제, 문제의 역사, 관점, 생각, 사건 등에 대한 설명), ③ 비언어적 행동에 대한 직접적 관찰, ④ 배우자, 가족구성원과 집단구성원들 사이의 상호작용을 직접 관찰하는 것, ⑤ 친척, 친구, 의사, 선생, 고용주 그리고 다른 전문가로부터의 부수적 정보, ⑥ 심리검사 또는 사정도구, ⑦ 클라이언트와의 직접적인 상호작용을 토대로 한 사회복지사의 개인적 경험이 있다(Hepworth et al., 2017: 197-201). 다음에서는 각 정보의 출처가 가지고 있는 장단점을 간략히 살펴보고자 한다.

1. 클라이언트와의 면담에서 획득한 정보

대체적으로 클라이언트와의 면담에서 획득한 정보는 가장 주요한 정보 출처다. 앞서 면담론에서 살펴본 기술들은 신뢰할 수 있는 관계를 구축하고 사정에 필요한 정보를 획득하는 데 도움이 될 것이다. 다른 정보 출처와 마찬가지로, 면담을 통한 구두보고(verbal report)는 클라이언트의 잘못된 기억이나 편견, 불신 그리고 자아인식의 한계 등으로 인해 총체적인 그림을 정확하게 제공하지 못하는 경우도 있다. 이에 따라 필요시 다른 출처에서 얻은 정보를 가지고 보완할 필요가 있다.

2. 비언어적 행동에 대한 직접적 관찰

비언어적 행동을 직접 관찰하면 분노, 상처, 당황 그리고 두려움과 같은 정서적 상태와 반응에 대한 정보를 얻는 데 유용하다. 이를 위해 사회복지사는 목소리 톤, 눈물, 움켜쥔 주먹, 목소리의 떨림, 떨리는 손, 꽉 다문 턱, 오므린 입술,

제스처와 같은 비언어적 암시에 주의를 집중해야 한다. 사회복지사는 비언어적 행동을 관찰한 순간 이를 클라이언트와 나눌 수도 있고("그녀가 말한 것을 이야기 하실 때 온몸에 힘이 빠지시더군요."), 아니면 다른 자료와 함께 검토하기 위해 기록해 놓을 수도 있다.

3. 상호작용의 관찰

배우자, 가족구성원, 집단구성원들 간의 상호작용에 대한 관찰은 유익한 정보 출처다. 사회복지사는 흔히 클라이언트가 보고한 것과 실제 관찰한 것 사이에 상당한 차이가 있음을 발견한다. 예를 들어, 아버지가 딸을 격려하였다고 사회복지사에게 이야기하였다. 그런데 아버지와 딸을 함께 면담하는 과정에서 사회복지사는 아버지가 "너는 잘해 낼 수 있어."라고 참기 어렵다는 듯이 말하는 것을 보았다. 직접적인 관찰은 아버지가 말로는 격려하지만 목소리와 행동은 그렇지 않음을 드러내고 있다.

관찰은 자연적 세팅(아동의 교실, 집단에서의 성인, 가족면담에서의 구성원 등)에서 발생할 수 있다. 특히 가정방문은 관찰하기 매우 좋은 기회다. 가정에서 제공되는 가족기반 서비스의 주요 장점은 가족의 어려움을 직접적으로 관찰할 기회가 있다는 것이다. 클라이언트의 생활조건을 관찰함으로써 모른 채 지나갔을 수 있는 자원이나 문제를 밝힐 수 있을 것이다.

사회복지사는 구두보고가 아니라 직접적으로 상호작용을 관찰하기 위하여 재연(enactment)을 사용할 수 있다. 이 기법에서는 클라이언트에게 실제상황에서와 같은 말, 제스처 그리고 목소리 톤을 사용하여 상황을 그대로 재연하라고 지시한다. 재연기법은 배우자와 가족이 의사결정, 계획, 역할타협, 아동 훈육 등의 가상적인 상황에서 어떻게 상호작용하는지 관찰하는 데 사용될 수도 있다.

한 가지 주의할 점은 사회복지사가 부정확하게 관찰하였을 가능성을 염두에 두어야 한다는 것이다. 따라서 관찰내용이 다른 출처에서 획득한 정보와 일치하는지 검토해 보아야 할 것이다. 그러나 이런 단점에도 불구하고 상호작용의 관찰을 통해서 얻은 정보는 구두보고에 의한 정보보다 타당성이 높은 편이다.

4. 클라이언트의 자기모니터링

클라이언트의 자기모니터링(self-monitoring)은 잠재적으로 유용한 자료의 출처다. 자기모니터링은 풍부하고 수량화할 수 있는 데이터를 얻는 데 도움이 될 뿐 아니라, 클라이언트를 사정과정의 협력자가 되도록 함으로써 임파워먼트시킨다.

자기모니터링을 위해 주어지는 과제는 표적행동의 발생에 관련된 감정, 행동 그리고 사고를 기술하는 데 클라이언트를 개입시킬 수 있다. 첫 번째 단계는 사건(분노 폭발을 촉발한 사건, 논쟁, 과음 혹은 과식)의 발생을 인지하는 것이다. 두 번째 단계는 행동의 기초선(baseline)을 정하기 위해서 정보를 도표화하거나 그 래프를 그리는 것이다.

자기모니터링의 주요 장점은 모니터링 과정 자체가 패턴에 대한 관심을 가지도록 한다는 것이다. 그 결과, 클라이언트는 자신의 상황에 대한 통찰력을 얻을 수 있다. 더욱이 클라이언트는 기록된 관찰을 논의하는 과정에서 자연스럽게 목적을 조작화하거나 변화에 대한 아이디어를 제시하기도 한다. 나아가서 문제가 되는 행동이나 감정이 감소한 것을 보여 주는 데이터 또는 바람직한 특성의 증가를 보여 주는 데이터를 근거로 보다 정확한 평가를 하는 데 도움이 된다.

5. 주변 관련자 접촉

때로는 친척, 친구, 의사 등과 같이 클라이언트와 관련이 있는 주변으로부터 정보를 획득할 수 있다. 주변 사람들은 문제상황에 직접 관여되지 않았기 때문에 보다 객관적인 입장에서 정보를 제공해 줄 수 있다는 잠재적 가치를 지닌다. 사회복지사는 주변 관련자로부터 정보를 획득할 필요가 있는지 여부를 결정하고 이를 획득하는 데 분별력을 발휘해야 한다. 이 경우 클라이언트는 유용한 정보를 제공할 수 있는 주변 사람들이 누구인지를 제시함으로써 협력할 수 있다. 전문가의 윤리적 측면에서 볼 때 클라이언트의 동의를 구하는 것이 합당하다. 마지막으로, 주변 관련자로부터 획득한 정보가 타당성이 있는지 검토할 때 클라이언트와 주변 관련자 간의 관계의 본질이 어떠한지 고려해야 한다.

6. 심리검사 또는 사정도구

또 다른 정보 출처에는 심리검사, 선별(screening) 도구, 그리고 다양한 사정도구들이 있다. 이 중 일부 검사는 훈련을 받은 전문가에 의해 실시되어야 하는 것도 있다. 이 경우 사회복지사는 전문가에게 검사를 의뢰하여 그 결과를 심리사회적 사정이나 치료계획에 통합시킬 수 있다. 최근 사회복지실천에 적합한 다양한 척도가 개발되고 있어서 이를 활용할 수 있다.

7. 사회복지사의 개인적 경험

클라이언트와의 직접적인 상호작용에 근거한 사회복지사의 개인적 경험 역시 주요한 정보의 출처가 된다. 그러나 이 방법을 사용할 때 유의할 점이 있다. 예를 들어, 클라이언트가 사회복지사와 함께 있을 때에는 평소와 다르게 행동할 수 있다. 그리고 첫인상이 틀렸을 수 있으며, 이에 따라 좀 더 접촉을 해 보거나 다른 정보 출처를 검토해야 할 수도 있다. 또한 모든 인간은 주관적이기 때문에 우리 자신의 대인 간 패턴과 인지에 의해 영향을 받을 수 있다. 이에 따라 클라이언트와의 상호작용에 대해 타당성 있는 결론을 내리려면 자아인식이 필수적으로 요구된다(Hepworth et al., 2017: 200-201).

〈표 9-1〉 정보의 출처 및 특성

정보의 출처	특성
클라이언트와의 면담에서 얻은 정보	문제에 대한 진술, 감정, 클라이언트의 관점 등을 획득할 수 있는 가장 주요한 정보의 출처이나, 클라이언트가 잘못 기억하거나 편견이 있을 수 있으므로 다른 출처의 자료를 통해 보완해야 하는 경우도 있다.
비언어적 행동에 대한 직접적 관찰	클라이언트의 정서적 상태와 반응에 대한 정보를 얻는 데 유용하다. 사회복지사는 목소리 톤이나 제스처와 같은 비언어적 행동에 주의를 집중해야 한다.
상호작용의 관찰	배우자, 가족구성원들 간 상호작용의 관찰은 유익한 정보 출처이며, 가정방문은 자연적 세팅에서의 직접적 관찰을 가능하게 한다. 재연 기법을 사용할 수도 있다.

클라이언트의 자기모니터링	클라이언트를 협력자로 참여시키기 때문에 임파워먼트 효과가 있으며, 상황에 대한 통찰력을 증진시킬 수 있고 보다 정확한 평가에도 도움이 된다.
주변 관련자 접촉	상황에 대한 객관적 정보를 얻을 수 있다는 장점이 있으므로 친구, 이웃, 관련 전문가로부터의 정보가 필요하다는 전문적 판단이 있을 때 유용하다.
심리검사	자료와 행동을 수량화하는 데 유용하므로 필요시 전문적 자문을 얻어 활용하도록 한다. 최근 사회복지실천에서도 다양한 척도가 개발되고 있어서 이를 활용할 수 있다.
사회복지사의 개인적 경험	사회복지사가 가지고 있는 클라이언트에 대한 다양한 경험을 토대로 클라이언트를 이해하는 데 유용하지만, 타당성 있는 결론을 내리려면 사회복지사의 자아인식이 요구된다.

제3절 사정의 특성

그동안 사정의 특성들이 규명되어 왔는데 다음에서는 대표적 특성을 중심으로 살펴보고자 한다. 최근 강점관점과 임파워먼트가 중요시되면서 클라이언트의 참여, 강점중심의 사정과 같은 특성들이 보다 강조되고 있음을 주목할 만하다(Johnson, 1986; Johnson & Yanca, 2007, 2010; Kirst-Ashman & Hull, 2002, 2009).

첫째, 사정은 산물(product)이며 과정(process)이다. 사정은 클라이언트와 사회복지사의 상호적 과정을 통해 이루어진다. 클라이언트는 능력범위 내에서 사정의 모든 양상에 관여한다. 상호적 과정은 클라이언트에게 자기가치감을 부여하고 그들이 생각하고 믿는 것이 중요시되기 때문에 클라이언트를 임파워먼트하는 수단이 된다. 상호적 과정을 통하여 클라이언트는 변화과정에서 수동적인 수혜자가 아닌 주요한 파트너라는 사실을 깨닫게 된다. 한편, 사정은 역동적인 상호적 과정에서 나온 산물이기도 하다. 예를 들어, 사회력(social history)은 사정결과의 산물이다(Hepworth et al., 2017: 188-190; Johnson & Yanca, 2010: 179, 182).

둘째, 클라이언트의 관여(involvement of client)는 절대적으로 필요하다. 사회복지사는 클라이언트의 문제를 자신의 관점에서 보고 싶은 유혹을 느낄 수 있다. 그러나 클라이언트의 관점은 이와는 다를 수 있다. 예를 들어, 사회복지사는 알코올중독이 문제라고 보는데, 클라이언트는 극심한 빈곤이 진짜 문제라고 간주할 수 있다. 이에 따라 다양한 관점에서 문제를 바라보고 상호 합의하는 계획을 수립하는 것이 바로 사회사업 개입의 예술이라 할 수 있다(Kirst-Ashman & Hull, 2009: 151).

셋째, 사정에는 항상 판단(judgement)이 요구된다. 사정에서는 어떤 부분을 고려해야 할지, 어떤 지식기반을 적용해야 할지, 어떻게 클라이언트를 관여시킬 것인지, 어떻게 관심이나 욕구를 정의할 것인지 등에 대한 결정을 내려야 한다(Johnson & Yanca, 2010: 183).

넷째, 강점(strength)을 포함시키는 것은 중요하다. 사정과 진단의 가장 커다란 차이점은 사정에서는 강점을 조명한다는 것이다. 클라이언트는 약점이 아닌 강점을 딛고 성장한다. 성공 가능성이 높은 목적, 목표 그리고 과업을 설정하기 위해서 클라이언트가 가진 신체적, 정신적, 정서적 및 행동적 자산에 대한 철저한 사정이 이루어져야 한다. 또한 클라이언트 체계와 환경(혹은 상황)이 가지고 있는 자원을 규명해야 한다(Johnson & Yanca, 2010: 182).

다섯째, 사정은 지속적(ongoing)이다. 사정은 사례가 시작된 시점부터 종결시점까지 전 과정 동안 새로운 정보가 드러남에 따라 정보를 수용하고 분석하며, 종합하는 유동적이며 역동적인 과정이다. 대체적으로 사회복지사는 첫 번째 면접에서 많은 정보를 얻게 되며 이것의 의미와 중요성을 사정하게 된다. 이런 순간순간의 사정을 통해서 사회복지사는 어떤 정보가 중요하고 좀 더 깊이 있게 탐색할지 결정하게 된다. 그리고 문제에 관한 충분한 정보가 수집되었다고 판단되면, 클라이언트와 협력하여 이를 분석하고 문제를 잠정적으로 규명하게 된다. 새로운 정보가 노출됨에 따라 사정은 개입과정, 심지어는 종결과정까지 지속될 수 있다(Hepworth et al., 2006: 181).

여섯째, 사정에는 한계(limitation)가 있다. 커스트-애시먼과 헐은 문제에 대한 유일하고 분명한 정의는 존재하지 않는다고 천명하는데(Kirst-Ashman & Hull, 2009: 153), 이는 사정이 가지고 있는 한계성을 잘 지적하고 있다. 이와 같은 맥락에서 존슨과 양카는 상황에 대한 완벽한 이해는 불가능할 뿐 아니라 바람직한 것도 아니라고 지적한다. 다시 말해서, 클라이언트와 그의 상황을 이해하려면

시간이 걸리는데 신속한 도움을 주어야 하는 경우도 많기 때문이다. 이때 사회
복지사는 클라이언트에게 도움을 제공하면서 클라이언트와 그의 상황을 이해
해 나가야 한다. 어떤 의미에서 사회복지사는 불확실성과 제한된 이해와 편안
해져야 하며 사정의 지속적 과정을 신뢰해야 한다(Johnson & Yanca, 2010: 183).

　그 외에도 존슨과 양카는 사회복지사가 효과적인 사정을 해 나가는 데 유익
한 특성을 몇 가지 제시하고 있다(Johnson & Yanca, 2010: 179-183).

① 사정은 양면성을 지닌다. 사정은 한편으로는 환경 속의 클라이언트에 대
　한 이해에, 그리고 다른 한편으로는 계획과 실행에 대한 기반을 제공하는
　데 초점을 둔다.

② 수평적 및 수직적 탐색이 모두 필요하다. 대체적으로 사정의 초기단계에
　서는 상황을 수평적으로 보는 것이 유용하다. 다시 말해서, 상황은 모든 가
　능한 부분, 상호작용 및 관계들을 규명하기 위해 폭넓게 검토된다. 그러나
　상황이나 욕구 충족에 중요한 부분은 수직적으로 깊이 있게 검토할 필요
　가 있다. 사회복지사는 언제 수평적 접근이 적절한지 그리고 언제 수직적
　접근을 사용해야 하는지를 판단해야 한다.

③ 지식기반을 활용한다. 사회복지사는 지식기반을 환경 속의 클라이언트를
　이해하는 수단으로 활용한다. 예를 들어, 개인을 이해하는 데 인간발달과
　다양성에 대한 지식, 그리고 가족을 이해하는 데 가족구조와 과정에 대한
　지식이 도움이 될 것이다.

④ 사정은 개별화되어야 한다. 인간 상황은 복잡하다. 어느 두 사람도 똑같지
　않다. 사회복지사의 관점에서가 아니라 클라이언트의 관점에서 상황을 이
　해하고, 클라이언트 체계가 이에 부여하는 의미를 이해하는 것은 매우 중
　요하다.

제4절 사정의 목적 및 주요 내용

1. 사정의 목적

사정과정에서 달성해야 하는 몇 가지 목적이 있다(Kirst-Ashman & Hull, 2017: 185-186).

첫째, 욕구, 문제 혹은 상황에 대해 분명한 이해를 하는 것이다. 예를 들어, 문제가 약물의존성에 있는지, 약물 거래에 있는지, 아동학대에 있는지, 아니면 부부 상호작용에 있는지가 규명되어야 한다. 사회복지사가 문제를 어떻게 설정하는가는 개입의 방향에 영향을 미친다.

둘째, 클라이언트가 사회복지사-클라이언트 관계에 가져오는 강점, 자산, 기술 및 능력을 인식하는 것이 중요하다.

셋째, 클라이언트 체계를 분명하게 설정하는 것이 중요하다. 클라이언트 체계가 개인인지, 가족인지, 지지집단인지, 아니면 지역사회인지 규명해야 한다.

넷째, 클라이언트 체계와 다른 체계의 상호작용을 이해할 필요가 있다.

다섯째, 상황을 이해하는 데 필요한 중요한 정보를 놓치고 있는 것은 아닌지를 규명해야 한다.

여섯째, 개입계획을 수립하기 위해 이 모든 정보를 종합하는 것이 중요하다.

2. 문제에 대한 사정

사정단계에서는 일차적으로 클라이언트 체계가 규명되어야 하며 그다음에는 문제에 대한 정의가 내려져야 한다. 커스트-애시먼과 헐은 클라이언트들이 많이 가지고 있는 문제의 유형을 이해하는 것이 도움이 된다고 지적하면서 문제 유형을 제시하고 있다. 유형에는 ① 대인 간 갈등, ② 사회관계에서의 불만족, ③ 공적 기관과의 문제, ④ 역할수행에서의 어려움, ⑤ 사회적 전환의 문제(이혼, 출산, 사별, 이사, 새로운 직장 등), ⑥ 심리적 및 행동적 문제, ⑦ 부적당한 자원, ⑧ 의사결정에서의 문제, ⑨ 문화적 및 종교적 갈등, ⑩ 문제의 우선순위 결정이 포함된다(Kirst-Ashman & Hull, 2017: 187-189).

그리고 헵워스 등에 의하면, 클라이언트가 전형적으로 원하는 것(필요)에는 ① 가족갈등을 감소시키기, ② 배우자에게서 가치 인정받기, ③ 자족하기, ④ 결혼이나 관계에서 좋은 동반자 관계 가지기, ⑤ 자신감 획득하기, ⑥ 보다 많은 자유 얻기, ⑦ 갈등을 보다 효과적으로 다루기, ⑧ 성질 통제하기, ⑨ 우울증 극복하기, ⑩ 보다 많은 친구 만들기, ⑪ 의사결정에의 관여 등이 포함된다.

1) 문제의 규명

클라이언트가 제시한 문제는 클라이언트가 무엇을 문제로 인식하는지를 반영하며 도움을 추구하는 추진력이라는 점에서 매우 중요하다. 단, 클라이언트가 제시한 문제는 사회복지사와 클라이언트가 함께 일하게 될 문제와는 구분이 되어야 한다. 예를 들어, 사정과정에서 클라이언트는 그때까지 전혀 혹은 거의 인식하지 못했던 요인들을 탐색해 나가면서 문제를 보는 관점에 변화가 생길 수 있기 때문이다.

또한 클라이언트가 제시하는 문제는 사정에서 탐색되어야 할 영역을 제시한다는 점에서 중요하다. 예를 들어, 클라이언트가 청소년기 자녀의 무단결석과 반항을 문제로 제시하였다면, 가족, 학교 그리고 또래체계가 탐색 영역에 포함될 것이다. 이와 같이 클라이언트가 제시하는 문제는 문제와 관련된 체계들을 규명하고 이를 개선하는 데 필요한 자원을 제시해 준다.

2) 다른 사람 또는 체계와의 상호작용

클라이언트가 제시하는 문제를 탐색하면 클라이언트의 어려움에 관련된 개인, 집단 혹은 조직을 규명할 수 있다. 사정에서는 이들 요소가 어떻게 작용하여 어려움을 가져오게 되었는지 탐색한다. 대체적으로 클라이언트와 상호작용하는 체계에는 ① 가족과 확대가족, ② 사회적 망(친구, 이웃, 동료 등), ③ 공적 제도(직업, 교육, 의료 등), ④ 개인적 서비스 제공자(의사 등)가 있다.

3) 발달적 욕구와 필요의 사정

일반적으로 클라이언트의 문제는 개인의 욕구와 환경의 자원이 부합되지 않는 데서 오는 미충족 욕구와 필요를 내재하고 있다. 인간의 욕구에는 영양, 의복, 주택 및 건강보호와 같은 보편적인 욕구들이 있다. 이들 욕구는 인간이 생존하고 신체적 및 정신적 건강과 안녕을 유지하려면 적어도 부분적으로라도 충족되어야 한다. 필요 또는 클라이언트가 원하는 것은 동기를 부여하는 강한 욕망으로 구성되며, 이것이 충족되었을 때 만족과 안녕이 향상되는 것을 의미한다.

그리고 클라이언트의 미충족 욕구와 필요를 사정할 때 클라이언트 체계의 발달단계를 고려할 필요가 있다. 예를 들어, 청소년기의 클라이언트에게는 친구들로부터 인정받는 것, 부모로부터 독립하는 것, 자아정체성을 발견하는 것 등의 욕구가 중요하다면, 노년기 클라이언트에게는 의료보호, 소득, 사회적 관계와 의미 있는 활동이 주요한 욕구가 될 것이다.

4) 생애 전환기에 관련된 스트레스

클라이언트 개인과 가족은 발달시기에 따른 과업 이외에도 생애 전환기(예: 취업, 부모기, 결혼, 퇴직, 이혼, 한부모, 사별 등)에 직면하게 되는 문제에 적응해야 한다. 사회복지사는 클라이언트의 어려움이 생애 전환기와 관련이 있는지 점검해 보아야 한다. 개인의 과거력, 현재 가지고 있는 강점과 자원 그리고 과거의 성공적 대처는 모두 전환기에 적응하는 데 영향을 미친다.

생애 전환기에 적응하는 데는 환경도 중요한 역할을 한다. 다시 말해서, 견고한 사회적 지지망(가족, 친척, 친구 및 이웃과의 친밀한 관계를 가진)을 가진 사람들은 지지망이 결여된 사람보다 상대적으로 어려움을 적게 경험할 것이다. 이에 따라 클라이언트의 문제가 생애 전환기와 관련이 있다면 사정과 개입에는 사회적 지지망을 포함시켜야 한다(Hepworth et al., 2017: 202-206).

5) 문화적, 사회적 및 사회계급 요인

문화적 요인은 사람들이 경험하는 문제의 종류, 그들이 도움을 요청하는 것에 대해 어떻게 느끼는지, 그들이 어떻게 의사소통하는지 그리고 그들이 전문가의 역할에 대해 어떻게 인식하는지에 영향을 미친다. 이에 따라 클라이언트의 상황, 욕구 그리고 강점에 대한 사정은 문화적 역량의 관점에서 조명되어야 한다(Hepworth et al., 2017: 206).

6) 기타

앞에서 살펴본 사정 영역 이외에도, 헵워스 등은 사회복지사가 다음과 같은 영역에 관심을 가져야 한다고 제시한다(Hepworth et al., 2017: 206-211).

첫째, 문제의 심각성에 대한 사정은 클라이언트가 지역사회에서 생활 가능한지 혹은 입원이나 시설보호를 필요로 하는지를 결정하는 데 필요하다.

둘째, 사정에서는 클라이언트가 문제에 부여하는 의미를 이해해야 한다. 이는 사람들이 사건에 부여하는 의미가 사건 자체만큼이나 중요하기 때문이다.

셋째, 문제가 되는 행동이 있다면 어디에서, 어떤 맥락에서, 얼마나 자주, 얼마나 오랫동안 발생했는지 사정할 필요가 있다.

넷째, 클라이언트가 알코올이나 다른 약물을 사용하는지, 폭력 피해 경험이 있는지, 신체적 및 정신적 건강문제를 가졌는지 등을 사정할 필요가 있다. 그리고 클라이언트가 이런 문제에 대처하는 능력에 영향을 미치는 다른 상황이나 조건들이 있는지 살펴보아야 한다.

다섯째, 문제에 대한 클라이언트의 정서적 반응을 탐색할 필요가 있다.

여섯째, 사정에서는 클라이언트가 그동안 어떻게 대처해 왔는지 그리고 클라이언트가 어려움을 해소하는 데 어떤 기술이 필요한지 규명해야 한다.

일곱째, 클라이언트에 대한 사정에 있어서 그들이 상호작용하는 체계를 이해하는 것은 중요하다. 여기에는 학교나 의료기관 같은 공식적 체계와 이웃, 가족, 친구와 같은 비공식적 체계가 포함된다.

여덟째, 클라이언트가 요청하는 서비스가 기관의 기능과 부합되는지를 결정하고 필요시 지역사회 자원 등을 다각적으로 규명해야 한다.

3. 해결지향적 사회복지실천의 사정

최근 문제가 아니라 해결을 지향하는 실천의 중요성이 강조되면서 해결지향적 사회복지실천에서는 어떻게 사정을 하는가에 대한 관심이 커지고 있다. 그린과 리에 의하면, 해결지향적 사회복지실천 사정은 클라이언트의 이야기를 경청하고, 클라이언트의 강점을 확인하며, 치료에 대한 클라이언트의 목표를 정의하는 데 관심을 둔다. 다음에서는 이에 대해 살펴보고자 한다(송성자 외 공역,

2012: 123-130).

1) 클라이언트의 이야기를 경청하고 일차적으로 제시한 문제를 정의하기

해결을 지향한다고 하더라도 첫 면담에서는 클라이언트가 자신의 이야기를 하게 되고, 여기에는 그들이 가진 삶의 문제, 지금까지 스스로 해결할 수 없었던 문제 그리고 그에 따른 고통스러운 감정들이 담겨 있을 것이다. 클라이언트와 협력적 관계를 발전시키고 그들의 이야기를 듣는 과정에서 사회복지사는 클라이언트가 구체적으로 이야기할 수 있도록 돕는다. 이를 위해 가능하면 '누가, 무엇이, 언제, 어디서, 어떻게 그리고 얼마나 자주'로 시작되는 개방형 질문과 행동적 지표를 지닌 질문을 하도록 한다.

- 클라이언트는 문제를 어떻게 정의하는가?
- 문제는 어떻게 표명되는가?
- 어떤 상황에서 그 문제가 일어나는가?
- 그 문제는 클라이언트의 삶에 어떤 영향을 미치는가?
- 그 문제는 클라이언트의 관계에 어떤 영향을 미치는가?

2) 문제의 영향력을 외재화하고 그려 내기

문제의 영향력을 외재화하는 것은 클라이언트를 문제로부터 분리시키는 것이다. 외재화는 다음 질문에서 보는 바와 같이 사회복지사가 문제를 객관화하고 의인화해서 클라이언트와 대화를 나누고 질문하는 방식으로 접근된다.

- 당신은 그 문제를 어떻게 경험합니까?
- 당신의 삶에 그토록 오랫동안, 그렇게 많은 영향을 미친 우울증을 지니고 있었던 것은 무엇과도 같은 것이었습니까?
- 분노는 아내(선생님, 상사)와의 관계에 어떤 문제를 일으킵니까?
- 거식증은 어떻게 당신이 음식을 먹지 않도록 만듭니까?
- 두려움은 가족구성원들에게 어떤 영향을 미칩니까?

이와 같이 문제를 외재화하면 클라이언트가 문제를 거대하고 변화 불가능한 것으로 보거나 그들 스스로를 결함이 있고 역기능적이라고 보지 않을 수 있다. 대신 이는 클라이언트가 문제를 해결 가능하다고 보고 그들 자신이 강점, 능력, 자원을 갖고 있음을 보게 할 것이다.

3) 효과가 없었던 문제해결방법을 확인하기

클라이언트가 시도했으나 성공적이지 못했던 문제해결방법이 무엇인지 알아보도록 한다. 이를 통해 사회복지사는 어떤 유형의 개입을 피해야 하는지를 알 수 있다. 클라이언트에게 문제를 해결하기 위해 무엇을 해 왔는지에 관해 질문한 후, 이런 전략들이 어느 정도 효과가 있었는지 질문한다. 대다수 클라이언트는 그런 전략들이 효과가 없었다고 답할 것이다. 또 다른 유용한 질문은 "그 문제를 해결하기 위해 생각은 해 보았지만 지금까지 시도해 보지 않았던 것이 있나요?"다. 많은 경우, 제시된 문제에 대한 성공적인 해결책은 클라이언트가 생각은 해 보았으나 아직까지 시도해 보지 않은 바로 그것일 수 있다.

이런 대화를 통해서 사회복지사는 클라이언트가 가지고 있는 관점과 준거 틀에 대해 보다 많은 정보를 획득할 수 있을 것이다. 그뿐 아니라 클라이언트는 그들이 가지고 있는 준거 틀이 효과가 없으며, 현재 상황이 그들 자신이 원하는 상황이 아니라는 것을 인식할 수 있게 된다. 이는 준거 틀을 깨는 것(deframing) 혹은 클라이언트의 문제와 문제로 가득한 이야기를 해체하는 것이 된다. 이와 같이 문제를 외재화하고 해체하는 과정은 치료적 대화에서 가능성, 강점, 그리고 예외상황의 타당성을 높여 주고, 클라이언트와 함께 협력적 관계를 구축하도록 돕는다.

4) 클라이언트의 능력, 강점, 자원 확인하기

대체적으로 사람들은 강점, 능력 그리고 자원을 갖고 있음을 깨닫게 될 때 새로운 도전을 하고 목표를 향해 나아갈 수 있는 희망과 동기가 생긴다. 클라이언트가 자신의 능력, 강점 그리고 자원을 사정하는 과정에서의 진술한 대화는 문제중심의 준거 틀을 해결중심의 준거 틀로 전환시키는 데 매우 중요하다. 해결지향적 사회복지실천 사정의 주요 목적은 클라이언트가 이전까지와는 다르게 현실을 인식하도록 돕는 것이다. 이는 클라이언트가 자신에게 유익한 변화를 이룰 수 있도록 자신의 능력과 가능성에 초점을 두도록 하는 것이다. 다음 질문에서 보는 바와 같이 클라이언트가 이미 잘하고 있는 것과 가지고 있는 것에서부터 출발하는 것이 유용하다.

- 자신의 어떤 점이 좋으신가요?
- 무엇을 잘하시나요? 어떤 특기나 능력을 갖고 있으신가요?
- 이야기하고 싶으신 성공담은 어떤 것인가요?
- 자신에 관해 자랑스럽게 생각하는 것은 어떤 점이지요?
- 삶에서 어려웠지만 중요한 변화를 성취했던 경험이 있으신가요?
- 사람들(친구, 배우자, 자녀, 상사 그리고 동료들)이 당신에 대해 어떤 칭찬을 하나요?

제5절 임파워먼트 접근에서의 사정

앞서 살펴본 바와 같이, 마일리 등은 임파워먼트 접근의 대화단계(dia-logue phase)를 파트너십 구축하기, 상황 이해하기 그리고 방향 정하기로 세분하고 있다. 그리고 발견단계는 강점 규명하기, 자원능력 사정하기 그리고 해결 틀 짜기로 나누고 있다(Miley et al., 2017: 96). 이 중에서 대화단계의 상황 이해하기와 방향 정하기 그리고 발견단계의 강점 규명하기와 자원능력 사정하기의 네 개 단계가 사정단계에 해당된다(Miley et al., 2017: 101). 앞서 전통적인 사정과정에서 문제의 규명에 초점을 두고 있는 것과는 달리, 임파워먼트 접근에서는 바람직한 결과를 모색하고 클라이언트의 강점과 환경이 가지고 있는 자원을 탐색하는 데 주력한다. 다음에서는 이들 네 개 단계에 대해 보다 자세히 살펴보고자 한다.

1. 상황 이해하기

상황 이해하기(articulating situations)에서 클라이언트와 사회복지사는 그들이 무엇을 하기 위해 함께하는지에 대한 상호이해를 발달시킨다. 서로가 존중하는 열린 대화는 클라이언트가 직면한 문제를 규명하고 어려움이 발생하는 맥락을 설명해 준다. 이 상호교환 동안, 클라이언트와 사회복지사는 파트너십 관계를 규정하고 강화한다.

사회복지사와 클라이언트는 상황을 이해하는 책임을 공유한다. 클라이언트는 자신의 이야기를 주도적으로 하는 역할을 수행한다. 사회복지사는 적절한 반응을 통하여 클라이언트가 제공한 정보를 명료화하고 조직화하도록 돕는 역할을 한다.

클라이언트와 그들의 상황은 클라이언트의 관점과 맥락에서 볼 때 가장 이치에 닿는다. 사회복지사의 적절한 반응은 클라이언트의 경험에 타당성을 부여하고 상황에 대한 클라이언트의 관점을 확장시킨다. 클라이언트의 개인적 독특성과 문화적 배경을 감안할 때, 사회복지사는 클라이언트가 현 상황에 대해 어떤 관점을 가지고 있는지 이끌어 내기 위해서 자신의 관점을 유보하고 상호이해에 도달할 때까지 관심과 호기심을 가지고 클라이언트를 알아 나가야 할 것이다.

〈표 9-2〉 현 상황을 이해하도록 돕는 친행동적 반응[2]

- 당신(클라이언트)의 관점에서 볼 때 무슨 일이 일어나고 있는가?
- 그 밖에 무슨 일이 일어나고 있는가?
- 그 밖에 누가 관여되어 있는가?
- 이들 사건이 미치는 영향은 무엇인가?
- 당신은 지금 일어나고 있는 일을 어떻게 이해하고 있는가?

출처: O'Melia, 1998: Miley et al., 2007: 164에서 재인용 및 편집.

---

2) 사회복지사가 클라이언트와 대화하는 것을 돕기 위해서, 오멜리아(O'Melia)는 친행동적 반응 (proactive responding)의 개념을 제시한다. 친행동적 반응은 상호 연관된 세 개의 대화기술, 즉 ① 클라이언트의 관점으로부터 현 상황과 이의 영향을 설명하도록 하는 반응들, ② 일의 방향을 주도할 긍정적 결과를 정하기 위한 반응들, ③ 목적달성을 위해 이용 가능한 강점과 자원을 규명하기 위한 반응들로 구성된다. 오멜리아는 친행동적 반응이 사회복지사로 하여금 강점지향을 도입시키면서 클라이언트가 자신의 상황에 대한 전문가로서의 위치를 지킬 수 있도록 돕는다고 지적한다(O'Melia, 1998: Miley et al., 2017: 151에서 재인용).

2. 방향 정하기

방향 정하기는 상호적으로 동의할 수 있는 목적이나 예비적 목적을 타협하는 과정을 의미한다. 이는 사회복지사와 클라이언트가 자원을 사정하거나 개입계획을 수립하기 이전에 구체적인 목적이 아니라 결과에 대한 전반적 기대를 설정하는 것이다.

강점지향적 사회복지사는 미래에 대한 비전이 주는 혜택을 잘 인식하고 있어서 클라이언트와 함께 신속하게 '방향 정하기'로 옮겨 간다. 도전이 되는 상황에 분명한 방향을 정하는 것은 사회복지사와 클라이언트에게 다음의 측면에서 유용하다(Miley et al., 2017: 178-180).

첫째, 클라이언트가 결과를 분명히 내다볼 수 있다면 성취할 가능성이 커진다.

둘째, 사회복지사는 클라이언트가 원하는 것이 무엇인지를 알 수 있다. 예를 들어, 클라이언트의 전반적 목적을 이해하면 문제가 되는 사건의 중요성을 결정하고 해결을 구축하는 자원을 규명하는 데 도움이 된다.

〈표 9-3〉 행동이 우선되어야 하는 상황

상황 이해하기가 끝나면 두 가지가 가능하다. 하나는 앞에서 살펴본 것처럼 방향 정하기를 진행해 나가는 것이다. 그러나 어떤 상황들은 사회복지사의 즉각적인 행동이 요구되기도 한다. 클라이언트의 안전이 불확실하거나, 다른 사람이 위험에 처해 있거나, 기본적인 생존 욕구가 충족되지 않았거나, 클라이언트가 최근 충격적인 사건을 경험하였을 경우, 사회복지사는 방향 정하기를 진행하는 대신 즉각적인 행동을 취해야 할 것이다. 다음 상황들은 즉각적인 행동이 요구되는 상황들이다.

- 폭력이나 예기치 못했던 죽음, 재난과 같은 외상적 경험
- 클라이언트가 자살할 가능성이 있을 때
- 클라이언트가 타인을 해치겠다고 위협할 때
- 아동학대, 배우자 학대, 노인학대 등 가족 내 폭력을 발견하였을 때
- 기본적인 생존 욕구가 충족되지 않았을 때
- 약물남용이나 알코올중독

위기가 해소된 후 사회복지사는 '뒤가 아니고 앞을 지향하기'부터 시작하여 방향 정하기 단계를 진행해 나가도록 한다.

출처: Miley et al. (2007), pp. 203-215 재편집.

셋째, 예비적인 방향을 정하는 것은 제너럴리스트 사회복지사에게 상황의 교류적 차원을 탐색할 시간적 여유를 주기 때문에 모든 체계 수준에서 잠재적 해결을 모색할 수 있도록 한다.

단, 사회복지사가 클라이언트의 위기상황(외상, 잠재적 유해행동, 자살 위험 등)을 발견하면, 방향 정하기를 진행시키기 전에 일단 위기상황에 대한 조처를 취할 필요가 있다(〈표 9-3〉 참조).

1) 뒤가 아니고 앞을 지향하기

전반적인 목적을 설정하는 것은 문제를 기술하는 데서 벗어나서 해결을 구성하도록, 즉 '무엇인가(what is)'에서 '무엇이 될 것인가(what will be)'로 원조관계의 방향을 전환시켜 준다. 이를 위해 사회복지사는 대화의 방향을 현재 잘되지 않고 있는 것이 아니라 성취할 수 있는 바람직한 결과로 전환시킴으로써 클라이언트가 무엇을 원하는지 시각화하도록 돕는다(Miley et al., 2017: 180). 〈표 9-4〉는 그 구체적인 예를 보여 준다.

〈표 9-4〉 클라이언트가 전반적인 목적을 정하도록 돕는 사례

사회복지사: 제가 알기로는 아들이 말대꾸를 할 때 때리지 않는 방법에 대해 이야기하기 위해 오셨지요?
클라이언트: 맞습니다. 또다시 아이를 때리면 아동학대로 신고될까 걱정이 됩니다.
사회복지사: 좋습니다. 만약 아들이 말대꾸할 때 때리지 않는다면 어떻게 하실 것 같습니까?
클라이언트: 아무것도 하지 않을 것 같습니다.
사회복지사: 아무것도 하지 않는다는 것은 아들이 말대꾸하는 동안 이를 무시하고 가만히 있겠다는 것인가요, 아니면 그 자리를 피해 버리겠다는 것인가요? 정확하게 어떻게 하기를 원하십니까?
클라이언트: 확실히 모르겠습니다. 아이를 때릴 수 없다는 것은 알고 있지요. 그렇게 하면 문제를 일으키게 되니까요. 그리고 아이가 점점 커지니까 때려도 소용이 없어집니다.
사회복지사: 아들이 말대꾸할 때 무시해 버리거나 그 자리를 피해 버리는 것이 첫 번째 단계가 될 것처럼 들리는군요. 하지만 장기적으로는 아들이 당신과 이야기할 때 보다 존경심을 보여 주기를 원하시는 것 같군요.
클라이언트: 맞습니다. 어떻게 그렇게 할 수 있을까요?
사회복지사: 아직은 확실치 않지만, 일단 앞으로 진행해 나갈 전반적인 방향이 잡힌 것 같습니다. 보다 구체적인 방식을 모색하기 전에 당신, 아들 그리고 상황에 대해서 무슨 일이 일어나고 있는지에 대해 보다 많은 정보를 얻는 것부터 시작해야 할 것입니다.

출처: Miley et al. (2017), pp. 180-181 재편집.

2) 동기 통합하기

때로 사회복지사는 "클라이언트에게 동기(motivation)가 부족하다."라며 실패한 사례를 설명하기도 한다. 사회복지사는 전통적으로 동기를 개인적 속성—다시 말해서, 클라이언트가 가지고 있거나 가지고 있지 않은 것—으로 간주해 왔다. 그러나 오늘날 사회사업에서는 더 이상 동기를 개인적 특질로 이해하지 않는 경향이 있다. 이는 사회복지사가 클라이언트의 동기(클라이언트가 참여하고 함께 일해 나가도록)를 자극하기 위해 노력해야 함을 의미한다.

(1) 자포자기한 클라이언트를 동기화하는 것

흔히 클라이언트는 최선의 노력을 다했지만 실패하였고 여기에서 무기력을 학습한다. 학자들은 이를 학습된 무기력이라고 부른다. 이런 상황에서 사회복지사는 다음과 같은 단계를 통해 클라이언트를 동기화할 수 있다.

① 클라이언트가 좌절감을 느낀 경험을 경청하고 타당성을 부여해 주는 것
② 성취 가능한 방향으로 틀을 잡아 주는 것
③ 사회복지사와 클라이언트가 바람직한 결과에 도달할 능력이 있다는 신념을 밝혀 주는 것
④ 사회정치적 변화를 가져오기 위한 자원을 추구하는 것

(2) 저항하는 클라이언트와 협력하는 것

클라이언트의 동기와 관련하여, 사회복지사는 클라이언트가 저항적인 행동을 할 때 그 의미를 탐색해 보아야 할 것이다. 예를 들어, 사회복지사는 지지집단 모임에 가끔씩 참석하는 클라이언트에게 동기가 부족하다고 간주하였다. 그러나 자세히 알아본 결과, 클라이언트의 남편이 모임에 참석하는 것을 반대하고 있고, 모임에 참석하는 동안 아이를 돌봐 줄 사람을 찾기 어려우며, 교통수단이 마땅치 않다는 것을 발견하였다. 이런 환경적 장애를 감안하면, 클라이언트가 지지집단에 참여하고자 하는 동기는 매우 높았던 것이다. 이 상황에서 클라이언트의 동기를 더욱 높이려면, 아동보호수단, 교통수단, 남편의 태도 등 환경적 장애의 극복을 표적으로 삼아야 할 필요가 있다(Miley et al., 2017: 182-186).

3. 강점 규명하기

강점지향은 사회복지사의 클라이언트에 대한 관점과 반응하는 방법을 전환시킨다. 강점에 초점을 둔 사회복지사는 클라이언트에게 역량이 있다고 가정하고, 클라이언트 체계에서 강점을 발견할 것을 기대한다. 강점관점을 도입하기 위해서, 사회복지사는 강점의 맥락적인 본질을 이해하고 어디에서 클라이언트 체계의 강점을 찾을 수 있는지 알아야 한다.

1) 강점이란

강점에는 쉽게 규명되는 것도 있는데, 여기에는 타고난 자질, 획득한 능력 그리고 일상생활에서 발휘되는 기술들이 포함된다. 그러나 모든 강점이 그렇게 분명하게 드러나는 것은 아니다. 강점지향적 사회복지사는 클라이언트 체계—개인, 가족, 집단, 조직, 이웃 혹은 지역사회—에서 강점을 규명하는 기술을 발달시켜야 한다.

강점과 관련하여 한 가지 유의할 점은 강점의 맥락적 본질이다. 보다 구체적으로 말하면 어떤 사람에게 자산이 되는 것이 다른 사람에게는 결함이 될 수 있다는 것이다. 예를 들어, 인내심 있고, 꾸준하며, 반복적인 과업을 잘 수행하는 사람은 조립하는 작업을 잘할 수 있을 것이다. 그러나 이 사람은 매일의 일상에서 새로운 과업을 습득해야 하는 적응성과 융통성을 요구하는 직업에는 적합하지 않을 것이다. 이런 맥락에서 볼 때, "강점은 상대적이다. 이를 상황에서 분리시킬 수 없다"(McAuaid & Ehrenreich, 1997: Miley et al., 2017: 206에서 인용 및 재인용).

2) 왜 강점을 규명하는가

클라이언트의 강점을 규명하면 여러 가지 장점이 있다. 가장 중요하게, 강점의 규명은 목적성취에 활용 가능한 자원을 부각시킨다. 그리고 강점의 규명은 클라이언트–사회복지사의 파트너십을 견고하게 하고, 전반적 향상을 가져오는 개입으로서 기능하며, 클라이언트가 과정에 적극 참여하도록 동기를 증진시킨다(〈표 9-5〉 참조).

〈표 9-5〉 강점 규명이 가지는 장점

1. 파트너십 구축으로서의 강점

삶에서 평등성을 경험한 관계는 어떤 관계일까? 아마도 자신이 기여한 바를 인정받았던 관계일 가능성이 크다. 이와 같은 맥락에서 사회복지사는 클라이언트가 과정에 기여할 수 있는 자원을 가졌다는 것을 커뮤니케이션해야 한다. 클라이언트의 강점을 규명하고 인정하는 것은 클라이언트를 전문적 관계의 협력자로 초대하는 것이다.

2. 전반적 개입으로서의 강점

문제에 대한 완벽한 해결책을 찾기 위해서는 클라이언트 체계의 고유한 상황에 가장 적합한 맞춤형 전략이 필요할 것이다. 그러나 사회복지사의 행동 중에는 전반적 상승(general boost) 효과를 가져올 수 있는 것도 있으며, 클라이언트 체계의 강점을 강조하는 것은 그중 하나다. 희망과 낙관주의는 사회복지사와 클라이언트에게 변화와 성공이 가능하다는 신념을 활성화한다.

3. 동기화의 도구로서의 강점

사람들은 변화의 동기를 가졌을 때 그리고 이를 행할 능력과 자원을 가지고 있다고 믿을 때 변화한다. 이는 클라이언트의 동기와 자신감이 성공에 필수적임을 보여 준다. 강점지향적 접근은 클라이언트의 역량감, 미래에 대한 희망, 변화 동기를 중요시한다. 클라이언트의 강점을 인정하고 칭찬해 주는 것은 클라이언트의 동기를 높이고 능력을 이끌어 내는 데 유용하다.

출처: Miley et al. (2017), pp. 206-207 재편집.

3) 강점과 도전에 균형 있게 접근하기

강점에 대한 강조는 클라이언트의 문제를 간과하라는 의미가 아니다. 클라이언트는 자신이 가지고 있는 어려움을 풀어내야만 긍정적 관점에 눈을 돌릴 수 있을 것이다. 사회복지사가 너무 빨리 강점을 강조하면, 클라이언트는 사회복지사가 주요한 포인트를 놓쳤다거나 그들의 문제를 너무 가볍게 여긴다고 생각할 수 있다. 전형적으로 클라이언트는 자신들이 원하는 만큼 문제에 대해 충분히 이야기하지 못했다면 나름의 방식대로 이를 표현할 것이다. 예를 들어, 클라이언트는 사회복지사에게 자신의 문제가 복잡하다고 거듭 강조할 것이다. 따라서 사회복지사는 강점으로 대화를 이끌어 가기 전에 문제의 심각성을 인정하고 클라이언트의 준비 정도에 따라 속도를 맞추어 나가야 할 것이다(Miley et al., 2017: 208-211).

4. 자원능력 사정하기

마일리 등에 의하면, 사회복지사와 클라이언트는 원인이나 이유를 찾기 위해서가 아니라 황금을 발견하기 위해서 자원체계를 사정한다. 이들은 클라이언트 대 환경 교류에서 역량을 갖춘 영역을 명료화하기 위해 노력한다. 사정은 교류의 세 가지 측면을 명료화한다. 즉, ① 클라이언트의 고유한 재능, 능력 그리고 잠재력, ② 환경적 특성과 자원, ③ 교류를 향상하기 위해 필요한 변화다(Labassi & Maluccio, 1986: Miley et al., 2017: 237에서 재인용).

사정은 자원을 발견하는 과정이다. 강점과 마찬가지로, 자원은 상대적이며 맥락 속에서만 규명 가능하다. 클라이언트가 자신의 사회적 및 물리적 환경과 상호작용하는 방식은 그들에게 어떤 것이 자원으로 기능하는지 결정해 준다. 사회복지사와 클라이언트는 환경에서, 클라이언트와 다른 사람과의 상호작용에서, 심지어는 클라이언트가 직면하고 있는 다른 도전에서 자원을 폭넓게 탐색한다(Miley et al., 2017: 237).

5. 임파워먼트 접근의 실제

여기에서는 '참여자(클라이언트)의 강점과 자원 발견하기' 단계를 간략히 살펴보고자 한다. 클라이언트는 스스로 어려움을 해결할 수 있는 효과적인 대안이나 위기상황에 유용한 개인적 및 환경적 자원을 가지고 있음에도 어려움을 해결할 수 있는 건강한 요소를 발견하지 못하는 경우가 많다. 따라서 사회복지사는 강점에 초점을 맞추어 클라이언트가 건강한 요소를 발견하도록 지원해야 한다. 클라이언트가 사회복지사를 통해 자신이 가진 강점을 확인할 때 자존감과 동기부여가 향상되며, 원하는 변화를 위한 자원을 선택하고 활용할 수 있다. 클라이언트의 강점은 다음과 같이 발견할 수 있다(강명순 외, 2008: 130-132).

첫째, 강점 발견하기는 '무엇이 문제인가'가 아니라 '무엇을 잘하는가'의 재발견에서부터 시작된다.

> **현진이 사례**
>
> 현진이는 아이들을 몰고 다니며 과격한 행동을 한다는 이유로 소개받았다. 사회복지사는 현진이가 목소리와 행동이 크고, 친구들 사이에서 제안을 많이 하는 모습을 관찰하였다. 우려하는 바와는 달리 현진이가 또래 사이에서 리더십이 있다는 강점을 발견하였다.

둘째, 강점은 가시적이고 물리적인 것만이 아니다. 보이지 않지만 발휘될 수 있는 클라이언트의 내적인 힘과 능력을 의미하기도 한다.

> **지민이 아버지 사례**
>
> 지민이네는 어려운 형편 때문에 지역아동센터를 무료로 다닐 수 있었지만, 지민이 아버지는 최소한의 교육비를 내고 싶어 하였다. 이는 당당하게 자신의 의무를 다하고 권리를 찾고자 하는 지민이 아버지의 강점이었다.

셋째, 강점은 과거에 성공했던 경험을 탐색하여 발견할 수 있고, 나아가 새로운 강점이 개발될 수도 있다.

> **철민이 사례**
>
> "철민이는 아버지가 때릴 경우에 말을 잘 듣던가요?"
> "들을 때도 있고 안 그럴 때도 있어요."
> "철민이가 때리지 않았는데도 아버지 말을 들은 적은 없나요?"
> "글쎄요."
> "한번 곰곰이 생각해 보시겠어요?"
> "여러 번 주의를 주면 듣기도 해요."
> "철민이에게 말로 설명해도 아버지의 말을 들은 적이 있네요."
> "그렇네요."

넷째, 클라이언트가 현재 활용하고 있는 자원과 이후 필요한 자원을 확인하고 협력하는 것이 중요하다.

명희 할머니 사례

　명희 할머니는 가출한 명희 부모를 대신해서 명희를 키우고 있다. 하지만 할머니의 건강상태가 좋지 않아 아동의 위생관리가 제대로 이루어지지 않고 있었다. 가정도우미 서비스 제안에 대해, 할머니는 집 안이 더럽고 아동양육에 소홀하다고 다른 사람에게 흉이 잡히는 것이 싫다고 거부하였다. 사회복지사가 명희를 건강하게 키우려고 하는 할머니의 노력이 강점이며, 명희를 더 잘 키우려면 가정도우미 서비스가 필요하다고 설명하였다. 이후 서비스를 승낙하여 명희의 위생지도뿐 아니라 학습지도까지 도움을 받았다.

제6절　사정도구

　오늘날 사회복지실천에서는 정신건강, 자살 가능성, 자기주장, 영성, 자아존중감, 배우자 간의 상호작용, 자원의 이용 가능성 등 다양한 사정도구가 이용 가능하다(Kirst-Ashman & Hull, 2017: 194). 사정도구는 클라이언트 체계가 가지고 있는 자원을 규명하는 데도 유용하다. 그리고 사정도구는 클라이언트와 사회복지사 간의 대화를 중개하기도 한다는 점에서, 특히 자신의 생각과 감정을 표현하는 데 어려움을 가진 클라이언트에게 매우 유용하다(Miley et al., 2017: 255-256). 예를 들어, 아동의 욕구를 발견하는 데 그림으로 이야기하기, 표정 그려 넣기, 가족에 대해 상징적으로 표현하기(예: 동물), 관계망이나 도우미 망 만들기 등을 사용하면 아동이 자연스럽게 참여하도록 도울 수 있다(강명순 외, 2008: 125-127). 다음에서 사회복지사가 사정도구를 활용할 때 고려해야 할 사항을 살펴보고 나서(〈표 9-6〉 참조), 사회복지실천에서 가장 널리 사용되는 사정도구에 대하여 고찰하고자 한다.

〈표 9-6〉 사정도구 활용에서 고려해야 할 점

- 이 도구의 목적은 무엇인가?
- 이 도구는 클라이언트 체계의 고유한 상황에 적합성을 가지는가?
- 시간, 노력 및 비용의 측면에서 얼마나 소요되는가?
- 클라이언트는 도구의 목적과 절차에 대해 충분한 정보를 제공받았는가? 클라이언트는 참여할 것을 동의하였는가?

- 이 도구를 사용하는 데 특별한 훈련이나 자격증이 필요한가?
- 클라이언트의 역할은 무엇인가?
- 클라이언트와 그 결과에 대해 논의할 것인가?
- 이 도구는 유용한 정보를 제공해 줄 것인가, 아니면 단순히 클라이언트의 행동에 라벨을 붙이는 것인가?
- 어떻게 결과가 사용되는가?
- 이 도구는 신뢰성 있고 타당성 있는 정보를 제공하는가?

출처: Miley et al. (2007), p. 277.

1. 사회력

사회력(social history 또는 social assessment report)은 사회복지실천 초창기부터 사용되어 왔다. 이는 클라이언트와 가족의 과거 및 현재의 사회적 기능에 대한 정보를 조직화한다(Miley et al., 2017: 256). 사회력에 어떤 내용을 포함시킬지, 어떤 형식을 갖출지는 기관에 따라 차이가 있다(Sheafor & Horejsi, 2006: 250). 일반적으로 사회력은 인구학적 데이터와 더불어 개인의 과거력과 생애 사건에 관한 정보를 조직적으로 제시한다. 존슨과 양카는 ① 클라이언트 체계, ② 클라이언트의 관심, 욕구 및 관련된 문제, ③ 맥락 속의 클라이언트의 강점과 한계점을 중심으로 구성하고 있다(자세한 내용은 Johnson & Yanca, 2010: 180-181 참조). 셰퍼와 호레이시는 정보를 토픽 범주로 나누고, 이에 논리적 소제목을 붙여서 조직할 것을 제시한다. 사회력에 공통적으로 포함되는 토픽 범주는 다음과 같다(Sheafor & Horejsi, 2006: 250-251).

- 신원에 대한 정보(이름, 생년월일, 주소 등)
- 사회력 작성 이유
- 사회복지기관이 관여된 이유
- 클라이언트의 문제 또는 관심에 대한 진술
- 클라이언트의 가족 배경(원가족)
- 현재 가족 구성 그리고/또는 가구의 구성원들
- 의미 있는 타자와의 관계
- 인종, 종교 및 영성

- 신체적 기능, 건강문제, 영양, 안전, 질병, 장애, 약 복용
- 교육적 배경, 학업수행, 지적 기능
- 심리적 및 정서적 기능
- 강점, 대처방법 및 문제해결능력
- 고용, 소득, 직업 경험 및 기술
- 현재 또는 최근 지역사회 서비스와 전문적 서비스의 이용 여부
- 사회복지사의 인상과 사정
- 개입 및 서비스 계획

셰퍼와 호레이시는 위에서 살펴본 조직성(organization)의 특성 이외에도 사회력이 ① 짧음, ② 명료성과 단순성, ③ 유용성, ④ 비밀보장과 클라이언트의 접근성, ⑤ 객관성, ⑥ 타당성, ⑦ 클라이언트의 강점에 초점을 두어야 한다고 지적한다.

2. 생태도

생태도(eco map)는 생태학적 체계, 즉 생활공간에서 개인 혹은 가족을 둘러싸고 있는 경계를 역동적인 방법으로 지도화한다. 이 지도에는 가족생활에 관련이 있는 주요 체계들 그리고 가족과 이들 체계 간 관계의 본질이 반영된다. 생태도는 우선 종이 중앙에 가족체계를 나타내는 커다란 원을 그리는 작업에서 시작된다. 중심원 내부에 가족구성원들을 그려 넣는다. 남자는 네모 그리고 여자는 원으로 표시한다. 이 네모 혹은 원 안에 해당 가족구성원의 연령을 기재하는 것이 유용하다. 가족과 상호작용하는 다른 체계들은 중심원 외부에 놓여 있는 보다 작은 원으로 표시한다. 이들 체계에는 확대가족, 친구, 학교, 사법기관, 사회복지기관, 교회, 직장, 의료기관 등이 포함될 수 있다. 일단 가족이 상호작용하는 의미 있는 체계들이 설정되고 난 후 이들과의 관계를 선으로 표시하게 된다. 예를 들어, 두꺼운 선은 강한 관계를 의미하며, 약한 관계 혹은 의미가 크지 않은 관계는 점선으로 표시하게 된다. 스트레스나 갈등이 있는 관계는 지그재그선으로 표시하게 된다. 체계들 간에 에너지 혹은 자원의 상호교환 관계는 화살표로 표시한다(Hartman & Laird, 1983: 159-164; Sheafor & Horejsi, 2006: 256-257).

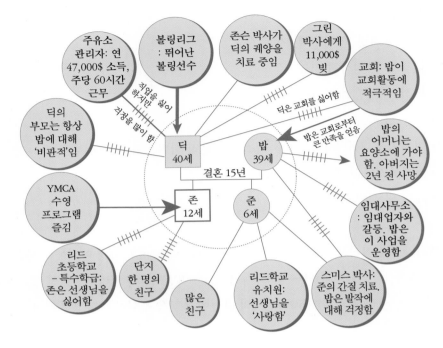

[그림 9-1] 생태계

출처: Sheafor & Horejsi (2006), p. 257.

3. 가계도

가족은 공간적으로 존재할 뿐 아니라 시간적으로도 존재한다는 점에서 가족을 시계열적으로 조명할 필요가 있다. 생태도와 더불어 가계도는 가족을 사정하는 데 널리 사용되어 왔으며(빈곤·소외가족전문상담센터, 2005 참조), 여러 세대를 살펴볼 수 있다는 장점을 가지고 있다. 가계도는 가족 나무(family tree)와 비슷한 그림이다(Sheafor & Horejsi, 2006: 255). 특히 가계도는 주요한 사건들, 가족구성원의 출생과 상실, 커뮤니케이션과 관계 유형 그리고 직업 등 가족에 관한 연대기적 청사진을 보여 준다.

가계도는 사회복지사와 가족구성원들이 공동으로 작업함으로써 가장 잘 구성될 수 있다. 생태도와 마찬가지로, 가계도에서도 남성은 네모 그리고 여성은 원으로 표시한다. 세모는 주어진 사람의 성별을 알 수 없는 경우에 사용한다. 결혼은 남성과 여성을 연결하는 선으로 표시하며 대체적으로 결혼한 연도를 선

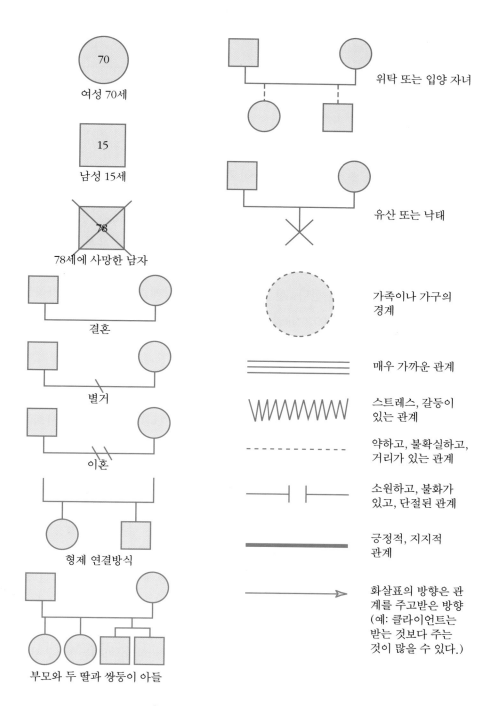

[그림 9-2] 생태도와 가계도의 상징

출처: Sheafor & Horejsi (2006), p. 256.

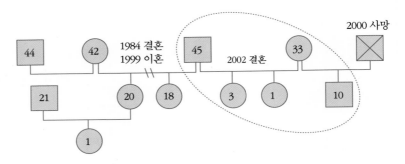

[그림 9-3] 가계도

출처: Sheafor & Horejsi (2006), p. 256.

위에 표기한다. 이혼은 결혼을 의미하는 선을 가로지르는 사선으로 표기한다. 아동은 출생 순서에 따라 왼쪽에서 오른쪽으로 표시해 나간다. 사망은 네모, 원 혹은 세모 위에 X 표시를 한다. 점선은 대체적으로 함께 거주하고 있는 가족구성원을 의미한다(이원숙, 2007; Sheafor & Horejsi, 2006: 256).

4. 사회적 지지망

사회적 지지망을 사정하는 방법은 여러 가지가 있으나(이원숙, 1995), 사회복지실천을 위해 개발된 사정도구를 사용하는 것이 편리하다. 이는 척도선별에 따른 시간 및 노력을 절약할 수 있다는 장점을 지닌다. 트레이시(E. M. Tracy)와 휘태커(J. K. Whittaker)는 클라이언트의 사회적 지지 자원을 사정하는 도구로서 사회적 망 지도(social network map)를 개발하였는데, 이는 그동안 사회복지실천 분야에서 널리 사용되어 왔다. 망 지도는 다음의 두 단계로 사정한다. 우선적으로 망 지도는 ① 가족, ② 친척, ③ 직장 또는 학교 등에서 형성된 유대, ④ 클럽 · 조직체 · 종교집단을 통해 관계를 맺은 유대, ⑤ 친구, ⑥ 이웃, ⑦ 기관 또는 공식적 서비스 제공자의 7개 영역에서 망 구성원을 규명한다. 다음에는 개인과 망 구성원들 간의 관계에 관한 일련의 질문이 주어진다. 여기에는 망 구성원이 개인에게 제공하는 사회적 지지(구체적 지지, 정서적 지지, 정보 조언), 관계의 친밀 정도, 접촉빈도, 관계 지속기간 등이 포함된다(Tracy & Whittaker, 1990).

[그림 9-4] 트레이시와 휘태커의 사회적 망 지도

출처: Tracy & Whittaker (1990); 이원숙(1995), p. 206 재편집.

		생활 · 영역 (앞의 그림 내용)	나에게 구체적 도움을 준다.	나에게 정서적 도움을 준다.	나에게 정보 · 조언을 준다.	나에게 비판적 일 때가 있다.	도움의 방향은?	친밀한 정도는?	접촉 빈도는?	알고 지낸 기간
___명		1. 가족 2. 친척 3. 직장 · 학교 4. 클럽 · 조직체 · 종교집단 5. 친구 6. 이웃 7. 전문가 8. 기타	1. 가끔 2. 자주 3. 항상	1. 가끔 2. 자주 3. 항상	1. 가끔 2. 자주 3. 항상	1. 가끔 2. 자주 3. 항상	1. 서로 돕는 관계 2. 내가 그 사람에게 3. 그 사람이 나에게	1. 별로 가깝지 않다. 2. 가까운 편이다. 3. 매우 가깝다.	0. 보지못함 1. 1년에 몇 번 2. 한 달에 한 번 정도 3. 일주일에 한 번 정도 4. 거의 매일	1. 1년 미만 2. 1~5년 3. 5년 이상
성명	NO.									
	01									
	02									
	03									
	04									
	05									

[그림 9-5] 트레이시와 휘태커의 사회적 망 사정

출처: Tracy & Whittaker (1990); 이원숙(1995), p. 206 재편집.

계획

❖ ❖ ❖

계획은 원조과정에서 변화에 초점을 두고 사정과 개입을 연계하는 교량역할을 한다(Johnson & Yanca, 2010: 204). 사정하는 동안, 사회복지사는 무엇이 이용 가능한가, 무엇이 클라이언트 체계를 향상하고 무엇이 이를 구속하는가에 대한 풍부한 정보를 발견할 것이다. 이와 같이 사정과정은 넘칠 정도로 많은 정보를 산출해 내기 때문에, 사회복지사와 클라이언트는 행동을 취하기 이전에 이들 정보를 가려내고 조직해서 일관된 계획을 수립해야 할 필요가 있다. 계획단계에서 사회복지사와 클라이언트는 다음과 같은 질문에 대한 답을 찾기 위해 협력한다. 성취하고자 하는 것은 정확하게 무엇인가? 누구를 관여시켜야 할 필요가 있는가? 어떻게 하려고 하는가? 사실상 이들 중 어느 질문에도 정답은 없다. 설사 정확하게 목적지를 안다고 하더라도 이에 도달하는 여러 경로를 계획할 수 있을 것이다(Miley et al., 2017: 273).

사정은 환경 속의 개인에 대한 이해를 발달시키고 잠재적 자원을 규명하는 반면, 계획과정은 사정내용을 바라는 결과를 보여 주는 목적 진술로 전환시킨다(Johnson & Yanca, 2010: 204). 그리고 계획은 사정내용을 변화를 위한 수행 가능한 전략으로 전환시킨다. 특히 제너럴리스트 사회복지사는 마이크로, 메조, 매크로 등 여러 체계 수준에서 해결을 위한 여러 옵션을 고려하게 된다(Miley et al., 2017: 273 참조).

이 장에서는 우선 계획의 주요 단계를 살펴보고자 한다. 다음으로 계획에서 핵심을 이루는 목적과 계약에 대해 고찰해 보고자 한다. 마지막으로 임파워먼트 접근에서의 계획에 대해 탐색해 보고자 한다.

제1절 계획의 주요 단계

커스트-애시먼과 헐은 계획과정의 8단계를 제시한다. 첫 번째 단계는 클라이언트와 함께 일하는 것이다. 모든 개입과정에서 클라이언트를 관여시키는 것은 매우 중요하며 이는 계획과정에서도 마찬가지다. 클라이언트는 사정에서 가장 좋은 정보 출처였으며, 이에 따라 계획과정에서도 목적설정에 전적으로 관여시켜야 한다.

클라이언트와 함께 계획하는 것은 변화노력을 성공으로 이끄는 데 아주 중요하다. 그러나 이는 실행하기 쉬운 일은 아니다. 다시 말해서, 과도한 업무량 등으로 인해 사회복지사는 클라이언트에게 자신이 옳다고 생각하는 계획을 수락하라는 압력을 가하고 싶은 유혹을 느낄 수 있다. 그러나 클라이언트가 계획과정에 참여하지 않는다면 계획을 자신의 것으로 여기지 않을 것이며, 이에 따라 협력하고자 하는 동기도 결여될 수밖에 없다. 무엇보다도 자기결정의 권리를 증진시키는 것이 클라이언트를 임파워먼트하는 첩경이 된다는 것을 염두에 두어야 한다(Kirst-Ashman & Hull, 2002: 186, 2009: 190, 2017: 226).

두 번째 단계는 문제의 우선순위를 정하는 것이다. 클라이언트는 개인적 차원뿐 아니라 가족, 집단, 지역사회 차원에서 복합적인 문제를 가지고 있는 경우가 많기 때문에 사회복지사는 어떤 문제에서부터 접근해야 할지 결정해야 한다. 노던은 문제가 다음의 세 가지 기준을 충족하는지 고려해야 한다고 지적한다(Northen, 1987: Kirst-Ashman & Hull, 2017: 226에서 재인용).

① 클라이언트 스스로가 문제의 존재를 인정해야 한다.
② 문제는 이해할 수 있는 용어로 분명하게 규정되어야 한다.
③ 사회복지사와 클라이언트는 이 문제를 치유하기 위해 현실적으로 무엇인가를 할 수 있어야 한다.

그리고 문제를 욕구로 전환하는 것이 세 번째 단계다. 욕구는 전형적으로 세 가지 범주로 나누어진다. 첫 번째 범주는 음식, 물, 주거와 같이 생존에 필요한 것들이다. 이는 모든 인간이 비슷한 욕구를 갖고 있다는 점에서 상당히 보편적인 욕구다. 두 번째 범주는 안녕감을 유지하는 데 필요한 것들이다. 여기에는 사람들을 편안하고 건강하게 하는 것들 혹은 사람들을 만족스럽게 하는 것들이 포함되는데, 개인에 따라 차이가 있을 것이다. 세 번째 범주는 삶에서 무엇인가를 실현했다는 느낌을 주는 것들이다. 사람에 따라 다르겠지만, 여기에는 가치를 인정받는 만족스러운 직업 그리고 사랑해 주는 사람과의 관계 등이 포함될 것이다. 이와 같이 클라이언트를 어떻게 도울지 찾기 위해서는 클라이언트의 문제를 욕구의 개념으로 전환시켜야 한다. 이런 관점에서 볼 때, 문제와 욕구 그리고 목적은 모두 상호 연관되어 있으며, 문제를 욕구개념으로 전환시키는 작업은 목적설정을 촉진한다. 또한 이와 같은 개념전환은 무엇이 잘못되었는가 대신 어떻게 치유할 것인가에 집중하도록 한다(Kirst-Ashman & Hull, 2017: 228-229).

네 번째 단계는 개입 수준 평가하기-전략의 선택이다. 사회복지사는 클라이언트와 함께 목적을 달성할 수 있는 다양한 전략을 규명할 필요가 있다. 전략은 다음과 같이 수립될 수 있다.

- 사회복지사와 클라이언트가 선택한 첫 번째 욕구에 초점을 둔다.
- 욕구를 검토하고 마이크로, 메조 및 매크로 차원에서 대안적 전략을 규명한다.
- 전략 수립에서 클라이언트의 강점을 강조한다.
- 각 전략의 찬반양론을 평가한다.
- 가장 효율적이고 효과적으로 판단되는 전략을 선택하도록 한다.

커스트-애시먼과 헐은 전략 수립에 클라이언트의 강점을 강조하고 통합하는 것이 여러 측면에서 유용하다고 지적한다. 첫째, 강점은 개입계획을 구축할 초석을 제공한다. 둘째, 클라이언트의 강점을 강조함으로써 클라이언트에게 긍정적인 피드백을 줄 수 있다. 셋째, 클라이언트의 강점을 전략에 통합함으로써 무엇인가 구체적인 것을 생각하고 노력할 수 있다(Kirst-Ashman & Hull, 2017: 230).

다섯 번째 단계는 목적의 설정, 여섯 번째 단계는 목표의 구체화, 일곱 번째 단계는 행동단계의 구체화, 여덟 번째 단계는 계약의 공식화다. 이들 단계는 계획과정의 핵심을 이루고 있으므로 다음에서 보다 상세히 살펴보고자 한다.

〈표 10-1〉 계획과정의 주요 단계

주요 단계	내용
1단계: 클라이언트와 함께 작업하기	계획과정에서 클라이언트를 참여시킴으로써 동기를 부여한다.
2단계: 문제의 우선순위 정하기	사회복지사와 클라이언트는 어떤 문제에서부터 접근할지 우선순위를 정하고 최우선적으로 해결할 문제에 합의하도록 한다.
3단계: 문제를 욕구로 전환하기	클라이언트의 문제를 클라이언트에게 무엇이 필요한지라는 욕구개념으로 전환시키면 문제해결을 위해 무엇을 해야 하는지 구체화할 수 있다.
4단계: 개입 수준 평가하기-전략의 선택	문제는 마이크로, 메조 혹은 매크로 실천방법으로 접근될 수 있으며, 전략 수립에서 클라이언트의 강점을 활용하고 각 전략에 대한 찬반양론을 검토하여 효율적 및 효과적 전략을 선택한다.
5단계: 목적을 설정하기	목적은 왜 개입하는지를 명료화해 준다. 분명하게 진술된 목적은 개입의 성공 여부를 평가할 수 있도록 한다.
6단계: 목표를 구체화하기	목적을 성취하려면 이를 세분화하여 구체화된 목표를 설정하여야 한다. 목표의 구체화에는 누가, 무엇을, 언제까지 수행할 것인지 그리고 이는 어떻게 측정할 것인지가 포함되어야 한다.
7단계: 행동단계를 구체화하기	목표를 달성하기 위해서는 누가, 무엇을, 언제까지 수행할 것인지 등 행동단계를 구체화해야 한다.
8단계: 클라이언트와 계약을 공식화하기	계약은 개입과정에 무엇이 일어날지에 관한 사회복지사와 클라이언트 간의 합의사항이다. 여기에는 목적, 목표, 개입 기간, 역할 등이 포함된다.

출처: Kirst-Ashman & Hull (2017), pp. 226-239 재편집.

제2절 목적

1. 목적의 의의

목적설정의 중요성은 사회사업 문헌에서 오랫동안 강조되어 왔으며, 특히 1960년대 중반부터 1970년대 후반까지 이에 대해 여러 연구가 실시되었다. 리드와 우드(Wood)는 그들의 이정표적인 연구에서 사회복지사들이 너무 일반적인 목적을 설정하는 경향이 있으며, 이로 인해 초점이 결여되고 비현실적이거나 모호한 결과를 가져온다고 결론 내렸다(Reid, 1970; Wood, 1978: Hepworth et al., 2006: 313에서 재인용).

커스트-애시먼과 헐은 목적을 분명하게 설정하면 다음과 같은 장점이 있다고 지적한다(Hepworth et al., 2017: 313; Krst-Ashman & Hull, 2017: 232).

첫째, 사회복지사와 클라이언트가 문제에 대한 정의, 성취하고자 하는 결과 그리고 이를 위해 필요한 변화 등에 대해 합의하고 있음을 보증해 준다.

둘째, 원조과정에 방향성, 초점 그리고 지속성을 제공해 주며 방황을 예방해 준다.

셋째, 목적설정은 클라이언트의 관심과 문제에 대한 정의에 타당성을 부여하며 클라이언트의 임파워먼트를 활성화한다.

넷째, 적절한 전략 및 개입방법의 개발과 선택을 활성화한다.

다섯째, 사회복지사와 클라이언트가 진전(progress)을 모니터할 수 있도록 도와준다.

여섯째, 특정 개입방법과 원조과정의 효과성을 평가하는 결과기준으로 활용할 수 있다.

나아가서 목적을 설정하는 것은 할 수 없는 것이 아닌 할 수 있는 것으로 관심의 초점을 전환시킨다. 목적설정은 클라이언트가 다른 사람이나 자기 자신을 비난하는 데서 탈피하여 이제까지와는 다른 더 나은 미래를 개척해 나가는 책임성을 부여한다. 목적은 또한 클라이언트의 선택권에 대한 인식을 높이며, 치료과정에서 적극적인 역할을 수행할 기회를 클라이언트에게 제공한다(Lee, Sebold, & Uken, 2003: 송성자 외 공역, 2012: 136에서 재인용).[1]

---

1) 송성자 등은 목표(goal)설정이라고 번역하였으나 이 책에서는 목적설정으로 통일하였다.

2. 목적의 유형과 상황에 따른 변화 목적

1) 목적의 유형

클라이언트 체계가 추구하는 목적은 아주 다양하다. 골드스타인은 다음의 다섯 가지 유형의 목적을 제시한다(Goldstein, 1973: Miley et al., 2017: 279에서 재인용).

① 재정적 지원, 고용, 건강보호 혹은 주거와 같이 구체적 재화, 서비스 또는 필요한 자원을 획득하는 것
② 주요한 인생 결정을 내리는 것, 위기를 해결하는 것, 즉각적인 디스트레스를 해소하는 것 혹은 변화의 장애를 제거하는 것
③ 커뮤니케이션 패턴, 상호작용적 행동 혹은 역할과 규칙을 변화시킴으로써 가족, 조직 혹은 지역사회와 같은 사회체계들의 구조를 수정하는 것
④ 합리적 계획을 통하여 '선견지명이 있는 목적들'을 추구하거나, 미래에 대한 포부를 실현시키는 것
⑤ 성장과 변화의 기본적 가치를 인정하는 것 그리고 최대 잠재력을 실현하기 위하여 사회복지서비스를 받는 것

2) 상황에 따른 변화 목적

존슨과 양카에 의하면, 서로 다른 상황은 서로 다른 변화와 서로 다른 종류의 목적을 필요로 한다. 이는 어떤 상황에서 어떤 변화가 추구되어야 하는지에 대한 이해를 제공한다.

① 관계 유지하기: 상황 속의 사람을 변화시키는 것이 어렵고 클라이언트에게 필요한 지지를 제공해 줄 수 있는 의미 있는 타자가 없다면 관계 유지를 목적으로 삼는다.
② 구체적 행동변화: 클라이언트가 구체적 증상 혹은 행동 패턴으로 인해 어려움을 겪고 있기는 하나 그 문제만 빼고는 대체적으로 상황에 만족하고 있다면, 문제가 되는 구체적 행동을 변화시키는 것을 목적으로 한다.

③ 관계변화: 문제가 까다로운 관계에 있을 때 관계의 변화를 추구한다.

④ 환경변화: 환경의 변화 또는 개인과 환경 사이의 교류의 변화가 요구된다고 인식하면 환경의 변화를 추구한다.

⑤ 방향전환: 가치가 갈등적이거나 불명료할 때, 클라이언트 체계가 목적이나 변화노력의 방향에 대해 불분명하다고 느낄 때, 혹은 소망하는 바에 장애가 있는데 이의 해소가 매우 어렵거나 불가능할 때에는 방향전환을 시도한다(Johnson & Yanca, 2010: 211).

목적은 클라이언트와 그가 처해 있는 상황에 따라 달라지겠지만, 사회복지실천에서 자주 접하게 목적들을 이해하면 실무에 도움이 된다.

3. 목표설정

1) 목적과 목표

학자에 따라 목적과 목표를 구분하여 설명하는 경우가 많다. 목적은 클라이언트가 성취하기를 원하는 것에 대한 폭넓고 일반적인 진술이다. 이에 따라 목적은 바람직한 결과, 이상적 조건 혹은 원조관계에서의 장기적 목표를 나타내 준다. 그리고 목적은 반드시 측정 가능하지 않을 수도 있다. 대조적으로 목표는 클라이언트가 그들의 행동이나 상황에서 바라는 구체적 변화에 대한 명시적 진술이다. 그리하여 목표는 쉽게 관찰할 수 있고 측정 가능하다.

목적과 목표에 관련하여 이들 간의 관계를 주목해야 할 것이다. 즉, 목표는 무작위적 성공이 아니라 목적을 향해 나아가는 단계다. 이는 현재 클라이언트가 서 있는 곳에서부터 앞으로 클라이언트가 가고자 하는 목적 사이의 간극을 하나씩 좁혀 나가고자 하는 시도다. 한 번에 한 단계씩 나아가면서 봉착하는 장애들을 하나씩 제거하면 궁극적으로 클라이언트가 바라는 목적에 도달하게 된다(Miley et al., 2017: 278, 280).

2) 목표설정의 지침

목적은 광범위하며 일반적인 진술인 반면, 목표는 구체적이며 행동적인 용어로 서술된다는 점에서, 설정의 지침은 목표를 중심으로 살펴보는 것이 타당하다고 하겠다. 학자들이 공통적으로 제시하는 가장 대표적인 목표설정의 지침은 다음과 같다(Hepworth et al., 2017: 319-332; Johnson & Yanca, 2010: 209-210; Kirst-Ashman & Hull, 2017: 233-235).[2]

첫째, 목표는 명시적이며 구체적이고 측정 가능한 용어로 진술되어야 한다. 원조과정의 방향을 제시하려면 원하는 결과를 구체적으로 정하여 모든 참여자가 어떤 변화가 필요한지를 분명하게 인식할 수 있어야 한다.

둘째, 목표는 성취 가능해야 한다. 비현실적이고 성취가 불가능한 목표가 설정되면 클라이언트는 실패할 수밖에 없고, 이에 따라 낙담("왜 노력해야 하지?"), 환멸("희망 없는 상황이야."), 패배감("결코 변하지 않을 거야.")을 경험할 수 있다. 따라서 클라이언트의 능력과 환경적 제약조건을 고려하여 목표를 설정할 필요가 있다. 대개의 경우 클라이언트는 자신이 선택한 목표를 달성할 수 있는 능력을 갖추고 있지만, 타당성을 가진 목표라는 확신을 주고 클라이언트가 이를 해낼 수 있다는 믿음을 보여 주면 효과적이다.

셋째, 목표는 가능하다면 부정적 용어가 아니라 긍정적 결과를 나타내는 용어로 진술되어야 한다. 성장을 지향하는 긍정적인 목표설정은 목표가 달성되면 클라이언트의 삶에 나타나게 될 유익한 변화 혹은 이득을 조명하는 것이다. 부정적 행동을 제거하는 방식의 목표 진술은 클라이언트가 포기해야 할 것에 초점을 두게 되며, 이는 클라이언트의 행동 결함을 강조하게 된다. 설사 클라이언트가 이 문제 상황이나 행동을 제거하기를 희망한다 할지라도, 그들의 삶의 부정적 양상을 강조하는 것은 심리적 스트레스와 불안을 유발할 수 있다.

이상에서 살펴본 바와 같이 측정 가능성, 성취 가능성 및 긍정적 용어의 사용은 목표설정의 핵심적인 지침들이다. 그 외에도 목표설정에는 클라이언트, 사회복지사 및 기관과 관련한 지침들이 있다.

첫째, 목표는 클라이언트와 사회복지사가 함께하는 선택이어야 한다(강명순 외, 2008: 136).

둘째, 목표는 클라이언트와 사회복지사가 수용할 수 있는 것이어야 한다

---

2) 대다수 학자는 목적과 목표를 구분하는 경우가 많으나, 예외적으로 헵워스 등은 목표라고 하지 않고 목적에서 통합적으로 다루고 있다. 이 책에서는 용어 통일을 위하여 목표로 번역하였음을 밝힌다.

(Miley et al., 2017: 284). 때로 클라이언트는 사회복지사나 사회복지기관이 받아들이기 어려운 목표를 가질 수 있다. 이 경우 사회복지사는 다른 전문가에게 의뢰하는 것이 바람직하다. 단, 사회복지사는 그 이유에 대해서 분명히 밝힐 필요가 있다(Hepworth et al., 2017: 327-328).

셋째, 목표는 사회복지사의 지식과 기술에 상응하는 것이어야 한다. 원칙적으로 사회복지사는 자신의 지식과 기술 범위 안에서 클라이언트의 목표를 설정해야 하며, 그렇지 않은 경우에는 다른 전문가에게 의뢰해야 한다. 만약 슈퍼비전이 이용 가능하다면 슈퍼비전을 받을 수 있는 지식과 기술 범위 내에서 목표를 설정할 수 있다.

넷째, 목표는 기관의 기능과 일치해야 한다. 때로 사회복지사는 클라이언트의 문제가 기관의 기능과 부합되지 않는 것을 발견할 수 있다(예: 가족서비스 기관에 찾아온 클라이언트가 직업상담을 원할 때). 이 경우 다른 기관에 의뢰하여 클라이언트가 필요로 하는 서비스를 받을 수 있도록 돕는다(Hepworth et al., 2017: 332).

이와 같이 목표설정은 클라이언트가 원하는 것을 반영하고 수용할 수 있는 것이어야 하며, 사회복지사의 전문성과 가치 및 윤리성에 부합되어야 하고, 기관의 기능범위 내에서 설정되어야 할 것이다.

제3절　계약

1. 계약의 의의 및 개념

계약은 계획 단계의 결정체라고 할 수 있다. 이는 누가 어떤 과제를 수행하는 책임이 있는지를 명료화하고 요약한다. 서비스 계약은 여러 목적을 동시적으로 성취한다. 예를 들어, 클라이언트는 계약 내용을 상당 부분 통제할 수 있다는 점에서, 계약은 클라이언트의 동기와 변화노력에 대한 헌신을 높인다. 계약은 전형적 의미에서의 법적 문서는 아니지만, 클라이언트의 권리를 보장한다. 또한 계약은 변화 과정에서 각 개인의 역할 그리고 누가 무엇을 언제까지 수행할 책임이 있는지를 구체화한다. 계약은 관련된 모든 사람에 대한 기대를 명료화하며 모니터링과 평가도구로서도 기여한다(Kirst-Ashman & Hull, 2017: 239).

사회복지사와 클라이언트가 계약을 하였을 때 긍정적 결과가 나오며, 반대로 계약을 하지 않았을 경우 부정적 결과가 나올 가능성이 크다는 연구결과들이 밝혀지고 있다. 그리하여 계약은 문제해결을 촉진하고 클라이언트-사회복지사 관계에 초점을 유지시키는 기능을 지니고 있다(Reid & Hanranhan, 1982; Wood, 1978: Hepworth et al., 2006: 344에서 인용 및 재인용).

계약은 클라이언트와 사회복지사가 목적, 초점 및 기대되는 결과에 대한 합의를 촉진하는 도구(facilitative tool)다(Hepworth et al., 2006: 343). 그리고 계약은 계획단계의 결정체라고 할 수 있다. 그동안 계약이란 용어는 학문적 용어로서뿐 아니라 실천현장에서도 사용되어 왔지만, 학자에 따라 서비스 계약 또는 서비스 합의서라고 부르기도 한다(Compton et al., 2005: 222; Sheafor & Horejsi, 2006: 348). 일부에서는 사회복지실천에서 사용되고 있는 계약이라는 용어가 결코 법적 의미를 지니지 않는다는 점에서 그리고 계획과정에서 사회복지사와 클라이언트가 합의하는 바를 기술한다는 점에서 합의서(agreement)란 용어가 사회복지사-클라이언트의 관계를 보다 잘 반영한다는 반론도 제기되고 있다(Johnson & Yanca, 2007: 238; Sheafor & Horejsi, 2006: 348). 그럼에도 계약이란 용어가 보다 보편적으로 사용되고 있으므로 이 책에서는 이를 사용하고자 한다.

계약은 개입과정에서 무엇이 발생할 것인가에 대한 사회복지사와 클라이언트 간의 합의다. 이를 세분화하면 다음과 같다(Kirst-Ashman & Hull, 2017: 239).

① 계약은 개입과정 동안 무엇이 발생할 것인지를 구체화한다.
② 계약은 사회복지사와 클라이언트가 함께 합의함으로써 성립된다.
③ 계약은 일반적으로 네 가지 정보(목적, 방법, 일정표 및 상호의무)를 포함한다.
④ 계약의 형식은 서면, 구두 혹은 암묵적이다.

이와 같이 계약은 성취되어야 할 목적과 이를 성취하는 수단을 구체화하고, 참여자들의 역할을 명료화하며, 도움이 제공되는 조건을 규정해 준다.

2. 계약의 유형

학자에 따라 계약을 서면계약과 구두계약으로 나누기도 하고, 그 외에 암묵적 계약을 포함시키기도 한다. 서면계약이나 구두계약이 보다 공식적인 형식이긴 하지만 이 책에서는 암묵적 계약까지 포함하여 장점과 단점을 살펴보고자한다.

1) 서면계약

서면계약(written contract)은 가장 공식적 유형이며 사회복지사, 클라이언트 그리고 기타 관련된 사람이 동의한 바를 분명하고 시각적으로 반영한다. 이는 구체적 목표를 진술하고 누가-무엇을-언제 할 것인지의 형식을 준수한다.

서면계약의 일차적 장점은 분명하고 논박할 수 없는 기록이며 참여자가 계약서에 서명을 하였다는 점이다(Kirst-Ashman & Hull, 2017: 240). 세퍼와 호레이시에 의하면 서면계약의 장점은 목표를 명료화하고, 우선순위를 정하며, 역할과 책임을 명기하고, 클라이언트와 사회복지사의 오해의 여지를 감소시키는 것이다. 말할 것도 없이 계약은 자발적이고 동기화된 클라이언트에게 가장 적당하다. 그러나 서면계약은 분명하고 공명정대한 커뮤니케이션을 촉진하며, 조정을 받는다거나 숨겨진 의제에 걸려들었다는 적대감과 두려움을 감소시킨다는 점에서 클라이언트가 주저하거나 비자발적일 경우에도 효용이 있다.

반면, 서면계약의 단점은 작성하는 데 시간이 많이 걸리며, 무력한 클라이언트가 처벌받을까 또는 불이익을 받을까 하는 두려움 때문에 계약에 동의할 위험이 있다는 것이다. 또 다른 단점은 중요하지만 성취하기 어려운 목표를 회피하고, 단지 성공 가능성이 높다는 점에서 사소한 서비스 결과에 노력을 경주할 가능성이 있다는 점이다(Sheafor & Horejsi, 2006: 350-351).

마지막으로, 서면계약은 클라이언트 파일에 비치되어야 한다. 그리고 이는 개입과정의 어느 시점이라도 쉽게 접근 가능해야 한다.

2) 구두계약

구두계약(oral contract 또는 verbal contract)은 모든 목표와 책임을 분명하게 규명한다는 점에서 서면계약과 근본적으로 다를 바 없지만 서면화하는 대신 구두로 계약하는 것이다. 구두계약의 장점은, 첫째, 신속하고 비교적 쉽게 할 수 있으며, 둘째, 서면서류에 서명하기를 거부하거나 저항하거나 혹은 불신감을 가진 클라이언트와 함께 일할 때 유용할 수 있다는 것이다. 반면, 구두계약의 단점은 합의한 내용의 자세한 부분을 잊을 수 있다는 점이다. 그러므로 구두계약이라도 클라이언트의 파일에 계약내용을 간략하게 기록해 놓도록 한다(Hepworth et al., 2017: 353; Kirst-Ashman & Hull, 2017: 240).

3) 암묵적 계약

암묵적 계약(implicit contract)은 실제로 언어화하거나 서면화하지는 않았어도 암묵적으로 합의한 계약을 의미한다. 이 계약의 단점은, 첫째, 클라이언트가 실제로 동의하지 않았는데 사회복지사는 클라이언트가 이에 동의했다고 잘못 생각할 수 있다는 점이다. 둘째, 사회복지사는 클라이언트가 암묵적 계약의 모든 조건과 책임을 이해한다고 가정하지만 실제는 그렇지 않을 수 있다는 점이다. 암묵적 계약에는 이런 위험이 수반되므로, 가능하면 서면계약이나 구두계약을 활용하는 것이 바람직하다(Kirst-Ashman & Hull, 2017: 241).

3. 계약의 내용

계약에는 적어도 클라이언트 신상 관련 정보, 구체적 목표 그리고 사회복지사와 클라이어언트의 서명이 포함되어야 한다. 계약에 포함되어야 할 기본적 요소는 다음과 같다(Hepworth et al., 2006: 345; Kirst-Ashman & Hull, 2017: 241-243).

① 신상정보: 계약에는 반드시 클라이언트의 이름 등 신상정보가 들어가야 한다. 그리고 사례번호가 부여되기도 한다. 문제에 대한 간략한 기술이 들어가는 경우도 많다.
② 구체적 목표와 행동단계: 목표의 구체화는 계약의 핵심이다. 목표는 분명하고 쉽게 이해되어야 하고, 행동단계—누가, 언제, 무엇을—를 제시하며,

측정 가능해야 한다.

③ 서명: 모든 서면계약은 서명을 해야 한다. 이 서명은 참여자들이 계획, 목표 그리고 각 참여자의 책임에 대해 숙지하고 있음을 입증해 준다. 또한 이는 계획에 대한 헌신을 나타낸다.

④ 날짜: 모든 계약에는 합의한 날짜가 기재되어야 한다.

계약서의 형식은 기관의 목적, 클라이언트의 욕구 그리고 계약의 목적에 따라 다르지만, 어떤 형식을 사용하든 간에 목표를 명료화해야 한다는 원칙은 동일하게 적용된다. 다시 말해서, 누가, 어떤 과업에 책임이 있는지 분명하게 기술하고, 과업완수 일자를 구체화하며, 목표를 측정 가능하도록 하고, 성취 여부에 의문이 제기되지 않도록 해야 한다.

제4절 임파워먼트 접근에서의 계획

임파워먼트 접근에서 계획은 해결 틀 짜기(framing solutions)다. 마일리 등은 사회복지사와 클라이언트가 포괄적인 행동계획을 수립하기 위해서, ① 사회복지사와 클라이언트의 협력적 과정, ② 계획과정에서 클라이언트체계의 특성이 미치는 영향에 대한 고려, ③ 목적과 목표 설정하기, ④ 행동계획을 구축하기 위한 단계별 접근, ⑤ 계약이 필요하다고 지적한다(Miley et al., 2017: 273-296).

임파워먼트 접근에서의 목적과 목표의 설정은 전통적인 문제해결 접근과 별다른 차이가 없다. 이에 따라 여기에서는 임파워먼트 접근의 특성이 잘 드러나는 단계를 중심으로 살펴보고자 한다.

1. 협력적 계획과정

최근 사회복지실천에서도 클라이언트의 참여를 강조하지만, 임파워먼트 접근에서는 클라이언트의 참여를 중요시할 뿐 아니라 이들을 스스로에 대한 전문가로 간주한다. 마일리 등에 의하면, 클라이언트와 사회복지사는 공개적으로 정보를 논의하고 목적을 재검토하며 어떻게 성취할 것인가에 대한 아이디어를 상호적으로 구상한다. 클라이언트와 사회복지사는 계획과정에 적극 관여하지만, 각기 서로 다른 전문성(expertise)을 가지고 있으며 서로 다른 역할을 수행한다. 보다 구체적으로 살펴보면 다음과 같다(Miley et al., 2017: 274-275).

1) 계획에서 클라이언트의 전문성

클라이언트는 계획과정에 상당한 전문성을 가져온다. 첫째, 클라이언트는 내용 전문가(content experts)다. 자신들이 무엇을 원하는지 알고 있다. 둘째, 그들은 동기 전문가(motivation experts)다. 무엇을 할 의지가 있는지 알려 줄 수 있다. 셋째, 그들은 기술 전문가(skill experts)다. 자신들의 능력을 보여 줄 수 있다.

클라이언트는 계획을 수용할지 여부에 대한 궁극적 파워를 지닌다. 사회복지사는 제시를 할 뿐이며, 클라이언트가 무엇을 할 수 있고 또 무엇을 할 것인지를 결정할 권리와 책임을 지닌다. 협력은 클라이언트가 원하는 것이 계획에 반영되도록 보증해 주며, 클라이언트가 관여함으로써 계획을 수립하는 과정 자체가 성취를 촉진한다.

2) 계획에서 사회복지사의 전문성

사회복지사는 계획과정에서 테크니컬 전문가이며 자원 전문가다. 테크니컬 전문가(technical experts)로서 사회복지사는 모호하고 추상적인 목적을 측정 가능하고 획득 가능한 목표로 전환시켜 준다. 그리고 사회복지사는 역할을 명료화하는 방식으로 구체적 전략을 수립하고, 어떤 사람들이 관여되어야 하는지를 결정하며, 시간 틀(time frames)을 설정하고, 평가기준을 정하며, 진전을 점검하는 스케줄을 구체화하도록 클라이언트를 이끌어 준다.

또한 사회복지사는 계획과정에서 자원 전문가(resource experts)다. 사회복지사는 클라이언트에게 기관 내 자원뿐 아니라 지역사회에서 이용 가능한 자원에 대한 최신 정보를 제공하고, 필요시 이들 자원을 클라이언트에게 연계시킨다.

2. 행동계획 수립하기

행동계획을 수립하는 단계는 앞서 살펴보았던 커스트-애시먼과 헐의 계획의 주요 단계와 유사하나,[3] 그 접근방법에서 차이를 보이고 있다. 이에 따라 여기에서는 차이점을 가장 잘 드러내 주는 결과목적(outcome goals) 결정하기에 대해서 살펴보고자 한다(Miley et al., 2017: 284-287).

목적은 클라이언트가 원하지 않거나 피하고자 하는 것이 아니라, 클라이언트가 원하는 것 그리고 하고자 하는 것을 긍정적 용어로 진술하도록 한다. 이를 위해 사회복지사는 클라이언트가 기술한 문제를 바람직한 결과 또는 해결에 대한 비전으로 재정립하도록 돕는다. 다시 말해서, 사회복지사는 클라이언트가 문제를 되돌아보는 대신 앞을 바라보고, 문제를 해결하였을 때 그들의 삶이 어떻게 변화할 것인지 기술하도록 돕는다. 예를 들어, "사람들이 ○○ 님을 더 이상 무시하지 않는 대신 어떻게 대해 주었으면 좋겠습니까? 그들은 어떻게 할까요?"와 같이 질문할 수 있다.

다음으로, 사회복지사는 긍정적 순간을 토대로 구축해 나간다. 예를 들어, 클라이언트가 "지난번에 다녀간 다음에 훨씬 좋아졌어요."라고 말했다고 하자. 사회복지사는 "어떤 것이 나아졌나요?"라고 질문함으로써 잘되고 있는 부분을 규명하도록 반응한다. 앞서 강점지향적 사정을 통해서 클라이언트가 자신의 상황을 새롭게 긍정적인 시각에서 바라볼 수 있게 되었다면, 이는 긍정성 위에 구축해 나갈 수 있는 기반이 될 것이다.

3. 임파워먼트 접근의 실제

지역사회복지사 팀은 '목표 세우기' 단계를 클라이언트가 무엇을 이루고자 하

---

3) 마일리 등은 타당하고 실행 가능한 행동계획을 수립하려면 다음의 단계를 수행해야 한다고 제시한다. ① 클라이언트가 원하는 것과 부합되며 사정정보에서 도출해 낸 긍정적이며 분명한 결과목적을 설정한다. ② 구체적이고 성취 가능한 목표를 작성한다. ③ 목표의 우선순위를 정한다. ④ 제너럴리스트의 폭넓은 관점을 사용하여 가능한 개입전략을 창출한다. ⑤ 목표를 충족하는 데 필요한 과업, 책임 그리고 행동을 구체화한다. ⑥ 계획을 점검하고 수정하는 주기와 방법을 결정한다. 이들 단계는 앞에서 살펴본 커스트-애시먼과 헐의 계획의 주요 단계와 별다른 차이가 없다(Miley et al., 2017: 284).

는지 명확히 하는 틀 짜기 과정이라고 규정한다. 즉, 클라이언트와 사회복지사가 함께 기대하는 변화를 이루기 위한 실천적인 목표를 세우는 과정이다. 목표 세우기의 지침은 다음과 같다(강명순 외, 2008: 135-139).

첫째, 목표는 클라이언트와 사회복지사가 함께하는 선택이어야 한다.

둘째, 목표는 명확하고, 측정 가능해야 하며, 실행 가능해야 한다.

셋째, 목표 세우기는 한 번에 끝나는 것이 아니다.

승용이 사례

승용이는 또래 여자아이들을 심하게 괴롭히고 때려서 사회복지사에게 소개되었다. 소개한 사람은 가출한 어머니에 대한 승용이의 분노 및 (또래에 대한) 공격적 행동에 대해 도움을 요청하였다. 그러나 승용이는 현재 함께 살고 있는 아버지와 함께하는 시간을 갖기를 원하였다. 승용이의 욕구를 바탕으로 아버지와의 친밀감 향상을 목표로 세웠고, 정기적으로 아버지와 함께하는 시간을 가질 수 있도록 계획하였다.

넷째, 클라이언트가 경험하고 있는 변화의 어려움에 대해 민감해야 한다.

다섯째, 목표 세우기에는 클라이언트에 대한 옹호가 포함되어야 한다.

영수 사례

영수는 도벽과 거짓말로 학교뿐 아니라 지역사회에서 문제아동으로 낙인찍혀 있었다. 그래서 영수의 잘못이 아닌데도 모두 영수 탓으로 돌리기 일쑤였다. 상급생들이 영수를 때렸지만 지역주민은 영수가 거짓말을 한 것이라고 단정 지었다. 이에 사회복지사는 영수가 도벽이 있고 거짓말을 한다 하더라도, 모든 아동은 안전하게 보호받아야 하기 때문에 영수도 보호받을 권리가 있다는 사실을 지역사회에 알리기 위해 지역주민의 인식변화를 목표로 세웠다.

제11장

개입

❖ ❖ ❖

그동안 사회복지실천에서는 수많은 실천모델이 개발되어 왔다. 개입에서 이를 모두 살펴보는 것은 불가능할 뿐 아니라 사회복지실천론의 범위를 넘어선다. 이 책에서는 우선 사회복지사의 역할을 살펴보고자 한다. 다음으로는 사회복지실천에서 널리 활용되고 있는 과제중심 개입, 위기개입, 인지재구조화 및 해결중심 접근을 살펴보고자 한다. 마지막으로 임파워먼트 접근에서의 개입에 대해 소개하고자 한다.

제1절 사회복지사의 역할

헵워스 등은 사회복지사가 수행하는 역할을 ① 직접적 서비스 제공자, ② 체계연계 역할, ③ 체계 개발자, ④ 체계 유지 및 향상 역할들, ⑤ 조사연구자의 다섯 가지로 나누고 있다(Hepworth et al., 2017: 29). [그림 11-1]에서 보는 바와 같이, 직접적 서비스 제공에 관련된 역할에는 케이스워크 또는 상담, 부부 및 가족 치료, 집단서비스, 교육자/정보제공자가 있다. 그리고 체계연계 역할에는 중개자, 사례관리자/조정자, 중재자 그리고 클라이언트 옹호자가 있다. 체계 개발자에는 프로그램 개발자, 계획자, 정책 및 절차 개발자, (입법 및 사회정책에 대한) 옹호자 역할이 있다. 체계 유지 및 향상 역할에는 조직분석가, 촉진자, 팀 구성원, 자문, 슈퍼바이저가 있다. 그리고 마지막으로 조사연구자에는 조사연구자와 조사 소비자의 역할이 있다. 사회복지사의 역할은 사회복지사들이 실천현장에서 얼마나 다양한 역할을 수행하는지를 잘 보여 준다고 하겠다.

사회복지사가 수행하는 역할 중에는 지역사회복지, 사회복지행정이나 사회복지정책론 등에서 주로 다루어지는 역할들도 여럿 포함되어 있다. 이에 따라 여기에서는 마이크로 실천에서 주로 수행되는 역할을 중심으로 살펴보고자 한다. 콤프턴과 갤러웨이에 의하면, 개입단계에서 사회복지사의 역할에는 중개

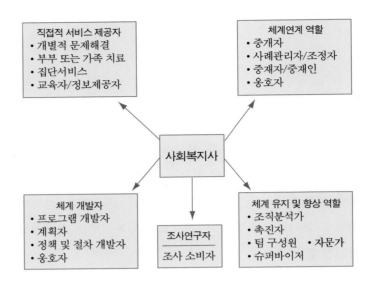

[그림 11-1] 사회복지사의 역할

출처: Hepworth et al. (2017), p. 29.

자, 조력자, 교사, 중재자, 옹호자의 다섯 가지 역할이 있다(Compton & Galaway, 1989). 그리고 커스트-애시먼과 헐은 마이크로 실천에서 사회복지사가 주로 수행하는 역할로서 앞에서 제기된 다섯 가지 역할 이외에 평가자와 사례관리자/조정자를 포함시키고 있다(Kirst-Ashman & Hull, 2017: 97-98).

1. 중개자

중개자의 역할은 클라이언트에게 필요한 자원을 연계시키는 역할이다(Kirst-Ashman & Hull, 2017: 97). 중개의 역할을 단순화하여 설명하면, 클라이언트는 특정 자원을 필요로 하는 문제를 가지고 있고, 사회복지사는 클라이언트에게 부합되는 자원을 연계시켜 주는 것이다. 때로 사회복지사의 유일한 역할이 중개하는 역할인 것처럼 보일 정도로 중개자의 역할은 사회복지실천에서 보편적이다. 흔히 중개자의 역할은 클라이언트의 욕구에 따라 사회복지사의 다른 역할과 함께 수행된다.

중개자의 역할을 효과적으로 수행하려면, 단순히 이용 가능한 기관의 이름을 알고 있는 것으로는 부족하다. 첫째, 기관의 수혜자격 기준(소득이나 연령제한 등)에 대한 지식을 필요로 한다. 둘째, 여러 다른 자원체계(임시보호기관, 쉼터 등)에 대해 익숙하게 알고 있어야 한다. 셋째, 클라이언트를 의뢰할 때 접촉할 담당자들의 네트워크를 구축해야 한다. 다시 말해서, 사회복지사는 누가 클라이언트에게 가장 많은 도움을 줄 수 있는지 파악하고 있어야 한다(Kirst-Ashman & Hull, 2009: 507).

현재 종합사회복지관에서 근무하는 사회복지사들의 업무 중에서 중개자의 역할이 차지하는 비중은 상당히 크다고 할 수 있다. 사회복지사가 지역사회의 자원에 대해 얼마나 정통해 있는가 그리고 자원연결능력이 얼마나 뛰어난가에 따라 클라이언트에게 제공될 수 있는 서비스는 양적 및 질적인 측면에서 차이가 날 수 있다. 이런 관점에서 볼 때 능력을 갖춘 사회복지사가 되려면 클라이언트의 욕구를 파악하는 능력뿐 아니라 이를 충족할 수 있는 자원체계에 대한 정보에 정통해야 할 필요가 있다(엄명용 외, 2000: 231-232).

2. 조력자

조력자의 역할은 클라이언트가 보다 쉽고 성공적으로 과제를 완수하거나 문제를 해결해 나갈 수 있도록 클라이언트 체계에 지지, 격려 및 제안을 제공하는 역할이다. 조력자의 역할을 통해서 기대되는 결과는 클라이언트 체계가 문제에 잘 대처해 나가고 특정 행동노선을 잘 추구해 나가는 것이다(Kirst-Ashman & Hull, 2017: 97).

3. 교사

교사의 역할은 클라이언트에게 문제에 대처하는 새로운 정보를 제공하거나, 새로운 행동 혹은 기술을 연습해 보도록 돕고, 모델링을 통해서 클라이언트에게 대안적 행동 패턴을 가르치는 것이다(Compton & Galaway, 1989: 509-510). 예를 들어, 언어장애 자녀를 가진 부모에게 언어발달에 도움이 되는 게임방법을 지도하는 것, 빈곤가정의 부모에게 저렴한 비용으로 영양이 풍부한 음식을 준비할 수 있는 정보를 제공하는 것 등을 들 수 있다. 교사의 역할은 클라이언트의 문제해결능력을 강화시킴으로써 의도하는 변화를 야기한다는 점에서 조력자의 역할과 유사하다고 할 수 있다. 그러나 조력자의 역할이 클라이언트의 내부 자원을 동원하는 것에 비해, 교사의 역할은 외부 자원을 클라이언트에게 투입한다는 점에서 차이가 있다.

4. 중재자

중재자의 역할은 클라이언트가 다른 사람들이나 조직과 갈등관계에 있을 때 이를 조정하여 공동의 합의점을 찾아내는 역할이다. 중재자는 관련된 당사자들 사이에서 어느 편에도 서지 않고 중립적 입장을 유지한다. 성공적인 중재자 역할을 위해 사회복지사는 쌍방이 상대방의 주장이 가지는 합법성을 인정하도록 돕고, 쌍방이 모두 성공적 결과를 희망하고 있음을 이해시키며, 갈등조정 테크닉을 적절하게 활용할 수 있어야 한다(Compton & Galaway, 1989: 511; Kirst-Ashman & Hull, 2017: 97).

5. 옹호자

옹호자의 역할은 사회복지사가 목적을 달성하기 위해 클라이언트의 입장을 대변하고 변호하는 역할을 의미한다. 보다 구체적으로, 옹호는 클라이언트를 위해 논쟁, 주장, 흥정, 타협, 환경조작 등을 수행하는 역할이다. 사회복지실천 초창기부터 옹호자의 역할은 사회복지사의 주요 역할이었다(Kirst-Ashman & Hull, 2017: 545-546; Miley et al., 2017: 375). 옹호자의 역할은 앞서 설명했던 중재자의 역할과는 차이가 있다. 중재자의 역할이 양측의 이해를 절충하고 타협하여 공동의 이해영역을 도출하는 역할임에 비해, 옹호자의 역할은 클라이언트의 이해와 권리만을 대변하는 역할이다. 단, 사회복지사는 클라이언트의 권리나 이익을 법적인 범위 안에서만 옹호할 수 있다(김융일 외, 1995: 246).

한편, 옹호에는 사례 옹호와 계층 옹호가 있다. 사례 옹호(case advocacy)는 클라이언트 개인이나 가족들에게 자격이 있음에도 서비스가 거부되었을 때 이 서비스를 받을 수 있도록 돕고 그것이 이들의 존엄성을 지켜 주는 방식으로 전달되도록 하는 것이다.

반면, 계층 옹호(class advocacy)는 특정 계층이나 집단에게 영향을 미치는 정책, 실천 혹은 법을 변화시키고자 하는 것이다. 헵워스 등은 다음과 같은 경우 계층 옹호와 사회행동이 적절하다고 지적한다(Hepworth et al., 2017: 435-436).

① 서비스나 급여가 수혜자격을 가진 집단이나 지역사회에게 거부되었을 때
② 서비스나 실천이 비인간적이거나 대결적이거나 혹은 강요적일 때
③ 인종, 성별, 성적 지향, 종교, 문화, 가족형태 혹은 다른 요인 때문에 차별적인 실천이나 정책이 실시될 때
④ 서비스나 급여의 틈새가 불필요한 어려움을 가져오거나 역기능에 기여할 때
⑤ 정부 또는 기관의 정책과 절차, 지역사회 혹은 직장에서 하는 일이 집단의 사람들에게 불리하게 영향을 미치거나 이들을 표적으로 할 때
⑥ 상당히 많은 사람이 공통 욕구를 가졌으나 이를 위한 자원이 이용 가능하지 않을 때
⑦ 클라이언트의 시민 혹은 법적 권리가 거부되었을 때

6. 사례관리자/조정자

최근 사례관리자/조정자의 역할이 점차 증대되고 있다. 많은 클라이언트는 복합적 문제를 가지고 있으며 이에 따라 사회복지기관을 비롯한 여러 기관에서 서비스를 필요로 한다. 이때 사회복지사가 흔히 수행하는 역할이 사례관리자 혹은 조정자의 역할이다. 이 역할은 자원을 탐색하고, 어떻게 이를 전달할 것인지 계획하며, 서비스 제공을 조직하고, 진전을 모니터하는 것이다(Kirst-Ashman & Hull, 2017: 98). 최근 실천현장에서 사례관리에 대한 관심과 활용도가 점차 높아지고 있으므로, 이에 대해서는 제13장에서 보다 구체적으로 살펴보고자 한다.

제2절 과제중심 개입

시간제한적인 단기개입은 장기적 서비스 못지않게 효과가 있을 뿐만 아니라, 비용 측면에서도 효과적이며 보다 많은 클라이언트에게 서비스를 줄 수 있다는 점에서 널리 활용되고 있다. 이와 같은 과제중심 접근법은 대표적인 시간제한적 개입법이다.

이 접근법은 클라이언트가 규명한 표적문제를 감소시키거나 변경시키기 위해 과제를 활용하는 실천모델이다. 이 접근법의 핵심 주제는 사람들이 자신의 문제를 해결할 능력을 가지고 있으며 클라이언트가 규명한 문제를 다루는 것이 중요하다는 것이다. 이 접근법에서 클라이언트에게 우선순위를 규명하도록 하고 클라이언트-사회복지사의 협력적 관계를 추구하면 임파워먼트 효과가 기대된다. 또한 목적을 성취하기 위해 과제를 활용하면 클라이언트의 자기효능감이 증진될 것이다.

1. 과제의 설정

과제중심 접근에서는 일반적 과제를 구체적 과제로 발전시켜야 한다. 예를 들어, '구직'이라는 일반적 과제는 '이력서 작성하기' '직업소개서 연락하기' 등과 같은 구체적 과제로 발전시킬 수 있다.

구체적 과제는 클라이언트가 수행해야 하는 행동적 혹은 인지적 활동으로 구성되기도 한다. 예를 들어, 행동적 과제에는 전화를 걸어서 재활프로그램에 대한 정보 알아보기, 아동보호를 제공해 줄 수 있는지 알아보기 위해 이웃과 접촉하기, 가사수행 과제를 스케줄대로 따라 하기 등이 있다. 한편, 인지적 과제에는 자기비하적 생각을 몇 번 하는지 세어 보기, 통제 불가능해지기 전에 분노 인식하기 등이 있다.

때로 과제는 명백하게 드러나기 때문에 쉽게 설정할 수 있다. 무엇보다도 클라이언트는 자신의 상황에 대한 전문가이기 때문에 그들 스스로 과제를 제안할 수 있을 것이다. 클라이언트가 제시하는 과제가 성취 가능하며 현실적이라면, 사회

〈표 11-1〉 과제의 설정

상황

　부인은 남편이 자기의 의견을 무시하므로 비하감을 느낀다고 불평을 하였다. 이에 남편
은 부인의 불평이 틀린 것은 아니지만 직장에서 몹시 힘든 처지에 있으며 만족감과 성취감
을 거의 느끼지 못한다고 설명하였다.

　이에 부인은 남편이 어려운 상황에 있는 것을 인정하지만 남편의 어두운 표정으로 인해
가족 분위기가 무거워진다고 응답하였다. 다시 남편은 그것이 사실이겠지만 아무도 자신을
중요하게 여기지 않는 것처럼 느낀다고 이야기하였다. 나아가서 남편은 만약 부인이 위로
해 준다면 자신도 좀 더 밝은 분위기를 위해서 노력하고 부인을 낮추어 보는 태도도 조심하
겠다고 하였다. 부인은 남편이 변할 수만 있다면 기꺼이 위로할 수 있다고 반응하였다.

과제설정

　이 면담을 토대로 사회복지사는 두 개의 상호적 과제를 찾아냈다.

　첫째, 남편은 부인이 의견을 이야기할 때 비판하거나 낮추어 보지 않고 주의 깊게 이야기
를 듣는다. 또한 그는 직장에서 귀가하여 보다 긍정적인 태도를 갖도록 노력한다.

　둘째, 부인은 남편에게 애정과 관심을 가진다. 그리고 직장에서 좌절감을 느끼는 남편에
게 지지적인 태도를 가지도록 한다.

출처: Hepworth et al. (2006), pp. 365-366 재편집.

복지사는 이를 지지해 주면 된다. 대체적으로 클라이언트는 스스로 규명한 과제
에 보다 헌신적으로 참여한다. 그러나 과제가 쉽게 설정되지 않을 경우, 사회복지
사는 적합한 과제를 설정하도록 도움을 제공해야 한다. 이때 클라이언트와 함께
브레인스토밍을 해 보는 것도 과제에 대한 아이디어를 얻는 효과적인 방법이다.

2. 과제수행 준비단계

　과제설정을 하고 나면 클라이언트에게 과제수행 준비를 시켜 주어야 하는데,
사회복지사는 과제성취가 클라이언트에게는 커다란 도전이라는 점을 염두에
두어야 한다. 이 준비단계를 잘 수행하면, 클라이언트의 과제수행에 대한 동기
가 증대하고 성공적 결과를 가져올 가능성이 크게 높아진다. 리드는 〈표 11-2〉
와 같은 과제수행단계(Task Implementation Sequence: TIS)를 개발하였다. 과제수
행단계는 효과적인 변화를 가져오는 데 유용한 구체적 단계로 구성되어 있으며,
이는 각 사례에 따라 융통성 있게 적용할 수 있다(Reid, 1975, 2000: Hepworth et
al., 2017: 374-379에서 재인용).

〈표 11-2〉 리드의 과제수행단계

---

1. 과제를 수행하고자 하는 의지를 북돋워 주기
2. 과제수행의 세부사항 계획하기
3. 과제수행에 따르는 장애를 분석하고 해소하기
4. 과제수행에 필요한 행동을 시연해 보거나 실천해 보기
5. 과제수행계획을 요약하고 격려와 기대를 표현해 주기

출처: Reid (1975, 2000); Hepworth et al. (2017), p. 374에서 재인용.

1) 과제수행의 의지를 북돋워 주기

이 단계는 과제를 수행하고자 하는 클라이언트의 동기를 향상하는 데 직접적인 목적이 있다. 이 단계는 과제와 목적 간의 관계를 명료화하고 그 잠재적 이득을 규명하는 것을 포함한다. 클라이언트가 과제를 완수하려면 잠재적인 비용(불안과 두려움을 포함하여)을 능가하는 이득이 있다는 것을 인식해야 한다.

많은 경우, 과제를 수행하는 잠재적 이득은 명백하기 때문에 이를 과도하게 파고들 필요는 없다. 예를 들어, 취업신청서를 제출하거나 재정지원의 수혜자격에 대한 정보를 획득하는 과제의 잠재적 이득은 분명하다. 그러나 과제에 따라 이득이 분명치 않은 것도 있다. 이 경우 사회복지사는 클라이언트가 과제와 목적 사이의 관계를 파악할 수 있도록 돕는다. 예를 들어, 클라이언트가 자신감을 증진시키는 목적과 주어진 행동과제의 관계를 이해하지 못한다면, 자기비하적 사고에 대한 일지를 기록하는 과제가 어떤 이득을 가졌는지 깨닫지 못할 것이다. 이를 위해서 사회복지사는 클라이언트에게 과제를 완수하면 어떤 이득이 있다고 생각하는지 물어볼 수 있다. 그리고 과제수행에 따른 잠재적 이득뿐 아니라 잠재적 위험과 장애를 클라이언트와 함께 고려하도록 한다.

2) 과제수행의 세부사항 계획하기

이 단계는 클라이언트가 과제를 수행하는 데 필요한 모든 활동을 준비하도록 돕는 것이다. 대개 과제는 일련의 활동으로 구성되어 있는데, 인지적 세부과제와 행동적 세부과제를 모두 포함하기도 한다. 예를 들어, 집주인에게 수리를 요청하거나 의료검사를 받기 전에 심리적 준비를 하면 클라이언트에게 이득이 된다. 이런 노력에는 클라이언트와 함께 잠재적 이득을 점검하고, 상황을 현실적

으로 평가함으로써 두려움을 다루고 해소하며, 과거의 성공경험을 반추하거나, 클라이언트의 영성에 초점을 두는 것이 포함된다. 이 단계에 인지적 전략을 포함시키면, 클라이언트는 새로운 행동을 실행해야 하는 데에 따른 양가감정이나 근심걱정에 보다 잘 대처할 수 있다.

3) 과제수행에 따른 장애를 분석하고 해소하기

이 단계에서는 변화과정에 불가피하게 장애가 수반된다는 사실을 인정하고 이를 다루는 데 목표가 있다. 사회복지사와 클라이언트는 과제성취에 영향을 줄 수 있는 장애를 예견하고 분석한다.

단순한 과제(예: 클라이언트에게 구직에 대한 전화문의를 하는 것)가 가진 장애는 클라이언트에게 어떤 어려움에 직면할 것 같은지 질문함으로써 쉽게 규명할 수 있다. 그러나 단순한 과제일지라도 클라이언트에 따라 아주 어려워할 수 있다는 점을 유의해야 한다. 그리고 과제가 복잡해지면(예: 대인 간 패턴의 변화 등) 장애도 복잡해지기 때문에 장애를 규명하고 해소하기 어려워지는 경향이 있다.

4) 과제수행에 필요한 행동을 시연해 보거나 실천해 보기

이 단계는 클라이언트가 과제성취에 필수적인 행동을 습득하도록 돕는 데 목적이 있다. 성공적인 경험—설사 모의상황일지라도—은 과제를 효과적으로 수행할 능력이 있다는 신념을 불어넣어 준다. 반두라(A. Bandura)에 의하면, "자기 자신의 효과성에 대해 사람들이 가진 확신의 강도가 그들이 주어진 상황에 대처하고자 노력할 것인지에 영향을 미칠 것이다." 이런 자기효능감의 네 가지 출처는 ① 수행성취, ② 대리경험, ③ 언어적 설득, ④ 정서적 흥분이다. 이 중에서 수행성취(performance accomplishment)는 개인적인 습득경험을 토대로 한다는 점에서 특별히 영향력이 크다. 수행성취를 통해서 클라이언트의 자기효능감을 증진시키는 주요 방법에는 모델링, 행동시연 그리고 실천지도가 있다(Bandura, 1977: Hepworth et al., 2017: 377에서 재인용).

(1) 행동시연

행동시연(behavioral rehearsal)은 클라이언트가 사회복지사의 지도를 받으면

서 새로운 대처 패턴을 연습하는 것이다. 이 기법은 클라이언트가 상황에 직면
할 준비가 불충분하다고 느끼는 경우에 사용될 수 있다. 또한 행동시연은 클라
이언트가 주어진 과업을 수행하는 데 불편함을 느끼거나 압도된 것처럼 보일 때
사용할 수 있다. 이 기법은 클라이언트가 필요한 기술을 익히고 이에 수반된 위
협감을 감소시키는 데 효과적인 방법이다. 대체적으로 과제는 클라이언트의 의
미 있는 타자와의 상호작용을 수반한다. 클라이언트는 이미 이들과 긴장관계에
있을 수도 있고 과제를 수행하면 관계의 긴장이 고조될 수도 있으므로, 행동시
연을 통해 이에 대비하도록 돕는 것이다.

역할극(role play)은 행동시연에서 가장 널리 사용되는 방법이다. 클라이언트
에게 행동시연을 시키기 이전에, 사회복지사는 역할극을 통해 클라이언트의 기
술을 살펴볼 수 있다. 그다음에 사회복지사는 클라이언트가 기존에 가지고 있
는 기술을 토대로 구축해 나갈 수 있도록 모델을 보여 줄 수 있다. 이 접근법은
클라이언트가 이 행동에 익숙지 않거나, 클라이언트가 어떻게 다른 사람들이 자
신의 행동을 인식할 것인가에 대해 불안해하거나 우려할 때 특히 효과적이다.

역할극과 행동시연은 클라이언트가 현실생활에서의 상황을 공략하는 능력을
증진시키는 기법이다. 행동시연과 역할극을 관찰하면 잠재적 장애가 무엇인지
가장 잘 파악하고 해소할 수 있다. 무엇보다도 이 기법은 과제수행에 대한 클라
이언트의 자신감을 향상시킨다.

(2) 실천지도

실천지도(guided practice)는 수행성취를 돕는 또 다른 기법이다. 이는 가상적
상황이 아닌 실제상황이라는 점에서 행동시연과는 차이가 있다. 사회복지사는
현장에서 코치하면서 클라이언트가 표적행동을 습득하도록 도울 수 있다. 예를
들어, 사회복지사는 가족 세션에서 가족구성원들의 상호작용을 관찰하고 문제
해결이나 갈등해결 기술을 습득하도록 지도할 수 있다. 실천지도의 장점은 사
회복지사가 문제행동을 발견하고 이에 대해 즉각적인 피드백을 줄 수 있다는 점
이다. 이와 같은 현장지도는 클라이언트에게 무엇이 발생하는지 분명히 알 수
있을 뿐 아니라, 클라이언트가 보다 생산적인 행동을 하도록 코치할 수 있다는
장점을 지닌다.

5) 과제수행계획 요약하기

마지막 단계는 과제수행에 필요한 활동을 점검하는 단계다. 이 점검과정을 통해서 클라이언트는 무엇을, 어떤 순서에 따라 수행해야 하는지 분명히 이해할 수 있다. 이 단계를 효과적으로 활용하기 위해서 클라이언트에게 장애에 대처하는 전략을 비롯한 과제수행 전반에 대해 설명해 보도록 하는 것도 좋은 방법이다. 마지막으로, 사회복지사는 클라이언트의 계획을 지지한다는 것 그리고 과제를 잘 수행해 낼 것이라고 믿는다는 것을 전달한다. 다음 모임을 시작할 때, 주어진 과제가 어떻게 진전되었는지 점검하는 것이 효과적이다.

제3절 위기개입

위기개입은 클라이언트 체계가 위기를 촉발한 문제를 인식하고 잠재적 대처방법을 규명하도록 돕는 단기적인 시간제한적 개입이다(Roberts, 2005: Kirst-Ashman & Hull, 2017: 270에서 재인용). 위기개입의 특성은 다음과 같다(Hepworth et al., 2006: 380).

첫째, 시간제한적이다.

둘째, 살아가는 문제에 초점을 둔다.

셋째, 지금 그리고 여기(here and now)를 중요시한다.

넷째, 사회복지사의 개입 수준이 높다.

다섯째, 변화노력의 일차적 수단으로 과제를 활용한다.

여섯째, 다양한 실천 이론과 개입을 수용할 수 있는 절충주의적 준거 틀을 사용한다.

위기개입은 스트레스가 심하거나 외상적 사건, 발달적 위기(예: 중년위기), 생애 전환기의 급작스러운 위기상황을 다룬다는 점에서 앞서 과제중심 개입보다는 적용범위가 제한된다. 그러나 사회복지실천에서는 다양한 위기상황이 발생하고 이에 따라 사회복지사가 위기개입을 이해하는 것은 필수적이라고 하겠다.

1. 위기과정

위기는 전형적으로 다음의 방식으로 진행된다(Eaton & Roberts, 2009; Echterling, Presbury, & McKee, 2005; Kanel, 2015: Kirst-Ashman & Hull, 2017: 270에서 인용 및 재인용).

첫째, 개인은 일정 기간 동안 많은 양의 스트레스에 노출된다.

둘째, 이 스트레스로 인해 개인은 협박과 외부 공격에 대해 유난히 취약해진다.

셋째, 촉발요인(precipitating factor)은 불균형, 해체 및 부동성(immobility)으로 특징지어지는 위기상태로 몰아가는 전환점으로 작용한다. 위기가 계속됨에 따라, 개인은 촉발요인 및 다른 스트레스 원인들을 점차 심각한 위협으로 인지한다.

넷째, 개인은 불안이 밀려오는 것을 느끼고 우울이나 애도와 같은 힘겨운 정서가 수반된다. 정상적인 방어기제가 약화되며, 불안하고 감정적이 될수록 객관성과 논리력이 떨어진다. 이 시점에서 개인은 도움을 쉽게 수용할 것이다.

2. 위기개입단계

헵워스 등은 위기개입을 제임스(R. James)와 길리언드(G. Gilliand)가 개발한 문제해결 모델의 6단계를 수정하여 제시한다. 제임스와 길리언드의 6단계는 ① 1단계: 문제 정의하기, ② 2단계: 클라이언트의 안전 보증하기, ③ 3단계: 지지 제공하기, ④ 4단계: 대안 검토하기, ⑤ 5단계: 계획 수립하기, ⑥ 6단계: 헌신하기로 이루어진다. 헵워스 등은 이 6단계에 예견적 지도(anticipatory guidance)를 추가하였다(James & Gilliand, 2001: Hepworth et al., 2017: 387-390에서 인용 및 재인용).

한편, 커스트-애시먼과 헐은 제너럴리스트 실천의 계획된 변화과정에 따라 관계형성, 사정, 계획, 실행 그리고 예견적 계획의 5단계로 위기개입단계를 제시하고 있다. 여기에서는 커스트-애시먼과 헐이 제시하는 단계를 중심으로 살펴보고자 한다(Echterling et al., 2005; James & Gilliand, 2013; Kanel, 2015: Kirst-Ashman & Hull, 2017: 270-278에서 인용 및 재인용). 이는 사회복지실천의 과정과 유사성이 높기 때문에, 각 단계에서 위기개입이 가지는 특성을 이해하고 접근하는 데 유용하다.

1) 1단계: 관계형성

문제를 정의하기 이전, 위기개입에서는 사회복지사와 클라이언트의 관계형성이 선행되어야 한다. 카넬(Kanel)은 "위기개입의 초석은 클라이언트와 상담가 사이의 라포의 발달—이해와 위안의 상태—이다."라고 지적한다.

2) 2단계: 사정

클라이언트가 사회복지사를 찾도록 촉발했던 구체적 사건에 초점을 맞추는 것이 바로 위기개입의 예술이다. 아길라(D. C. Aguilar)와 메식(J. M. Messick)은 적어도 다음의 5개 영역에 대한 질문이 사정과정에서 다루어져야 한다고 지적한다.

첫째, 사회복지사는 클라이언트가 왜 바로 그날 찾아오게 되었는지 사정해야 한다. 어떤 촉발사건이 발생하였는가? 대체적으로 위기는 클라이언트가 전문적 도움을 요청한 시점으로부터 2주 이내에 발생하며, 촉발사건은 24시간 이내에 발생하기도 한다. 예를 들어, "매우 놀라신 것 같은데 무슨 일이 일어났나요?"와 같은 질문은 위기가 무엇인지 규명하는 데 도움이 되는 질문이다.

둘째, 클라이언트가 위기상황과 촉발사건을 어떻게 보는지 질문한다. 즉, 클라이언트가 사건에 대해서 어떻게 느끼는가, 이 사건이 현재 그리고 미래에 어떤 영향을 미칠 것이라고 생각하는가 등의 질문을 통해 사회복지사는 클라이언트가 상황을 얼마나 객관적으로 파악하고 있는지 알아볼 수 있다.

셋째, 클라이언트가 의미 있는 타자로부터 지지를 받을 수 있는지 파악한다. 클라이언트가 이야기할 수 있는 사람이 있는가? 클라이언트가 도움요청을 편안하게 할 수 있는 사람이 있는가? 위기는 스트레스가 심하기 때문에 신속하게 행동해야 할 필요가 있다. 클라이언트가 위기 이전의 기능 수준으로 돌아가는 데 도움이 되는 지지를 더 많이 찾아낼수록 클라이언트에게 도움이 된다.

넷째, 클라이언트가 유사한 문제에 봉착한 적이 있는지, 만약 있었다면 어떤 방법으로 해결했었는지, 그 대처기술이 현재 상황에도 적용 가능한지 등을 살펴보도록 한다.

다섯째, 클라이언트에게 자살 혹은 타살 가능성이 있는지 사정해 보고 그런 위험이 있다면 즉각적인 조치를 취하도록 한다.

3) 3단계: 계획

계획단계에서 사회복지사는 위기가 클라이언트의 기능을 저해하는 정도를 평가해야 한다. 클라이언트는 어떤 일상활동을 재개할 수 있는가, 직장·가사·부모역할·교육 혹은 다른 활동으로 복귀할 수 있는가, 덧붙여 클라이언트의 의미 있는 타자들은 어떻게 반응하는가, 클라이언트가 그들로부터 지지를 받고 있는가 등을 평가하도록 한다.

계획의 두 번째 양상은 잠재적 대안을 점검하고, 그 장점 및 단점을 평가하며, 어떤 행동노선을 취할 것인가 결정하는 것이다. 과거 유사한 상황에서 효과적이었던 전략을 검토하고 이들 전략이 현재의 위기상황에도 유용할 것인지를 결정하는 것도 이 단계의 주요 과제다.

4) 4단계: 실행

위기개입에서는 다양한 원조기법을 사용할 수 있다. 아길라와 메식은 실행단계 동안 다음의 네 가지가 다루어져야 한다고 제시한다.

첫째, 클라이언트가 위기를 이해할 수 있도록 돕는다. 위기상황에서는 정서적으로 혼란스럽기 때문에 분명하고 객관적으로 사고하기 어렵다. 이에 따라 사회복지사는 클라이언트가 상황을 이성적으로 사정하도록 돕는다. 이와 더불어 사회복지사는 클라이언트가 강점과 약점을 객관적으로 평가하고 위기해결을 향해 움직여 나가도록 도울 수 있다.

둘째, 클라이언트가 숨겨진 감정을 표현할 수 있도록 돕는다. 스트레스는 걱정되고, 불편하며, 강한 부정적 감정을 수반한다. 스트레스에 대처하고자 노력하는 사람들은 이런 감정들을 통제하고 내부에 담아 두려고 필사적으로 노력한다. 그러나 이와 같은 필사적인 노력은 클라이언트를 꼼짝달싹 못 하게 만든다. 이런 감정이 존재한다는 사실을 인정해야만 클라이언트는 그것을 해소하기 위해 노력하고 어떻게 나아가야 할지에 대한 논리적인 선택을 할 수 있다.

셋째, 과거 위기를 해소하는 데 사용하였던 대처방법을 다시 사용할 수 있는지 알아본다. 앞서 사정단계에서 클라이언트가 유사한 위기에 사용하였던 메커니즘을 규명하였다. 이 방법들이 현재의 위기에 적용될 수 있는가? 사회복지사가 권하고 싶은 새로운 대처전략이 있는가? 사회복지사는 문제를 해결하는 잠재적인 대안을 제시할 수도 있다. 위기개입은 다른 형태의 개입보다 지시적이기 때문에, 클라이언트가 시도해 볼 만한 구체적인 지시를 할 수도 있다.

넷째, 과거의 사회적 지지체계를 회복시키거나 새로운 사회적 지지체계를 발달시키도록 돕는다. 사회적 지지체계에는 가족, 친구, 이웃, 교회, 조직, 직장 및 레크리에이션이 포함된다. 위기에 처해 있는 사람은 가능한 한 많은 사회적 지지와 양육을 필요로 한다. 이에 따라 이미 클라이언트가 가지고 있는 사회적 지지를 활성화한다. 만약 이런 지지가 결여되어 있거나 존재하지 않는다면, 클라이언트가 새로운 관계를 맺을 수 있도록 길을 열어 준다.

5) 5단계: 예견적 계획

예견적 계획(anticipatory planning)은 미래에 닥쳐올 수도 있는 위기에 대비하도록 돕는 것이다. 여기에서는 위기개입과정에서 클라이언트가 배운 바를 명료화하고 요약하는 데 초점을 둔다. 스트레스에 대처하면서 발달한 것은 무엇인가? 위기상황을 헤쳐 나가면서 배운 것은 무엇이며, 그중에서 앞으로 스트레스 시기에 적용할 수 있는 것은 무엇인가? 사회복지사의 과업은 클라이언트가 대처행동을 규명하고, 다음에 필요할 때 이를 보다 용이하게 사용할 수 있도록 돕는 것이다.

〈표 11-3〉 코스(Koss)와 하비(Harvey)의 성폭력 피해자 및 가족을 위한 위기개입

1. 지지적 관계형성

　지지적 관계형성에 있어서 감정이입적 커뮤니케이션이 중요하다. 문화적으로 순결을 중요시하는 한국 사회에서는 많은 피해자가 성폭력으로 인해 자신들이 더러워졌다거나 사랑받을 가치를 상실하였다고 느낀다. 사회복지사는 성폭력 사건이 피해자의 잘못이 아니라는 점, 피해자가 저항할 수 있을 만큼 노력했다는 점, 그리고 성폭력으로 인해 피해자의 가치가 저하되지 않는다는 점을 재확신시켜 줌으로써 지지를 표현해 준다.

2. 즉각적 욕구에의 대처

성폭력 피해자가 위기상황에서 필요로 하는 즉각적 욕구에 대처하도록 도움을 제공한다. 여기에는 가족 등 의미 있는 타자에게 성폭력 피해사실을 알리는 것, 의료적 지원과 사법적 지원을 제공하는 것을 포함한다.

3. 환기

성폭력 피해자는 심한 외상적 경험을 하였기 때문에 사회복지사는 피해경험을 환기하도록 도와야 한다. 특히 성폭력 피해자에 대한 우리 사회의 왜곡된 사회적 통념으로 인해 피해자들은 가족들에게조차 피해사실을 충분히 이야기하지 못하는 경우가 많다. 사회복지사는 피해자에게 외상적 경험을 반복하여 이야기하도록 허용함으로써 회복과정을 촉진할 수 있다.

4. 의미 있는 타자에 대한 상담

의미 있는 타자에 대한 상담은 두 가지 측면에서 필요하다. 우선 피해자와 가족 및 친구들도 우리 문화에서 성장한 보통 사람과 같이 성폭력에 대한 잘못된 통념을 가지고 있을 수 있으므로, 이런 통념에서 벗어나도록 도와야 한다. 다음으로 피해자의 가족도 성폭력으로 인한 후유증을 경험하므로 이의 회복을 도와야 한다.

5. 실제 상황에의 대처

성폭력 피해자는 신체적 및 심리적 후유증으로 일상생활에 요구되는 과업(부모역할, 직장인으로서의 역할 등)을 수행할 수 없거나 제약을 받게 되므로, 사회복지사는 잠시 아동을 보호해 줄 사람을 찾아준다거나 직장에서 휴가를 얻도록 도울 수 있다. 그리고 피해자의 신체적 안전 확보 역시 매우 중요한 실제적 문제다. 예를 들어, 출근하는 길을 변경하거나 자물쇠를 바꾸는 것과 같은 안전장치를 보완함으로써 안전감을 회복해 나가도록 도와야 한다.

6. 미래에 대한 대처준비 및 사후보호

성폭력 후유증은 장기적으로 지속될 수 있으므로 피해자에게 이에 대한 정보를 제공하여 필요시 서비스를 받을 수 있도록 돕는다. 또한 피해자가 지속적 서비스를 원하지 않는 경우가 많으나, 피해자가 동의할 경우 전화를 통한 사후보호를 시도할 수 있다.

출처: Koss & Harvey (1987); 이원숙(2003), pp. 277-284 재편집.

제4절 인지재구조화

인지재구조화(cognitive restructuring)는 인지이론을 토대로 하고 있으며, 엘리스(E. Ellis), 벡(A. T. Beck), 마히바움(D. Meichbaum) 등이 그 대표적 학자들이다. 인지이론 학자들의 기본적 전제는 대개의 사회적 및 행동적 역기능은 사람들이 그들 자신, 다른 사람들 그리고 다양한 삶의 상황에 대해서 가지고 있는 잘못된 신념의 직접적인 결과라는 것이다. 인지이론에 대한 자세한 고찰은 이 책의 범위를 벗어나므로 여기에서는 개입과정에서 널리 사용될 수 있는 인지재구조화에 대해서 살펴보고자 한다.

1. 인지재구조화의 개념

인지재구조화는 역기능적이고 자기패배적인 사고와 잘못된 신념에 대해 인식하고, 이것을 현실과 부합하면서 기능을 향상할 수 있는 신념과 행동으로 대체시키는 데 특별히 유용한 개입방법이다. 인지재구조화 기법은 낮은 자아존중감, 대인관계에 대한 왜곡된 인지, 자기·타자·삶에 대한 비현실적 기대, 비이성적 두려움·불안·우울증·분노와 충동에 대한 부적당한 통제 그리고 자기주장의 부족과 관련된 문제를 다루는 데 아주 적합하다.

인지재구조화는 흔히 다른 개입방법들(예: 모델링, 행동시연, 이완훈련, 자기주장훈련, 약물치료 그리고 둔감화)과 함께 사용되는데, 이는 때로 하나의 개입방법보다는 두 개 이상의 개입방법을 병용하는 것이 보다 효과적이기 때문이다.

2. 인지재구조화의 단계

학자에 따라 인지재구조화의 단계에 다소 차이가 있기는 하나 비교적 유사성이 매우 크다. 헵워스 등은 골드프라이드(Goldfried), 코미어(Cormier)와 누리어스(Nurius)를 토대로 다음의 5단계를 제시하고 있다(Goldfried, 1977; Cormier & Nurius, 2003: Hepworth et al., 2017: 397-403에서 재인용).

첫째, 클라이언트가 자기진술, 가정 및 신념이 생애사건에 대한 정서적 반응을 매개한다는 것을 받아들이도록 돕는다.

둘째, 클라이언트가 역기능적 신념과 사고 패턴을 규명하도록 돕는다.

셋째, 클라이언트가 역기능적 인지를 포함하는 상황을 규명하도록 돕는다.

넷째, 클라이언트가 역기능적 인지를 기능적 자기진술로 대체하도록 돕는다.

다섯째, 클라이언트가 성공적인 대처노력에 대한 보상과 인센티브를 규명하도록 돕는다.

다음에서는 이들 5단계에 대해 보다 구체적으로 살펴보고자 한다.

1) 인지기능에 대해 이해시키기

클라이언트가 자기진술, 가정 및 신념이 생애사건에 대한 정서적 반응을 매개한다는 것을 이해하고 수용하도록 하는 것은 매우 중요하다. 이는 클라이언트가 인지기능에 대해 의구심을 가지고 있다면 인지를 변화시키기 어렵기 때문이다. 사회복지사는 인지가 정서적 반응에 영향을 미치는 것, 다시 말해서 생각의 차이가 감정에 영향을 미친다는 사실을 예로 들어 설명하면 편리하다. 〈표 11-4〉에서 제시하는 바와 같이, 생각하는 방식에 따라 각기 다른 감정이 느껴질 것이다.

필자는 집단프로그램에서 인지재구조화 기법을 설명할 때, 우리가 잘 알고 있는 전래이야기인 짚신장수와 우산장수 아들을 둔 두 명의 할머니 이야기를 자주 이용한다. 때로 난해하게 느껴지는 인지의 기능을 전래이야기를 통해 쉽게 풀어 나갈 수 있을 뿐 아니라 문화적으로도 매우 적합하다. 무엇보다도 전래이야기와 같이 클라이언트에게 익숙한 것을 활용하면, 사회복지사가 인지에 대해 전적으로 설명할 필요 없이 클라이언트가 이야기를 전개하는 데 참여할 수 있다

〈표 11-4〉 인지기능의 이해를 돕는 상황과 생각하는 방식

상황
새 차를 한 대 구입했는데 친구로부터 중고차를 사지 않고 새 차를 산 것은 어리석은 짓이었다는 말을 들었다고 하자. 이 말을 듣고 다음과 같이 여러 가지 방식으로 생각할 수 있다.

생각하는 방식 1: 아마도 그 친구 말이 맞을 거야. 그 친구는 똑똑하고 나는 그의 판단을 존중하니까. 왜 내가 중고차를 살 생각을 하지 못했을까? 그 친구는 내가 아둔하다고 생각할 거야.
생각하는 방식 2: 나를 어리석다고 말하는 그 친구는 도대체 뭐야? 그야말로 어리석은 사람이지. 못된 녀석!
생각하는 방식 3: 그 친구와 나는 생각이 다른 것이 확실하군. 그 사람이 어떻게 생각하든 그 사람의 자유겠지. 하지만 나는 그 생각에 동의할 수 없고 새 차를 사서 기분이 좋은 걸. 그 사람이 내 결정을 어리석다고 한 것이 마음에 들지 않아. 그 친구를 만나면 나를 그런 식으로 매도한 사실을 듣고 내 기분이 어땠는지를 알려 주어야 하겠어.

출처: Hepworth et al. (2017), p. 398 재편집.

는 점에서 효과적이다.

이와 같이 예를 들어서 쉽게 설명하면[1] 대다수 클라이언트는 긍정적으로 반응하지만, 그래도 클라이언트의 반응을 물어보고 필요하면 논의하는 것이 좋다. 인지가 감정과 행동에 영향을 미친다는 사실을 클라이언트가 확고하게 받아들여야만 인지재구조화의 효과를 기대할 수 있기 때문이다.

2) 역기능적 신념과 사고 패턴 규명하기

일단 클라이언트가 사고와 신념이 정서적 반응을 중개한다는 가정을 받아들이면, 다음 과제는 클라이언트의 역기능적 사고와 신념을 검토하도록 돕는 것이다. 이 단계에서 사회복지사는 지난주 동안 발생한 문제가 되는 상황이나 클라이언트가 변화시키고자 하는 문제를 둘러싼 사건에 초점을 두고 탐색과정을 시작할 수 있다. 이때 클라이언트에게서 드러난 행동, 인지(예: 자기진술과 이미지) 그리고 정서적 반응을 구체적으로 이끌어 내야 한다. 행동, 인지 및 감정의 세 가지 양상 모두에 초점을 둠으로써, 사회복지사와 클라이언트는 이들 간의 연관성을 이해할 수 있으며 인지가 감정과 행동을 중개하는 역할을 하고 있음을 파악할 수 있다.[2]

상황에 대해 자세히 탐색해 나가면서 사건 전, 사건 도중 그리고 사건 후에 발생한 사고와 감정을 규명할 수 있을 것이다. 〈표 11-5〉는 사회성이 부족한 청소년이 학교식당에서 또래들과 만나는 동안 생각한 역기능적 자기진술이다.

분명히 이와 같은 클라이언트의 역기능적 사고는 실패감을 느끼게 할 것이다. 적절한 개입이 없다면 클라이언트는 점점 더 사회적으로 위축될 것이며, 자기비하적 사고가 심해지면서 우울증에 걸릴 수도 있다. 다음의 기법들은 클라이언트의 신념과 자기진술의 합리성에 도전하는 데 활용할 수 있다.

---

1) 그 외에도 사람들이 익숙한 것을 가지고 예를 들면 효과적이다. 예를 들어, "나는 실패했다." "나는 실패한 것이 아니라 실패에 대처하는 것을 배우는 것이다."라는 광고 카피가 있다. 사람들은 광고와 같이 일상에서 접하는 것을 예로 들면 친근감 있게 받아들이고 쉽게 이해한다.

2) 예를 들어, 심한 우울증으로 클라이언트가 찾아왔다(감정). 우울증 때문에 집 밖에 나오기는커녕 잠자리에서 일어나기도 힘들다고(행동) 호소하였다. 클라이언트에게 우울해질 때 어떤 생각이 떠오르는지 질문하자, "나는 그 어떤 일도 제대로 해내지 못하는 쓸모없는 사람이다."라는 생각이 자꾸만 떠오른다고 대답하였다. 이와 같이 클라이언트의 감정이나 행동에 수반된 인지를 찾아내고 이들 간의 연관성을 보여 줌으로써, 클라이언트는 인지가 감정과 행동에 영향을 미친다는 것을 이해할 수 있게 된다.

〈표 11-5〉 역기능적 자기진술

식사 전: 나는 왕따야. 솔직히 말하면, 다른 아이들한테 끼고 싶기는 한 것인지 나도 잘 모르겠어. 끼어들면 보나마나 가만히 앉아 있을 거고 그 아이들이 나를 소외시킨다고 느낄 거야.

식사 중간: 항상 그렇지 뭐. 나는 대화에 끼지도 못했어.

식사 후: 또다시 망쳤어. 나는 끝장이야. 노력해 봤자 아무 소용없어.

출처: Hepworth et al. (2017), p. 399 재편집.

- 클라이언트에게 어떻게 그와 같은 결론에 도달하였는지 질문하기
- 클라이언트에게 역기능적 관점 혹은 신념을 지지하는 증거를 제시하도록 도전하기
- 어떤 행동이 두려운 결과를 가져올 것이라는 과장된 신념에 도전하기

클라이언트는 흔히 잘못된 인지에 집착하고, 이런 인지가 내재하고 있는 비합리성을 쉽사리 인정하지 않을 것이다. 이에 따라 사회복지사는 클라이언트가 비합리적 신념을 고수함으로써 치러야 하는 대가 혹은 단점을 인식할 수 있도록 돕고, 필요하면 이런 신념에 도전하고 논박할 수 있는 준비를 갖추어야 한다.

3) 역기능적 인지의 발생상황 규명하기

사회복지사와 클라이언트는 문제가 되는 감정과 인지를 규명하면서 반복적인 상황과 주제를 발견하여야 한다. 다시 말해서, 스트레스 사건이 발생하는 장소, 관여된 핵심인물, 자신을 비하하는 상황 등을 발견함으로써 특정 상황에 맞는 과제와 대처전략에 관한 아이디어를 얻을 수 있다.

4) 자기패배적 인지를 기능적 자기진술로 대체하기

역기능적 사고, 신념, 이미지 등을 규명해 내고 이들이 부정적인 정서반응을 가져온다는 것을 인식하게 되면, 클라이언트는 기꺼이 새로운 대처 패턴을 학습하고자 할 것이다. 새로운 대처전략은 자기패배적 인지를 기능적 자기진술로 대체하는 것이다. 기능적 자기진술의 예는 〈표 11-6〉과 같다.

인지재구조화의 핵심은 클라이언트가 가지고 있는 자기패배적 사고와 신념

〈표 11-6〉 기능적 자기진술

식사 전: 다른 사람들과 사귀는 것이 불편해서 가능하면 피하고 싶지만 회피한다고 문제가
　　　　해결되는 것은 아니야.
식사 도중: 그래도 했잖아. 잘 견디고 있고 그래도 몇 차례 이야기했잖아. 제대로 하고 있는
　　　　거야.
식사 후: 불안하긴 했지만, 내가 기대했던 것보다는 훨씬 나았어. 여하튼 간에 해냈으니까
　　　　성공한 거야. 내일 다시 그 아이들하고 만날 거야. 그때는 좀 더 잘할 수 있을 거야.

출처: Hepworth et al. (2017), pp. 401-402 재편집.

을 대응적 자기진술로 대체하는 것이다. 한 가지 기억해야 할 것은 역기능적 사고들이 거의 자동적으로 발생하고 깊이 뿌리내리고 있기 때문에 쉽게 변화하지 않는다는 점이다. 그리하여 클라이언트는 인지재구조화 과정에서 실망하기도 한다. 이 경우 클라이언트에게 변화는 점진적이며 시간이 걸린다는 사실을 알려 주면 도움이 된다.

5) 대응노력에 대한 자기보상

앞서 지적한 바와 같이 인지재구조화의 속도는 점진적이므로 변화에 따라 보상을 하면 효과적이다. 클라이언트가 이룩한 변화가 아주 작은 것일지라도 지속적으로 긍정적인 피드백을 주는 것은 매우 중요하다.

한 가지 주의할 점은 인지재구조화 기법이 인지적 장애를 제거하고 새로운 행동을 시도하려는 의지를 심어 주기는 하지만, 클라이언트에게 필요한 기술을 제공해 주지는 못한다는 사실이다. 이에 따라 인지재구조화 기법과 더불어, 사회성 훈련, 감정표현기술, 문제해결기술 등 클라이언트에게 필요한 기술훈련을 병용하면 보다 큰 효과를 기대할 수 있다.

제5절　해결중심치료

해결중심치료는 인기라는 측면에서 볼 때 이 시대의 치료적 접근법이라고 할 수 있을 것이다. 해결중심치료가 가지고 있는 특징들, 즉 실용적 미니멀리즘(pragmatic minimalism), 인지에 대한 강조 그리고 쉽게 가르칠 수 있는 기법들로

인해 이 치료는 오늘날 워크숍 분야에서 가장 인기 있는 치료모델이 되었다.

해결중심치료는 전략적 치료, 특히 MRI(Mental Research Institute) 모델에서 출발하였으나 문제에 초점을 두는 것에서 탈피하였다. 전략적 치료자들이 문제에 관련된 상호작용을 탐구하고 문제해결에 비효과적이었던 방법들에 관심을 두었다면, 해결중심 치료자는 효과적이었던 해결책을 추구하였다. 보다 구체적으로, 이 두 가지 접근법의 진정한 차이는 MRI 접근법이 행동에 초점을 두고 있는 반면, 해결중심 모델은 인지를 강조한다는 것이다. 해결중심치료에서는 치료를 받으러 오는 사람은 이미 효과적으로 행동할 수 있는 능력을 갖춘 사람이며, 단지 부정적 마음자세(negative mind-set)가 그들의 효과성을 방해하고 있을 뿐이라고 가정한다. 이에 따라 클라이언트가 문제가 없었던 예외적 상황을 보도록 하고, 이런 예외가 바로 해결책임을 깨닫도록 돕는 것이 해결중심치료가 가지고 있는 예술성이다.

1. 해결중심치료의 발달

해결중심치료는 스티브 드세이저(Steve de Shazer)와 김인수 부부 그리고 이들이 일하고 있는 밀워키의 단기가족치료센터 동료들에 의하여 발전하였다. 드세이저는 팔로 알토(Palo Alto)에서 일했으며 MRI 접근법의 영향을 받은 학자로 해결중심 이론을 전개하는 데 가장 크게 기여하였다. 한편, 김인수는 주로 임상가로 알려져 있지만 이론의 발전에도 상당히 기여하였다. 특히 그녀는 전 세계적으로 치료자들을 훈련시켰으며 알코올중독, 부부치료 그리고 빈곤층 가족을 위한 가족중심서비스에 해결중심 모델을 적용해 왔다.

2. 주요 기법

1) 포뮬러 과제

이미 1980년대 초반에 드세이저 팀은 모든 클라이언트에게 '포뮬러 과제(formula tasks)'라고 지칭되는 동일한 과제를 줌으로써 해결중심 오리엔테이션을 실험하기 시작하였다. 이들 과제 중 하나는 첫 번째 세션에 주는 것인데, 클라이언트에게 그들의 삶 혹은 관계에서 계속 유지되기를 바라는 것이 무엇인지 관찰하라고 요청하는 것이다. 이 과제는 클라이언트가 자신의 삶의 부정적 측면에서 벗어나 긍정적 측면을 생각해 보도록 오리엔테이션을 변화시키는 데 도움이 되었다.

2) 기적질문

기적질문(miracle question)은 "오늘 밤 당신이 잠들었을 때, 기적이 일어나서 이 문제가 해결되었다고 가정해 봅시다. 당신은 이것을 어떻게 알 수 있을까요? 무엇이 달라져 있을까요?" 이 질문은 클라이언트에게 목적에 대한 비전을 제공함으로써 문제해결의 마음자세를 활성화한다. 이는 또한 클라이언트가 문제를 뛰어넘는 시각을 가지도록 돕는다. 다시 말해서, 클라이언트가 진정으로 원하는 것은 문제를 없애는 것이 아니라 문제가 가로막아서 할 수 없던 것을 할 수 있게 되는 것임을 보도록 돕는다.

3) 예외질문

예외질문(exception question)은 클라이언트가 드러내는 문제상황을 무시하고 그 대신 클라이언트가 문제가 없었던 시점에 관심을 가지도록 하는 것이다. 예외질문은 다음과 같은 형식을 지닌다.

- "과거에 문제가 일어났어야 하는 상황이었지만 문제가 발생하지 않았던 때는 언제입니까?"
- "그때는 문제가 발생했던 때와 어떻게 달랐습니까?"
- "배우자가 당신에게 긍정적인 영향을 주는 일을 했을 때 당신은 이를 어떻게 배우자에게 알리겠습니까?"

4) 척도질문

보다 최근에는 해결중심치료에서 척도질문(scaling question)이 부각되고 있다. 척도질문은 다음과 같다. 예를 들어, "0에서 10점까지의 척도에서 0점은 나에게 전화를 걸 때 우울했던 점수이고, 10점은 기적이 일어난 다음날의 기분이라고 합시다. 지금은 몇 점쯤 될까요?" 클라이언트가 2점이라고 대답하였다면 치료자는 "그렇다면 3점으로 올라가기 위해서는 무엇을 해야 할까요?"라고 물어볼 수 있다. 이런 방식으로 치료자와 클라이언트는 '나는 우울하거나 혹은 우울하지 않다.'는 식의 이분법적 사고에 고착되지 않고 목적을 향한 작은 변화를 인식하고 키워 나갈 수 있다.

이상 살펴본 해결중심치료는 단순하다는 비판을 받아 왔지만, 클라이언트가 비관주의에서 벗어나 건설적 행동을 실행해 나가도록 돕는 유용한 요소를 지니고 있다. 보다 최근 해결중심 치료자들은 이런 비판을 의식하고 전반적인 철학과 클라이언트와의 관계의 중요성을 인식하고 있다(Nichols & Schwartz, 2005: 234-246 참조). 또한 최근에는 사회복지실천 과정에 해결중심치료와 이야기치료 등을 접목하려는 시도도 활발하게 진행되고 있다(송성자 외 역, 2012: 21).

제6절 임파워먼트 접근에서의 개입

개입은 임파워먼트 접근의 발달단계에 해당된다. 마일리 등은 발달단계를 자원 활성화하기, 동맹 구축하기 그리고 기회 확장하기로 나누고 있다(Miley et al., 2017). 이들 단계의 명칭에서 드러나듯이, 임파워먼트 접근은 클라이언트의 파워를 증진시키고, 강점을 강조하며, 미래지향적인 새로운 관점에서 삶을 볼 수 있도록 클라이언트의 이야기를 재구성한다. 무엇보다도 임파워먼트 접근은 자원을 발견하여 연계하고, 클라이언트 · 환경 · 서비스전달체계 간의 다양한 동맹을 통하여 시너지 자원을 생성시키고자 노력한다. 또한 임파워먼트 접근은 클라이언트를 위한 기회와 자원을 적극적으로 확충시키고자 한다. 이를 위해 임파워먼트 접근은 사회행동과 같은 적극적인 전략을 구사하기도 한다.

1. 자원 활성화하기

자원 활성화하기에는 진전 지속시키기, 파워 발달시키기, 관점 변화시키기,

자원 관리하기 그리고 교육하기가 포함된다. 이를 살펴보면 다음과 같다(Miley et al., 2017: 299-325).

1) 진전 지속시키기

진전을 지속시키기 위해 사회복지사는 행동계획 실행, 초점 유지 그리고 클라이언트의 동기 유지시키기를 돕는다.

행동계획은 사회복지사와 클라이언트가 무엇을 할지 그리고 언제 함께할지를 구체적으로 나타내 주며, 모임 중간에 성취해야 할 활동의 틀을 짜 준다는 점에서 그 실행이 중요하다. 사회복지사는 계획을 바탕으로 진전을 검토하고 필요시 방향을 재정립해 나간다.

그리고 사회복지사와 클라이언트가 앞 단계에서 이미 계획에 합의하였으므로, 사회복지사는 클라이언트가 이에 대한 초점을 유지하도록 돕는다. 예를 들어, 사회복지사는 "직장 일이 잘되어 가고 있다니 기쁩니다. 그런데 지난주에 우리가 이야기한 대로 전 부인에게 전화를 하셨는지 궁금하군요."라고 말하여 대화의 초점을 주어진 과제에 맞출 수 있다. 그 외에도 사회복지사는 참여를 격려하고 의견 차이를 다룰 수 있도록 돕는다.

한편, 사회복지사는 클라이언트가 어려움으로 취약해진 시기(클라이언트에게 지지가 필요한 시기)에 클라이언트의 삶에 관여하게 된다. 사회복지사는 클라이언트의 의존성을 조장하지는 않지만 그렇다고 해서 클라이언트를 방치하지도 않는다. 대신 사회복지사는 지지와 수용과 관심으로 클라이언트를 동기화한다. 이를 위해 사회복지사는 ① 클라이언트의 경험에 타당성을 부여해 주고, ② 변화는 기복이 있을 수도 있고 때로 느리게 진행될 수도 있다는 변화의 본질을 확신시켜 주며, ③ 클라이언트의 고유성을 존중해 주고, ④ 클라이언트의 진전에 대해 열성적으로 코멘트해 주고 클라이언트와 일하는 것에 대한 감정을 나눔으로써 정서적 지지를 제공해 준다.

2) 파워 발달시키기

임파워먼트를 실현시키기 위해서, 첫째, 사회복지사는 클라이언트 체계가 리더십을 개발하도록 격려한다. 둘째, 선택의 여지가 없다고 간주했던 상황에서 새로운 옵션을 발견하게 되면 클라이언트는 파워를 경험한다. 셋째, 클라이언트가 진정한 옵션을 찾을 수 있도록 돕는다. 예를 들어, 가정폭력 피해여성에게는 폭력에 대한 책임이 없으며, 이에 따라 이 여성에게 남편의 행동을 변화시킬 책임을 부여해서는 안 된다. 그러나 폭력에 반응하는 방법을 선택할 수는 있다. 사회복지사의 역할은 현실적인 옵션들(예: 쉼터, 접근금지명령, 치료 등)을 발견하고, 클라이언트가 이들 옵션 중에서 자유롭게 선택할 수 있도록 돕는 것이다. 넷째, 강점을 확대하는 것은 클라이언트의 파워 경험을 증진시킨다.

3) 관점 변화시키기

마일리 등은 관점을 변화시키는 기술로서, ① 피드백 제공하기, ② 새로운 개념 형성시키기, ③ 이야기(narratives) 재구성하기, ④ 행동 변화시키기를 제시한다. 이를 간략히 살펴보면 다음과 같다.

첫째, 효과적인 피드백은 클라이언트가 자신의 행동을 반추하고 변화시키는 데 유용하다. 효과적인 피드백을 주는 원칙은 다음과 같다.

- 행동을 평가하기보다는 기술한다.
- 조언을 제공하기보다는 인식을 나눈다.
- 과거 사건을 회상시키기보다는 구체적인 현재의 행동을 규명한다.
- 고쳐야 할 부분뿐 아니라 긍정적 행동을 지적한다.
- 클라이언트가 준비되는 정도에 따라 속도를 조정한다.

둘째, 새로운 개념 형성시키기는 재명명(reframing)과 같은 기술을 사용하여 클라이언트가 자신의 상황을 새로운 관점에서 볼 수 있도록 돕는 것이다.

셋째, 사회복지사는 클라이언트가 자신의 이야기를 재구성하도록 돕는다. 이는 클라이언트의 강점을 강조하고, 자신들의 경험에 자부심을 가지고, 보다 바람직한 미래로 가는 길을 준비하도록 할 것이다.

넷째, 사회복지사와 클라이언트는 새로운 방식들을 모색해 보고 행동변화를 실험해 볼 수 있다.

4) 자원 관리하기

개인에서부터 지역사회에 이르기까지, 모든 인간체계는 기능을 유지하기 위해 환경적 자원을 필요로 한다. 자원관리에서 사회복지사와 클라이언트는 현실적 옵션을 발견하고, 적절한 연결을 하며, 클라이언트가 성공적으로 자원에 접근할 수 있도록 협력한다. 자원관리기술에는 ① 클라이언트에게 자원을 연계하기, ② 클라이언트 옹호하기, ③ 클라이언트 권리를 극대화하기가 있다.

5) 교육하기

클라이언트와 사회복지사는 때로 교육적 전략을 선택한다. 교육하기에는 가르치기와 정보 나누기의 두 가지 방법이 있다. 우선 가르치기에서는 역할극, 구조화된 훈련경험, 모델링 등의 학습전략을 활용할 수 있다.

정보 나누기와 관련하여, 모든 클라이언트에게는 사회복지사가 접근 가능한 자원이다. 사회복지사는 전문적인 지식을 제공함으로써 그리고 클라이언트에게 도움이 되는 방식으로 자기개방을 함으로써 클라이언트와 정보를 나눌 수 있다.

2. 동맹 구축하기

1+1의 답은 무엇이 될까? 수학의 세계에서 그 대답은 말할 것도 없이 2다. 그러나 임파워먼트 사회복지실천의 세계에서는 1+1=3이다. 마일리 등은 동맹 구축하기(creating alliances)의 파워를 이렇게 설명한다. 사회복지사의 자원과 클라이언트의 자원을 합치면, 일단 두 개의 자원이 생긴다. 여기에 사회복지사와 클라이언트가 함께 일하게 됨에 따라 제3의 자원이 생성된다. 즉, 협력적 동맹을 통해 생성된 시너지 자원이다. 사회복지실천에는 사회복지사와 클라이언트 관계 이외에도 자원을 생성하는 동맹들이 있다. 다음에서는 이에 대해 간략히 살펴보고자 한다(Miley et al., 2017: 327-358).

1) 집단을 통한 동맹

사회복지실천에서 집단은 개인적 성장, 기술발달 그리고 환경적 변화를 위한 도구다. 집단사회사업을 통하여 구성원들은 새로운 관점을 획득하고, 서로에게 지지를 제공하며, 집단적 행동을 위해 힘을 합치기도 한다. 역사적으로 집단사회사업은 억압받는 사람들을 임파워먼트시키는 사회복지실천의 전통을 지니고 있다.

소집단은 클라이언트들 간의 상호부조를 향상하는 기회를 제공한다. 슐먼(L. Shulman)과 기터먼에 의하면, 상호부조가 가지는 아홉 가지 특성이 집단구성원들을 임파워먼트시킨다(Shulman & Gitterman, 2005: Miley et al., 2017: 331에서 재인용 및 재구성).

① 집단구성원들이 가진 지식과 자원을 공유함으로써 이득을 얻게 된다.
② 변증법적 과정은 구성원들이 다양한 관점을 논의하면서 종합할 수 있도록 한다.
③ 일부 구성원이 '터부 주제(taboo subjects)'를 논의하면 다른 구성원들도 용기를 얻게 된다.
④ 구성원들은 '모두 같은 배를 탔다'는 느낌을 가진다.
⑤ 구성원 개인들끼리 그리고 전체로서의 집단과 상호 지지를 주고받는다.
⑥ 서로가 서로에게 요구함으로써 구성원들은 변화의 필요성을 직면하게 되고 행동을 취할 책임이 주어진다.
⑦ 집단에서는 집단 자체의 문제해결뿐 아니라 구성원 개인의 문제해결도 가능하다.
⑧ 시연은 집단구성원이 제공하는 지지와 피드백의 맥락에서 새로운 행동을 실천해 볼 수 있는 역할극 전략이다.
⑨ 여럿이라는 강점이 있다. 혼자서는 엄두조차 낼 수 없었던 일일지라도, 여럿이 함께하면 행동을 취할 수 있다.

2) 비공식적 지지망 강화시키기[3]

사회적 지지는 개인이 구성하고 있는 사회적 망 구성원들 간에 주고받는 정서적 지지, 구체적 지지, 조언 등이다(이원숙, 1995). 가족구성원, 친구, 이웃, 동료, 자조집단 구성원 그리고 전문가들은 모두 사회적 지지를 제공할 수 있는 잠재적 출처다. 대체적으로 개인의 사회적 지지망은 자연적으로 발달된다. 그러나 클라이언트의 사회적 지지망이 결여되어 있을 경우, 사회복지사가 의도적으로 지지망의 발달을 지원할 수 있다(예: 상호작용 기회의 조성, 사회적 기술 가르치기, 지역사회 보호제공자와 연계시키기 등).

3) 사례관리: 클라이언트–서비스의 동맹

사례관리는 서비스 제공자들 간의 동맹 그리고 클라이언트와의 동맹을 구축하고 강화시킨다. 자세한 내용은 제13장에서 다룰 것이다.

4) 서비스 전달을 위한 조직들의 동맹

오늘날 다양한 기관이 수많은 서비스를 제공하고 있기 때문에, 때로 사회복지사들도 이 기관이 어떤 정책을 가지고 있는지, 어떤 프로그램을 제공하고 있는지, 어떤 수혜자격 요건이 있는지 등을 숙지하지 못하는 경우가 있다. 이에 대한 효과적인 대처방법은 서비스 전달조직의 동맹을 구축하는 것이다. 사회복지사는 다른 서비스 기관과 연계하기 위해 여러 전략을 사용한다. 이런 전략에는 기관들 간의 협의체 구성, 팀 접근 등이 있다. 우리나라에서도 다학문적 접근이 필요한 성폭력과 가정폭력 분야에서 관련 기관들로 구성된 지역사회협의체 구성이 적극 추진되고 있을 뿐 아니라(한국여성개발원 가족보건복지연구부, 1999), 최근에는 사회복지실천 현장에서 광범위하게 관련기관들이 협의체를 구성하여 활동하고 있다.

---

3) 마일리 등은 자연적 지지 동맹(natural support alliances) 강화시키기라고 부르고 있으나, 이는 일반적으로 비공식적 지지망이란 용어로 사용되고 있으므로, 여기에서는 용어의 통일을 위하여 비공식적 지지망이라고 하였다.

5) 전문가 지지망

사회복지사는 흔히 전문가로부터 지지를 얻는다. 전문가 지지망에는 슈퍼비전, 동료평가(peer review), 자문, 전문가단체(예: 한국사회복지사협회) 등이 포함된다.

3. 기회 확장시키기

기회는 임파워먼트를 이루는 핵심이 된다. 사회복지전문직은 사회정의를 추구해 왔으며 특히 억압받고 취약한 사람들을 위한 기회와 자원을 확충시키기 위해 노력해 왔다. 기회를 확장시킨다는 것(expanding opportunities)은 사회적, 경제적, 교육적 및 정치적 변화를 통해서 클라이언트의 자족능력(self-sufficiency)을 증진시키는 것을 의미한다. 이는 또한 자원에의 접근을 가로막는 차별적 장애를 제거하는 것을 의미한다.

현행 사회복지서비스 전달기관과 조직은 여러 클라이언트 인구집단에게 상당한 자원을 제공하고 있다. 그러나 인간문제와 사회적 이슈의 다양성, 인간체계의 끊임없이 변화하는 욕구 그리고 조직구조의 복잡성을 감안할 때, 서비스에 틈새와 장애가 발생하는 것은 놀라운 일이 아니다. 이런 틈새와 장애에 대처하기 위해, 사회복지사는 자원을 확장시키는 노력을 해야 한다. 자원을 확장시키는 방법에는 ① 서비스의 틈새를 메우고 장애를 극복하기 위하여 공적 및 사적 영역에서 자원 동원하기, ② 사회적 이슈에 대해 대중 교육하기, ③ 기금을 받기 위한 프로포절(proposal) 작성하기가 있다.

그 외에도 보다 큰 체계를 대상으로 기회를 확장시키는 전략들이 있다. 여기에서는 지역사회 조직과 발달, 사회정책의 분석 및 정책개발, 사회행동과 옹호에 관련된 다양한 전략이 구사될 수 있다(Miley et al., 2017: 359-378).

4. 임파워먼트의 실제

지역사회복지사 팀은 개입단계를 '더불어 함께 세우기'라고 부르는데, 이는 임파워먼트의 특성이 잘 배어나는 용어다. 구체적 방법으로 위기개입, 정서적 지지, 교육, 옹호, 자원연계를 제시하고 있다. 여기에서는 임파워먼트 접근의 특성을 잘 드러내 주는 자원연계와 옹호활동을 간략히 살펴보고자 한다.

1) 자원연계

클라이언트의 문제는 개인의 능력과 특성에서 기인한다기보다는, 흔히 사회적 환경과의 관계 속에서 어려움이 생기고 심화되며 복잡해진다. 이에 따라 정서적 지지나 교육과 같은 직접적인 지원만으로는 클라이언트를 돕는 데 한계가 있다. 이런 측면에서 사회복지사는 적절한 외부자원을 찾아 연계해야 하며, 앞으로 클라이언트가 지역 내 자원을 활용할 수 있는 능력을 갖추도록 지원해야 한다.

자원연계에서 주의할 점은 사회복지사의 판단이 아니라 클라이언트가 원하는 것을 선택할 수 있어야 한다는 것이다. 만약 자원연계과정에서 클라이언트가 배제된다면, 클라이언트는 자원을 선택하고 결정하는 주도적인 역할이 아닌 서비스 수혜자 역할만을 하게 된다.

그리고 자원연계는 일회성으로 그치지 않도록 유의해야 한다. 즉, 자원이 적절했는지, 지원이 효과적으로 이루어졌는지, 클라이언트나 자원 제공자 모두에게 부담이 없었는지 등을 확인하여 필요시 지속적으로 연결 가능하도록 한다 (강명순 외, 2008: 205-207). 다음은 공식적 자원에 연계한 사례들이다(강명순 외, 2008: 209-214).

사례 1

석준이 형제

석준이 형제는 아버지가 야간에 일을 하셔서 밤 시간에 돌봐 줄 어른이 주위에 전혀 없어 위험에 심각하게 노출되어 있었다. 아동보호 전문기관과 협력하여 방학 중 머무를 수 있는 단기쉼터를 소개받아 입소를 도왔다.

사례 2

은주 어머니 사례

은주 어머니는 공공자원에 대한 정보부족으로 국민기초생활수급 신청을 하지 못하다가, 사회복지사의 지원으로 동사무소를 방문하여 상담하였다. 은주네는 일정 정도의 소득이 있어 국민기초생활수급 조건에는 해당되지 않았으나 모·부자 가정 선정기준에 적합하여 양육비 지원을 받게 되었다.

사례 3

정연이 사례

정연이네 집에는 바퀴벌레가 천장에서 쏟아질 정도로 많았고, 오래전 먹었던 과일 껍질이 방과 주방에 뒤섞여 있었으며, 곰팡이가 피어 악취가 진동하였지만, 아무도 이를 치울 엄두를 내지 못하였다. 사회복지사는 집수리 및 가사도우미 파견사업을 하는 지역 내 주거복지센터에 청소 및 소독인력 지원을 받도록 연계하였다.

2) 옹호활동

옹호는 앞서 살펴본 기회 확장시키기의 맥락에서 이해할 수 있을 것이다. 옹호활동은 ① 정보가 부족하고 조건이나 절차가 까다로워 서비스를 포기한 경우, ② 서비스 제공자의 편의에 따른 기준에 의해 서비스가 제한된 경우, ③ 클라이언트에게 권리개념이 부족하여 서비스 이용을 꺼리는 경우, ④ 서비스 제공자가 클라이언트에 대한 정보가 부족한 경우, ⑤ 서비스 제공자가 클라이언트의 권리를 인식하지 못하는 경우에 필요하다. 다음은 사회복지사의 옹호활동을 통한 기회 확장시키기 사례다(강명순 외, 2008: 201-204).

사례 1

현호 어머니 사례

현호 어머니가 갑자기 쓰러져 응급실에 입원하였을 때 아버지는 의사에게 어머니 상태가 어떤지 물어보고 싶었다. 그러나 응급실의 긴급한 상황에서 누구에게 물어보아야 할지 몰랐고, 의료진이 전혀 신경을 쓰지 않아 며칠 동안 속병을 앓았다. 사회복지사는 담당의가 보호자에게 3일 동안 한 차례도 환자상태를 알리는 상담을 하지 않은 불합리에 대해 항의하였다. 이후 담당의는 보호자인 아버지에게 연락하였고 어머니의 상황을 지속적으로 알려 주었다(① 상황).

사례 2

진수의 사례

사회복지사는 교사와 상담하는 과정에서 진수를 도움반(특수반)에 편성하려는 계획을 알게 되었다. 사회복지사는 부모와 사전협의 없이 이런 계획을 진행하려던 교사와 도움반 교사에게 부모 사전고지 의무와 같은 클라이언트의 권리를 옹호하고 절차상 문제가 있음을 제기하였다. 또한 진수의 학습부진은 오랜 방임에서 비롯된 것으로 적절한 교육과 관심이 제공된다면 충분히 일반학급에서 적응할 수 있을 것임을 설득하였다. 그 결과 진수는 일반학급에 편성되었다(② 상황).

사례 3

영우 형제의 사례

영우 형제는 개별수급과 위탁아동양육비의 수혜자격을 가지고 있다. 주민센터를 방문해 전담공무원에게 문의하자, 클라이언트에 대한 지나친 관심에서 공적부조를 신청하는 것이 아니냐고 의구심을 제기하였다. 두 번째 방문에서 빈곤문제연구소의 도움을 받아 개별수급권 인정과 전입 등의 조치로 빨리 학교에 다닐 수 있도록 해야 한다고 한 번 더 강조하였다. 전화와 방문을 통한 옹호활동이 반복되자, 주민센터 전담공무원은 가정방문을 하고 움직이기 시작하였다(⑤ 상황).

평가, 종결 및 사후지도

❖ ❖ ❖

학자에 따라 평가, 종결 그리고 사후지도를 각기 별개의 단계로 나누기도 한다. 그러나 평가와 사후지도는 종결과 밀접하게 연관되어 있으며 아직 우리나라에서는 대체적으로 이들을 함께 논의하는 경향이 있으므로, 이 책에서는 평가와 종결 그리고 사후지도를 함께 논의하고자 한다.

제1절 평가

1. 개념 및 유형

사회복지실천에서 평가가 주목받기 시작한 것은 비교적 최근의 일이지만, 오늘날 평가는 사회복지실천의 계획된 변화과정에서 빼놓을 수 없는 단계로 인식되고 있다. 이는 책무성(accountability)에 대한 사회적 요구와 사회복지실천의 질적 향상에 대한 요구 등에 기인한다. 사회복지전문가의 입장에서 볼 때, 평가는 클라이언트에게 제공한 서비스의 효과성뿐 아니라 전문적 기술과 지식의 향상에도 기여한다. 최근 근거기반 실천(evidence-based practice) 또는 '최상의 실천(best practice)'에 대한 관심이 점증하고 있으며, 이에 따라 개입을 선택하고 프로그램을 고안하는 기반으로서 근거(evidence)의 중요성이 강조되고 있다(Johnson & Yanca, 2007; Kirst-Ashman & Hull, 2017: 308).

커스트-애시먼과 헐에 의하면, 평가는 "주어진 변화노력이 가치가 있었는지를 결정하는 과정"이다(Kirst-Ashman & Hull, 2006, 2009, 2012: 2017: 309에서 재인용). 특히 마이크로 실천 수준에서의 평가는 특정 클라이언트에 대한 개입이 어느 정도 성공적이었는지 결정하는 것을 돕는다. 사회복지사는 개입목적이 성취되었는지, 클라이언트가 서비스에 만족하는지 등에 관심이 있다.

학자에 따라 평가를 여러 방식으로 구분한다(Johnson & Yanca, 2010: 283-

285 참조). 그중 하나가 형성평가(formative evaluation)와 총괄평가(summative evaluation)로 구분하는 방법이다. 형성평가는 원조과정에 초점을 둔다. 사회복지기관에서 널리 활용되고 있는 PERT 차트도 일종의 형성평가다. 이는 프로그램 목적, 수행되어야 할 활동들, 이들 활동을 성취하는 시간 및 순서, 어떤 목표에 누가 책임이 있는지를 포함하는 시각적인 도표를 제공해 준다. 진행과정의 어느 시점에서든지, 차트만 쳐다보면 무엇이, 누구에 의해, 어느 날짜까지 이루어져야 하는지 알 수 있다. 이 차트는 과정이 계획한 대로 진전되고 있는지를 알게 해 준다.

한편, 총괄평가는 계획된 변화과정의 시작시점에서 기대하였던 결과가 성취되었는지 알아보는 데 목적이 있으며, 이에 따라 계획된 변화과정이 끝난 후에 평가할 수 있다. 요약해 보면, 형성평가는 계획된 변화과정이 진행 중인 상태에서 이루어지는 반면, 총괄평가는 변화과정이 종결된 시점에 이루어진다. 그리고 총괄평가는 이미 발생한 것을 총괄하는 데 목적이 있으며, 반대로 형성평가는 미래지향적이며 앞으로 오게 될 것에 영향을 미치고자 함이다(Kirst-Ashman & Hull, 2017: 312-313). 사회복지실천에서 이 두 가지 유형의 평가는 모두 중요하며, 이에 따라 이 두 유형 모두 평가과정에 포함되어야 한다(Johnson & Yanca, 2010: 283).

사회복지실천 평가에 대한 자세한 설명은 이 책에서 다루고자 하는 범위를 넘어서므로, 여기에서는 사회복지실천에서 비교적 널리 사용되는 평가 설계에 대해 간략하게 살펴보고자 한다.

2. 사회복지실천의 평가 설계

1) 단일사례설계

단일사례설계(single-subject design)는 개입이 성공적이었는지를 결정하기 위한 조사방법이다. 이는 단일 사례 혹은 클라이언트에게 적용되었기 때문에 붙여진 명칭이다. 단일사례설계는 개입 이전과 개입 이후의 상태를 비교하는 것으로 흔히 AB설계라고 하는데, A는 개입 이전 상태 그리고 B는 개입 상태를 의미한다. 단일사례 평가를 실시하는 단계는 다음과 같다. 첫째, 쉽게 측정할 수 있는 목적을 규명한다. 둘째, 개입 이전의 행동 빈도를 보여 주는 기초선 (baseline)을 설정한다. 셋째, 개입 도중 및 개입 후의 행동 빈도를 기록한다. 개입 전, 개입 도중 그리고 개입 후의 변화를 도표에 표시하면 변화를 쉽게 관찰할 수 있다.

사회복지실천에서는 기초선을 측정할 수 없는 상황도 많다. 이 경우 사회복지사는 개입기간의 행동만 기록할 수 있는데, 이는 B설계라고 한다. 여기에서는 개입 도중 및 개입 후에 발생한 행동이 측정된다.

그 외에도 단일사례설계에는 다른 변형된 유형들이 있다. ABC설계는 기초선이 구축되고(A), 일정 기간 동안 사회복지사가 개입하며(B), 다른 치료방법(예: 약물 처방)으로 개입하는 것이다(C). 그리고 ABAB설계는 우선 기초선(A)이 설정되고 개입을 한다(B). 그리고 나서 개입이 일정 기간 중단되었다가(A) 다시 개입이 시작된다(B). ABAB설계는 개입의 효과성 검증에는 유용할 수 있으나, 개입 중단은 윤리적인 문제를 야기할 가능성이 있다. 그러나 사회복지사 개인의 사정으로 개입하지 못하는 경우가 생긴다면(예: 휴가나 출산), 이 설계를 시도해 볼 수 있을 것이다(Kirst-Ashman & Hull, 2017: 318-320).

2) 목적성취 척도

목적성취 척도(goal-attainment scaling)는 클라이언트의 성취 수준을 측정하는 평가 설계다. 이 평가에서 사회복지사는 클라이언트의 목적에 대한 진술을 측정기준으로 사용한다. 이런 점에서 볼 때, 목적성취 척도는 클라이언트 체계에 따라 개별화한 맞춤형이다(Miley et al., 2017: 394-395).

이 방법은 클라이언트의 문제(예: 실업)가 아닌 바람직한 상태(예: 취업)에 초점을 두고 있다는 점에서 긍정적이다. 그리고 이 방법은 단일사례설계로 클라이언트에 대한 개입을 평가하는 것이 적합하지 않을 때 사용할 수 있다. 구체적으로는 클라이언트가 여러 목적을 가지고 있는데 이들이 서로 연관되어 있는 경우, 목적이 쉽게 측정되지 않을 경우 등이 이에 해당된다. 예를 들어, 매 맞는 여성을 위한 쉼터에 거주하고 있는 클라이언트가 가해남편에 대한 접근금지명령을 획득하고, 직장을 구하고, 가족과 친구로 구성된 사회적 지지망을 재수립하는 세 가지 목적을 가지고 있다고 하자. 클라이언트가 남편과 헤어지고 좋은 직

〈표 12-1〉 목적성취 척도

결과 수준	목적 1	목적 2	목적 3
최악의 결과	클라이언트가 가해자에게 돌아가고 목적을 포기함	클라이언트가 가해자에게 돌아가고 목적을 포기함	클라이언트가 가해자에게 돌아가고 목적을 포기함
기대 이하의 결과	클라이언트가 접근금지명령을 얻기 위해 법원과 접촉함	클라이언트가 한 군데 취직서류를 제출함	클라이언트가 옛 친구 한 명에게 연락함
기대 수준의 결과	클라이언트가 접근금지명령을 획득함	클라이언트가 2~3군데 취직서류를 제출함	클라이언트가 친구들과 시간을 보냄
기대 이상의 결과	클라이언트의 배우자가 접근금지명령을 위반하지 않음	클라이언트를 고용하겠다는 곳이 있으나 클라이언트가 이를 원하지 않음	클라이언트가 몇 명의 친구와 시간을 보냄
최상의 결과	배우자가 집을 떠나서 클라이언트가 집에서 지낼 수 있게 됨	클라이언트가 좋은 직장에 취업을 함	클라이언트가 새로운 친구를 사귐

출처: Hagedorn et al. (1976): Kirst-Ashman & Hull (2017), p. 322에서 재인용.

장을 찾고 새로운 친구를 사귀는 궁극적인 목적을 달성하지는 못했지만 자아존중감과 독립심에서 상당한 향상이 있었다고 할 때, 이를 목적성취 척도를 활용하여 차트화할 수 있다(Kirst-Ashman & Hull, 2017: 321-322).

목적성취 척도는 대체적으로 5점 척도를 사용하는데, 이는 '기대한 것보다 훨씬 적게'에서부터 '기대한 것보다 훨씬 많이' 또는 '가장 덜 선호하는 결과'에서 '가장 선호하는 결과'로 구분한다(Miley et al., 2017: 394).

3) 과제성취 척도

과제성취 척도(task-achievement scaling)는 과제가 성취된 정도를 평가하는 방법이다. 사회복지실천에서는 클라이언트의 목적을 달성하기 위하여 과제중심의 개입이 널리 활용되고 있다. 이는 클라이언트와 사회복지사가 어떤 과제를 누가 할 것인지 합의한 기대치를 토대로 하며, 과제수행 노력이 아닌 과제성취 결과에 초점을 둔다. 전형적으로 5점 척도가 사용된다. 리드와 엡스타인은 4(과제를 완전히 성취함), 3(과제가 상당 정도 성취되었음), 2(과제가 부분적으로 성취되었

〈표 12-2〉 과제성취 척도

과제	성취수준	등급
1. 가정봉사원 서비스 연계	대기자 명단에 등록하였으며 서비스는 일주일 안에 개시될 것임	3
2. 반찬배달서비스 확보	클라이언트의 퇴원일부터 반찬배달이 시작될 것임	4
3. 병원침대 확보	병원침대를 임대하였으며, 퇴원 시 집으로 배달해 줄 것임	4
4. 눈 치우기 보조자 확보	눈 치우기 작업을 도와줄 가능성이 있는 사람들의 명단을 작성함	2
5. 아들과 며느리 접촉	진전이 없음. 현재 가족은 오지에 나가 있으므로 2주일 후에나 연락이 될 것임	1

출처: Reid & Epstein (1972): Kirst-Ashman & Hull (2017), p. 323에서 재인용.

음), 1(과제가 최소한으로 성취되었거나 성취되지 않았음) 그리고 0(과제를 수행할 기회가 없었음)까지의 5점 척도를 사용한다(Reid & Epstein, 1977: Kirst-Ashman & Hull, 2017: 322-323에서 인용 및 재인용).

4) 클라이언트 만족도 설문

상황에 따라 개입에 대한 클라이언트의 반응을 알아보는 것이 중요하다. 비즈니스 분야에서는 소비자가 생산품에 대해 어떻게 반응하는지를 알아보기 위해서 클라이언트 만족도 설문지를 널리 사용하고 있다.

클라이언트 만족도 설문은 기관의 서비스 전달에 대한 클라이언트의 인지나 태도를 사정한다. 이들 설문지는 제공받은 서비스의 타당성, 이 서비스들이 실제로 문제를 해결한 정도 그리고 사회복지실천 과정에 대한 만족 등을 질문한다. 나아가서 이는 서비스가 가지고 있는 문제나 서비스가 불충분한 영역을 규명하는 데 사용될 수 있다(Kirst-Ashman & Hull, 2017: 323; Miley et al., 2017: 404).

만족도 설문은 가치 있는 정보이기는 하지만 클라이언트의 주관적 경험을 측정한다는 점에서 서비스의 질을 평가하기에는 불충분하다. 그러나 임파워먼트 관점에서는 만족도 설문이 클라이언트에게 정책과 프로그램 개발에 영향을 미칠 수 있는 피드백 기회를 제공한다는 점에서 그 가치를 인정받고 있다(Miley et al., 2017: 406).

5) 표적문제 척도

표적문제 척도(target-problem scaling)는 시간에 걸친 변화를 평가하는 방법이다. 이는 문제가 규명되고, 계획이 실행되며, 표적문제의 심각성에 변화가 있었는지 측정하는 과정이다(Kirst-Ashman & Hull, 2017: 325-326)(〈표 12-3〉 참조).

〈표 12-3〉 표적문제 변화 척도

표적문제	표적문제 등급 (심각성 척도)			표적문제 등급 (변화 정도)		전반적인 개선 등급
	시작	Time 1	Time 2	종결	사후지도	
손 들지 않고 이야기함	매우 심각	심각	문제 없음	4	4	4
과제에 대한 지시를 따름	극도로 심각	매우 심각	매우 심각하지는 않음	3	5	
심각성 척도	문제없음 매우 심각하지는 않음 심각 매우 심각 극도로 심각					
개선 척도	1(약화) 2(변화 없음) 3(약간 좋아짐) 4(다소 좋아짐) 5(아주 좋아짐)					

출처: Kirst-Ashman & Hull (2017), p. 325.

6) 임파워먼트 평가

임파워먼트 평가는 전통적인 프로그램 평가방법에 대한 대안적 접근법이다. 그 목적은 지속적인 자기사정(self-assessments)과 지속적인 프로그램 개선에 있다. 임파워먼트 평가는 참여자의 학습과 능력구축을 강조한다. 또한 정책개발에 영향을 주기 위해 이 평가를 활용한다.

임파워먼트 평가에는 다섯 가지 국면—훈련, 촉진, 옹호, 계몽 및 해방—이 있다(Fetterman, 1996: Miley et al., 2017: 406에서 재인용).

첫째, 훈련(training)은 프로그램 참여자에게 평가 원칙과 실천을 내재화하도록, 그들 자신에 대한 평가를 실시하도록, 그리고 이 과정을 통하여 평가자로서 보다 자족적이 되고 능력을 구축하는 기회를 가지도록 하는 것이다.

둘째, 촉진(facilitation)은 '다른 사람들이 자기평가(self-evaluation)를 실시할 수 있도록 돕는 코치나 촉진자로서'의 임파워먼트 평가자의 역할을 잘 나타내 준다.

셋째, 옹호(advocacy)는 평가과정에의 참여와 프로그램 개선에 대한 권고를 통하여 박탈당한 사람들을 임파워먼트하도록 돕는 것이다.

넷째, 계몽(illumination)은 '역할, 구조 그리고 프로그램 역동성에 대한' 통찰력을 증진시키거나 새로운 틀에서 이해시키는 것을 의미한다.

다섯째, 해방(liberation)은 계몽에서 발전한 것으로서 참여자가 새로운 기회를 발견하고 기존의 자원을 새로운 시각에서 바라보며 자신의 정체성과 미래의 역할을 재정립하는 것이다.

제2절　종결

종결은 사회복지사와 클라이언트의 전문적 관계가 종료되는 원조과정의 마지막 단계다. 종결은 계획될 수도 있고 예상 밖일 수도 있으며, 성공적일 수도 있고 비성공적일 수도 있다. 종결단계는 클라이언트가 개입단계에서 성취한 바를 유지하고 지속적으로 성장하는 데 영향을 미친다. 원칙적으로 종결은 사회복지사의 욕구가 아닌 클라이언트의 욕구를 근거로 해야 하며, 클라이언트가 더 이상 서비스를 필요로 하지 않거나 서비스를 주는 것이 더 이상 이득이 되지 않는다고 판단될 때 이루어져야 한다. 단, 클라이언트는 아직도 서비스를 필요로 하지만, 기관이나 사회복지사의 사정이 여의치 않을 때는 다른 기관에 의뢰하여 클라이언트가 서비스를 받을 수 있도록 도울 필요가 있다.

1. 종결단계의 과제

1) 종결시점의 결정

최근 사회복지사와 클라이언트 체계 간의 관계가 언제 끝날지의 시점을 정확하게 알 수 있는 경우가 늘어나고 있다. 예를 들어, 6회기로 구성된 교육집단은 언제 마지막 모임이 있는지 분명하게 정해져 있다. 그러나 종료시점은 개입목표의 성취에 의거하여 결정되기도 한다.

2) 목표성취의 평가

종결단계에서 핵심적 과제의 하나는 합의된 목표가 성취되었는지 여부다. 종결은 희망하던 결과가 발생하였을 때 혹은 더 이상의 진전(progress)이 가능하지 않을 때 이루어진다. 사회복지사는 그동안 성취한 바를 정리해 주고 클라이언트 체계가 그동안 얼마나 성장하였는지 인식하도록 도와야 한다.

3) 기관 그리고/또는 사회복지사가 제공한 서비스에 대한 평가

이 평가에서의 초점은 목표를 어느 만큼 성취했는가에 있는 것이 아니고, 서비스와 이를 제공하는 과정에 대한 클라이언트의 만족도에 있다. 서비스나 과정의 어떤 측면이 보다 유용했는지가 증명될 수 있으며, 이는 앞으로의 서비스 제공 차원에서 유용할 것이다. 또한 클라이언트가 필요로 하는 모든 서비스를 제공받았다고 느끼는지, 아니면 장차 서비스가 좀 더 필요할 것이라고 생각하는지를 파악하는 데 유용하다.

4) 진전의 유지 및 지속

사회복지사와 클라이언트 체계가 원조과정에서 성취한 바는 종결 이후에도 유지되어야 한다. 예를 들어, 수줍음이 많은 청소년이 집단활동을 통해 자기주장훈련을 받고 대인관계도 원활해졌다고 한다면, 이는 집단이라는 보호적 환경을 벗어나서도 지속되어야 한다. 진전의 유지 및 지속은 때로 변화노력 일반화하기 또는 안정시키기(generalizing or stabilizing the change effort)라고도 한다.

5) 정서적 반응의 해결

종결에 대한 반응은 슬픔에서 안도까지 그리고 상실감에서 자유에 대한 기대까지 걸쳐져 있다. 그리고 클라이언트뿐 아니라 사회복지사도 정서적 반응을 가지고 있으므로, 이를 인지하고 논의하고 해결하도록 한다.

6) 의뢰

종결과정에서 클라이언트에게 도움이 더 필요하다고 판단될 때, 사회복지사는 적절한 의뢰를 해야 한다. 이 의뢰는 정신과 의사와 같은 특정 개인일 수도 있으며, 클라이언트가 필요로 하는 유형의 도움을 제공할 수 있는 기관일 수도 있다(Kirst-Ashman & Hull, 2017: 334-336).

2. 종결의 유형

1) 계획된 종결

사회복지사-클라이언트의 관계는 필연적으로 종결된다. 이런 맥락에서 사회복지사가 종결시점을 원조관계의 중요한 부분으로 간주하는 것은 당연하다. 그러므로 언제 종결할지를 결정하는 것은 사회복지사가 성취해야 하는 주요 과업의 하나다.

앞서 언급한 바와 같이, 종결시점은 전문적 관계의 출발시점에서 정해지기도한다. 예를 들어, 과제중심 개입에서는 일정 기간 동안 몇 회기(예: 매주 한 번씩 6회기 동안)를 실시할 것인지를 미리 결정하며, 이에 따라 클라이언트는 언제 끝날지 예측하고 있다(Kirst-Ashman & Hull, 2017: 336).

2) 계획되지 않은 종결

계획되지 않은 종결은 클라이언트, 사회복지사 혹은 양자 모두에 의해 일어날 수 있다. 클라이언트가 주도한 종결은 ① 클라이언트가 치료를 중단하거나 (예: 비자발적 클라이언트, 동기가 부족한 클라이언트, 사회복지사의 서비스에 만족하지 못하지만 이를 언급하기 어려워하는 클라이언트 등), ② 클라이언트에게 불행한 사건(예: 체포, 가출, 자살시도, 갑작스러운 사망)이 일어나서 더 이상 서비스를 받을 수 없거나, ③ 클라이언트가 문제행동을 일으켜서 더 이상 서비스를 제공할 수 없는 경우(예: 쉼터에서 문제행동을 일으켜 퇴소조치를 당하는 클라이언트) 등에 발생한다. 그 경우가 어떠하건 간에 클라이언트가 주도한 종결은 예기치 않았다는 공통점을 가진다. 종결의 과제를 다룰 수 있는 기회가 없었기 때문에 클라이언트와 사회복지사 모두 유기, 분노, 거부, 실패, 안도 및 수치심을 경험할 수 있다.

한편, 계획되지 않은 종결은 사회복지사가 주도할 수도 있으며, 이 경우에도 앞과 동일한 문제가 발생할 수 있다. 예를 들어, 사회복지사가 직장을 옮기거나 해고당하는 경우 그리고 극단적이게는 사회복지사가 사망한 경우도 이에 해당된다. 이때 클라이언트는 부정적 반응을 보이겠지만, 대개의 경우는 종결을 다룰 시간이 허용된다(Hepworth et al., 2017: 573-574 참조).

3. 클라이언트의 종결에 대한 감정과 반응

종결에는 사회복지사로부터의 분리가 내재되어 있다. 전형적으로 분리는 복합적 감정을 내포하는데, 클라이언트가 원조과정 동안 이룩한 성공의 정도, 사회복지사에게 형성된 애착의 강도, 종결의 유형, 과거에 클라이언트에게 일어났던 의미 있는 타자와의 분리 경험 등에 따라 클라이언트의 반응이 달라질 것이다.

1) 긍정적인 반응

엡스타인은 종결에서 클라이언트가 통상적으로 부정적 감정을 경험하지는 않는다고 주장한다. 그녀는 "종결할 때 진짜로 불행해지거나 표류하는 클라이언트는 드물다."라고 지적한다(Epstein, 1980: Kirst-Ashman & Hull, 2009; 298에서 재인용). 이와 같은 맥락에서 존슨과 양카는 모든 클라이언트가 종결을 상실로 여긴다고 가정해서는 안 된다고 지적한다. 일부 클라이언트, 특히 서비스를 명령받은 클라이언트는 종결에 대해 안도감을 느낄 수 있다. 다른 클라이언트들도 사회복지사와 함께 일하는 것이 그들의 삶에 필요했지만, 이제는 사회복지사의 도움 없이 살아 나갈 수 있는 이해와 대처기술을 획득한 데 대해 기뻐할 수도 있다(Johnson & Yanca, 2010: 297).

무엇보다도 클라이언트가 성공적으로 목적을 달성하였다면 원조과정이 종료됨에 따라 나름의 자부심과 만족감을 얻게 될 것이다. 그리고 클라이언트의 자아존중감이 향상되고 대처능력이 강해졌다면 미래를 낙관적으로 바라보고 지속적 성장을 위한 도전으로 받아들이게 될 것이다(Hepworth et al., 2017: 577).

2) 부정적인 반응

종결에서 클라이언트가 경험하는 부정적 반응은 그동안 많은 주목을 받아 왔다. 이와 같이 강한 부정적 감정을 경험하는 클라이언트도 있으므로, 사회복지사는 이에 대비할 필요가 있다. 다음에서는 클라이언트가 종결에서 경험할 수 있는 부정적인 감정들에 대해 살펴보고자 한다.

(1) 분노

사회복지사가 기관을 떠나기 때문에 종결할 수밖에 없었다면, 클라이언트는 종결에서 분노를 경험할 수 있다. 이 경우 클라이언트는 상실에 따른 슬픔이나 불안을 경험하고 있기 때문에 부정적 정서를 표현하기 어려워할 수 있다. 이에 따라 사회복지사는 클라이언트가 감정을 표현하도록 격려하고 이에 대해 공감적으로 반응한다.

(2) 부인

클라이언트는 다가오는 종결을 인지하지 못한 척하거나, 종결에 대한 감정이 있다는 사실을 부인할 수도 있다. 이와 같이 클라이언트가 자신의 감정을 일시적으로 부인하는 것은 종결에 따른 정신적 고통을 막아 보고자 하는 시도다. 종결을 주제로 다룰 때, 사회복지사는 클라이언트가 언어적으로 표현하는 정서적 반응뿐 아니라 비언어적 표현에도 주의를 기울여야 한다.

(3) 회피

때로 클라이언트는 사회복지사가 떠나는 데 대한 분노와 상처를 자신들이 먼저 사회복지사를 떠나는 방식으로 표현하기도 한다. 종결이 다가옴에 따라 일부 클라이언트는 아무 말 없이 세션에 불참하기도 한다. 다른 클라이언트는 사회복지사를 무시하거나 더 이상 필요 없다고 통보하기도 한다. 이 경우 사회복지사는 전화, 편지 혹은 가정방문 등을 통해 클라이언트에게 다가가야 한다. 그렇지 않을 경우, 클라이언트는 사회복지사가 자신들에게 전혀 관심이 없다고 해석할 수 있다.

(4) 과거 문제가 재발하거나 새로운 문제 가져오기

치료의 종료시점이 다가옴에 따라 일부 클라이언트는 공포감을 느끼고 그동안 어느 정도 통제되던 어려움이 재발하기도 한다. 또한 일부 클라이언트는 원조관계를 지속하기 위하여 새로운 스트레스와 문제를 가져오기도 한다. 새로운 문제의 등장(혹은 오래된 문제가 재발한 것)이 종결을 회피하려는 잔꾀인지, 아니면 새로운 계약을 수립해야 하는 합법적인 원인인지를 결정하는 것은 까다롭다. 그러나 이는 클라이언트의 진전 정도, 의존성 정도 그리고 새로 나타난 문제의 중요성에 따라 결정되어야 할 것이다.

(5) 계약 연장을 시도하기

때로 클라이언트는 새로운 문제 또는 재발한 문제를 가져오는 대신, 사회복지사와 사회적 관계 혹은 사업적 관계를 갖자고 하면서 계약 연장을 시도할 수 있다. 이는 경우에 따라 사회복지사의 윤리강령에 위배(이중관계에 반대하는 규정)될 수도 있으므로 유의해야 한다. 설사 그렇지 않은 경우라도 원조관계에서 이룬 바를 그르칠 수도 있고 사회복지사의 도움 없이 자력으로 기능할 수 있다는 클라이언트의 자신감을 잠식할 수도 있으므로 현명하지 않다.

(6) 사회복지사를 대체할 사람 구하기

일반적으로 사회복지사를 대체할 사람을 발견하는 것은 사회적 자원을 개발하는 건설적 방법이지만, 때로 클라이언트는 의존할 수 있는 사람을 찾아서 사회복지사를 상실한 것을 보상받고자 시도하기도 한다. 이는 사회적 지지가 결여된 클라이언트에게서 나타날 가능성이 크다(Hepworth et al., 2017: 578-580).

4. 사회복지사의 종결에 대한 반응

흥미롭게도, 클라이언트만 종결에서 강렬한 감정을 경험할 잠재성을 지닌 것은 아니다. 때로 사회복지사도 전문적 관계가 끝나는 데 대해 반응한다. 이런 감정의 정도와 강도는 접촉의 빈도, 클라이언트 체계의 규모나 유형 등 여러 요인에 따라 달라질 것이다.

사회복지사는 실망, 상실 혹은 죄의식을 느낄 수 있다. 이런 상황에서 사회복지사가 자신의 감정을 클라이언트와 나누는 적정 수준의 자기개방은 긍정적인 영향을 미칠 수 있다. 즉, 사회복지사가 자신의 감정을 나눔으로써 클라이언트는 보다 자유롭게 종결에 대한 반응을 다룰 수 있게 된다. 그러나 사회복지사가 종결에 수반된 감정을 제어하기 어렵다면 슈퍼바이저나 동료와 논의해야 할 것이다(Kirst-Ashman & Hull, 2017: 339).

5. 종결과정에서 클라이언트를 돕는 방법

1) 종결을 계획하기

종결과정에서 클라이언트를 돕는 가장 효과적인 방법은 종결문제를 원조과정 초기부터 다루는 것이다. 종결에 대한 계획 및 논의는 클라이언트가 사회복지사에게 가지는 정서적 애착과 이에 따른 의존성을 감소시키는 데 도움이 된다. 또한 이는 상실감을 제어하는 효과를 가진다. 기간이 정해진 개입(time-limited intervention)에서는 종결이 사전에 정해진 시점에 발생한다. 예를 들어, 7회기로 계획된 집단은 언제 종결될지 처음부터 정해져 있다. 사회복지사는 클라이언트에게 다가오는 종결시점을 상기시킴으로써 이 과정을 도울 수 있다(Kirst-Ashman & Hull, 2017: 339).

2) 종결에 대한 감정을 다루기

종결에서 사회복지사의 과제는 클라이언트가 종결에 관련된 감정을 표현하도록 돕는 것이다. "지난 두 번의 모임에서는 다소 슬퍼 보이시더군요. 어떻게 느끼시는지 말씀해 주시겠어요?"와 같이 클라이언트에게 직접적으로 감정에 대해 질문할 수 있다.

또 다른 방법은 클라이언트들의 일반적인 종결 반응에 대해 언급함으로써 클라이언트에게 자신의 감정을 표현할 수 있는 자연스러운 기회를 마련해 주는 것이다. 보다 구체적으로, "어떤 사람들은 종결이 다가와서 신이 난다고 하지요. 사람에 따라서는 많이 슬퍼하기도 합니다. 어떻게 느껴지세요?"와 같은 방식으로 감정적 반응을 물어볼 수 있다.

앞서 언급한 바와 같이, 때로 사회복지사가 다가오는 종결에 대해서 어떻게 느끼는지 표현해 주면 클라이언트에게 도움이 되기도 한다. 예를 들어, 사회복지사가 알코올중독 치료프로그램을 끝내고 퇴원하는 클라이언트에게 "이제 얼마 있으면 프로그램이 모두 끝나는군요. 그동안 무척 열심히 노력해 주셔서 기쁩니다. 아마 보고 싶을 거예요."라고 말해 줄 수 있다. 이런 방식으로 사회복지사는 다가오는 종결을 상기시키고 자신의 감정을 클라이언트와 나눌 수 있다. 특히 이 방법은 감정을 나누도록 사회화되지 않은 클라이언트에게 유익하다 (Kirst-Ashman & Hull, 2017: 339-340).

3) 성취한 바를 요약해 주기

종결단계의 주요 과제 중 하나는 클라이언트가 성취한 것을 재확인시켜 주는 것이다. 예를 들어, 사회복지사는 클라이언트에게 "처음 오셨을 때 생각이 나세요? 그때를 생각하면 지금은 놀라울 정도로 좋아지셨어요."와 같은 말로 클라이언트가 그동안 얼마나 성장하고 발전하였는지 정리하는 시간을 가질 수 있도록 돕는다.

4) 변화를 안정시키기

원조과정에서 변화가 있었다고 해서 이 변화가 클라이언트가 일상생활로 돌아간 이후에도 지속되리라는 보장은 없다. 예를 들어, 약물중독 치료 후 귀가한 클라이언트가 옛 친구를 만났을 때 약물의 유혹을 물리치는 것은 쉬운 일이 아니다. 사회복지실천의 궁극적인 목적은 원조과정에서 일어난 변화를 일상생활에까지 안착시키는 것이다.

토슬랜드(R. W. Toseland)와 리바스(R. F. Rivas)는 원조과정에서의 변화를 유지하고 일반화하는 데 도움이 되는 일곱 가지 방법을 제시한다(Toseland & Rivas, 2012: Kirst-Ashman & Hull, 2017: 340-341에서 재인용).

첫째, 클라이언트가 변화를 시도해 볼 수 있는 적절한 상황을 선택하도록 돕는다.

둘째, 클라이언트가 자신의 능력에 대한 확신을 쌓도록 돕는다.

셋째, 새로운 행동을 습득할 때에는 복합적 상황과 세팅을 활용하도록 한다.

넷째, 인위적 결과를 시도하기보다는 자연적으로 발생하는 결과를 활용하도록 한다.

다섯째, 치료를 사후 세션까지 연장시키도록 한다.

여섯째, 다른 환경(학교, 직장 혹은 가정)에서의 상황이 나빠지지 않도록 한다.

일곱째, 문제해결과정을 가르침으로써 장차 문제에 직면할 수 있도록 돕는다.

6. 임파워먼트 접근에서의 종결

마일리 등은 종결단계를 "획득 통합하기(integrating gains)"라고 부르는데, 이는 클라이언트가 전문적 관계를 넘어서서 성장·발달·변화하는 것을 강조하는 것이다. 이들은 종결이라는 용어 대신 끝마무리(closure) 또는 엔딩(ending)이라는 용어를 사용한다. 또한 이들은 끝마무리의 유형을 세 가지, 즉 ① 계약 완료, ② 의뢰로 끝마무리하기, ③ 클라이언트의 서비스 중단에 반응하기로 나누어 접근한다. 전통적인 문제해결 접근에서는 종결에 대한 부정적인 감정이 비교적 주목받아 오다가, 최근에 이르러서야 긍정적 감정이 논의되고 있다. 대조적으로 임파워먼트 접근은 클라이언트가 원조과정에서 배운 것, 적용한 것 그리고 성숙한 것에 초점을 둔다는 특징을 지니고 있다. 여기에서는 각 유형에서의 특징적 양상을 살펴보고자 한다(Miley et al., 2017: 408-430).

1) 계약 완료의 유형

사회복지사가 가장 선호하는 끝마무리는 클라이언트가 설정한 목적이 상당히 진전되는 것이다. 마일리 등에 의하면 사회복지사는 클라이언트와 함께 결단(끝마무리에 대한)에 대비하고, 준비된 정도에 대해 논의하며, 평가를 하고(어떤 것이 잘되었는지 그리고 가장 효과적이었던 방법과 전략은 무엇이었는지 등의 포괄적인 평가), 진전을 검토하며, 감정을 나누고, 결과를 일반화하며, 사회적 지지를 견고히 하고, 축하와 의식화된 끝마무리하기를 다루어 나간다. 이 중에서 임파워먼트 접근의 특성을 잘 드러내는 몇 가지에 대해서 살펴보고자 한다.

우선 감정 나누기(sharing feelings)는 클라이언트가 습득하고 적용하고 성숙한 것에 초점을 둔다. 이들은 끝마무리가 긍정적인 사건일 수 있다고 보며, 이에 따라 사회복지사는 클라이언트의 상실 감정을 공감하는 데서 그치지 않고, 클라이언트의 성공을 축하하는 데 참여해야 한다. 포춘(Fortune) 등에 의하면, 사회복지사와 클라이언트 모두에게서 종결에 대한 긍정적 반응이 강하게 나타났다. 대조적으로 부정적 반응은 약하게 나타났다. 클라이언트에게 나타난 가장 강한 반응은 긍정적 정서(자부심, 성취감 그리고 자립심), 성공에 대한 평가, 치료 경험에 대한 평가 그리고 긍정적 탈출이었다. 그리고 실무자에게 나타난 가장 강한 반응은 클라이언트의 성공에 대한 자부심 그리고 사회복지사 자신이 가지고 있는 기술에 대한 자부심이었다(Fortune et al., 1992: Miley et al., 2017: 413에서 재인용).

그리고 임파워먼트 접근에서는 사회적 지지를 견고히 하라고 주문한다. 이들은 클라이언트가 다른 사람들로부터 지속적인 지지를 받을 수 있다면, 사회복지사의 개입이 중단된 후에도 효과적으로 기능할 수 있다고 본다. 이에 따라 임파워먼트 접근은 자조집단, 자연적 원조망, 클럽, 이웃 그리고 교회 등이 지속적 지지를 제공할 가능성을 지녔는지 탐색한다.

또한 임파워먼트 접근에서는 축하와 의식화된 끝마무리의 필요성을 지적한다. 임파워먼트 접근은 의식(ritual)이 인간의 정서를 다루는 구조화된 방식, 커뮤니케이션의 수단 그리고 성취를 축하하는 수단을 제공한다고 본다. 이와 같은 맥락에서 이 접근법은 의식이 사회복지사-클라이언트 관계의 끝마무리에서도 긍정적으로 기능한다고 간주한다. 의식은 진전을 강조하고, 강점을 축하하며, 미래의 가능성을 예측하게 한다.

2) 의뢰로 끝마무리하기

때로 사회복지사는 클라이언트가 계속 서비스를 받을 수 있도록 의뢰를 함으로써 끝마무리를 하기도 한다. 이런 결정은 기관의 서비스 기간이나 수혜자격에 제한이 있거나(예: 가정폭력 쉼터의 입소기간은 6개월로 제한되어 있다), 사회복지사가 다른 자리로 이동하는 경우에 발생할 수 있다. 클라이언트에게 사유가 생겨서(예: 클라이언트의 욕구가 변화하거나 위기사건이 발생한 경우) 의뢰를 하기도 한다.

임파워먼트 접근법에서는 다른 기관에 의뢰하는 끝마무리가 패배가 아닌 성공으로 가는 단계라고 지적한다. 다시 말해서, 보다 적절한 서비스를 규명하는 것은 클라이언트가 해결책에 다가가도록 돕는 것이다. 클라이언트를 의뢰할 때, 사회복지사는 지금까지의 성공을 긍정적인 방식으로 점검하고 클라이언트도 이렇게 보도록 돕는다. 즉, 사회복지사는 클라이언트가 중단할 준비가 되었는지 논의하고, 성취한 바를 조명해 주며, 감정을 나누도록 격려하고, 미래의 발달을 예견하도록 돕는다.

3) 클라이언트의 서비스 중단에 반응하기

클라이언트는 여러 이유에서 사회복지사가 원하는 것보다 조기에 중단할 수 있다. 그 이유가 무엇이든지 사회복지사는 클라이언트가 적합하다고 생각한다면 서비스를 중도에 그만둘 권리가 있음을 인정해야 한다.

사회복지사는 다음과 같이 조기 중단에 대비한다. 첫째, 설사 클라이언트가 서비스를 중단한다고 하더라도 무엇인가 얻는 것이 있도록 매번의 만남을 구조화한다. 둘째, 클라이언트의 표류 징후들이 발견되면, 일의 방향에 대해 열린 대화를 시도한다. 셋째, 서비스를 중단한 클라이언트와 사후 접촉(follow-up contact)하여, 서비스 중단에 대한 이유를 알아보고 장차 클라이언트가 원할 경우 어떻게 돌아올 수 있는지에 대해 알려 준다.

4) 임파워먼트 접근의 실제

부스러기사랑나눔회 지역사회복지사 팀은 종결을 "참여자(클라이언트) 뒤로 물러서기"라는 특이한 용어로 표현한다. 원조과정에서 사회복지사는 클라이언트가 변화의 주체라는 신념을 가지고 클라이언트에게 문제해결능력과 결정력이 있다는 입장을 견지해 왔다. 이 팀은 뒤로 물러서기가 클라이언트를 삶의 주체로 세우는 관계전환의 과정이라고 지적한다(강명순 외, 2008: 223).

사회복지사는 종결의 시점을 결정해야 한다. 관계전환의 신호는 클라이언트가 직간접적으로 표현하기도 한다. 예를 들어, "이제 내가 할 수 있어요." "이제는 괜찮아요."라고 직접 표현하기도 한다. 그리고 "더 이상 바랄게 없어요. 이정도면 충분하고 살 만해요."라고 만족감을 표현하거나, "(요사이 아동이 사회복지사를 만나면) 오늘은 뭐 해요? 요즘 어려운 거 없는데."와 같이 더 이상 해결해야 할 어려움이 없음을 시사한다.

또한 클라이언트가 변화하였을 뿐 아니라 사회복지사가 없더라도 안정된 상황이 유지될 만큼 클라이언트의 사회적 지지망이 잘 기능하고 있다면 이는 관계 전환의 시점으로 볼 수 있다. 예를 들어, "(전에는) 공장에서 내 일만 하고 주위 아줌마들처럼 수다를 떨거나 웃는 시간이 전혀 없었는데, 요즘은 공장에서 아줌마들과 자주 얘기하고 편안해졌어요. 아줌마들이 저보고 많이 달라졌다는 이야기를 해요."(강명순 외, 2008: 225-227)가 그런 전환의 시점을 보여 준다.

다음은 사회복지사가 클라이언트 뒤로 물러서기 위해 관계전환을 하는 요령을 보여 준다(강명순 외, 2008: 229).

- 주 1회 정기적으로 만나던 횟수를 점차 줄인다. 만나는 횟수를 줄일 때는 지금까지의 클라이언트의 노력과 성과에 대해 인정하고 클라이언트가 동의하는 과정을 거쳐야 한다.
- 클라이언트에게 힘든 일이 생기면 지원할 수 있다는 여지를 남겨 둔다.
- 관계전환을 기념하는 작은 의식을 마련할 수 있다.
- 클라이언트와 함께 식사하기, 의미 있는 선물 주기, 편지쓰기, 관계전환을 기념하는 간단한 파티 열기 등 다양한 활동을 할 수 있다.

제3절 사후지도

1. 변화 유지의 실패요인

클라이언트가 원조과정에서 획득한 변화를 유지하지 못하는 경우도 많다. 헵워스 등에 의하면, 변화를 유지하는 데 실패하는 것은 다음의 요인에 기인한다 (Hepworth et al., 2017: 580-581).

- 습관적인 반응 패턴으로 돌아가고자 하는 자연적 경향(예: 알코올이나 약물의 사용 등)
- 개인적 및 환경적 스트레스 원인(예: 가족갈등, 실업, 건강문제 등)
- 환경에서의 사회적 및 레저 활동 기회의 부족

- 긍정적인 지지체계의 부재
- 부적당한 사회기술
- 기능적 행동이 강화받지 못함
- 환경적 변화에 대한 준비가 부적당함
- 또래 압력에 저항하는 능력이 결여됨
- 새로운 행동이 부적당하게 형성됨

이전의 방식으로 돌아가는 것이 새로운 행동을 지속하는 것보다 쉽기 때문에, 환경이 새로운 변화를 지지하지 않기 때문에, 그리고 때로 새로운 행동이 정착될 만큼 충분한 시간이 주어지지 않아서 개입에서 획득한 변화를 유지하는 데 실패할 수 있다.

2. 사후지도의 장점

앞서 변화 안정화시키기에서 살펴본 바와 같이, 사후지도(follow-up)는 성공적인 종결과 변화의 유지를 보증하는 또 다른 중요한 기법이다. 사후지도 세션은 클라이언트와 사회복지사 모두에게 이익이 된다. 많은 클라이언트가 종결 후에도 진전을 계속한다는 점에서, 사후지도 세션들은 이런 성취를 인정해 주고 클라이언트가 노력을 지속하도록 격려해 주는 기회를 제공한다. 또한 클라이언트에게 남아 있는 어려움이 있다면 짧기는 하나 추가적인 도움을 제공해 줄 수 있는 기회가 되기도 한다(Hepworth et al., 2017: 581).

3. 사후지도의 방법

사회복지기관은 사후지도의 시기와 절차를 제도적으로 수립할 수 있다. 종결과정에서 클라이언트에게 사후지도에 대해 알려 주면 도움이 된다. 이때 사회복지사는 클라이언트에게 사후지도의 목적—클라이언트의 진전을 체크하는 것—을 설명해 주도록 한다.

전형적으로 사후지도는 원조과정보다 덜 공식적으로 진행되는데, 사회복지사는 클라이언트의 상황이 어떠한지를 확인하고 전문적 개입의 효과성을 점검해 볼 수 있다. 예를 들어, 클라이언트에게 사회복지사가 실시하였던 개입 중에서 혹은 활동 중에서 어느 것이 문제를 해결하는 데 가장 도움이 되었던지 그리고 어느 것이 별로 도움이 되지 않았는지 등을 알아볼 수 있다.

몇 주 혹은 몇 달이 지난 후, 사후지도에서 실시된 평가는 종결시점의 평가보다 훨씬 의미가 있을 수 있다. 사후 세션에서 아직 해결되지 않은 문제가 발견되면 클라이언트에게 필요한 도움을 제공할 수 있다. 이 도움은 그동안 서비스를 제공하였던 사회복지사에 의해 주어질 수도 있고 아니면 다른 사회복지사에게 의뢰될 수도 있다(Kirst-Ashman & Hull, 2009: 304).

4. 임파워먼트 접근에서의 사후지도

지역사회복지사 팀은 사후지도를 "지지적 관계 유지하기"라고 부르고 있다. 이들에 의하면, 사후지도는 종결 이후 클라이언트가 변화를 어느 정도 유지하고 있는가를 사회복지사의 관점에서 살펴보는 것이다. 반면, 지지적 관계 유지하기는 사회복지사가 클라이언트와 동등한 위치에서 건강한 관계를 지속하면서, 클라이언트가 도움을 요청하면 지원할 수 있는 관계다(강명순 외, 2008: 237). 다음은 클라이언트가 종결 이후 도움을 요청하여 지원한 사례다(강명순 외, 2008: 238).

> **영하의 사례**
>
> 사회복지사는 영하와 영하 어머니에게 서비스를 제공하였다. 관계전환(종결) 후, 어머니는 영하 오빠의 학교 부적응으로 인해 대안학교에 대한 관심을 표명하였다. 사회복지사는 어머니에게 대안학교에 대한 정보를 제공하였다. 그 후 어머니는 사회복지사에게 아들의 학교진학을 결정하는 데 도움이 되었다고 고마움을 표현하였다.

제13장

사례관리

❖ ❖ ❖

　최근 실천모델 중에서 사례관리가 직접적 사회복지실천의 최전선에 배치된 것은 서비스 제공자들이 점점 더 많은 클라이언트(허약노인, 발달 및 정신 장애인)의 욕구가 충족되지 않고 있음을 인식하였기 때문이다(Austin, 1990: Hepworth et al., 2006: 451에서 재인용). 다시 말해서, 장애를 가진 클라이언트들은 복잡한 인간서비스 전달체계와 타협할 능력이 없으며, 사례관리는 바로 이런 복합적 욕구를 가진 클라이언트를 위해 발달된 실천모델이다.

　그동안 사례관리는 성공적으로 '치료'될 수 없는 장기적이고 만성적인 건강문제나 정신보건문제를 가진 클라이언트에게 서비스를 제공하는 전통적인 장기모델이 주류를 이루어 왔다. 그러나 최근 복합적 욕구로 인해 다양한 형태의 자원과 서비스를 조정해 주어야 할 필요가 있는 클라이언트에게 시간제한적인 집중적인 사례관리 서비스를 제공하는 단기모델이 발달하면서 사례관리가 적용되는 영역이 확장되고 있다. 이와 같이 클라이언트를 치료하는 것이 아니라 클라이언트의 욕구를 관리하는 사례관리는 오늘날 사회복지사에 의해 제공되는 기본적 서비스가 되어 가고 있다(Maguire, 2002: 94-96).

　특히 한국에서 사례관리실천은 놀랄 만큼 발전하였다. 사례관리학회에서 편찬한 책 머리말은 '사례관리의 시대일까?'라고 시작하고 있을 만큼, 우리 사회에서 사례관리는 민간과 공공의 다양한 영역에서 그리고 정신보건, 장애인, 노인, 아동 및 청소년 등 거의 모든 사회복지실천 분야에서 적용되고 있다(권진숙 외, 2019: 3).

　이 장에서는, 우선적으로, 사례관리의 성격, 사례관리의 기원 및 오늘날의 위치 등 사례관리 실천의 개요를 살펴보고자 한다. 둘째, 사례관리의 구성요소와 주요활동에 대해 고찰해 보고자 한다. 셋째, 사례관리의 과정에 대해 탐색해 보고자 한다. 넷째, 사례관리의 운영체계에 대해 살펴보고자 한다. 마지막으로, 사례관리서비스 전달에 영향을 미치는 요인을 고려해 보고자 한다.

제1절 사례관리 실천의 개요

1. 사례관리의 개념과 성격

1) 사례관리의 개념

목슬리(Moxley)의 사례관리의 개념은 가장 고전적 정의라고 할 수 있다. 그에 의하면, 사례관리는 "복합적 욕구를 가진 사람들의 기능과 안녕을 최적화하기 위해 고안된 공식적 및 비공식적 지지와 활동의 네트워크를 조직하고 조정하고 유지하는" 것이다(Moxley, 1989: 17). 실천적 측면에서 사례관리는 영국과 미국을 중심으로 발전하였다. NASW에 의하면, 사회사업 사례관리는 전문적 사회복지사가 클라이언트와 그 가족의 욕구를 사정하여, 적절하다면 특정 클라이언트의 복합적 욕구를 충족하기 위해 복합적 서비스 패키지를 알선하고, 조정하며, 모니터하고, 평가하며, 옹호함으로써 서비스를 제공하는 방법이다. 즉, 사례관리는 사회복지사가 특정 클라이언트를 위해서 여러 기관, 조직 혹은 시설이 제공하는 서비스를 조정하는 것을 의미한다(NASW, 1992: Kirst-Ashman & Hull, 2009: 516에서 재인용). 그리고 CMSUK(영국사례관리자협회)에서는 사례관리란, 질적인 비용효과적 성과를 높이기 위해 커뮤니케이션과 이용 가능한 자원을 활용하여, 개인의 건강, 사회보호, 교육과 고용 욕구를 충족시키기 위해 요구되는 옵션과 서비스를 사정·계획·실행·조정·점검·평가하는 협력적 과정이라고 정의한다(http://www.cmsuk.org). 이 개념 정의는 사례관리가 사회복지서비스 재원의 한계성 문제에 직면하여 비용효과성을 추구하는 과정에서 발전하였던 역사적 맥락을 반영하고 있다.

한편, 우리나라에서도 사례관리가 적극적으로 도입·실천되면서 사례관리에 대한 개념 정의가 시도되고 있다. 권진숙은 사례관리란 복합적이고 장기적인 욕구가 있는 클라이언트와 가족의 사회적 기능 회복을 위해 서비스 운영체계를 확립하고, 이를 기반으로 체계적 사정과 지역사회의 다양한 자원을 활용하여 지속적 및 효과적인 사회복지서비스를 제공하는 통합적 실천방법이라고 정의한다(권진숙 외, 2018: 21). 이와 유사하게 한국사례관리학회에서도 국내 실정에 맞는 개념 정의를 시도하고 있다. 즉, 사례관리란 복합적이고 다양한 욕구가 있는 클라이언트와 그 가족의 사회적 기능 회복을 돕는 통합적 실천방법이다. 이를 위해 운영체계를 확립하고, 클라이언트와 함께 강점관점의 체계적인 사정을 해야 하며, 클라이언트의 내적 자원 및 지역사회 자원을 개발하고 활용하여 삶의 질 향상을 위해 노력해야 한다(권진숙 외, 2019: 24). 학회는 개념 정의에서 사례관리의 운영체계를 강조하는데, 그 이유는 사례관리의 성공적 수행을 위해서는 사례관리팀과 사례회의, 슈퍼비전 체계 등의 운영체계가 선행조건이나 이를 간과하는 경우가 있기 때문이라고 밝히고 있다.

2) 사례관리의 성격

사례관리의 성격은 사례관리 클라이언트, 사례관리자의 역할 그리고 사회복지 실천과의 차이점 등을 통해 살펴볼 수 있다. 밸류(Ballew)와 밍크(Mink)는 사례관리 클라이언트가 다음과 같은 특성을 가진다고 지적한다.[1]

첫째, 클라이언트들은 한 사람의 원조자의 도움뿐 아니라 여러 원조자의 도움을 필요로 하는 다양한 문제를 경험하고 있다.

둘째, 클라이언트들은 여러 원조자의 도움을 자력으로 얻는 데 어려움을 가지고 있다(Ballew & Mink, 1996: 정순둘, 2005: 15에서 재인용).

그리고 사례관리자의 역할이 중개자 역할과 어떻게 다른지 살펴보면 도움이 될 것이다. 중개자의 역할은 클라이언트에게 하나 혹은 그 이상의 서비스를 연계해 주는 것이다. 반면, 사례관리자는 중개자의 역할을 훨씬 넘어서서, 클라이언트의 다양한 욕구가 효율적이고 효과적인 방식으로 충족되도록 돕는 폭넓은 과업을 가진다. 사례관리자와 중개자는 모두 지역사회 자원과 어디에서 이에 대한 정보를 찾을 수 있는지를 알아야 한다. 그리고 이 둘은 모두 클라이언트가 이용하는 서비스 제공자와 조직들과 좋은 관계를 유지해야 한다. 그러나 클라이언트에게 제공되는 서비스를 조정하고, 모니터하며, 평가하는 책임은 사례관리자에게만 있다. 이는 중개자 역할의 일상적 업무범위를 넘어서는 것이다(Hepworth et al., 2013: Kirst-Ashman & Hull, 2017: 583-584에서 재인용).

---

1) 원문에서는 사례관리 대상자와 이용자라는 용어를 사용하고 있으나 이 책에서는 클라이언트로 통일하여 사용한다.

보다 큰 맥락에서 사례관리는 사회복지실천과 맥을 같이하고 있다.

첫째, 사회복지실천은 환경속의 인간 관점을 토대로 클라이언트의 문제해결과 욕구충족을 위해 자원을 동원하는데, 사례관리실천도 그러하다.

둘째, 사회복지실천과 사례관리는 다양한 욕구와 문제를 가진 취약한 클라이언트에게 통합적인 서비스를 제공하고자 하는 목적을 공유한다.

이와 같이, 사회복지실천과 사례관리는 고위험군에 대한 관심, 클라이언트와 환경체계 간의 자원연계, 서비스 통합성 등을 공유한다(권진숙 외, 2018: 73-74). 그러나 서구에서 사례관리실천이 탄생하게 된 배경에는 비용절감의 의도가 있으며, 이로 인해 클라이언트에 대한 옹호 역할을 위축시킬 가능성이 있다는 지적을 받고 있기도 하다. 이에 따라 사례관리는 클라이언트에 대한 질적 서비스와 비용효과성을 동시에 추구해야 하는 과제를 안고 있다(Johnson & Rubin, 1983: 권진숙 외, 2018: 74 재인용).

지금까지 사례관리의 개념과 성격을 살펴보았다. 이를 종합해 보면, 사례관리는 복합적 욕구를 가지고 있으나 자력으로 이들 서비스를 이용하는 데 어려움을 가진 클라이언트를 대상으로 집중적인 서비스를 제공하는 것이라고 할 수 있다. 이를 위해 사례관리자는 서비스를 조정하고 모니터하며 평가하는 책임을 지닌다. 사례관리는 사회복지실천과 환경 속의 인간관점을 공유하고 있으며, 특히 복합적 욕구를 지닌 클라이언트를 대상으로 이들이 필요로 하는 여러 서비스를 제공한다는 특징을 지니고 있다. 최근 우리나라에서는 사례관리실천이 사각지대에 놓인 잠재적 대상자를 발굴하여 그들에게 통합적 서비스를 제공하고 클라이언트 강점을 기반으로 역량을 강화하는 접근을 시도하고 있다.

2. 사례관리의 기원 및 오늘날의 위치

1) 사례관리의 역사적 배경

사례관리의 개념은 사회복지전문직에서 새로운 것이 아니다. 사례관리는 19세기부터 존재해 왔으며 헐하우스 등에서 그 기원을 찾아볼 수 있다. 그러나 사례관리가 극적으로 성장한 것은 1980년대 초반이며, 우리나라에서는 1990년대에 와서 주목받았다(Rose & Moore, 1995; Sheldon & Gelman, 2004: 15: 정순둘,

2005: 18에서 인용 및 재인용). 이준우와 최희철에 의하면, 사례관리의 출현이 탈시설화, 서비스전달의 지방분권화, 복합적 욕구를 가진 서비스 인구의 증가, 기존 서비스의 단편성, 사회적 지원체계와 지지망의 중요성에 대한 인식 그리고 비용효과성에 대한 관심증대 등 크게 여섯 가지 요인에 기인하고 있다(이준우, 최희철, 2014: 9-13). 다음에서는 이들 주요 요인을 시대적 맥락에서 간략하게 살펴보고자 한다.

(1) 1960년대: 서비스의 단편성

1960년대 케네디 행정부 시대에는 많은 사회복지 프로그램이 실시되었으나, 각기 다른 서비스 부서의 범주별 재정(categorical funding)에 의해 실시되었다. 이와 같이 사회복지 프로그램이 각기 다른 부서에 의해 실시되다 보니 클라이언트가 각종 서비스를 쉽게 이용할 수 없는 서비스의 단편성 문제가 제기되었다(정순둘, 2005: 18).

(2) 1970년대: 탈시설화

탈시설화(deinstitutionalization)는 사례관리의 필요성을 이끌어 낸 핵심 요인이다. 이는 시설중심의 서비스가 아니라 지역사회중심의 서비스를 제공하는 경향이다. 다시 말해서, 이는 복합적 욕구를 가진 클라이언트가 복잡하게 산재되어 있는 지역사회중심 프로그램 중에서 자신에게 적합한 서비스를 찾음으로써 자립생활 능력을 유지함을 의미한다.

(3) 1980년대: 복합적 욕구를 가진 서비스 인구의 증가

1980년대 이후에 탈시설화, 실업률의 증가, 빈곤의 확장 등으로 인해 노숙자, 에이즈 환자, 장기보호를 필요로 하는 노인 등 복합적 욕구를 가진 서비스 인구가 증가하였다(Rose & Moore, 1995: 정순둘, 2005: 19-20에서 재인용). 복합적 문제와 복합적 욕구를 가진 클라이언트는 여러 제공자가 제공하는 서비스를 필요로 한다. 사례관리자는 이들이 지역사회에서 살아갈 수 있도록 필요한 서비스를 조직화해 줄 것을 요청받게 되었다(정순둘, 2005: 20; Moxley, 1989).

(4) 1990년대와 2000년대 초반: 사례관리 개념의 확장

1990년대와 2000년대 초반 사례관리는 서비스를 직접 제공해 주는 역할과 서비스를 연결해 주고 모니터하는 두 가지 역할을 통해 발전되었다. 즉, 직접적 서비스 제공자의 역할이 강조되면서 사례관리의 영역도 '임상사례관리' 등의 이름으로 세분화되면서 확장되었다. 또한 사례관리자는 서비스의 연결을 위해 다른 전문직들과 함께 일하는 과정에서 그 영역이 확장되고 다양한 전문분야에서 사례관리자가 탄생하게 되었다(정순둘, 2005: 20).

이와 함께 사회적 지지와 사회적 지지망이 클라이언트의 질적인 삶에 미치는 영향에 대한 인간서비스 전문가의 인식이 높아졌다. 사례관리자는 공식적 및 비공식적 자원을 각기 극대화하면서 서로를 강화시키는 역할을 수행할 수 있다(Miley et al., 2007: 364). 그 외에도 클라이언트의 참여, 서비스의 조정 등이 강조되면서 사례관리가 강조되고 있다(정순둘, 2005: 20-21 참조).

2) 사례관리의 한국적 배경

우리나라에서 사례관리는 1990년대 사회복지학, 간호학 분야에서 관심을 받기 시작하였다. 우리나라의 사례관리도 탈시설화와 관련이 있다. 1990년대에 들어와서 사회복지의 방향이 지역사회복지 중심으로 재편되고, 재가복지서비스가 강화되면서 탈시설화가 본격화되었다. 특히 서울장애인종합복지관, 서부장애인종합복지관 등과 같은 지역사회에 기반을 둔 장애인복지관에서 사례관리가 시도되었다(이준우, 2012: 이준우, 최희철, 2014: 9에서 재인용). 1995년부터 실시된 지방자치제도로 인해 지방분권이 강화되었다. 이에 따라 사회복지사업에 대한 권한도 중앙정부로부터 지방정부로 상당 부분 이양되었다. 그 결과 시·군·구를 중심으로 지역단위의 복지체계가 조성되었다(이준우, 2009: 이준우, 최희철, 2014: 11에서 재인용). 이런 맥락에서 복합적 욕구를 가진 서비스 대상자에게 공공과 민간의 급여 서비스, 자원 등을 통합적으로 지원하는 사례관리는 서비스전달 방안으로 급부상하게 되었다.

또한 정신보건 영역에서도 사례관리의 중요성이 인식되어 1995년 제정된「정신보건법」에서 사례관리가 필수 사업의 하나로 지정되었다. 사회복지관의 경우에도 재가복지서비스 대상자(예: 장애인이나 노인)에게 사례관리를 적용하는 노

력이 활발하게 이루어져 왔다(장인협, 우국희, 2001; 황성철, 1995; 이근홍, 1998: 정순둘, 2005: 21-22에서 인용 및 재인용).

3) 오늘날 사례관리의 위치 및 중요성

오늘날 사례관리는 복합적 욕구를 가진 클라이언트를 위한 사회복지실천 전략으로서의 위치를 확고히 하고 있다. 특히 사례관리는 클라이언트의 권리를 강조하는 사회사업과 일치하는 접근법이라는 점에서 사회복지전문직에서 그 중요성이 매우 크다.

사회사업의 목적과 사례관리의 목적은 유사하다. 이 둘은 모두 사람들의 문제해결과 대처 기술을 증진시키고, 자원을 획득하며, 조직이 클라이언트의 욕구에 반응하도록 하고, 클라이언트와 그들의 환경 간 상호작용을 촉진하는 것을 도울 목적을 가지고 있다. 용어가 주는 함의와는 대조적으로, 클라이언트가 관리되는 것이 아니라 서비스가 관리되는 것이다. 사례관리자는 개인, 가족, 기관 그리고 보다 큰 지역사회에 개입하는 기술을 필요로 한다. 이 기술은 바로 제너럴리스트 사회복지사에게 요구되는 기술과 동일하다(Kirst-Ashman & Hull, 2017: 584).

물론 사회적 여건에 따라 차이가 있겠지만, 사회복지실천에서 사례관리의 중요성이 점증하는 데 기여하는 요인은 다음과 같다.

① 클라이언트를 가장 구속이 적은 환경에서 보호하는 것이 점차 강조되고 있음
② 가능하면 시설 밖에서 살게 하려는 목적
③ 노인들이 가능하면 자신의 집에서 오래 살 수 있게 하려는 목표
④ 클라이언트에게 의료나 다른 형태의 보호를 제공하는 비용을 감소시키거나 절감하고자 하는 노력
⑤ 흔히 이용 가능한 자원에 대한 인식이 부족한 클라이언트의 권리에 보다 많은 관심이 주어짐
⑥ 일부 클라이언트는 제한된 능력(예: 정신적 손상) 때문에 일상적 의뢰가 도움이 되지 않는다는 인식

⑦ 환경이 클라이언트의 문제에 어떻게 기여하는가에 대해 보다 많은 초점이 주어짐

⑧ 의료모델에 대한 초점이 약화됨(의료모델은 클라이언트의 문제를 '질병'으로 보고, 이에 따라 클라이언트는 '치료되어야' 하는 것으로 간주하는 경향이 있다.)

⑨ 인간서비스 프로그램이 확장되었고 서비스의 복잡성과 파편화가 증대됨(Kirst-Ashman & Hull, 2009: 519).

다시 말해서, 클리이언트는 인간으로서의 권리가 보장되며 삶의 질을 최대한 높여 주는 덜 구속적인 지역사회의 보호를 받고자 한다. 그리고 오늘날 클라이언트와 그들의 문제는 치료보다는 욕구를 충족시키고 관리해야 하는 경우가 늘어나고 있다. 반면, 사회는 한정된 자원을 가지고 복잡한 사회복지서비스를 효율적으로 전달해야할 필요가 있다. 사례관리는 이 둘을 만족시키는 실천으로써 그 중요성이 커져 왔다고 하겠다.

3. 사례관리의 의의

1) 클라이언트의 입장

클라이언트의 입장에서 사례관리는 다음과 같은 의미를 지닌다.

첫째, 서비스의 연속성과 서비스의 조정을 강조하는 사례관리를 통해 복합적인 욕구를 가지고 있는 클라이언트는 서비스의 중단 없이 욕구충족이 가능하게 되었다.

둘째, 서비스의 지속성을 강조하는 사례관리를 통해 장기간의 보호를 필요로 하는 클라이언트는 지속적인 욕구충족이 가능하게 되었다.

셋째, 자원개발을 강조하는 사례관리를 통해 클라이언트들은 필요하지만 이용 가능하지 않았던 자원을 연결받을 수 있게 되었다.

2) 지역복지의 관점

지역복지의 관점에서 보았을 때 사례관리는 다음과 같은 의미를 가진다.

첫째, 서비스의 중복을 피하고, 서비스 간의 관련성을 가져오며, 보다 융통성 있는 인간적인 서비스를 제공하는 데 기여한다. 사례관리를 통해 지역사회의 서비스가 보다 효과적으로 연계될 수 있게 되었다.

둘째, 지역사회 내에 잠재되어 있는 자원을 개발하고 조직화함으로써 효과적인 서비스를 제공할 수 있게 되었다.

셋째, 사례관리는 공식적 서비스와 비공식적 서비스를 조정하고 통합하는 역할을 통하여 지역사회의 인구 노령화, 요보호 인구 증가 등의 문제를 해결하는 데 기여할 수 있다(정순둘, 2005: 25-26 참조).

4. 사례관리의 목적, 원칙 및 기준

1) 사례관리의 목적

목슬리에 의하면, 사례관리자가 추구하는 목적은 다음과 같다(Kirst-Ashman & Hull, 2009: 517; Moxley, 1989: 17).

- 사회복지서비스와 사회적 지지를 이용하는 클라이언트의 기술과 능력을 증진시키는 것
- 클라이언트의 기능을 개선시키기 위해서 사회적 망과 관련 서비스 제공자의 능력을 발달시키는 것
- 효과적이고 효율적인 서비스 전달을 증진시키는 것

이 목적에는 클라이언트를 위한 목적, 사회적 망과 서비스 제공자를 위한 목적 그리고 전달체계에 대한 목적을 포함되고 있다. 사례관리실천은 단순히 클라이언트에게만 관련되는 것이 아니라 서비스 제공자와 전달체계에 폭넓은 관심을 가지고 있음을 살펴볼 수 있다.

2) 사례관리의 원칙

사례관리의 원칙에는 개별화, 포괄성, 긴축, 자율성 증진, 보호의 지속성 등이 있다(Gerhart, 1990; Ellison & Dunn, 2006; Woodside & McClam, 2013; Blundo &

Simon: Kirst-Ashman & Hull, 2017: 582-3에서 재인용).[2]

① 서비스의 개별화: 서비스는 특별히 클라이언트의 욕구를 충족하기 위해 개발 또는 고안된다.

② 서비스의 포괄성: 포괄적인 서비스는 클라이언트의 삶의 모든 영역(주거, 레크리에이션, 고용, 사회적, 재정적, 의료보호, 정신의료보호 등을 포함한)을 포괄적으로 다루는 것을 의미한다. 이 원칙은 그 어느 욕구도 충족되지 않은 채 간과되지 않을 것이며, 서비스들은 통합될 것임을 보증하는 데 도움이 된다.

③ 긴축적 서비스: 긴축적 서비스는 서비스의 중복을 막고자 하며 서비스 비용이 통제되는 것을 의미한다. 서비스가 조정되지 않는다면, 여러 기관에서 중복적으로 제공되는 서비스가 있는가 하면 전혀 제공되지 않은 서비스도 생길 것이다.

④ 자율성의 증진과 임파워먼트: 사례관리의 주요 초점은 클라이언트가 가능하면 자족적이 되도록 돕는 것이다. 또한 이는 클라이언트가 자신의 보호에 관한 의사결정에 가능한 한 많이 참여하도록 하는 것, 즉 자기결정의 극대화를 의미한다.

⑤ 보호의 지속성: 보호의 지속성은 클라이언트가 살면서 입원 서비스가 필요할 때도 있고 지역사회에서의 도움을 필요할 때도 있는데, 클라이언트의 욕구를 지속적으로 모니터하는 것을 의미한다. 대다수 클라이언트는 빨리 회복되지 않는 만성적인 어려움을 가지고 있다는 점에서 생애 전체 기간에 걸쳐 도움을 필요로 할 것으로 기대된다.

3) 사례관리실천의 기준

NASW와 CMSA(Case Management Society of America)는 사례관리자의 교육 및 자격을 위해서 실천 기준을 발전시켰다. 그 핵심요소는 사례관리실천에 본질적

---

2) 학자에 따라 사례관리의 원칙으로 다루기도 하고, 목적에 포함시키기도 한다. 이 책에서는 실천의 지침이 되는 원칙으로 제시하였다(Kirst-Ashman & Hull, 2017: 582; 권진숙 외, 2018: 22-24; 이준우, 최희철, 2014: 40-41).

이라고 간주되는 일련의 신념과 전문적 가치에 토대를 두고 있다(Hepworth et al., 2017: 411-412).

- 클라이언트의 강점과 자원을 포함하여 클라이언트의 신체심리사회적 기능과 보호욕구를 결정하기 위한 포괄적 사정을 활용하기
- 클라이언트 중심의 의사결정을 공유하는 협력적 관계
- 클라이언트 혹은 가족의 고유한 욕구를 살피고 이에 반응적인 계획과 실행 서비스
- 자기결정, 프라이버시, 비밀보장, 고지된 동의 및 임파워먼트를 포함하는 전문적 가치와 원칙들을 준수하기
- 클라이언트에 대한 의무를 우선시하며 이는 서비스에의 접근성을 확보하기 위한 옹호, 중개 및 협상
- 진전을 모니터링하고 목표로 하는 성과를 평가하기
- 특정 인구, 조건 및 욕구에 적절한 실천을 할 수 있도록 이용 가능한 최적의 근거를 활용하기

제2절 사례관리의 구성요소와 주요 활동

1. 사례관리의 구성요소

사례관리 실천에서는 클라이언트, 사회자원, 사례관리자 그리고 기관의 4개 구성요소가 필요하다(김만두, 1993: 권진숙 외, 2018: 117에서 재인용). 다음에서는 각 구성요소에 대해 살펴보고자 한다.

1) 클라이언트

대다수 클라이언트는 다양하고 복합적인 욕구나 문제를 가지고 있어, 하나 이상의 사회자원을 필요로 한다. 그러나 이들은 흔히 자원의 소재와 이용방법에 대해 잘 모르거나 스스로 해결할 능력이 없다. 이에 따라 사례관리의 주요 대

상은 생계, 주거, 의료, 교육, 고용 등 복합적인 복지욕구를 가지고 있어 사례관리가 필요하다고 판단되는 위기가구(개인 혹은 가족)이다(최희철 외, 2009: 36-37: 이준우, 최희철, 2014: 25에서 재인용).

2) 사회자원

클라이언트가 복합적 욕구를 가지고 있다는 점에서 사회자원은 핵심 구성요소다. 사회자원은 인적 · 물적 서비스를 제공하고 지원하는 다양한 차원의 공급주체를 의미한다. 여기에는 크게 가족 · 친척 · 동료 · 이웃 그리고 자원봉사자 등의 비공식체계와 행정기관, 공공복지시설, 법인 등의 공식적 자원체계가 있다. 공식적 체계에서 제공되는 서비스는 조정 및 통합되어 클라이언트에게 맞춤형 서비스를 제공한다.

3) 사례관리자

사례관리자는 사례관리의 핵심 구성요소로서 클라이언트와 사회자원을 효과적이고 체계적인 방법으로 연계하는 역할을 수행한다. 사례관리자는 클라이언트를 대상으로 하는 직접적 기능과 클라이언트의 욕구와 문제를 해결하기 위한 자원과 환경을 대상으로 하는 간접적 기능을 수행할 수 있다. 직접적 서비스 기능을 강조하는 입장에서는 클라이언트에게 제공하는 임상적 서비스를 중시한다. 간접적 기능을 강조하는 입장에서는 자원연계와 같은 지역사회 활동에 주안점을 둔다(권진숙 외, 2018: 61-62).

4) 사례관리기관

사례관리기관은 지역사회에서 서비스 통합에 대한 일차적 책임을 지니고 있기 때문에 일정 수준의 권한을 가진다. 기관은 클라이언트의 욕구를 사정하고, 기관 간의 연계를 협상하며, 필요한 서비스를 제공하기 위해 기관 간의 합의를 이끌어 낼 뿐만 아니라 새로운 서비스를 개발하기도 한다.

2. 사례관리의 주요 활동

사례관리 활동은 사례관리자가 클라이언트와는 어떤 활동에 관여하는지 그리고 전달체계와는 어떤 활동에 관여하는지로 나누어 살펴볼 수 있다. 이와 같은 분류는 사례관리자가 실천에서 자신의 역할을 명료화하는 데 유용하다. 다음에서는 이 중 대표적인 내용을 중심으로 살펴보고자 한다(Miley et al., 2007: 367-370; Miley et al., 2017: 340-344에서 인용 및 재인용).

1) 클라이언트와의 사례관리 활동

(1) 아웃리치

아웃리치는 두 가지 측면에서 볼 수 있다. 우선 일반 대중과 다른 서비스 제공자에게 이용 가능한 프로그램에 대해 교육함으로써 프로그램과 서비스의 가시성을 높일 수 있다. 지역사회의 핵심 인물들(지역 지도자, 목사, 방문간호사, 교사, 변호사 및 의사 등)과의 접촉은 때로 아웃리치에서 주요한 역할을 한다. 이는 클라이언트가 도움을 필요로 할 때 사회복지사를 직접 찾아오는 것이 아니라 교량 역할을 할 수 있는 지위의 지역사회 구성원이나 타 전문가들을 먼저 접촉하는 경우도 많기 때문이다.

다음으로 사례관리자는 아웃리치를 통해 사례를 조기에 발굴함으로써 클라이언트의 문제가 심각해지는 것을 예방할 수 있다.

(2) 클라이언트를 자원에 연계하기

사례관리자는 최상의 정보전문가다. 이들은 자원의 이용 가능성, 급여, 수혜 자격 요건, 신청절차 그리고 다른 주요 정보와 관련하여 기술적 도움을 제공한다. 관련된 정보를 제공함으로써 사례관리자는 클라이언트가 복잡한 서비스 망에서 적합한 자원을 획득할 수 있도록 인도해 준다. 효과적인 사례관리자는 클라이언트를 자원에 연계하기 위해서 다음을 포함하여 여러 가지 전략을 구사한다(Miley et al., 2017: 340-341).

- 적절하게 의뢰하기

- 경우에 따라 다학문적 팀에서 효과적으로 일하기
- 기관 간 협력에 역량 있게 참여하기
- 서비스 효과성을 모니터하고 평가하기

(3) 옹호

옹호는 사회복지전달체계가 '클라이언트의 미충족 욕구에 보다 잘 반응하도록' 영향력을 발휘하는 것이다. 옹호활동에서 클라이언트를 직접 옹호해 주는 대신, 클라이언트가 스스로 옹호할 수 있도록 지지해 준다면 클라이언트를 임파워먼트하는 효과가 있다.

2) 전달체계와의 사례관리 활동

사례관리자는 클라이언트를 위해 서비스를 조정하고, 클라이언트에게 반응적인 사회복지전달 네트워크를 구축하기 위해서 전달체계에 속한 다른 전문가들과 함께 일을 한다.

(1) 서비스 조정하기

서비스 조정하기는 서비스들이 클라이언트의 욕구에 반응적이도록 하는 데 목적이 있다. 서비스 조정에서 사례관리자는 목적들이 일치되는지, 전달된 서비스가 합의된 계획에 부합되는지, 그리고 서비스 제공자들이 커뮤니케이션할 기회가 있는지를 확인하기 위해서 서비스 제공을 점검한다. 서비스 조정자로써, 사례관리자는 임파워먼트를 증진시키기 위해서 클라이언트를 관여시키는 노력을 해야 한다. 서비스 조정을 저해하는 요인에는 영역 다툼, 서비스 제공자들 간의 경쟁, 우선순위와 개입전략에 관한 이견, 계획에 대한 공통된 비전의 결여 등이 있다(Miley et al., 2017: 342).

(2) 다른 전문가와 관련 맺기

때로 사례관리자는 보다 원활한 연계를 위하여 클라이언트와 잠재적 자원체계 간의 관계를 향상해야 한다. 자원체계의 담당자들도 인간이라는 점에서 사회복지사가 이들에게 어떻게 접근하는가가 성공 여부에 영향을 미친다. 클라이언트와 마찬가지로, 이들도 존중해 주면 보다 기꺼이 반응하고, 배려를 감사히 여기며, 타당성을 인정받기를 원한다. 효과적인 사회복지사는 클라이언트뿐 아니라 환경체계를 임파워먼트한다.

(3) 반응적인 서비스 네트워크 구축

자원이 이용 가능하지 않거나 접근할 수 없다면 아무리 좋은 계획도 소용이 없다. 사례관리자는 반응적인 사회복지서비스 네트워크를 구축하는 핵심 위치에 있다. 사례관리자는 자원의 이용가능성에 있어서의 갭(gap)과 장애를 규명하고, 질적인 보호를 보장하고, 서비스 제공자의 피드백과 소비자 만족도 조사 등을 통해 통합적 역할을 수행한다. 요약해 보면, 사례관리자의 핵심적 기능은 서비스가 보다 적절하고 적당하고 접근 가능하도록, 전달체계 내에서의 변화를 옹호하는 것이다(Miley et al., 2017: 343).

제3절 사례관리의 과정

학자에 따라 사례관리의 과정을 구분하는 방식에 다소 차이가 있다. 목슬리는 사례관리의 과정을 사정, 계획, 개입(직접적 개입과 간접적 개입), 모니터링 그리고 평가로 나누고 있다(Moxley, 1989: 20-22). 커스트-애시먼과 헐 등은 사정에서부터 평가까지 원조과정에 의거하되, 개입단계에 모니터링을 포함하고 있다(Kirst-Ashman & Hull, 2017: 585-594). 헵워스 등은 사례관리가 목적과 세팅에 따라 차이가 있지만 다음의 단계들을 공통적으로 포함한다고 지적한다(Hepworth et al., 2017: 413).

- 접근과 아웃리치
- 인테이크와 선별(screening)
- 다차원적 사정
- 목표설정
- 개입 계획하기와 자원에의 연계

- 진전의 모니터링과 서비스의 적당성
- 주기적인 재사정
- 성과 평가/종결

이와 같이 사례관리의 과정은 학자에 따라 분류하는 방식이 다소 차이가 있지만, 기본적으로 사회복지실천의 과정과 크게 다르지 않다. 사례관리의 한 가지 특징은 모니터링과 주기적인 재사정을 강조한다는 점이다. 이는 사례관리의 클라이언트가 가지고 있는 특성과 관련이 있다. 첫째, 사례관리의 주요 클라이언트는 만성적인 어려움을 가지고 있으며, 이에 따라 흔히 장기적인 개입이 요청된다. 둘째, 장기적인 보호과정에서 클라이언트의 욕구가 변화해 간다는 점에서 이에 대한 모니터링과 주기적인 재사정이 필요해진다. 다음에서는 이들 과정에 대해 간략하게 살펴보고자 한다.

1. 기관에의 접근/아웃리치

사례관리자는 기관의 접근성을 높이고, 클라이언트가 기관에 의뢰될 때 가능하면 빨리 면담하여 클라이언트의 접근성을 높일 필요가 있다(Hepworth et al., 2006: 519). 또한 아웃리치 노력—찾아가는 사회복지서비스라고 할 수 있는—은 사례관리서비스를 필요로 하는 사람들(예: 정신장애인, 허약노인 등)을 찾아내고 이들의 문제에 조기 개입함으로써 문제가 악화되는 것을 예방하는 데 기여할 것이다.

2. 사정

1) 특성
목슬리는 사례관리 사정의 일곱 가지 특성을 다음과 같이 제시한다(Moxley, 1989: 28-32).

① 사정은 욕구에 기반을 둔다.

② 사정은 총체적이고 포괄적이다.

③ 사정은 다학문적이다.

④ 사정은 참여적이다.

⑤ 사정은 과정이다.

⑥ 사정은 체계적이다.

⑦ 사정은 산물이다.

이런 사례관리 사정의 특성 중에서 사정은 과정이라는 것, 체계적이어야 한다는 것, 산물로 산출된다는 것, 클라이언트의 욕구에 기반을 두어야 한다는 것, 클라이언트의 참여가 중요하다는 것은 제9장 '사정'에서 살펴보았다.

이 외에 총체성/포괄성과 다학문적 특성도 사례관리 사정의 특성을 잘 반영하고 있다. 우선 총체성/포괄성은 모든 영역에서 클라이언트의 욕구를 사정하고자 시도함을 의미한다. 즉, 소득, 주거, 직장, 교육, 신체적 및 정신적 건강, 사회적 및 다른 관계, 레크리에이션과 여가시간, 교통수단, 법적인 문제 등의 영역이 포함될 수 있다.

그리고 다학문적 특성은 클라이언트의 욕구를 이해하는 데 다양한 학문의 전문성을 활용하는 것이 중요하다는 것을 시사하고 있다. 예를 들어, 의사, 사회복지사, 심리학자, 언어치료사, 작업치료사, 물리치료사 등의 전문가들이 관여할 수 있다(Kirst-Ashman & Hull, 2017: 585; Moxley, 1989).

2) 사정 영역

사례관리자는 포괄적인 사정활동에 관여한다. 예를 들어, 신체적 장애를 가진 클라이언트가 있다고 하자. 첫째, 이동성의 문제와 같이 장애로 인한 문제가 있을 것이다. 둘째, 의식주와 같은 장애와 관련 없는 문제도 있을 것이다. 셋째, 클라이언트의 비공식적 지지체계에 문제가 있을 수 있다. 즉, 발달장애를 가진 청년을 보호하려는 부모의 노력이 오히려 자립에 유용한 기술 습득을 방해할 수도 있다. 넷째, 공식적 자원체계에 문제가 있을 수 있다. 자원체계가 클라이언트에게 필요한 특정 서비스를 전달할 능력이 부족할 수도 있다. 드물지만 서비스 제공자가 클라이언트를 싫어하거나 기관을 이용한다고 오해하여 서비스를 거절할 수도 있다(Kirst-Ashman & Hull, 2017: 587-588). 이 사례에서 보는 바와 같이 사례관리의 사정에서는 여러 영역이 다루어져야 한다. 목슬리에 의하면 사례관리는 다음을 달성하고자 한다(Moxley, 1989: 26).

① 클라이언트의 욕구의 정도와 본질에 대한 규명
② 클라이언트가 이들 욕구를 다루는 능력에 대한 규명(클라이언트의 자기보호 능력)
③ 클라이언트의 사회적 망이 이들 욕구를 다루는 능력에 대한 규명(비공식적 지지망의 보호제공능력)
④ 인간서비스가 이들 욕구를 다루는 능력에 대한 규명(공식적 지지체계의 보호제공능력)

이와 같은 맥락이지만, 최근의 사회복지실천 경향을 반영하여, 커스트-애시먼과 헐은 ① 환경적 도전에 대응하는 클라이언트의 능력 사정하기, ② 클라이언트의 비공식적 지지집단이 가진 보호능력 사정하기, ③ 공식적 지지 체계의 자원 사정하기로 구분하고 있다(Kirst-Ashman & Hull, 2017: 586-588).

(1) 환경적 도전에 대응하는 클라이언트 능력 사정하기

환경적 도전에는 클라이언트의 자기보호능력(신변위생, 옷 입기, 돈관리 등)이 포함된다. 클라이언트의 욕구에는 사회복지사와 클라이언트가 질적인 삶을 사는 데 필요하다고 간주하는 모든 것이 포함된다. 사정에서는 클라이언트의 욕구 중에서 어떤 욕구가 외부 도움이 전혀 없이 혹은 거의 없이 충족될 수 있는지 결정한다. 이때 사정의 초점은 클라이언트의 강점과 능력에 있는 것이지, 결함이나 단점에 있는 것이 아니다. 또한 클라이언트가 활용할 수 있는 서비스나 자원에는 어떤 것이 있는지 결정해야 한다. 이 과정에서 클라이언트의 의존성을 조장해서는 안된다. 그렇다고 해서 클라이언트가 할 수 있는 것 보다 더 할 수 있다고 과장해서도 안된다(Kirst-Ashman & Hull, 2017: 586).

(2) 비공식적 지지망의 보호제공능력 사정

가족과 친구가 클라이언트의 욕구를 얼마나 충족할 수 있는가? 이들 욕구에는 음식이나 주거와 같은 기본적 욕구도 있을 것이며, 사회적 지지나 정서적 지지와 같은 추상적인 것도 포함될 수 있다. 사례관리자는 가족 및 확대가족 구성원 그리고 이들과 클라이언트의 관계에 대해 알아볼 수 있다. 그 외에도 사례관리자는 클라이언트의 비공식적 자원이 되어 줄 수 있는 다른 사람들(친구, 동료, 이웃, 교인 등)이 있는지 탐색한다. 또한 이들이 클라이언트에게 어떤 도움을 줄 수 있는지 그리고 이들과 공식적 지지체계와의 상호작용은 어떠한지에 대해 알아본다(Frankel & Gelman, 2012: Kirst-Ashman & Hull, 2017: 586-587에서 인용 및 재인용).

(3) 공식적 지지체계의 자원 사정

공식적 지지체계가 클라이언트의 욕구를 충족하는 능력은 어떠한가? 목슬리는 공식적 지지체계를 사정하는 기준으로 이용 가능성, 적당성, 적절성, 수용성 및 접근 가능성을 제시한다(Moxley, 1989: 52-53). 여기에서 서비스의 이용 가능성(availability)은 단순히 서비스가 존재하는지를 의미한다. 지지체계의 적당성(adequacy)은 서비스가 클라이언트의 욕구를 충족할 만큼 충분한지를 의미하며, 적절성(appropriateness)은 기존의 서비스가 클라이언트에게 부합되는 방식으로 욕구를 충족하는가를 의미한다. 수용 가능성(acceptability)은 서비스가 클라이언트의 선호도를 만족시키는지를 의미하며, 접근 가능성(accessibility)은 클라이언트가 얼마나 쉽게 서비스를 획득할 수 있는가 하는 차원이다.

3) 강점중심의 사례관리 사정

최근 강점관점에 대한 관심과 더불어 강점중심 사례관리 모델도 개발되고 있다. 강점중심 사정에서는 어려운 상황에 대처할 수 있는 클라이언트의 과거 및 현재의 능력, 기술, 자산 및 강점에 주안점을 둔다. 라프에 의하면, 강점 사정은 대다수의 사정과는 정반대다. 이는 클라이언트가 처음으로 자신의 강점과 자산(assets)과 친숙해지게 하는 데 목적이 있다(Rapp, 2006: 133).

강점 사정에서 가장 중요한 목적은 클라이언트에게 자신의 행동과 능력으로 성공했던 경우를 규명하는 기회를 제공하는 것이다. 강점을 사정하기 위해서 사례관리자는 다음과 같은 일반적 질문을 할 수 있다(Rapp, 2006: 134).

- "어떤 강점을 가지고 있다고 생각하십니까?"
- "당신의 능력은 무엇입니까?"
- "언제 장애를 성공적으로 극복하셨습니까? 그리고 이를 위해 무엇을 하셨습니까?"
- "당신은 무엇을 잘합니까?"
- "일이 대체적으로 잘 되어 가고 있다고 느낀 때는 언제입니까? 그리고 잘 되어 가도록 하기 위해 어떻게 하셨습니까?"

한 가지 유의할 점은 강점중심 사정이라고 해서 강점만 사정하는 것은 아니라는 점이다. 다시 말해서, 강점중심 사정에서 강점이 강조되기는 하지만, 강점은 아닐지라도 필요한 정보(예: 자살위험이나 자살시도, 다른 사람을 해칠 위험, 약물중독으로 인한 신체적 문제, 신체적 손상과 같은 한계점)를 수집해야 할 것이다.

3. 계획

사례관리에서 계획은 필요한 서비스를 발견하고 확보하는 과정이다. 사례관리자는 서비스 제공자가 제공하는 서비스와 사회적 망 구성원이 제공하는 사회적 지지활동을 통합시킬 수 있는 포괄적 서비스 계획을 수립하는 데 관여한다. 사례관리 계획이 가지는 특성은 계획이 다학문적 과정이라는 것, 그리고 클라이언트와 사회적 망 구성원이 이 계획에 상당 부분 기여한다는 것(Moxley, 1989: 20)이다.

사례관리자가 서비스 계획에 통합하여야 할 여섯 가지 차원은 다음과 같다.

① 클라이언트의 욕구의 우선순위가 정해져야 한다.
② 서비스의 목적과 목표가 수립되어야 한다.
③ 관여시켜야 할 자원체계를 규명한다.

④ 어떤 서비스가 전달될 것이며 어떤 목적이 성취될 것인지를 토대로 시간 틀이 규명되어야 한다.

⑤ 사례계획의 성취를 평가하는 데 사용될 결과 측정(outcome measures)이 설정되어야 한다.

⑥ 개인과 집단에게 구체적 과업을 할당해서 누가 무엇에 책임이 있는지를 분명히 한다(Kirst-Ashman & Hull, 2017: 589).

4. 개입

목슬리는 사례관리자가 직접적 개입과 간접적 개입의 두 가지 유형의 개입을 하게 된다고 지적한다(Moxley, 1989: 21-22).

1) 직접적 개입

직접적 개입은 사례관리자가 클라이언트의 서비스 접근 및 활용 기술과 능력을 향상하기 위해 노력할 때 발생한다(Moxley, 1989: 22). 직접적 서비스에는 위기개입, 클라이언트가 어려운 결정을 내리는 것 지지하기, 위기상황에 대한 정서적 반응을 극복하도록 돕기 등이 포함될 수 있다.

그리고 사례관리자는 교사의 역할을 수행할 수 있다. 예를 들어, 클라이언트에게 금전관리나 위생관리를 가르칠 수 있을 것이다. 때로 사례관리자는 전문적 지식이나 정보를 클라이언트와 나누기도 하고, 클라이언트가 의사결정을 하는 데 도움이 되는 중요한 정보를 제공하기도 한다.

또한 사례관리자는 클라이언트에게 동기를 부여할 수 있다. 특히 클라이언트가 삶에서 긍정적 변화를 시도하였으나 실패하였을 때 혹은 필요로 하는 자원을 획득하지 못해 실망하였을 때는 더욱 그러하다(Kirst-Ashman & Hull, 2017: 591).

2) 간접적 개입

커스트-애시먼과 헐은 사례관리자가 제공하는 간접적 서비스는 ① 클라이언트에게 필요한 자원체계를 연계하는 것, ② 다양한 체계에 클라이언트를 옹호하는 것과 관련된다고 한다(Kirst-Ashman & Hull, 2017: 591-592).

자원체계의 연계에 있어서, 사례관리자는 이미 지역사회에 있는 기관을 연계하는 경우가 많을 것이다. 그 외에도 학교, 교회, 직장에 속한 상호부조체계 그리고 AA(Alcoholics Anonymous)와 같은 자조집단에 연계할 수도 있다. 흔히 사례관리자는 다른 서비스 제공기관과 직접 또는 서면으로 접촉해야 한다. 이때 다른 기관의 직원을 알고 있다면 서비스 연계에 도움이 될 것이다. 사례관리자가 다른 기관이 기여한 바를 존중하고 가치를 부여하는 것은 중요하다. 내가 속한 기관에서 제공한 것이든 아니면 다른 서비스 기관에서 주어진 것이든, 궁극적 목적은 클라이언트에게 도움이 되는 것이다.

또 다른 간접적 서비스 역할은 클라이언트를 위해서 옹호하는 것이다. 사례관리자의 입장에서 체계를 변화시키는 것은 클라이언트를 변화시키는 것보다 어려운 과제이다. 때로 사례관리자는 새로운 자원을 개발하거나 기존 자원의 접근성을 높여야 할 수도 있다(Kirst-Ashman & Hull, 2017: 591-592).

5. 모니터링 및 재사정

사례관리자는 서비스 계획의 실행과 성취를 모니터하는 데 관여한다(Moxley, 1989: 22). 다시 말해서, 모니터링은 제공된 서비스가 적절한지, 그리고 이들 서비스가 클라이언트의 욕구를 충족하고 있는지를 확인하는 것이다. 위기상황이 발생할 수 있다는 점에서 세심한 모니터링은 필요시 시기적절한 치유적 조처를 가능케 할 것이다.

또한 장기적인 보호를 제공해야 하는 경우, 지속적인 재사정이 필수적으로 요구된다. 클라이언트의 상태, 기능, 진전, 장애 그리고 결과를 일정한 시간 간격을 두고 주기적으로 재사정해야 한다(Hepworth et al., 2006: 452).

6. 평가, 종결 및 사후지도

사회복지실천 현장에서 평가의 중요성이 점차 강조되는 바와 같이, 사례관리에서도 평가는 매우 중요하다. 단, 평가는 앞서 살펴보았기 때문에 여기에서는 별도로 다루지 않는다.

프랑켈(Frankel)과 겔먼(Gelman)에 의하면, 적절한 종결은 클라이언트가 목표를 달성하였을 때, 클라이언트가 목표를 향해 스스로 움직일 수 있는 만족스러운 모습을 보여 줄 때, 클라이언트가 사회복지기관, 지역사회 지원체계 혹은 의뢰된 자원제공자와 성공적으로 일하고 있을 때 중에서 한 가지 혹은 그 이상이 달성되었을 때 이루어진다. 다시 말해서, 사례관리에서의 성공적 종결은 클라이언트가 최종 목표를 달성하였는가 하는 의미가 아니라, 오히려 클라이언트가 자신의 개인적 자원과 지역사회 자원을 결합하여 목표를 향한 올바른 길목에 있는가를 의미하는 것이다(Frankel & Gelman, 2004: 48).

사후지도는 시간과 비용 등의 문제로 사례관리 과정에서 가장 간과되기 쉬운 부분이다. 사후지도는 사례관리자가 시간을 내서 클라이언트나 기관의 전문가들이 어떻게 지내는지 확인하는 것으로, 이는 전화나 편지 등을 통해서 이루어질 수도 있다. 사후 접촉은 클라이언트에게 지원이 더 필요한지, 지역사회 자원을 잘 이용하고 있는지를 알 수 있게 해 준다(Frankel & Gelman, 2004: 50-51).

제4절 사례관리 운영체계

우리나라에서 효과적인 사례관리의 실천을 위해서 다양한 운영체계가 시도되었다. 여기에는 ① 사례관리자, ② 사례관리팀, ③ 통합사례관리팀, ④ 전문 슈퍼바이저, ⑤ 솔루션체계, ⑥ 통합사례관리지원단, ⑦ 사례관리 자원망이 있다. 여기에서 사례관리자와 사례관리팀은 내부 운영체계로 볼 수 있으며, 통합사례관리체계, 전문 슈퍼바이저, 솔루션체계, 통합사례관리지원단, 사례관리 자원망은 외부협력체계에 해당된다. 이들 운영체계에 대해 간략히 설명하면 다음과 같다(권진숙 외, 2019; 권진숙 외 2018: 131-143).

1. 사례관리자

사례관리자는 클라이언트와 가족을 대상으로 초기 정보수집 및 사정, 개입계획의 수립과 조정 그리고 점검, 평가, 종결 등 사례관리 과정을 총괄하는 전문가다. 사례관리자는 클라이언트에게 필요한 직접적 서비스와 간접적 서비스를 제공 또는 연계한다. 그리고 사례관리자는 필요한 정보를 기록·보고하며, 슈퍼바이저의 지도·감독을 받는다.

2. 사례관리체계

사례관리실천에서 전문가로 구성된 팀 활동은 매우 중요한데, 이는 클라이언트의 욕구가 복합적이고 다양한 전문성을 요구하기 때문이다. 사례관리체계는 클라이언트에게 적절한 맞춤형 통합서비스를 설계하고, 실행, 점검 및 평가하는 임상적 역할을 수행한다. 그 외에도 기관 내에서 다른 부서와의 협력, 기관 내부 자원의 조직화, 슈퍼비전체계 구축, 사례회의 등을 주도한다. 나아가서 지역사회와 함께 하는 통합사례관리팀과의 협력적 역할을 수행한다.

3. 통합사례관리체계

복합적 욕구로 인해 다양한 서비스를 필요로 하는 클라이언트를 돕는 데는 지역사회 기관들이 협력적으로 활동하는 통합사례관리체계가 효과적이다. 통합사례관리체계에는 공공과 민간의 다양한 주체가 참여하는 것이 바람직하며, 다학제적인 전문가들이 참여할 수 있도록 개방성을 높이는 것이 바람직하다. 통합사례관리체계에 참여하는 기관과 담당자는 정기적인 통합사례회의를 통하여 사례에 대한 정보 공유, 사정에 대한 자문, 개입 방안과 자원의 활용, 개입을 위한 역할 분담, 주 사례관리기관의 조정 등에 대해 논의한다. 나아가서 통합사례회의에 상정된 사례에 대한 정기적인 점검과 재사정, 평가 결과의 공유, 종결 여부의 확정 등의 기능을 수행한다.

4. 전문 슈퍼바이저

사례관리실천의 전문성을 강화하기 위하여 1인 이상의 전문 슈퍼바이저를 두는 것이 바람직하다. 전문 슈퍼바이저는 임상적인 자문과 컨설팅, 행정지도, 사례관리실천에 필요한 교육 훈련, 사례관리자의 소진 예방 및 극복을 위한 지원 등의 역할을 수행한다.

5. 솔루션체계

심리사회적 문제뿐 아니라 폭력, 알코올, 의료 및 정신과적 문제 등 복합적인 문제가 얽혀져 있어 해결의 실마리가 보이지 않는 사례가 발생하면, 이런 사례들은 개별 복지관 또는 사례관리팀이 단독으로 다루기 어렵다. 이 경우 솔루션체계를 활용할 수 있다. 솔루션체계는 복잡한 사례에 대해 자문을 제공하는 교수, 의사, 상담전문가, 변호사 등의 전문적 지원체계를 의미한다. 솔루션체계는 사례에 대한 임상적 자문과 행정적 심의와 판정, 나아가서 관련 제도의 변화를 위한 정책 제언 등의 기능을 수행한다.

6. 통합사례관리지원단

사례관리실천이 효과적으로 운영되기 위해서는 시 단위와 구 단위에 사례관리를 지원하는 지원단의 구축이 필요하다. 통합사례관리지원단을 구성하는 방식은 다음과 같다.

첫째, 공공 부문의 독립된 센터 형태이다. 이는 공공 부문의 독립된 센터로서의 위상을 가지고 있으나 민간전문가를 채용하여 사례관리 수행 인력의 전문성과 공공성을 유지하는 것이 필요하다. 이 유형의 대표적인 예는 경기도 무한돌봄센터이다. 경기도는 2010년 경기도와 각 시 · 군의 무한돌봄센터를 설치하고 지역을 중심으로 한 통합사례관리 네트워크와 자원조직화를 지원하고 있다. 이는 민 · 관의 체계적인 연계를 통해 통합적인 서비스 지원 및 관리체계로서 기능한다.

둘째, 공공 또는 사례관리사업을 위임받은 민간 사례관리지원단이다. 사례관리의 전문성을 지닌 단체 또는 전문가로 구성된 사례관리지원단을 구성하여, 행정적, 교육적, 기술적 자문과 지원의 역할을 수행한다. 인천광역시 사회복지관협회와 사례관리연구회가 수행한 사례관리 지원사업이 이 유형에 해당된다. 이

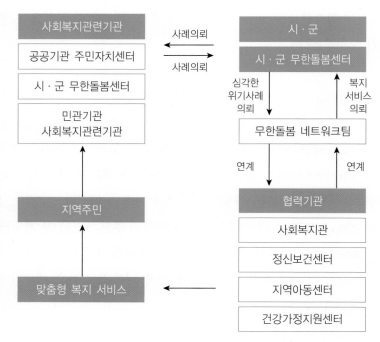

[그림 13-1] 무한돌봄사업 체계도

출처: 용인시청, https://www.yongin.go.kr

외에도 우리아이희망네트워크, We Start 사업 등 대부분의 프로젝트 사업에서 별도의 지원단을 구축하고 사례관리와 사업을 수행하였다(김상곤, 2010: 권진숙 외, 2018: 142에서 재인용).

7. 지역사회 자원망

사례관리실천에서 공적·사적 자원망의 조직화는 중요하다. 사례관리기관은 기관의 자원을 조직화할 뿐 아니라 지역사회에서 활용할 수 있는 공적·사적인 자원망을 조직화해야 한다. 지역사회 자원을 조직할 때 기존에 조직화되어 있는 자원망을 최대한 활용하도록 한다(권진숙 외, 2019: 103).

제5절 사례관리서비스 전달에 영향을 미치는 요인

사례관리서비스의 효과성에 대한 조사연구는 많지 않으나, 사례관리서비스 전달에 영향을 미치는 요인들은 많이 밝혀지고 있다(Kirst-Ashman & Hull, 2009: 528-529). 첫째, 사례관리자가 담당하는 사례건수는 서비스 전달에 영향을 미치는 것으로 나타났다. 사례건수가 너무 많으면, 사례관리자는 위기상황에만 반응하게 되고, 클라이언트와의 관계에도 부정적인 영향을 미친다. 도시 지역에서 사례관리자가 담당하는 사례가 30건수를 넘으면 효과성과 서비스의 질이 감소되기 시작하였다.

둘째, 서비스 전달에 영향을 미치는 또 다른 요인은 사례관리자의 책임이 명료화되는 정도다. 전형적으로 사례관리자의 책임이 모호하게 정의되면 서비스의 다양성에 초점을 두는 대신, 클라이언트에게 직접적 서비스를 제공하는 경향이 있다.

셋째, 슈퍼바이저가 사례관리자에게 주는 슈퍼비전도 사례관리자의 수행에 영향을 미친다. 슈퍼바이저는 사례관리자에게 주요한 지지의 출처가 될 수 있다. 그러나 슈퍼바이저들이 사례관리자가 무엇을 하는지 정확히 모르는 경우 그 효과성은 감소된다.

넷째, 사례관리자의 스트레스와 소진도 클라이언트에 대한 서비스에 영향을 미치는 요인이다. 사례관리 팀은 클라이언트의 안녕에 대한 책임을 나눌 수 있으며, 이에 따라 사례관리자 개인에게 주는 부담을 감소시킨다는 점에서, 팀 접근은 사례관리자의 소진을 예방하는 대안으로 제시되고 있다.

다섯째, 효과적인 사례관리자는 업무의 범위와 본질을 인식해야 하며, 이와 동시에 다양한 사람과 상호작용해야 한다는 점에서 대인 간 기술에 민감할 필요가 있다.

참고문헌

감정기, 최원규, 진재문(2002). 사회복지의 역사. 경기: 나남출판.

강명순 외 부스러기사랑나눔회 지역사회복지사 팀(2008). 빈곤아동·가족과 함께하는 찾아가는 사례관리. 서울: 학지사.

강흥구(2007. 12.). 전문사회복지사제도의 도입 필요성과 도입을 위한 과제. 월간 복지동향, 61-65.

권진숙, 김성천, 유명이, 이기연, 조현순, 함철호(2019). 사례관리 전문가교육: 실무자 기초과정. 서울: 학지사.

권진숙 역(2004). 사례관리: 개념과 기술. Frankel, A. J., & Gelman, S. R.의 *Case management*. 서울: 학지사. (원전은 2004년 출간)

권진숙 외(2018), 사례관리론. 서울: 학지사.

김기태, 김수환, 김영호, 박지영(2007). 사회복지실천론. 경기: 공동체.

김만두 역(1985). 케이스웍: 심리사회요법. Florence, H.의 *Casework: A psychosocial therapy*. 서울: 홍익재. (원전은 1964년 출간)

김범수, 서은주, 손병돈, 정재훈, 조석연, 최현미, 신승연, 최승희(2007). 다문화 사회복지론. 경기: 양서원.

김성호(2018). 미국 NASW 윤리강령의 변화과정 및 2018 개정의 함의. 생명연구, 47, 209-248.

김연옥, 최해경 공역(2007). 사회사업 면접의 이론과 사례. Garrett, A. (1942)/Mangold, M., & Zaki, E. (1982 개정)의 *Interviewing: Its Principles and Methods*. 경기: 한울아카데미.

김융일, 조흥식, 김연옥(1995). 사회사업실천론. 경기: 나남출판.

김혜순(2008). 다문화가족지원 중심 다문화담론의 평가와'다문화사회 시민교육'의 제안, 다문화사회의 전문성 강화와 국제협력 네트워크 구축. 평택대학교 다문화가족센터 국제심포지엄자료집, 155-193.

김희연, 권자영, 민소영, 현동길(2015). 경기도 무한돌봄센터 민간사례관리사의 역할 분석 및 발전방안 연구. 경기복지재단.

문인숙, 조성경, 김선심, 김융일, 조흥식, 윤현숙(1976/1997). 사회사업방법론: 통합적 접근 (증보판). 경기: 보진재.

보건복지부(2018). 2018 보건복지통계연보. 제64호.

보건복지부, 서울대학교 사회복지연구소(2011). 사회복지사 교육과정 및 자격제도개선방 안 연구.

보건복지부, 한국사회복지사협회(2007). 전문사회복지사 자격제도 및 사회복지사 보수교 육운영방안 연구.

빈곤 · 소외가족전문상담센터(2005). 내안에서 찾은 희망(사례연구집). 빈곤 · 소외가족전문상 담센터 전문위원회.

사회복지사 자살방지 및 인권보장을 위한 비상대책위원회(2013. 4.). {성명} 박근혜정부, 공공전달체계를 개선하는 현실적 대안 마련하라! 월간 복지동향, 84-85.

서울대학교 사회복지학과 50년사 편찬위원회(2009). 서울대학교 사회복지학과 50년사 1959~ 2009. 서울: 서울대학교 사회복지학과.

송성자, 김유순, 최중진, 양소남, 김연수, 김희영, 심우찬 공역(2012). 해결지향 사회복지실천: 강점기반 통합적 접근. Green, G. J. & Lee, M. Y.의 *Solution-oriented social work practice: an integrative approach to working with client strengths.* 서울: 학지사. (원전은 2011년 출간)

양옥경, 김정진, 서미경, 김미옥, 김소희(2005). 사회복지실천론(개정3판). 경기: 나남출판.

엄명용, 김성천, 오혜경, 윤혜미(2000). 사회복지실천의 이해. 서울: 학지사.

엄명용, 김성천, 오혜경, 윤혜미(2011). 사회복지실천의 이해(3판). 서울: 학지사.

오정수(1996). 사회복지학의 통합적 접근: 거시적 접근과 미시적 접근의 이중구조 분석과 통합적(정합적) 발전 전망. 한국사회복지학회 춘계학술대회 자료집, 5-24.

오창순, 윤경아, 김근식 공역(2001). 사회복지실천론: 통합적 관점. McMahon, Maria Oneil의 *General method of social work practice: a generalist perspective.* 아시아미디어 리서치. (원전은 2007년 출간)

유연숙, 이효선(2016). 사회복지사가 경험한 윤리적 갈등과 윤리적 의사결정의 의미 재구 성. 사회복지실천과 연구, 13(1), 73-114.

이명홍 역(1986). 케이스워크에 나타난 문제와 논점. Briar, S., & Miller, H.의 *Problems and issues in social casework.* 서울: 양서각. (원전은 1972년 출간)

이세원(2008). 아동보호전문기관 사회복지사의 윤리적 딜레마와 의사결정에 관한 연구. 한 국사회복지학, 60(1), 53-76.

이영분, 김기환, 윤현숙, 이원숙, 이은주, 최현미, 홍금자(2001). 사회복지실천론. 서울: 동인.

이원숙(1995). 사회적 망과 사회적 지지: 실천적 접근. 서울: 홍익재.

이원숙(2003). 성폭력과 상담. 서울: 학지사.

이원숙(2007). 가족복지론. 서울: 학지사.

이원숙(2012). 가족복지론(3판). 서울: 학지사.

이은주 역(2010). 다문화 사회복지실천. Sue, D. W.의 *Multicultural social work practice*. 서울: 학지사. (원전은 2006년 출간)

이준우, 최희철(2014). 사례관리론. 서울: 신정.

이태수, 윤홍식(2014). 한국복지국가운동의 평가와 과제. 참여연대 사회복지위원회.

이효선(2003). 사회복지 윤리와 철학의 이해. 서울: 학지사.

임상혁(2013. 6.). 사회복지전담공무원의 노동조건 실태 및 개선방안. 월간 복지동향, 11-14.

장인협(1989). 사회복지실천론(상). 서울: 서울대학교출판부.

장인협(1999). 사회복지실천론(중): 제너럴리스트 접근. 서울: 서울대학교출판부.

정무성(1996). 사회복지교육의 통합적 접근. 한국사회복지학회 춘계학술대회 자료집, 31-44.

정순둘(2005). 사례관리실천의 이해: 한국적 경험. 서울: 학지사.

정순둘, 김경미, 박선영, 박형원, 최혜지, 이현아(2007). 사회복지와 임파워먼트. 서울: 학지사.

조휘일, 강정숙, 권순미, 권현진, 김경희(2005). 사회복지실천기술론: 제너럴리스트 실천 접근. 경기: 학현사.

주석진(2010). 학교사회복지 현장에서의 윤리적 갈등에 관한 탐색적 연구. 임상사회사업연구, 7(2), 45-70.

주은선 역(2012). 성공적인 탐색 · 통찰 · 실행상담을 위한 상담의 기술. O'Brien, K. M., & Hill, C. E.의 *Helping skills*. 서울: 학지사. (원전은 2009년 출간)

최명민(2005). 정신보건사회복지사의 윤리적 민감성 훈련프로그램 개발 및 평가. 정신건강과 사회복지, 20: 182-215.

최명민(2008). 사회복지사 윤리적 민감성 검사도구(SWEST) 개발 및 활용에 관한연구. 한국사회복지학, 60(2), 5-28.

최명민, 이기영, 최현미, 김정진(2009). 문화적 다양성과 사회복지. 서울: 학지사.

한국사회복지사협회(2012. 5. 3.). 보도자료. "한국사회복지공제회에 정부지원 물꼬 트였다.

한국사회복지사협회(2013. 3.). 사회복지사 자격제도개선 정책 건의서.

한국사회복지사협회(2019). 사회복지현장실습 및 자격제도 개선방향 연구.

한국사회복지학회(1996). 한국사회복지의 통합적 접근. 춘계학술대회 자료집.

한국여성개발원 가족보건복지연구부(1999). 여성에 대한 폭력 관련 서비스 연계방안.

한인영, 정수미, 최정숙, 박형원 공역(2006). 사회복지실천론: 일반주의 관점(제8개정판). Johnson, Louise C., & Yanca, Stephen J.의 *Social work practice a generalist approach*. 서울: 하나의학사.

American Association of Social Workers (AASW). (1929). Social casework: Generic and specific. A Report of the Milford Conference. Washington, DC (NASW, reprinted, 1974).

Austin, D. (1983). The flexner myth and the history of social work. *Social Service Review, 57*(3), 357-377.

Bartlett, H. M. (1958/2003). Working definition of social work practice. *Social Work, 3*(2), 5-8, *Research on Social Work, 13*(3), 267-270 (reprinted).

Bidgood, B., Holosko, M. J., & Taylor, L. E. (2003). A new working definition of social work practice: A Turtle's View. *Research on Social Work, 13*(3), 400-408.

Briar, S. (1974). Forword to the 1974 Edition In NASW. Social casework: Generic and specific. A Report of the Milford Conference. Washington, DC: NASW.

Charles H. Zastrow (2009). *The Proctice of Social Work: A Comprebensive Worktext*. CA: Brooks/Cole.

Compton, B. R., & Galaway, B. (1989). *Social work processes* (4th ed.). Belmont: Wadsworth Publishing Company.

Compton, B. R., Galaway, B., & Cournoyer, B. R. (2005). *Social work processes* (7th ed.). Pacific Grove: Brooks/Cole Publishing Company.

Corey, M. S., & Corey, G. (1998). *Becoming a belper* (3rd ed.). Pacific Grove: Brooks/Cole Publishing Company.

Cournoyer, B. R. (2005). The future of evidence-based social work: An optimistic view? *Advances in Social Work, 6*(1), 68-79.

CSWE (2008). Educational Policy and Accreditation Standards.

CSWE (2015). Educational Policy and Accreditation Standards.

DeJong, P., & Berg, I. K. (1998). *Interviewing for solutions*. Pacific Grove: Brooks/Cole Publishing Company.

De Schweinitz, K. (1943). *England's road to social security: From the statute of laborers in 1349 to the Beveridge report of 1942*. New York: A. S. Barnes & Company, Inc.

Diana M. DiNitto, Carl Aaron McNeece. (1997). *Social Work: Issues and Opportunities in a Challenging Profession*. Allgn and Bacon.

Dolgoff, R., Feldstein D., & Skolnik, L. (1997). *Understanding social welfare* (4th ed.). New York: Longman Publishers.

Dolgoff, R., Lowenberg, F. M., & Harrington, D. (2005). *Ethical decisions for social work practice* (7th ed.). Belmont: Thomson & Brooks/Cole.

Dore, M. M. (1999). The retail method of social work: The role of the New York school in the development of clinical practice. *Social Service Review* (June), 168-190.

Fischer, J. (1973). Is casework effective? A review. *Social Work, 18*(1), 5-21.

Flexner, A. (1915/2001). Is social work a profession? *Research on Social Work Practice, 11*(2), 152-165 (reprinted, 2001).

Gambrill, E. (2003). A client-focused definition of social work practice. *Research on*

Social Work, 13(3), 310-309.

Gilbert, N., Specht, H., & Terrell, P. (1993). *Dimensions of social welfare policy* (3rd ed.). Englewood Cliffs: Prentice Hall.

Goldenberg, H., & Goldenberg, I. (1998). *Counseling today's families* (3rd ed.). Pacific Grove: Brooks/Cole Publishing Company.

Hamilton, G. (1951). *Theory and practice of social case work* (2nd ed.). New York: Columbia University Press.

Hartman, A., & Laird, J. (1983). *Family-centered social work practice.* New York: The Free Press.

Hepworth, D. H., Rooney, R. H., & Larsen, J. (2002). *Direct social work practice: theory and skills* (6th ed.). Pacific Grove: Brooks Cole.

Hepworth, D. H., Rooney, R. H., & Larsen, J. (2017). *Direct social work practice: Theory and skill* (10th ed). Pacific Grove: Books Cole.

Hepworth, D. H., Rooney, R. H., Rooney, G. D., Strom-Gottfried, K. S., & Larsen J. (2006). *Direct social work practice: Theory and skills* (7th ed.). Toronto: Thomson Brooks/Cole.

Hollis, F. (1970). The psychosocial approach to the practice of casework. In R. W. Roberts & R. H. Nee (Eds.), *Theories of social casework* (pp. 33-75). Chicago: The University of Chicago Press.

Holosko, M. J. (2003). The history of the working definition of practice. *Research on Social Work, 13*(3), 271-283.

Hutchins, D. E., & Vaught, C. C. (1997). *Helping relationships and strategies* (3rd ed.). Pacific Grove: Brooks/Cole Publishing Company.

IFSW (2000). Definition of Social Work.

Johnson, L. C. (1986). *Social work practice: A generalist approach.* Newton: Allyn and Bacon, Inc.

Johnson, L. C., & Yanca, S. J. (2007). *Social work practice: A generalist approach* (9th ed.). Boston: Pearson Education, Inc.

Johnson, L. C., & Yanca, S. J., (2010). *Social work practice: A generalist approach* (10th ed.). Boston: Pearson Education, Inc.

Kadushin, A. (1995). *Interviewing. In NASW 19th encyclopedia of social work* (pp. 1527-1537). Washington DC: NASW Press.

Kirst-Ashman, K. K., & Hull, G. H., Jr. (2002). *Understanding generalist practice* (3rd ed.). Pacific Grove: Brooks/Cole.

Kirst-Ashman, K. K., & Hull, G. H., Jr. (2009). *Understanding generalist practice* (5th ed.). Belmont: Brooks/Cole, Cengage Learning.

Kirst-Ashman, K. K., & Hull, G. H., Jr. (2017). *Understanding generalist practice* (6th ed.). Belmont: Books/Cole, Cengage Learning.

Konopka, G. (1964). *Social group work: A helping process*. Englewood Cliffs, NJ: Prentice-Hall, Inc.

Koss, M. P., & Harvey, M. H. (1987). *The rape victim: Clinical and community approaches to treatment*. New York: The Stephen Greene Press.

Landon, P. S. (1995). Generalist and advanced generalist practice in NASW. *19th encyclopedia of social work* (19th ed., pp. 1101-1108). Washington DC: NASW Press.

Leighninger, L. (1980). The Generalist-Specialist Debate in Social Work. *Social Service Review* (March), 1-11.

Linzer, N. (1999). *Resolving ethical dilemmas in social work practice*. Needham Heights: Allyn & Bacon.

Lum, D. (2008). The case for culturally competent practice in Korea. 다문화사회의 전문성 강화와 국제협력 네트워크 구축. 평택대학교 다문화가족센터 국제 심포지엄자료집, 31-42, 61-74.

Maguire, L. (2002). Clinical social work: Beyond generalist practice with individuals. *Groups and families* (1st ed.). Belmont: Brooks/Cole.

McMahon, M. O'Neil (1996). *The general method of social work practice: A generalist perspective* (3rd ed.). Needham Heights: Allyn and Bacon.

Miley, K., & DuBois, B. (1999). Empowering processes for social work practice. In W. Shera & L. M. Wells (Eds.), *Empowerment practice in social work: Developing richer conceptual foundations* (pp. 2-12). Toronto: Canadian Scholar's Press, Inc.

Miley, K. K., O'Melia, M., & DuBois, B. (2007). *Generalist social work practice: An empowering approach* (5th ed.). Boston: Pearson Education, Inc.

Miley, K. K., O'Melia, M. & DuBois, B. (2017). *Generalist social work practice: An empowering approach* (6th ed.) Boston: Pearson Education, Inc.

Moxley, D. P. (1989). *The practice of case management*. Newbury Park: Sage Publications.

NASW (1999). Code of Ethics of the National Association of Social Workers.

NASW (2017). Code of Ethics of the National Association of Social Workers.

Nichols, M. P., & Schwartz, R. C. (2005). *The essentials of family therapy* (2nd ed.). Boston: Pearson Education, Inc.

Okun, B. F. (1997). *Effective helping: Interviewing and counseling techniques* (5th ed.). Pacific Grove: Brooks/Cole Publishing Company.

Perlman, H. H. (1970). The problem-solving model in social casework. In W. R.

Roberts & R. H. Nee (Eds.), *Theories of social casework* (pp. 129–179). Chicago: The University of Chicago Press.

Pincus, A., & Minahan, A. (1973). *Social work practice: Model and method.* Itasca: F. E. Peacock Publishers, Inc.

Ramsay, R. (2003). Transforming the working definition of social work. Into the 21st century. *Research on Social Work, 13*(3), 324–338.

Rapp, C. A., Saleebey, D., & Sullivan, W. P. (2005). The future of strengths-based social work. *Advances in Social Work, 6*(1), 79–90.

Rapp, R. C. (2006). Strengths-based case management: Enhancing treatment for persons with substance abuse problems. In D. Saleebey (Ed.), *The strengths perspective in social work practice* (4th ed., pp. 128–147). Boston: Pearson Education, Inc.

Reamer, F. G. (1995). *Social work values & ethics.* New York: Columbia University Press.

Reid, P. N. (1995). *Social welfare history In NASW. 19th encyclopedia of social work* (19th ed., pp. 2206–2225). Washington DC: The NASW Press.

Reid, W. J. (1994). The empirical practice movement. *Social Service Review* (June), *68*(2), 165–184.

Reid, W. J. (2002). Knowledge for direct social work practice: An analysis of trends. *Social Service Review* (March), *76*(1), 6–30.

Risler, E., Lowe, L. A., & Nackerud, L. (2003). Defining social work: Does the working definition work today? *Research on Social Work, 13*(3), 299–309.

Rosenthal, N. (2004). Overview of evidence-based practice. In A. R. Roberts & K. R. Yeager (Eds.), *Evidence-based practice manual: Research and outcome measures in health and human services.* NY: Oxford University Press.

Saleebey, D. (2006a). Introduction: Power in the people. In D. Saleebey (Ed.), *The Strengths perspective in social work practice* (4th ed., pp. 1–24). Boston: Pearson Education, Inc.

Saleebey, D. (2006b). The strengths approach to practice. In D. Saleebey (Ed.), *The strengths perspective in social work practice* (4th ed., pp. 77–92). Boston: Pearson Education, Inc.

Sheafor, B., & Horejsi, C. R. (2006). *Techniques and guidelines for social work practice* (7th ed.). Boston: Pearson Education, Inc.

Shoemaker, L. M. (1998). Early conflicts in social work education. *Social Service Review, 72*(2), 182–190.

Skidmore, R. A., Thackeray, M. G., Farley, O. W., Smith, L. L., & Boyle, S. W. (2000). *Introduction to social work* (8th ed.). Needham Heights: Allyn & Bacon.

Smalley R. E. (1970) The functional approach to casework practice. In R. W. Roberts & R. H. Nee (Eds.), *Theories of social casework* (pp. 77-128). Chicago: The University of Chicago Press.

Thomas, E. (1970). Behavioral modification and casework. In R. W. Roberts & R. H. Nee (Eds.), *Theories of social casework* (pp. 181-218). Chicago: The University of Chicago Press.

Tracy, E. M., & Whittaker, J. K. (1990). The social network map: Assessing social support In clinical practice. *Families in Society, 71*, 461-470.

Trattner, W. I. (1989). *From poor law to welfare state: A history of social welfare in america* (3rd ed.). New York: The Free Press.

Turner, H. C. (2003). Bartlett's definition of social work practice: A generalist education's perspective. *Research on Social Work, 13*(3), 339-348.

Van Wormer, K. (1997). *Social welfare: A world view*. Chicago: Nelson-Hall Inc.

Zastrow, C. (2010). *The practice of social work: A comprehensive worktext* (8th ed.). Belmont: Thomson Brooks/Cole.

Zastrow, C., & Kirst-Ashman, K. K. (1997). *Understanding human behavior and the social environment* (4th ed.). Chicago: Nelson-Hall Inc.

다누리 https://www.liveinkorea.kr
용인시청 https://www.yongin.go.kr
중앙노인보호전문기관 http://noinboho.or.kr
중앙아동보호전문기관 http://www.korea1391.go.kr
지역아동센터중앙지원단 https://www.icareinfo.go.kr
태화기독교사회복지관 http://www.taiwha.or.kr
한국사회복지관협회 http://www.kaswc.or.kr
한국사회복지사협회 http://www.welfare.net
한국사회복지사협회 보수교육센터 https://edu.welfare.net
한국사회복지사협회 자격관리센터 http://lic.welfare.net
한국정신보건사회복지사협회 https://www.kamhsw.or.kr
한국학교사회복지사협회 http://www.kassw.or.kr
CMSUK https://www.cmsuk.org
Steyaert, J. http://www.historyofsocialwork.org

찾아보기

인명

김인수 222

이효선 101

최명민 163

Addams, J. 31, 49

Bartlett, H. 33, 36
Bidgood, B. 38
Biestek, F. P. 172, 174

Compton, B. R. 130, 181, 187

DeJong, P. 218, 222
Devine, E. 50
Dolgoff, R. 94
Dore, M. M. 60, 63

Ehrenreich, B. 46

Flexner, A. 54, 55
Frankena, W. K. 94

Freud, S. 58, 63
Friedlander, W. A. 27

Germain, C. 74
Gilbert, N. 28
Goldstein, H. 89
Greene, G. J. 261

Hamilton, G. 64
Hartman, A. 73
Hepworth, D. H. 197, 224
Hollis, F. 67, 71
Holosko, M. J. 30
Horejsi, C. R. 142, 181, 274
Hull, G. H. 120, 130, 197, 250,
  283, 304

Johnson, L. C. 172, 197

Kadushin, A. 199
Kirst-Ashman, K. K. 122, 130,
  197, 250, 283, 302

Lebeaux, C. N. 28
Lee, M. Y. 261
Lee, P. 45
Levy, C. S. 90, 92
Lindsay, S. M. 52

Meyer, C. 71
Miley, K. K. 120, 131, 144, 232,
  234
Minahan, A. 29, 118, 125, 172
Moxley, D. P. 373, 374

Perlman, H. H. 68, 172
Pincus, A. 29, 118, 125, 172

Rank, O. 64
Rapp, C. A. 146, 154
Reamer, F. G. 90
Reid, W. J. 27, 74, 308
Reynolds, B. 64
Richmond, M. 31, 50, 56, 63
Risler, E. 35

내용

저자 소개

이원숙(李元淑, Rhee Won Sook)

학력: 이화여자대학교 문리대학 사회사업학과 졸업

이화여자대학교 대학원 사회사업학과 졸업 및 문학석사 취득

University of Michigan Graduate School of Social Work, M.S.W. 취득

이화여자대학교 대학원 사회사업학과 박사과정 졸업 및 문학박사 취득

경력: 한국사회복지학회 총무

한국사회복지학회 이사

한국가족사회복지학회 이사

한국성폭력상담소 부설 성폭력문제연구소 소장

경기도 여성발전위원

현재: 강남대학교 사회복지학부 교수

주요 저서 및 역서:

사회적 망과 사회적 지지이론: 실천적 접근(홍익재, 1995)

선진국 사회복지발달사(공저, 홍익재, 1995)

성폭력과 사회복지(강남대학교출판부, 1998)

사회복지실습의 길라잡이(공저, 홍익재, 1999)

가족학대 · 가족폭력(공역, 나남, 2001)

가족폭력: 사정과 실제(공역, 양서원, 2003)

성폭력과 상담(학지사, 2003)

가정폭력 프로그램(공저, 학지사, 2010)

가족복지론(3판, 학지사, 2012)

건강가정론(공저, 학지사, 2014)

사회복지실천론(2판, 학지사, 2014)

임수정(林秀貞, Lim Soo Jeong)

학력: 강남대학교 사회복지전문대학원 사회복지학박사 취득

경력: 한국기독교사회복지실천학회 학술위원장
한국장애인평생교육연구소 이사
RI Korea 사회분과 위원
한국장애학회 정책분과 부위원장
한국장애인고용공단 고용개발원 연구원

현재: 강남대학교 사회복지학부 시간강사

3판

사회복지실천론
Social Work Practice(3rd ed.)

2008년 7월 25일 1판 1쇄 발행
2013년 4월 20일 1판 5쇄 발행
2014년 2월 25일 2판 1쇄 발행
2019년 8월 30일 2판 4쇄 발행
2020년 5월 20일 3판 1쇄 발행

지은이 • 이원숙 · 임수정
펴낸이 • 김진환
펴낸곳 • ㈜ 학지사
　　　　04031 서울특별시 마포구 양화로 15길 20 마인드월드빌딩
대표전화 • 02)330-5114　　　팩스 • 02)324-2345
등록번호 • 제313-2006-000265호

홈페이지 • http://www.hakjisa.co.kr
페이스북 • https://www.facebook.com/hakjisa

ISBN 978-89-997-2112-0 93330

정가 22,000원

저자와의 협약으로 인지는 생략합니다.
파본은 구입처에서 교환해 드립니다.

이 도서의 국립중앙도서관 출판시도서목록(CIP)은 서지정보유통지
원시스템 홈페이지(http://seoji.nl.go.kr)와 국가자료공동목록시스템
(http://www.nl.go.kr/kolisnet)에서 이용하실 수 있습니다.
(CIP 제어번호: CIP2020017120)

출판 · 교육 · 미디어기업 **학지사**

간호보건의학출판 **학지사메디컬** www.hakjisamd.co.kr
심리검사연구소 **인싸이트** www.inpsyt.co.kr
학술논문서비스 **뉴논문** www.newnonmun.com
원격교육연수원 **카운피아** www.counpia.com